Cerveja Para Leigos

Boa cerveja está amplamente disponível e é relativamente barata, mas escolher entre tantos estilos sem alguma ajuda pode ser um pouco confuso. Um pouco de conhecimento pode transformar uma experiência possivelmente assustadora em agradável. Use as dicas nesta Folha de Cola para comprar, servir e degustar cerveja.

Comprando a Cerveja mais Fresca

Para garantir que você sempre obtenha o máximo da sua cerveja, tenha estas coisas em mente quando for comprá-la. Lembre-se que, assim como o pão, a cerveja deve estar fresca.

- Não compre garrafas de cerveja que estejam revestidas por uma camada de pó e/ou que tenham quaisquer flocos ou fragmentos boiando dentro delas.
- Sempre consuma a cerveja dos growlers antes que fiquem "chocas" — preferencialmente entre as primeiras 24 a 36 horas.
- Procure a data de validade e só consuma cervejas em que esta ainda não tenha expirado.
- Se você tiver escolha, opte pela cerveja refrigerada em vez da que fica em prateleiras.
- Não compre cerveja que esteja ou esteve exposta ao sol.

Servindo Bebida Corretamente

Para desfrutar plenamente da sua experiência de beber cerveja, seguir algumas sugestões simples de como servi-la pode ajudar. Aqui você encontra alguns modos simples e fáceis para incrementar sua apreciação de cerveja:

- Certifique-se de que a cerveja está na temperatura adequada para servir. Cervejas leves e claras podem ser servidas geladas (4 a 6 graus Celsius), mas cervejas escuras devem ser servidas a uma temperatura um pouco mais elevada (6 a 9 graus Celsius). Cervejas com alto teor alcoólico podem ser servidas até à temperatura ambiente.
- Sempre sirva a cerveja em um copo limpo. Ao fazer isto, você libera uma grande quantidade de CO_2, o que aumenta os aromas da cerveja enquanto reduz sua ingestão.
- Apesar de não ser absolutamente essencial, o uso de certos copos de cerveja, como Pilsner, Weizen, Flauta (Flute) e Snifter podem enriquecer sua experiência de beber cerveja.

Para Leigos: A série de livros para iniciantes que mais vende no mundo.

Cerveja Para Leigos

Folha de Cola

Apreciando e Avaliando Cerveja com Conhecimento

Beber cerveja é fácil, mas avaliá-la enquanto bebe requer um pouco mais de diligência. Aqui, você encontra um bom passo a passo para avaliar cerveja como um profissional:

1. Sirva a cerveja de modo a criar uma coroa de espuma de pelo menos dois dedos de espessura no copo.

2. Criar uma coroa de espuma apropriada resulta em uma experiência aromática mais completa.

3. Experimente o aroma da cerveja primeiro, pois o cheiro dissipa rápido.

4. Observe a cor e a claridade da cerveja.

5. A cor e a claridade da cerveja diferem de estilo para estilo, então, não espere que todas as cervejas pareçam iguais.

6. Quando experimentar a cerveja, tente discernir os vários sabores dos ingredientes primários — malte, lúpulo, levedura, e por aí vai. Note o sabor frutado e a quentura (caso haja).

7. Além disso, preste atenção se a cerveja é doce, seca ou ácida, assim como o momento em que os sabores aparecem (antes, durante ou no final do paladar).

8. Determine a consistência e a textura da cerveja.

9. A consistência pode ser encorpada, média ou leve; textura pode ser aquosa, cremosa, crocante, gasosa e por aí vai.

10. Reflita sobre a cerveja.

11. Após experimentar a cerveja e identificar seus vários sabores, aromas e texturas, julgue se as várias partes da cerveja funcionam harmonicamente para criar uma bebida agradável.

Para Leigos: A série de livros para iniciantes que mais vende no mundo.

**por Marty Nachel
com Steve Ettlinger**

Rio de Janeiro, 2014

Cerveja Para Leigos Copyright © 2014 da Starlin Alta Editora e Consultoria Eireli.
ISBN: 978-85-7608-827-1

Translated from original Beer For Dummies© 2012 by John Wiley & Sons, Inc. ISBN 978-11-1812-030-9. This translation is published and sold by permission John Wiley & Sons, Inc, the owner of all rights to publish and sell the same. PORTUGUESE language edition published by Starlin Alta Editora e Consultoria Eireli, Copyright © 2013 by Starlin Alta Editora e Consultoria Eireli.

Todos os direitos reservados e protegidos por Lei. Nenhuma parte deste livro, sem autorização prévia por escrito da editora, poderá ser reproduzida ou transmitida.

Erratas: No site da editora relatamos, com a devida correção, qualquer erro encontrado em nossos livros (procure pelo título do livro).

Marcas Registradas: Todos os termos mencionados e reconhecidos como Marca Registrada e/ou Comercial são de responsabilidade de seus proprietários. A Editora informa não estar associada a nenhum produto e/ou fornecedor apresentado no livro.

Impresso no Brasil — 1ª Edição, 2014

Vedada, nos termos da lei, a reprodução total ou parcial deste livro.

Produção Editorial Editora Alta Books **Gerência Editorial** Anderson Vieira **Editoria Para Leigos** Marcelo Vieira	**Supervisão Gráfica** Angel Cabeza **Supervisão de Qualidade Editorial** Sergio Luiz de Souza **Supervisão de Texto** Jaciara Lima	**Conselho de Qualidade Editorial** Anderson Vieira Angel Cabeza Jaciara Lima Marco Aurélio Silva Natália Gonçalves Sergio Luiz de Souza	**Design Editorial** Aurélio Silva Aureliano Messias	**Marketing e Promoção** marketing@altabooks.com.br
Equipe Editorial	Claudia Braga Cristiane Santos Daniel Siqueira	Evellyn Pacheco Livia Brazil Milena Souza	Thiê Alves	
Tradução Juliana França Sofia Braga	**Copidesque** Elton Nunes	**Revisão Técnica** Rodrigo J. Lemos *Zitólogo e Beer Sommelier*	**Revisão Gramatical** Thamíris Leiroza	**Diagramação** Joyce Matos

Dados Internacionais de Catalogação na Publicação (CIP)

N119c Nachel, Marty.
          Cerveja para leigos / por Marty Nachel com Steve Ettlinger. –
       Rio de Janeiro, RJ : Alta Books, 2013.
          358 p. : il. ; 24 cm. – (Para leigos)

          Inclui índice e apêndice.
          Tradução de: Beer For Dummies.
          ISBN 978-85-7608-827-1

          1. Cerveja. 2. Cerveja - Estilo. 3. Cerveja - Degustação. 4.
       Cerveja - Fabricação. I. Ettlingler, Steve. II. Título. III. Série.
                                                            CDU 663.4
                                                            CDD 641.23

Índice para catálogo sistemático:
1. Cerveja   663.4

(Bibliotecária responsável: Sabrina Leal Araujo – CRB 10/1507)

Rua Viúva Cláudio, 291 – Bairro Industrial do Jacaré
CEP: 20970-031 – Rio de Janeiro – Tels.: (21) 3278-8069/8419
www.altabooks.com.br – e-mail: altabooks@altabooks.com.br
www.facebook.com/altabooks – www.twitter.com/alta_books

Sobre os Autores

O curso da vida de **Marty Nachel** teve uma tremenda virada em 1982, durante uma viagem casual de carro para Toronto, que levou a um ainda mais casual tour pela cervejaria Molson Brewery. Marty nunca havia provado cervejas tão refrescantes e tão diversificadas. A partir daquela nova e maravilhosa experiência, seu futuro estava selado. A vida mudou para melhor.

Marty passou a visitar mais cervejarias — algo em torno de 250 — na América do Norte e Europa. E o mais importante, ele começou a fabricar sua própria cerveja em casa (1985). Não satisfeito em provar apenas suas próprias cervejas, ele resolveu se tornar um juiz de cerveja certificado para poder provar outras também.

Durante todo o tempo em que Marty estava fabricando e julgando cervejas, e visitando cervejarias, ele aprofundou sua carreira como escritor freelancer sobre o assunto. Depois que seu primeiro artigo foi publicado na revista *All About Beer* (1987), não havia como voltar atrás. Os artigos de Marty começaram a aparecer em muitas publicações de cerveja e comida — impressas e virtuais.

Em 1995, Marty fechou seu primeiro contrato com o livro *Beer Across America*, baseado nos boletins informativos que ele havia escrito para o clube *Beer of the Month*, de mesmo nome. No ano seguinte, ele escreveu a primeira edição de *Beer For Dummies*, seguido imediatamente do *Homebrewing For Dummies*. Devido à crescente popularidade da fabricação de cerveja artesanal, a segunda edição de *Homebrewing For Dummies* foi escrita em 2008.

Para não deixar suas papilas gustativas ociosas, Marty as manteve ocupadas como avaliador de cerveja no *Beverage Testing Institute*, em Chicago, entre 1995 e 1998. Neste mesmo ano, Marty recebeu uma ligação de Denver — era um convite para avaliar cerveja no *Great American Beer Festival*, agora ele está sempre lá.

Ha vários anos Marty vem promovendo degustações de cerveja e dando aulas sobre o assunto, assim como aulas sensoriais de cerveja para grupos de cervejeiros artesanais na área de Chicago.

Sempre buscando novas oportunidades de promover boas cervejas, Marty recentemente lançou o programa de Certificação de Cerveja Ale-Conner (*Ale-Conner Beer Certification Program*, em inglês), que permite aos entusiastas de cerveja provar seus conhecimentos, paixão e apreciação pela cerveja artesanal. Confira em *www.beerexam.com*.

Steve Ettlinger é o produtor/editor/agente/coautor de mais de 40 livros orientados para o consumidor e autor de sete livros, a maioria relacionada à comida e à bebida (ele produziu o best-seller *Vinho Para Leigos*). Seu primeiro livro, *The Complete Illustrated Guide to Everything Sold in Hardware Stores*, vem sendo impresso desde 1988. Seu livro mais recente chama-se *Twinkie, Desconstructed*. Você pode achar mais informações sobre Steve em www.steveettlinger.com.

Dedicatória

Marty Nachel: Dedicar este livro para minha esposa, Patti, é um minúsculo jeito de reconhecer sua paciência e tolerância infindáveis enquanto eu perseguia apaixonadamente minha vocação nestes estranhos últimos 20 e poucos anos (alguns mais estranhos que outros). Por todo tempo em que ela me escutou falando sobre uma ótima cerveja que experimentei ou cervejaria que visitei, ou me via partindo para outro festival ou evento de cerveja, eu devo muito, muito mais a ela.

Também gostaria de dedicar este livro para os meus filhos, Drew e Jill, ambos agora na faculdade. Eles visitaram mais cervejarias quando jovens do que muita gente pela vida inteira. Escalei paradas em cervejarias, a maioria no curso de viagens de família, entre visitas a parques nacionais e parques temáticos. Eles toleraram pacientemente a minha mania para que eu pudesse continuar a seguir com a minha paixão de escrever sobre cerveja. Espero que um dia eles possam reconhecer trechos de sua juventude nas páginas dos meus livros.

Agradecimentos dos Autores

Marty Nachel: Agradecer é o mínimo que posso fazer à equipe de pessoas tão dedicadas da John Wiley & Sons, Inc., pelo seu constante suporte e entusiasmo por esse projeto. A equipe inclui Tracy Boggier; David Lutton; minha tão paciente e focada editora de projeto Georgette Beatty; a revisora de texto Jannette ElNaggar; e Carrie Sherrill, do departamento de marketing, que cuidou para que meus pedidos de materiais de divulgação fossem prontamente atendidos. Por fim, mas não menos importante, o revisor técnico Clay Robinson, da fenomenal Sun King Brewery, em Indianápolis (sou fã!).

Eu me considero afortunado por ser um dos autores da série *For Dummies*. Sinto-me em dívida para com o produtor de livros e coescritor Steve Ettlinger por abrir a porta desta oportunidade lá em 1996, quando escrevemos a primeira edição de *Beer For Dummies*. O foco e a atenção aos detalhes de Steve me ajudaram a deixar o livro completo, mas sua sagacidade irônica adicionou humor nos momentos e lugares onde era mais preciso.

Meus sinceros agradecimentos também a Candy Lesher, gourmand de cerveja por excelência. A contribuição de Candy com receitas originais no capítulo 14 deste livro é inestimável. Um enorme "obrigado" a ela por me emprestar seus consideráveis talentos e credenciais para esta realização. Também contribuindo para o sucesso deste capítulo de receitas com cerveja está a provadora de receitas Emily Nolan e a analista nutricional Patty Santelli. Elas certamente devem gostar de seus trabalhos.

Agradeço também às pessoas que forneceram permissões para usar fotos e artes neste livro, incluindo Sarah Warman (em nome da BrewDog), Eric Olson (PedalPub, LLC), Alastair Macnaught (Cask Marque), Steve Krajczynski e Mali Welch (Kona Brewing Co.), e Paul Virant e Jimmy MacFarland (Vie Restaurant). Ainda, muito obrigado pelas fantásticas ilustrações criadas por Liz Kurtzman.

Finalmente, a estrada que levou a este livro foi longa e agradável, e eu tive muita companhia pelo caminho. Eu gostaria de agradecer a essas pessoas e organizações que me inspiraram, deram suporte, ou contribuíram de outra maneira para minha paixão por cerveja. Estão inclusos o Bardo da Cerveja Michael Jackson; Charlie Papazian; Randy Mosher, Ray Daniels, e muitos outros membros de longa data do Chicago Beer Society; Steve Kamp; Dick Van Dyke, e os Brewers of South Suburbia (BOSS); Robin Wilson; e todos os vizinhos, amigos e parentes que já compartilharam seu tempo comigo na busca e apreciação de boas cervejas.

Steve Ettlinger: Em primeiro lugar, sou eternamente grato ao Marty Nachel, por se tornar meu treinador de cerveja pessoal, pacientemente explicando várias vezes as complexas diferenças entre os vários estilos de cerveja. Ele me ensinou tudo que sei sobre cerveja (meu pai me ensinou como apreciá-la). Também sou admirador da sublime cerveja caseira de Marty.

Obrigado a todos os cervejeiros e vendedores de bebidas que cederam seu tempo para minhas perguntas intermináveis; para minha irmã, Betsy, e seus amigos pelas informações sobre apreciação de cerveja; para minha mãe, Marge, pela edição assim como por testar as receitas gastronômicas com cerveja.

Agradeço especialmente ao CAMRA, na Inglaterra, pela assistência na pesquisa, e para Tim Smith, meu editor-chefe, pelas constantes e pacientes revisões e verificação dos fatos.

Agradeço também ao editor freelancer Ted Scheffler, assim como ao bem informado Hercules Dimitratos, do Fancy Grocery, em Nova Iorque — meu fornecedor de cerveja a varejo.

Acima de tudo, sou grato ao Dylan e Gusty (Chelsea, também), pelo suporte e entusiasmo, especialmente quando se tratou de prazos estendidos e eu tive que passar as noites em claro longe de casa.

Cerveja pode ser divertida, mas deu muito trabalho para chegar até aqui. Nunca esquecerei a ajuda de todos vocês.

Sumário Resumido

Introdução *1*

Parte I: Pegando Gosto pela Cerveja *7*
Capítulo 1: Beba Tudo! Começando com o Básico Sobre Cerveja 9
Capítulo 2: Do Sublime ao Absurdo: Ingredientes da Cerveja 19
Capítulo 3: Pequena Poção Mágica: Entendendo como a Cerveja é Feita 29

Parte II: Dando uma Olhada nos Estilos de Cerveja —
Antiga, Nova e Renovada Também *39*
Capítulo 4: Conhecendo as Principais Categorias de Cerveja: Ales, Lagers e Mais 41
Capítulo 5: Investigando a "Real" Ale 63
Capítulo 6: Explorando a Cerveja Envelhecida em Barril e em Madeira 75
Capítulo 7: Mergulhando em Cervejas Extremas 85
Capítulo 8: Conferindo Cervejas Orgânicas, Sem Glúten e Kosher 97

Parte III: Comprando e Apreciando Cerveja *109*
Capítulo 9: O Melhor Jeito de Comprar Cerveja 111
Capítulo 10: Olhando para a Loucura dos Rótulos e a Confusão do Marketing 125
Capítulo 11: Servindo Cerveja 139
Capítulo 12: Tornando Suas Papilas Mais Sábias: Degustando e Avaliando Cerveja . 153
Capítulo 13: Jantando com Cerveja 167
Capítulo 14: Cozinhando com Cerveja 177

Parte IV: Explorando as Cervejas ao Redor do
Mundo e em Casa *193*
Capítulo 15: Analisando Cervejas na América do Norte 195
Capítulo 16: Experimentando Cervejas na Europa, Ásia etc 217
Capítulo 17: Embarcando em Viagens e Excursões Cervejeiras 239
Capítulo 18: Fabricando Cerveja em Casa 257

Parte V: A Parte dos Dez 289

Capítulo 19: Dez Maneiras para Aumentar sua Apreciação de Cerveja 291
Capítulo 20: As Dez Melhores Cidades Cervejeiras do Mundo (E Algumas a Mais) . 299
Capítulo 21: Os Dez Melhores Festivais de Cerveja do Mundo 309

Parte VI: Apêndices 315

Apêndice A: Um Guia Rápido de Estilos de Cerveja e Estatísticas 317
Apêndice B: Uma Breve História da Cerveja (Para o Verdadeiro Louco por Cerveja) ... 329

Índice 339

Sumário

Introdução *1*

    Sobre Este Livro 2
    Convenções Usadas Neste Livro 2
    Só de Passagem 2
    Penso que... 2
    Como Este Livro Está Organizado 3
        Parte I: Sentindo o Gosto da Cerveja 3
        Parte II: Dando uma Olhada nos Estilos de Cerveja - Antiga, Nova, e Renovada Também 3
        Parte III: Comprando e Apreciando Cerveja 4
        Parte IV: Explorando as Cervejas ao Redor do Mundo e em Casa 5
        Parte V: A Parte dos Dez 5
        Parte VI: Apêndices 5
    Ícones Usados Neste Livro 5
    De Lá para Cá, Daqui para Lá 6

Parte I: Pegando Gosto pela Cerveja *7*

Capítulo 1: Beba Tudo! Começando com o Básico Sobre Cerveja 9

    Apresentando os Elementos Fundamentais da Cerveja 10
    Examinando Diferentes Estilos de Cerveja 11
        Ales versus lagers 12
        Cervejas híbridas e especiais 12
    Comprando e Saboreando Cerveja 13
        Comprando cerveja 13
        Servindo e degustando cerveja 13
        Jantando com cerveja 14
        Cozinhando com cerveja 15
    Fazendo uma Excursão de Cervejas ao Redor do Globo 15
        América do Norte 16
        Europa, Ásia e além 16
    Fabricando sua Própria Cerveja 17

Capítulo 2: Do Sublime ao Absurdo: Ingredientes da Cerveja . . 19

    Cevada: Cereal para Cerveja, Não para o Café da Manhã 20
    Lúpulo: Flores para Sabor e Aroma 21
        Conhecendo os melhores lúpulos 22
        Lupulando para amargar, aromatizar e mais 23
    Levedura: Há um Fungo entre Nós 23
    Água: Uma Grande Influência sobre a Cerveja 25
    Asa de Morcego, Olho de Tritão: Adjuntos que Você Pode Amar ou Odiar ... 26

Capítulo 3: Pequena Poção Mágica: Entendendo como a Cerveja é Feita 29

Caldeiras, Tonéis e Tanques: Equipamento para Fabricar Cerveja 30
Alquimia das Ales: o Processo de Fabricação 31
    Malteação 32
    Moagem 33
    Brassagem 33
    Fervura 34
    Fermentação 35
    Maturação 36
    Acondicionamento 36
    Limpeza 37

Parte II: Dando uma Olhada nos Estilos de Cerveja — Antiga, Nova e Renovada Também *39*

Capítulo 4: Conhecendo as Principais Categorias de Cerveja: Ales, Lagers e Mais 41

Dois Grandes Ramos na Árvore Genealógica da
    Cerveja: Distinguindo Ales e Lagers 41
        A levedura faz a cerveja 42
        Você pode sentir a diferença, algumas vezes 42
Cervejas da Velha Guarda: Entendendo as Ales 44
A "Nova" Cerveja do Pedaço: Familiarizando-se com as Lagers 45
Misturado: Tomando Nota das Cervejas Híbridas 46
    Alta fermentação com levedura lager 46
    Baixa fermentação com levedura ale 47
Qualquer Coisa, Menos a Pia da Cozinha: Observando Cervejas Especiais ... 47
A Anatomia dos Estilos de Cerveja: Examinando os
    Traços das Diferentes Cervejas 48
    Definindo os estilos de cerveja com três parâmetros 49
    Usando alguns termos de degustação 50
    Elaborando ótimas cervejas 50
Estilo é Tudo: Listando Alguns dos Estilos mais Comuns de Cerveja 51
    Ales 52
    Lagers 58
    Cervejas híbridas 60
    Cervejas especiais 61

Capítulo 5: Investigando a "Real" Ale 63

Entendendo o que Faz a Ale "Real" 63
Iniciando a Jornada da Real Ale em Barris 65
    Um barril de diversão: conhecendo as partes de um barril 65
    Ampliando a situação: Pins, Firkins, Kilderkins e mais 66

Filtrando e Acondicionando a Real Ale 67
  Deixando claro: agentes clarificantes 68
  Na posição do respiro: deixando a real ale respirar 69
Tirando a Real Ale 70
  Extraindo a real ale por uma chopeira 70
  Usando uma torneira para liberar a gravidade 72
CAMRA: Campanha para a Real Ale (Campaign for Real Ale) 73

Capítulo 6: Explorando a Cerveja Envelhecida em Barril e em Madeira 75

Diferenciando a Cerveja Envelhecida em Barril e em Madeira 75
Descobrindo Qual Madeira é Melhor 76
  Escolhendo entre barris novos e usados 77
  Optando pelo carvalho 77
  Criando novos sabores de cerveja com sabores de barris antigos 78
Marcando Alguns Pontos no Processo de Maturação 80
  Conferindo a oxidação da cerveja 80
  Decidindo se deixa a cerveja ficar ácida 81
  Misturando cervejas de dois ou mais barris 84

Capítulo 7: Mergulhando em Cervejas Extremas 85

O Que Faz Uma Cerveja "Extrema"? 85
  Mais encorpada 86
  Sabor mais intenso 86
  Maior teor alcoólico 87
Cervejas Monásticas: As Cervejas Extremas Originais 89
  A origem das Dubbels, Tripels e Quadrupels 89
  A criação da Doppelbock 90
Se é Imperial, Ela Governa: Intensificando os Estilos de Cerveja para um
  Maior Impacto 91
A Batalha das Cervejas: Minha Cerveja é Mais Extrema que a Sua 92
  Roubando a cena com nomes diferentes 93
  Aumentando a competição com embalagens malucas 93
O Futuro das Cervejas Extremas 95

Capítulo 8: Conferindo Cervejas Orgânicas, Sem Glúten e Kosher 97

Seleção Natural: Cerveja Orgânica 97
  No começo: a ascensão da cerveja orgânica 97
  Triagem das certificações de cerveja orgânica 98
  Por que ir de orgânica? Ajude o meio ambiente — beba uma cerveja! ..99
  Movimento orgânico: uma lista das cervejas orgânicas 100
Uma Esperança para Pessoas com Doença Celíaca: Cerveja sem Glúten . 102
  A turma dos "sem glúten": grãos e amidos usados na
    cerveja sem glúten 103

Sem glúten, mas cheia de sabor: uma lista das cervejas sem glúten .. 104
Seguindo a Lei: Cerveja Kosher 105
    Descobrindo o que a qualifica como kosher 106
    Tudo é kosher: uma lista das cervejas kosher 107

Parte III: Comprando e Apreciando Cerveja 109

Capítulo 9: O Melhor Jeito de Comprar Cerveja 111

Latas, Garrafas, Growlers e Barris Keg: Decidindo Qual é o da Sua Escolha ...111
    Batendo lata 112
    Optando por garrafas... 113
    Elegendo o Growler 114
    Rolando no barril keg... 114
Comprar ou Morrer: Procurando a Cerveja Mais Fresca..................... 117
    Entendendo que o tempo não está do seu lado 118
    Adegando a cerveja como vinho fino — mas só em casos especiais 118
    Ficando longe da cerveja não refrigerada 119
    Evitando a luz.. 119
    Verificando o cenário da loja antes de comprar 120
    Fazendo amizade com revendedores locais de cerveja 121
Você se Queimou? Conferindo sua Cerveja em Casa 122
    Estourando a rolha 122
    Combatendo a tristeza da oxidação... 123

Capítulo 10: Olhando para a Loucura dos Rótulos e a Confusão do Marketing 125

Entendendo as Leis sobre Rótulos.. 125
    O que o rótulo deve ter 126
    O fraco, o forte e o ininteligível: teor alcoólico................................ 127
    Rótulos ignorantes: aditivos e conservantes 128
    A Reinheitsgebot: A Lei Alemã da Pureza da Cerveja 129
Publicidade e Marketing de Cerveja 130
    Obtendo detalhes não essenciais 130
    Invadindo o território da cerveja artesanal com as
        macrocervejarias disfarçadas de micro 132
    Pegando a base da fabricação de cerveja por contrato................... 133
"Guinness is Good For You": Conteúdo Nutricional 135
    Livre de colesterol e de gordura 136
    Beba cerveja, viva mais.. 137

Capítulo 11: Servindo Cerveja 139

Escolhendo um Copo com Classe.. 139
    A disposição dos copos: os tipos básicos de copos de vidro 140
    Passando para o próximo nível: ferramentas esportivas de beber ... 144

Vamos ser práticos: definindo os copos que você realmente precisa....147
Enchendo o Copo..147
    Conhecendo a temperatura adequada de servir a cerveja
    antes de despejá-la..147
    Inclinar ou não inclinar, eis a questão.......................................149
Asseio Conta: Limpando e Guardando os Copos......................................150
    Entendendo a "cerveja limpa"..151
    Colocando tudo a perder..152

Capítulo 12: Tornando Suas Papilas Mais Sábias: Degustando e Avaliando Cerveja..........................153

Avaliando uma Cerveja em Dois Tempos (Na Verdade, Cinco)................154
Aroma: O Nariz Sabe...155
Olhar: Você Não Pode Julgar uma Bock pelo Seu Rótulo........................156
    Todas as cores do arco-íris cervejeiro..157
    Em um dia claro..157
    Mão no colarinho..158
Saboreie: Malte e Lúpulos, os Elementos Principais..............................158
    O maravilhoso sabor do malte...159
    O divino sabor do lúpulo...160
    Fermentação fabulosa..160
    Retrogosto: deixe prolongar...161
Tato: Textura e Consistência...162
Reflita: A Cerveja Como um Todo é Melhor do que a Soma de Suas Partes?..163
Teste sua Língua: Registre suas Avaliações de Cerveja..........................164
    Avaliando cervejas em fóruns online..165
    Mantendo um diário pessoal..166

Capítulo 13: Jantando com Cerveja..........................167

Que Casal! Combinando Cerveja e Comida..167
    Supondo diretrizes gerais..168
    Cortando, contrastando e complementando diferentes sabores......172
    Ligando sua lista de combinações..172
Ocasião é Tudo: Servindo Cerveja em Diferentes Ocasiões....................174
    Selecionando cervejas para antes e depois do jantar..................174
    Servindo cervejas de acordo com a estação................................175

Capítulo 14: Cozinhando com Cerveja......................177

Usando a Cerveja como Ingrediente em Qualquer Prato........................177
    Entendendo quando se pode (ou não) usar a cerveja em uma receita.178
    Escolhendo a cerveja certa para a receita...................................179
Conhecendo Ótimas Receitas Estrelando a Cerveja como Ingrediente.....180

Parte IV: Explorando as Cervejas ao Redor do Mundo e em Casa 193

Capítulo 15: Analisando Cervejas na América do Norte 195

Conhecendo o Passado da Cerveja nos Estados Unidos 195
    Respeitando os mais velhos: rastreando ótimas tradições de cerveja americanas... 196
    A ascensão: a explosão da indústria cervejeira americana no século XX 197
    Ensinando novos truques a um velho cão: a ascensão das pequenas cervejarias artesanais........................... 198
    Revolução ou renascença? A fabricação de cerveja nos EUA hoje e amanhã 200
Conhecendo a Cena Cervejeira do Canadá e México 200
    Oh, Canadá 201
    À maneira mexicana 202
Indo Onde a Cerveja Está 204
    Bares de cerveja 205
    Pubs cervejeiros 206
    Gastropubs 208
    Jantares cervejeiros 209
Celebrando os Festivais de Cerveja Norte Americanos 210
    Descobrindo o que fazer e não fazer em um festival 211
    Conhecendo festivais de cerveja notáveis nos Estados Unidos, Canadá, México e Brasil 212
Explorando os Museus de Cerveja Norte-Americanos 214

Capítulo 16: Experimentando Cervejas na Europa, Ásia etc ... 217

Construindo a Sua Própria Aventura Cervejeira 218
Explorando Cerveja na Alemanha 218
    Descobrindo os sabores regionais: norte, leste e oeste 219
    Rumo ao sul para a Baviera 220
    Conhecendo os templos, festivais e museus alemães 222
Conhecendo as Cervejas no Reino Unido 224
    Sentindo o sabor amargo das bitters na Inglaterra e País de Gales .. 225
    Pegando pesado com a Escócia 226
    Explorando os templos, festivais e museus no Reino Unido 227
Pegando o Gosto pela Irlanda 229
    Fabricando a Guinness para a nação 229
    Indo além da tradicional Dry Stout 229
    Visitando fábricas de cerveja e pubs irlandeses 230
Bebendo Cerveja na Bélgica 230
    Rastreando cervejas seculares 231

Comercializando as cervejas Trapistas e as Abadias 231
Encontrando os melhores templos, festivais e museus belgas 231
Conhecendo as Cervejas da República Tcheca 233
Visitando o lugar de nascimento da Pilsner 234
Experimentando outras cervejas tchecas 234
Conhecendo estabelecimentos históricos de cerveja tchecos 234
Encontrando Cervejas de Destaque em Outros Cantos do Mundo 235
Áustria 235
Dinamarca 235
Holanda 236
Noruega 236
Austrália e Nova Zelândia 236
Japão 237
Tailândia 237
Brasil 238

Capítulo 17: Embarcando em Viagens e Excursões Cervejeiras 239

Tenha Algumas Dicas Cervejeiras em Mente Antes de Sair de Casa 239
Colocando a Cerveja nas suas Aventuras de Férias 241
Todos juntos agora: indo com grupos de excursão 241
Ziguezague maltado: aventuras cervejeiras não planejadas 244
Travesseiros de Lúpulo para Todos! Alojamentos Próximos
e Dentro das Fábricas de Cerveja 245
Cerveja, cama e café da manhã 246
Beber e dormir, misturar e apagar: passando a noite em uma
cervejaria 247
Conhecendo as Excursões de Cervejarias 249
Fazendo sozinho uma excursão 249
Experimentando excursões em grupo de ônibus 251
Pedalando até Pilsners e Porters: os tours de bicicleta 253

Capítulo 18: Fabricando Cerveja em Casa 257

Dando os Primeiros Passos na Fabricação Caseira 258
Comprando suprimentos 259
Potes, baldes, escovas e afins 259
Ingredientes da cerveja 263
Vigilância Sanitária: Mantendo a Limpeza durante
o Processo de Fabricação 266
A importância da esterilização e da higienização 266
Sabão por espuma 267
Práticas gerais de limpeza 268
Seguindo Passo a Passo as Instruções de Fabricação Caseira 268
Preparar, apontar, cozinhar! 269
Fermentação fabulosa 273
Engarrafando 275
Mantendo registros 279

Dando um Passo a Mais na Sua Fabricação..280
   Novos brinquedos: equipamentos aperfeiçoados 281
   Grãos especiais...283
   Fermentação secundária e a arte da sifonagem 285

Parte V: A Parte dos Dez 289

Capítulo 19: Dez Maneiras para Aumentar sua Apreciação de Cerveja. 291

Beba Cerveja com um Propósito 291
Publique as Suas Avaliações Online 292
Mantenha um Blog sobre Cerveja...292
Escreva um Ótimo Livro sobre Cerveja 293
Seja Formado e Certificado em Cerveja...294
Fabrique Cerveja em Casa 295
Torne-se um Avaliador ou Juiz de Cerveja Certificado 296
Colecione Objetos Relacionados à Cerveja 296
Associe-se com Outros que Compartilham da Sua Paixão por Cerveja.....297
Seja um Cervejeiro Profissional..298

Capítulo 20: As Dez Melhores Cidades Cervejeiras do Mundo (E Algumas a Mais) 299

Munique, Alemanha..299
Bamberg, Alemanha...300
Bruges, Bélgica...301
Praga, República Tcheca...301
Londres, Inglaterra...302
Portland, Oregon, Estados Unidos 303
Seattle, Washington, Estados Unidos 303
Denver, Colorado, Estados Unidos...304
São Francisco, Califórnia, Estados Unidos 305
Filadélfia, Pensilvânia, Estados Unidos..306
Mais Algumas Ótimas Cidades Cervejeiras para Levar em Consideração....306

Capítulo 21: Os Dez Melhores Festivais de Cerveja do Mundo. 309

Great American Beer Festival, Denver, Colorado, Estados Unidos.............310
Great Taste of the Midwest, Madison, Wisconsin, Estados Unidos 310
Oregon Brewers Festival, Portland, Oregon, Estados Unidos......................311
SAVOR, Washington, D.C, Estados Unidos 311
American Craft Beer Fest, Boston, Massachusetts, Estados Unidos...........312
Mondial de la Bière, Montreal, Quebec, Canadá..313
Oktoberfest, Munique, Alemanha..313
Great British Beer Festival, Londres, Inglaterra 314
Zythos Bier Festival, Bélgica...314
Poperinge Hop and Beer Festival, Poperinge, Bélgica................................314

Parte VI: Apêndices 315

Apêndice A: Um Guia Rápido de Estilos de Cerveja e Estatísticas . 317
Uma Amostra dos Estilos de Cerveja 317
Gravidade e Teor Alcoólico dos Vários Estilos de Cerveja 322
    Ales 323
    Lagers 326
    Cervejas Híbridas e Especiais 327

Apêndice B: Uma Breve História da Cerveja (Para o Verdadeiro Louco por Cerveja). 329
Cerveja no Alvorecer da Civilização e do Começo ao
    Fim da História Mundial 329
A História da Cerveja nos Estados Unidos 332
    Tempos coloniais durante os anos 1800 332
    Ato de Proibição Nacional (Ato Volstead) 334
    Depressão Pós-Proibição 335
O Renascimento Contemporâneo da Cerveja nos Estados Unidos 337

Índice 339

Prefácio

Eu amo cerveja. Meu pai era um mestre cervejeiro, então eu cresci em cervejarias e vim a apreciar as chaleiras, os tanques, e o cheiro delas. Quando criança, eu li as receitas de cerveja da família, que vêm sido herdadas por mais de seis gerações.

Em 1984, quando fabriquei minha primeira leva de cerveja Samuel Adams, não havia necessidade de um guia básico como *Cerveja Para Leigos*, especialmente nos Estados Unidos. Cervejas produzidas em massa durante 40 anos tornaram-se cada vez mais leves e brandas. E as cervejas estrangeiras, até então a única alternativa amplamente disponível, estavam frequentemente velhas devido à longa viagem cruzando os oceanos e à armazenagem prolongada.

Porém, atualmente, os apaixonados por cerveja estão no paraíso. Estamos no meio de um verdadeiro renascimento do que é conhecido como cerveja artesanal. Literalmente centenas de novas marcas e estilos estão amontoadas nas prateleiras e nos fundos dos bares — bastante intimidador para os não-iniciados, a não ser que eles tenham um exemplar deste *Cerveja Para Leigos* com eles. Pessoalmente, eu adoro entrar em um bar e ver uma dúzia de torneiras de ótimos e interessantes estilos de cerveja.

Eu cresci sabendo que a cerveja pode ter toda a nobreza e complexidade de um vinho fino, e é divertido ver cada vez mais pessoas entendendo isso hoje em dia.

Acho que isso tem a ver com informação. Quanto mais você aprende sobre cerveja — seus ingredientes, história, fabricação — mais respeito você tem por ela. Por esse motivo eu aplaudo Marty Nachel e Steve Ettlinger por escreverem *Cerveja Para Leigos*.

Neste livro, Marty e Steve contam o que é uma boa cerveja e como encontrá-la e apreciá-la. Eu agradeço a oportunidade de endossar *Cerveja Para Leigos* e tenho certeza de que o livro vai te entreter, te informar e te deixar com sede de uma verdadeira ótima cerveja!

Felicidades,

Jim Koch

Cervejeiro, Samuel Adams Boston Lager

Jim Koch é reconhecido por muitos como o líder da atual renascença cervejeira nos EUA. Como mestre-cervejeiro, segue a tradição familiar — seis primogênitos em sua família tornaram-se mestres-cervejeiros. Seu primeiro contato com a atividade foi aos quatro anos, quando experimentou sua primeira cerveja. E adorou.

Em 1984, munido da receita original de seu tataravô, Jim inaugurou a bem sucedida Boston Beer Company. Na época, ele não poderia imaginar que existiriam mais tipos da cerveja Samuel Adams. Hoje em dia, a marca conta com mais de 30 produtos diferentes.

Introdução

Era uma vez um homem chamado Aristeu —

Sobre cerveja, ele nada estudou.

Cerveja Para Leigos *ele leu,*

E Mestre Cervejeiro se tornou.

Como muitas pessoas, descobri a cerveja pela primeira vez sentado no colo do meu pai. Minhas primeiras lembranças relacionadas à cerveja que meu pai bebia são de que elas eram bem geladas e espumosas, como espuma de sabão — provavelmente também com um rótulo descrevendo precisamente o sabor. Pena que meu pai comprava as mais baratas.

Depois de anos inconscientemente comprando as cervejas mais baratas, como meu pai fazia, eu achei que a minha cerveja habitual começou a ficar habitualmente sem graça e muito menos atraente. Por sorte, uma excursão por uma famosa fábrica de cervejas — Molson's, em Toronto — que fazia cervejas refrescantes e saborosas em inúmeros estilos tradicionais, abriu meus olhos para um mundo ainda não descoberto de possibilidades cervejeiras não disponíveis nos Estados Unidos naquele tempo. Beber cerveja nunca mais seria a mesma coisa para mim, pois eu tinha descoberto os segredos da verdadeira felicidade cervejeira: frescor e variedade. Deste momento em diante, eu saí em busca de boas cervejas e aprendi a diferença entre elas e as cervejas medíocres (e piores).

Aprender esta diferença não foi apenas fácil, como também divertido — tão divertido, de fato, que agora eu ganho a vida fazendo isso! Mas mesmo para bebedores casuais, um pouco de conhecimento sobre cerveja pode transformar uma experiência possivelmente assustadora em agradável. Boa cerveja, ao contrário de vinhos finos, está amplamente disponível e relativamente barata, mas escolher entre os vários estilos pode ser um pouco confuso sem alguma ajuda. Se você se apaixonou por cerveja, você tem muitos meios para aumentar sua apreciação por ela. Este livro deve ser de ajuda para principiantes, assim como para sérios entusiastas de cerveja. E a melhor notícia é que, atualmente, a boa cerveja está sendo oferecida por mais cervejeiros a cada dia.

E isso é algo a brindar!

Sobre Este Livro

Cerveja Para Leigos, Tradução da 2ª Edição, é antes de tudo um instrumento de referência. Você não tem que lê-lo do início ao fim (apesar de que eu não ligaria se você o fizesse); você pode ir para qualquer parte, capítulo, ou seção que fornece a informação que você precisa, quando precisar. Se você decidir ler o livro na ordem, verá que as informações são apresentadas em uma progressão lógica.

Convenções Usadas Neste Livro

Incluí as seguintes convenções para ajudar você a navegar por este livro:

- O **Negrito** ressalta palavras-chave nas listas de marcadores e fases de ação para seguir alguma ordem específica.
- Novos termos e palavras enfatizadas estão em *itálico*.
- Endereços eletrônicos aparecem em fonte `monoespaçada`.

Quando este livro foi impresso, alguns endereços eletrônicos que eu menciono podem ter sido quebrados em duas linhas de texto. Se isto aconteceu, fique seguro de que eu não incluí nenhum caractere extra (como hifens) para indicar a quebra de linha. Se você desejar visitar um endereço eletrônico que foi quebrado em duas linhas, apenas digite exatamente o que você ler neste livro, como se a quebra de linha não existisse.

Mais uma observação: Você deve notar que há dois nomes na capa deste livro, ainda que o texto esteja na primeira pessoa. Muito do que está escrito neste livro é anedótico, parcial, e baseado em experiências pessoais. Expressar essas passagens no singular é muito mais fácil do que atribuí-las individualmente ao Marty ou ao Steve.

Só de Passagem

Se você está com pressa, sinta-se livre para pular qualquer texto marcado com o ícone Papo de Especialista ou destacado em uma barra lateral (box cinza). Essas informações são interessantes e algumas vezes divertidas, mas não são cruciais para um profundo entendimento sobre cerveja (a não ser que você avance em trivialidades e minúcias).

Penso que...

Quando eu estava escrevendo este livro, eu presumi apenas uma coisa sobre você, querido leitor: Você está procurando por um recurso que o ajude a entender, comprar, beber, e apreciar cerveja, seja você um iniciante em cerveja que não sabe muito sobre o assunto, ou um entusiasta de cerveja que quer saber mais. Você veio ao lugar certo!

Como Este Livro Está Organizado

As primeiras partes deste livro são para as pessoas que acabaram de descobrir o mundo das cervejas de qualidade, e que estejam buscando um pouco de conhecimento ou mesmo alguma informação específica sobre cerveja — ou que queira manter uma conversa inteligente com algum entusiasta de cerveja. As últimas partes estão mais orientadas para aqueles que pegaram a febre da cerveja ou que ficaram completamente enlouquecidos por cerveja. Por fim, este livro é um guia para incrementar o seu prazer de beber cerveja, ampliando suas opções entre os muitos estilos disponíveis, e abrindo seus olhos para diversão relativa à cerveja, como fabricação caseira e viagens cervejeiras.

Parte I: Sentindo o Gosto da Cerveja

Estes três capítulos têm a função de responder às primeiras dúvidas que a maioria das pessoas novas no mundo da cerveja tendem a perguntar.

- Capítulo 1 contém a base para entender e apreciar cerveja em suas muitas formas. Você provavelmente deve tomar seu tempo para ler este capítulo.
- Capítulo 2 é todo sobre os ingredientes necessários para fabricar uma ótima cerveja — e também uma cerveja estranha. Você provavelmente nunca iria supor os ingredientes constantes em algumas cervejas.
- Capítulo 3 visa responder às questões básicas sobre como a cerveja é feita. Alguns bebedores estão apenas simplesmente curiosos, mas você deve querer saber essas coisas, porque rótulos e menus de cerveja geralmente mencionam o processo de fabricação.

Parte II: Dando uma Olhada nos Estilos de Cerveja - Antiga, Nova, e Renovada Também

Para qualquer pessoa que esteja começando a aprender sobre cerveja, essa parte é superimportante. Não apenas todos os antigos estilos de cerveja estão explicados em detalhes, como todos os melhores novos estilos e tendências têm ampla atenção.

- Capítulo 4 descreve os estilos mais populares de cerveja e define os termos básicos que você vê ou ouve sobre cerveja. Este capítulo deve ajudá-lo a fazer suas primeiras escolhas sem se sentir intimidado. A leitura é realmente essencial.

- Capítulo 5 entra profundamente na desmistificação da *real ale*, que é uma antiga e tradicional forma britânica de servir cerveja que rapidamente se tornou popular nos Estados Unidos e em outros lugares do mundo.
- Capítulo 6 aponta que envelhecimento em madeira não é mais de domínio único de vinícolas e destilarias. Este capítulo é todo sobre cerveja envelhecida com madeira.
- Capítulo 7 tenta descrever e explicar a natureza da cerveja extrema. Curioso sobre o que a qualifica como extrema? Leia este capítulo.
- Capítulo 8 faz mais fácil a vida dos bebedores de cerveja que, por vários motivos, não podem beber a mesma cerveja normal que a maioria de nós; você encontra cerveja orgânica, sem glúten, e kosher neste capítulo.

Parte III: Comprando e Apreciando Cerveja

É nesta parte que eu asseguro que você receba pelo que paga. Cerveja é um alimento perecível, e tem que ser transportada, armazenada, e vendida como tal. Com frequência isto não acontece, fazendo a sua vida de consumidor de cerveja repleta de perigos.

Alguns amantes de cerveja chegam perigosamente perto de ser esnobes em relação ao assunto, quase como (arrepio!) os esnobes que bebem vinho, mas esta parte te ajuda a escolher as informações mais importantes sobre apreciação de cerveja (o que na verdade é um assunto bem complexo)

- Capítulo 9 te dá as ferramentas que você precisa para comprar cerveja com confiança.
- Capítulo 10 entra nas especificidades das leis de rotulagem e dos misteriosos jargões de rótulo, passando pelo papo furado do departamento de marketing.
- Capítulo 11 explica que há muito mais em servir cerveja do que você pensa.
- Capítulo 12 é provavelmente o mais sério, porque jargões de degustação são sérios. Todavia, degustar cerveja não é um negócio sério. O ponto de partida: Se você gosta, é boa.
- Capítulo 13 abre seus olhos para o mundo da cerveja e da comida, um mundo que é facilmente agradável. Comparações e substituições entre vinho e cerveja estão cobertos em detalhes aqui.
- Capítulo 14 mostra que cozinhar com cerveja não é apenas fácil, como frequentemente mais satisfatório que cozinhar com vinho. Receitas inclusas.

Parte IV: Explorando as Cervejas ao Redor do Mundo e em Casa

Esta parte é para as pessoas que gostam de se movimentar um pouco. O lugar onde você mora e os bares locais não são os únicos lugares para apreciar cerveja — este capítulo te dá várias ideias de lugares ao redor do mundo para explorar e se divertir. Mas se você gosta é de ficar por perto da sua casa, considere fabricar sua própria cerveja lá.

- Capítulo 15 cobre os melhores lugares para encontrar cerveja na América do Norte, incluindo bares de cerveja, pubs cervejeiros, gastropubs, refeições com cerveja, e festivais.
- Capítulo 16 te leva em uma viagem para experimentar cerveja por lugares longínquos, como Europa e Ásia.
- Capítulo 17 mostra o quanto é fácil tirar umas férias cervejeiras — apenas deixe o planejamento para os outros.
- Capítulo 18 te conduz enquanto você fabrica sua primeira leva de cerveja, feita apenas com um kit de só adicionar água. Quando terminar, os mesmos passos servem de base para fabricar cervejas de nível intermediário, com mais ingredientes e instruções — cobertos no estilo passo a passo.

Parte V: A Parte dos Dez

A Parte dos Dez é uma tradição da série *Para Leigos*, e nesta parte você encontra jeitos novos e diferentes de incrementar sua apreciação de cerveja, informações úteis sobre grandes cidades da cerveja ao redor do mundo, assim como informações privilegiadas sobre os maiores e melhores festivais que os amantes da cerveja podem (e talvez devam) comparecer.

Parte VI: Apêndices

Esta parte é um recurso básico para tudo o que é cerveja. O Apêndice A está lotado de informações sobre estilos de cerveja, teores alcoólicos, e exemplos de cervejas comerciais de cada estilo. O Apêndice B proporciona uma breve história da cerveja — desde a explicação hipotética de seu descobrimento ao renascimento que estamos aproveitando atualmente.

Ícones Usados Neste Livro

Ícones são as figuras que você vê nas margens deste livro. Aqui estão as explicações de todos os ícones.

Os textos marcados por este ícone contêm engraçados, intrigantes, ou apenas interessantes conhecimentos ou trivialidades. É divertido, mas também pode ser educativo. É um excelente material para brincadeiras em bares de cerveja, se você gosta desse tipo de coisa.

Este ícone sinaliza fatos realmente importantes, que são essenciais saber se você quer ter certeza que entende sobre cerveja.

Este ícone mostra indicadores, sugestões, recomendações, e coisas para você fazer.

Como você pode adivinhar, este ícone significa "Não faça isso!", ou "Preste atenção e faça direito de primeira". Você pode estragar sua cerveja ou sua experiência com cerveja se pular o aviso.

O texto marcado com este ícone explica assuntos técnicos e são importantes apenas se você está realmente se aprofundando em cerveja ou gosta muito deste tipo de assunto. A maioria de vocês pode facilmente pular estas pequenas informações.

De Lá para Cá, Daqui para Lá

Aonde ir a partir daqui? Que tal ir direto para sua geladeira e pegar uma cerveja antes de sentar e virar as páginas deste livro?

Agora, se você é um novato em cerveja, você deve querer começar com o básico sobre como ela é feita nos Capítulos 2 e 3. Se você já está por dentro de cerveja, mas não totalmente sobre todos os estilos de cerveja, confira o Capítulo 4. Você se considera um gourmet ou um glutão? Se sim, com certeza achará algo de interessante nos Capítulos 13 e 14. Você é um viajante à procura de aventuras encharcadas de cerveja? Então você vai querer folhear os Capítulos 15, 16, 17, 20 e 21. Mas se você já está no caminho para o reino nerd da cerveja, encaminhe-se diretamente ao Capítulo 19 para fechar o negócio.

Nota: Parte porque a cerveja é tão amplamente disponível, e parte porque muitas pessoas diferentes fazem cerveja, os estilos de cerveja não são sempre compatíveis de marca para marca. Cervejeiros artesanais são reconhecidos por colocar seus próprios toques nos estilos de cerveja, às vezes individualizando-a a tal ponto que mal se encaixa em algum estilo. O que tentei fazer neste livro é definir os estilos mais importantes na linguagem corrente, mas não tenha dúvidas de que encontrará lugares onde estarão expressos de modo diferente. A maioria das descrições reflete uma percepção individual do escritor, assim como boa parte das descrições de estilo não são de fato definitivas. Eu segui as diretrizes do *Beer Judge Certification Program* (BJCP) como base e adicionei meu ponto de vista para torná-las mais fáceis ao leitor médio.

Se você está confuso, não se preocupe. Afinal, é só cerveja. Vá pegar uma agora, por favor!

Parte I
Pegando Gosto pela Cerveja

Nesta parte...

Dizem que você deve aprender a andar antes de poder correr, então antes de correr para o seu revendedor local de cerveja, pode ser uma boa ideia passar por esta parte. Aqui é onde os mistérios da cerveja são desvendados: de que é feita a cerveja e como ela é feita. Estes capítulos explicam o básico que você precisa saber para se sentir confortável para seguir com seu novo passatempo — ou seja, beber cerveja.

Capítulo 1

Beba Tudo! Começando com o Básico Sobre Cerveja

Neste Capítulo

- Produzindo cerveja a partir do zero
- Conferindo as variedades de estilos de cerveja
- Comprando e apreciando cerveja de maneiras diferentes
- Embarcando em uma turnê mundial de cerveja
- Fazendo sua própria cerveja

Para muitas pessoas, a cerveja é um simples produto unidimensional que serve a dois propósitos primários: como um antídoto para sede e como um barato e acessível intoxicante. (O ponto de vista de uma pessoa é frequentemente determinado pela sua idade). Na cultura americana, geralmente, a cerveja tem sido considerada uma bebida popular, não merecedora de respeito ou de um lugar digno à mesa de jantar.

De uma perspectiva mais global, particularmente naqueles países conhecidos pela expertise na fabricação, a cerveja é uma despretensiosa — porém respeitada — bebida socialmente aceita, com o objetivo de ser apreciada em qualquer ocasião ou a qualquer hora do dia. Ela também é produzida em vários sabores e estilos regionais, o que a torna mais proveitosa nas apreciações comparativas e até (glup!) discussões cultas.

Historicamente falando, a cerveja foi, por muito tempo, fundamental na dieta humana, assim como o respeitado ofício do fabricante de cerveja local. A cerveja não era apenas um meio de se refrescar, mas também uma importante fonte de vitaminas e nutrientes, de feliz ingestão e fácil digestão. Olhando muito além da história escrita, a cerveja também tem sido teoricamente relacionada à civilização e socialização da espécie humana. Impressionante, não?

Neste capítulo, eu te levo em uma excursão introdutória pelo maravilhoso mundo da cerveja: seus ingredientes, estilos, usos, e muito mais. Aproveite!

Um dos benefícios dessa atual mania de cerveja é a grande quantidade de endereços eletrônicos que você pode visitar em busca de boas informações sobre o assunto. Note que eu disse *boas informações*; há muitas ruins por aí também. Para ter certeza de que você vai obter as boas e nenhuma ruim, seguem alguns endereços eletrônicos (com conteúdo em inglês) confiáveis para informações fiéis e convenientes sobre cerveja:

- www.beerinfo.com
- www.beerme.com
- www.brewerassociation.org
- www.craftbeer.com
- www.realbeer.com

Apresentando os Elementos Fundamentais da Cerveja

O que é cerveja, exatamente? Definindo de uma maneira dolorosamente simples, *cerveja* é qualquer bebida fermentada feita de cereal. Especificamente, a cerveja é feita a partir destes quatro ingredientes primários:

- Grão (principalmente cevada maltada, mas também outros grãos)
- Lúpulo (cultivado em muitas diferentes variedades)
- Levedura (responsável pela fermentação; baseada em cepas específicas para cada estilo de cerveja)
- Água (representa mais de 95 % do conteúdo da cerveja)

O grão proporciona cinco características para a cerveja:

- **Cor:** A cor dos grãos usados para fazer a cerveja afeta diretamente a sua cor.
- **Sabor:** O sabor da cerveja é, em um primeiro momento, o da cevada maltada, embora as características do lúpulo e da levedura tenham um segundo papel.
- **Maltose:** *Maltose* é o termo usado para os açúcares fermentáveis derivados do grão maltado. A levedura converte estes açúcares em álcool e dióxido de carbono (CO_2).
- **Proteínas:** As proteínas dos grãos ajudam a formar e firmar *o colarinho* (espuma) em uma cerveja.
- **Dextrinas:** As *dextrinas* são componentes do grão que ajudam a criar a *textura* (a sensação de corpo ou de viscosidade) da cerveja.

Arqueólogos e antropólogos ajudaram a iluminar o desenvolvimento da cerveja ao redor do mundo. Evidências de fabricação de cerveja através dos milênios foram encontradas em seis dos sete continentes da Terra (nenhum resultado na Antártica). Em qualquer lugar onde os grãos cresciam em abundância, os indígenas os utilizavam para preparar uma bebida parecida com cerveja. Alguns Exemplos:

- Asiáticos usavam arroz.
- Mesopotâmicos usavam cevada.
- Europeus do Norte usavam trigo.
- Americanos usavam milho.
- Africanos usavam painço e sorgo.

Ao longo do tempo, os fabricantes descobriram que a cevada servia melhor para fazer cerveja, passando os outros grãos a ter um papel menor.

Lúpulos proporcionam à cerveja quatro atributos:

- **Amargor:** O amargor é essencial para o balanceamento do sabor da cerveja; ele se opõe à doçura do malte.
- **Sabor:** Os lúpulos também têm sabores que nitidamente diferem do amargor, que se somam à complexidade da cerveja.
- **Aroma:** O aroma picante dos lúpulos, que reflete seus sabores, é derivado de seus óleos essenciais.
- **Estabilidade:** Os lúpulos ajudam a dar estabilidade e conservação à cerveja; seus ácidos beta evitam a contaminação por bactérias.

Fabricantes de cerveja escolhem as famílias de leveduras baseados no estilo de cerveja que está sendo feito (veja a próxima seção para uma introdução sobre estilos de cerveja). As duas classificações principais de levedura de cerveja são:

- Levedura Ale (*Saccharomyces cerevisiae*): Alta Fermentação
- Levedura Lager (*Saccharomyces uvarum*): Baixa Fermentação

A qualidade da água para fabricar cerveja é extremamente importante, porque a cerveja é cerca de 90 a 95 % água. O conteúdo mineral da água pode ser manipulado e ajustado de acordo com os requisitos do estilo de cerveja que está sendo fabricado.

Para informações adicionais sobre ingredientes de cerveja, confira o Capítulo 2. Veja o Capítulo 3 para descobrir como esses ingredientes magicamente se transformam em cerveja durante o processo de fabricação.

Examinando Diferentes Estilos de Cerveja

Genericamente falando, *cerveja* inclui todo estilo de bebida alcoólica produzida a partir de malte fermentado, incluindo ales e lagers, e todos os estilos híbridos e individuais que se enquadram nestes títulos. Eu dou uma rápida introdução sobre os principais estilos de cerveja nas próximas seções; para maiores detalhes, confira o Capítulo 4 e o Apêndice A.

Dentro do reino das principais categorias de cerveja, você encontra algumas verdadeiramente especiais, como as *"real ales"*, cervejas envelhecidas em barril e em madeira, cervejas extremas, cerveja orgânica, cerveja sem glúten, e cerveja *kosher*[1]. Estes tipos de cerveja não representam estilos novos ou diferentes, *per se*. Ao invés disso, eles representam modos diferentes de fazer e oferecer cerveja. Do Capítulo 5 ao 8 você encontra informações sobre essas cervejas.

Ales versus lagers

As duas principais classificações de tipos de cerveja são ale e lager. Todo apreciador de cerveja deve saber alguns fatos básicos sobre essas classificações:

- As ales são os tipos antigos de cerveja, que datam desde a antiguidade; as cervejas lagers são relativamente novas (surgiram em 1842).
- As ales são fermentadas em temperaturas relativamente quentes por curtos períodos de tempo, enquanto as lagers são fermentadas a baixas temperaturas por longos períodos de tempo.
- As ales são fermentadas com *leveduras de alta fermentação* (as leveduras flutuam na superfície durante o processo), enquanto as lagers são fermentadas com *leveduras de baixa fermentação* (as leveduras afundam na cerveja durante o processo).

Até agora não doeu, né? Aproveitemos, então, para aprofundar um pouco: dentro das classificações de ale e lager, as categorias dos principais estilos de cerveja incluem Pale Ales e Brown Ales (da família ale), e Pilsners e Dark Lagers (da família lager). E a maioria das categorias dos principais estilos de cerveja incluem vários subestilos diferentes. Aqui estão apenas dois exemplos de como essa hierarquia de cerveja funciona; muitas outras são similares a esta.

Stout (um tipo de ale)	*Bock (um tipo de lager)*
Estilo Irish Dry Stout	Bock Tradicional
Estilo London Sweet Stout	Helles Bock
Estilo Foreign Stout	Maibock
Oatmeal Stout	Doppelbock
Russian Imperial Stout	Eisbock

Cervejas híbridas e especiais

Além das duas principais classificações de cerveja (ales e lagers), há uma terceira classificação, que é (mais ou menos) uma mistura das duas primeiras, trata-se das *cervejas híbridas*. As cervejas híbridas atravessam as diretrizes dos estilos ale e lager. Uma cerveja fermentada a baixas temperaturas, usando uma levedura ale, é um exemplo de uma híbrida, assim como uma cerveja que é fermentada em temperaturas mais altas usando uma levedura lager.

---

[1] N.E.: Característica de uma bebida que se pode beber e que é boa para beber.

As *cervejas especiais*, por outro lado, são praticamente ilimitadas. Este estilo extraoficial de cerveja cobre uma variedade tão grande de bebidas que é difícil de definir, muito menos de regular. Tipicamente, as cervejas especiais são fabricadas em um estilo clássico (como a Porter ou Weizenbier), mas com algum novo sabor adicionado; algumas são feitas de ingredientes incomuns que são fermentados. Diretrizes são inúteis, e a anarquia cervejeira manda na sala de brassagem. A atitude "as regras que se explodam" é o que faz as cervejas especiais tão divertidas de fabricar e beber.

Comprando e Saboreando Cerveja

Com o sempre crescente número de cervejas saborosas sendo feitas nas cervejarias artesanais, somado ao bônus do aumento das cervejas importadas de todos os lugares, os consumidores atuais encaram decisões monumentais toda a vez que têm que fazer uma escolha. As seções seguintes fornecem diretrizes para comprar, servir, degustar, comer e cozinhar com cerveja.

Comprando cerveja

Cerveja é alimento. E como a maioria dos alimentos, sobretudo pão, cerveja é perecível e envelhece com o passar do tempo, então, quanto mais fresca a cerveja, melhor ela é. Portanto, consumidores no caminho da iluminação querem consumir cerveja fresca e que foi manuseada corretamente para se manter fresca — particularmente se ela não tem conservantes, como é o caso da maioria das boas cervejas.

O frescor da cerveja tem três inimigos: tempo, calor e luz. Qualquer coisa que você possa fazer para evitar comprar cerveja que foi mal tratada (e para evitar que você mesmo a maltrate) é feita em nome da cerveja fresca e saborosa. Confira o Capítulo 9 para o escopo completo sobre como comprar cerveja sabiamente.

Como todas as bebidas que contêm álcool, o governo mantém controle estrito sobre as rotulagens. Infelizmente, quando se fala de cerveja, os rótulos nem sempre ajudam os consumidores a entender o que eles estão realmente comprando. Similarmente, os fabricantes de cerveja tomam liberdades quando vendem seus produtos; essas liberdades de compra e venda às vezes confundem os consumidores. O Capítulo 10 te conduz por este campo minado de leis de rotulagem e liberdades para ajudá-lo a fazer boas escolhas ao comprar cerveja.

Servindo e degustando cerveja

Servir e degustar cerveja não parecem ser atividades que requerem diligência, mas, na realidade, requerem sim. Não saber servir uma cerveja corretamente pode ter um efeito significativo no seu prazer de beber.

Aqui você encontra algumas diretrizes para desfrutar a cerveja adequadamente:

Parte I: Pegando Gosto pela Cerveja

- ✔ **Certifique-se de que a cerveja está adequadamente gelada ou resfriada, dependendo do estilo de cerveja.** Muitas cervejas devem ser servidas ao redor de 5 a 6 graus Celsius (42 graus Fahrenheit). (Verifique se a cerveja não está tão gelada a ponto de anestesiar sua língua.) No entanto, algumas cervejas devem ser servidas levemente frias ou à temperatura ambiente.
- ✔ **Sempre sirva a sua cerveja em um recipiente para beber.** Em outras palavras, nunca beba direto da lata ou da garrafa. Ao servir a cerveja em um copo, ela libera carbonatação, que cria um colarinho (e diminui a textura gasosa) e dá mais ênfase ao aroma da cerveja.
- ✔ **Sempre certifique-se de que seus copos de cerveja estão propriamente limpos e guardados.** Copos sujos e com odor podem estragar sua cerveja e lhe trazer uma má impressão.

Para mais dicas sobre como servir e apreciar cerveja, dê uma olhada nos Capítulos 11 e 12.

Jantando com cerveja

O vinho já foi, certa vez, a bebida predominante nas mesas de jantar e, agora, está sendo ousadamente desafiado por aquela antiga bebida de operário chamada cerveja. Pessoas em toda parte estão descobrindo como a cerveja é versátil e interessante quando combinada com as refeições apropriadas.

Aqui estão algumas regras para começar:

- ✔ Pense na categoria lager como a equivalente ao vinho branco. Quando comparadas às ales, as lagers têm as seguintes características:
  - Mais leves e mais claras, em geral.
  - Um perfil de sabor mais limitado e um grande índice de bebibilidade[2] (ou seja, tende a atrair um público maior)
- ✔ Pense na categoria ale como a equivalente ao vinho tinto. Comparadas às lagers, as ales têm essas características:
  - Normalmente mais escura
  - Mais encorpada, mais robusta, e mais expressiva
  - Um perfil de sabor mais abrangente e ao mesmo tempo um menor índice de bebibilidade (ou seja, tende a atrair aqueles com o paladar mais experiente em cervejas)

Só para mantê-los em alerta, tenham em mente que essas orientações são bastante generalizadas — existem as Lagers Escuras encorpadas, assim como existem Ales Suaves e leves.

Ainda está curioso sobre jantar com cerveja? Vá ao Capítulo 13 para aprender mais sobre combinações bem-sucedidas com cerveja.

---

[2]N.E: Característica de uma bebida que se pode beber e que é boa para beber.

Cozinhando com cerveja

É claro, cozinhar com cerveja tem sido comum há muito tempo — se considerarmos mergulhar uma lata de cerveja Olde Foamy em uma panela de chili[3] "cozinhar com cerveja". Com tantas cervejas novas e interessantes disponíveis no mercado atualmente, chefs de cozinha e apreciadores de gastronomia adquiriram um interesse novo pela cerveja, e elas estão mostrando sua capacidade de inovação na cozinha.

Intimidado pela ideia de cozinhar com cerveja? Considere os fatores a seguir quando for escolher uma cerveja com o propósito de cozinhar:

- **Cor:** Cervejas fabricadas com muitos grãos escuros, como as Stouts e as Porters, estão mais suscetíveis a transferir suas cores para sua refeição — não é uma tonalidade apetitosa para um fettuccine Alfredo ou ovos mexidos.
- **Nível de doçura (maltada) versus nível de amargor (lupulada):** O malte é de longe o sabor predominante da cerveja em uma receita, mas o amargor da cerveja aumenta com a *redução* (isto é, a diminuição do volume da cerveja causado pela fervura). Em geral, prefira uma cerveja suave à uma arrojada, e evite cervejas altamente lupuladas, como algumas Pale Ales. Reserve as cervejas mais doces e pesadas (como as Tripels belgas ou as Ales escocesas) para misturar com sobremesas ou enfeitá-las. *Nota:* Como a água e o álcool evaporam, tanto os sabores doces como os amargos se intensificam.
- **Outros sabores:** As cervejas estão acessíveis em uma grande variedade de estilos, muitos com sabores que não são tradicionalmente associados à cerveja. Você pode encontrar Cervejas de Frutas, Cervejas de Chocolate, Cervejas Azedas e Cervejas Defumadas, entre outras. Essas cervejas com sabores apresentam muitas possibilidades culinárias, mas elas realmente não foram elaboradas para receitas comuns.

Você é destemido? O Capítulo 14 tem boas informações sobre este tópico (e algumas ótimas receitas!).

Fazendo uma Excursão de Cervejas ao Redor do Globo

A cerveja artesanal ganhou tanta popularidade nestes últimos anos que as pessoas até organizam eventos e promovem passeios espontâneos em busca de boas cervejas. Nas próximas seções vou apresentar as cenas da cerveja na América do Norte, Europa, e outros lugares ao redor do mundo. Veja os Capítulos 15, 16, e 17 para saber mais sobre viagem cervejeira.

---

[3]N.E.:   Prato mexicano preparado à base de carne e feijão temperado com pimenta.

América do Norte

Embora as raízes da cerveja sejam incontestavelmente europeias, os exploradores de cerveja norte-americanos não têm que viajar para muito longe a fim de encontrar uma boa cerveja. As pessoas encontram muito o que explorar e apreciar nas cervejarias norte-americanas, festivais de cerveja, e museus da cerveja. Com mais de 2 mil cervejeiros artesanais ou pubs cervejeiros exercendo seu ofício atualmente nos Estados Unidos e Canadá (mais de 1,7 mil só nos Estados Unidos), você pode encontrar uma boa cerveja quase que em todos os lugares. A maioria destes cervejeiros artesanais são pubs cervejeiros onde você pode experimentar a cerveja local enquanto desfruta de uma boa refeição. O mesmo pode ser dito para o crescente número de *brewpubs* e gastropubs que continuam a florescer nas áreas urbanas.

Europa, Ásia e além

Apesar de a cerveja não ter nascido na Europa, lá ela se desenvolveu e se tornou a bebida mais popular do mundo por conta dos fabricantes de cerveja europeus. A fabricação comercial de cerveja tem sido um negócio sério na Europa desde o século XII. Desde então, ela tem sido um dos maiores produtos de exportação Europeia para o resto do mundo. Não apenas a cerveja em si, mas também a tecnologia e expertise europeia em fazer boa cerveja têm ajudado a construir indústrias de cerveja na Ásia e em outros lugares.

Você pode beber bem em quase todos os países europeus, mas as "joias da coroa" do reino da cerveja são a Alemanha (especialmente Munique e Baviera como um todo), Reino Unido, Irlanda, Bélgica e República Tcheca. A cultura de pubs na maioria das principais nações cervejeiras está quase intacta, e uma visita a praticamente qualquer bar local está suscetível a render uma boa descoberta cervejeira. Na Alemanha, você pode ficar impressionado com o número total de cervejarias que existem (só na Baviera são mais de 600), enquanto na Bélgica poderá ficar completamente desnorteado pela variedade de estilos de cerveja incomuns servidas em qualquer bar.

A Austrália ganha uma menção honrosa como um país bebedor de cerveja, especialmente porque não fica na Europa. Apesar da grande influência anglo-saxônica na indústria cervejeira australiana e de ocasionais ales bem feitas, é essencialmente um país-continente que bebe cerveja lager.

Japão, China e Tailândia devem seus sucessos cervejeiros aos alemães, que influenciaram muito a produção e consumo de cerveja naqueles asiáticos. Mais recentemente, no entanto, a indústria americana de cerveja artesanal começou a provocar maior interesse nestes países asiáticos — especialmente Japão.

Fabricando sua Própria Cerveja

Os primeiros produtores de cerveja do mundo (por volta de 8.000 a.C.) fabricavam cerveja em casa para consumo pessoal (ou comunitário); assim, a fabricação caseira de cerveja sempre esteve presente desde o início. Esta prática continuou durante a Idade Média, quando a fabricação de cerveja virou mais um negócio, embora a fabricação caseira nunca tenha parado completamente. Na verdade, fabricar cerveja em casa foi o que levou milhares de Americanos a conseguirem passar por 13 anos de proibição, quando a produção de bebidas alcoólicas era contra a lei.

A fabricação caseira de cerveja também é creditada por plantar as sementes da atual renascença da cerveja artesanal. Muitos dos cervejeiros artesanais de hoje em dia começaram a fabricar cerveja em suas próprias casas antes de se tornarem profissionais. (Não é coincidência a fabricação caseira de cerveja ter se tornado legal nos EUA em 1979, e o movimento de cerveja artesanal ter começado no início da década de 1980.)

Já sonhou fazer sua própria cerveja em casa? Bem, você pode se surpreender pelo quão fácil é o processo — e quão boa é a recompensa. Tudo que você precisa é ter acesso a um bom fornecedor de equipamentos e ingredientes, boas instruções (veja o Capítulo 18), e alguma paciência.

Capítulo 2

Do Sublime ao Absurdo: Ingredientes da Cerveja

Neste Capítulo
- Conhecendo os blocos de construção da cerveja
- Tornando-se craque nos lúpulos
- Adicionando outros grãos, açúcares, e sabe-se lá mais o quê

A cerveja é feita quase que inteiramente de água. Água cara. Água que foi derramada, fervida, resfriada, em que foi adicionado sabor, envelhecida, bombeada para um monte de lugares, selada dentro de um contêiner, e finalmente transportada para você. Mas embora a água seja o ingrediente dominante, a cerveja é muito mais que apenas água. O gosto e o estilo da cerveja são profundamente afetados pelos ingredientes individuais usados no processo de fabricação, apesar de que apenas quatro ingredientes são absolutamente necessários para fazer uma boa cerveja. As quatro estrelas são:

- Cevada
- Lúpulo
- Levedura
- Água

Estes quatro ingredientes formam a base da cerveja (a maioria das boas cervejas são feitas *apenas* com estes ingredientes). Este capítulo explora os quatros ingredientes principais da cerveja e suas contribuições para esta bebida deliciosa. No entanto, não há fabricação de cerveja sem experimentação, e novos e raros ingredientes estão agora sendo usados na fabricação de cerveja a fim de explorar diferentes possibilidades de sabores. Também apresento alguns daqueles ingredientes não tradicionais que são usados para melhor ou para pior por alguns mestres cervejeiros.

Cevada: Cereal para Cerveja, Não para o Café da Manhã

O que vem à sua cabeça quando pensa em grãos de cereais? Flocos de arroz, granola, aveia? Você pode ficar surpreso em saber que os grãos de cereais (não os flocos, mas os grãos) e muitos outros grãos podem ser usados para fazer diferentes tipos de cerveja. Mas o grão de cereal que se apresenta como o melhor para fazer cerveja, é a cevada.

Figura 2-1: A cevada, um grão de cereal, tem amidos naturais que a fabricação de cerveja converte em açúcares que alimentam a levedura durante a fermentação da cerveja.

Antes de poder ser usado para fazer cerveja, o grão de cevada deve ser submetido a um processo conhecido como *maltagem*, no qual a umidade estimula o processo de germinação natural dentro do grão (veja o Capítulo 3 para mais informações sobre os processos da cerveja).

A cevada maltada é responsável pela cor da cerveja, pelo doce sabor maltado, pelas dextrinas que dão corpo para a cerveja, pela proteína para formar um bom colarinho, e talvez, o mais importante, pelos açúcares naturais necessários à fermentação. O papel da cevada na fabricação de cerveja é equivalente ao papel das uvas na fabricação do vinho: fundamental. A cevada maltada vem em uma variedade de cores, sabores, e graus de torrefação que afetam profundamente a cor e o gosto da cerveja.

Apesar de a cevada ser o grão mais comumente usado para fazer cerveja, muitos cervejeiros usam grãos adicionais, como trigo, aveia, ou centeio, para imbuir diferentes sabores às suas cervejas. Todos estes *grãos especiais* servem ao propósito de criar sabores diferentes e níveis de complexidade para a cerveja (e perplexidade aos críticos de cerveja). A principal diferença entre esses grãos e os grãos mais baratos e complementares, como o arroz ou o milho (veja a seção adiante "Asa de Morcego, Olho de Tritão: Adjuntos que Você Pode Amar ou Odiar"), é que os grãos especiais realçam a cevada, mas não a substituem.

Lúpulo: Flores para Sabor e Aroma

Os *lúpulos* são as flores em formato de pinho de uma planta trepadeira fêmea da família de plantas da cannabis (veja a figura 2-2). Elas crescem em enormes treliças de 5,5 metros de altura. Tradicionalmente, os lúpulos eram colhidos à mão por sua delicadeza, mas isso é uma raridade nos dias de hoje.

Figura 2-2: Os lúpulos são plantas trepadeiras com flores em formato de pinho que dão à cerveja seu amargor, aroma e sabor únicos.

Os lúpulos têm glândulas de *lupulina*, do tamanho de uma cabeça de alfinete, uma substância viscosa que é secretada quando fervida. A Lupulina contém os óleos essenciais, ácidos amargos, e resinas que fazem os seguintes quatro grandes trabalhos da fabricação de cerveja — um monte de trabalho para uma flor tão pequena:

- Contribui com o amargor que contrabalança a doçura da cevada
- Acrescenta sabor
- Fornece o aroma
- Ajuda a conservar a cerveja

Os aromas acres inconfundíveis dos lúpulos (algumas vezes descritos como picantes, herbais, florais, cítricos, de ervas e de pinhos) são únicos; no entanto, antes do uso habitual de lúpulos na Idade Média, ervas amargas e picantes, como bagas de zimbro (que são agora usadas para fazer gim), eram utilizadas. As cervejas com aroma e sabor fortes de lúpulo são chamadas *lupuladas*, e os fãs de cerveja que almejam este estilo são chamados de *lupulomaníacos*. Para eles, lúpulo = júbilo!

O quarto benefício do lúpulo para cerveja — conservação natural — foi descoberto vários séculos depois do advento do uso habitual do lúpulo. Enquanto os ácidos alfa nos lúpulos são responsáveis por amargar a cerveja, os ácidos beta neutralizam e atrasam os efeitos inevitáveis da contaminação de bactérias, dando, deste modo, um maior prazo de validade à cerveja.

> ## A história do lúpulo
>
> Na Europa central do século IX, os lúpulos começaram a ser cultivados pela primeira vez ao invés de serem colhidos aleatoriamente na natureza. Registros mostram que o cultivo de lúpulo floresceu na Boêmia em 859. Antes do uso do lúpulo na fabricação de cerveja, os cervejeiros amargavam suas com flores, folhas, bagas, temperos e uma série de ingredientes estranhos e de gosto desagradável, muitos dos quais falhavam miseravelmente. A partir do século XVI, os lúpulos se tornaram o tempero mais amplamente aceito para cerveja.

Nas próximas seções, falarei sobre as variedades de lúpulo e seu potencial de amargor, propriedades aromáticas, e qualidades de sabor. Também direi quais tipos de lúpulos os cervejeiros usam durante diferentes estágios do processo de fabricação.

Nada do que ocorre naturalmente no processo de fabricação de cerveja é patogênico ou perigoso para sua saúde. (Note o uso da palavra *naturalmente*...)

Conhecendo os melhores lúpulos

Dezenas de variedades de lúpulo são cultivadas nas cinco principais regiões de cultivo de lúpulo do mundo. Frequentemente você vai ver essas variedades de nomes nos rótulos e menus de cerveja. Muitas das diversas variedades de lúpulo foram apelidadas com nomes que apontam para suas origens nessas regiões; aqui está uma pequena amostra:

- East Kent Goldings (Inglaterra)
- Saaz (Boêmia, República Checa)
- Hallertau (Alemanha)
- Pride of Ringwood (Tasmânia)
- Cascade (Noroeste do Pacífico dos Estados Unidos)

A maioria dos lúpulos norte-americanos são cultivados no Noroeste do Pacífico. Os lúpulos norte-americanos são bastante assertivos, o que significa que eles não deixam dúvidas sobre a sua presença na cerveja. *Centennial*, um lúpulo principalmente de amargor, e *Cascade*, um lúpulo aromático, estão entre os mais conhecidos (veja a seção "Lupulando para Amargar, Aromatizar, e Mais..." para mais informações sobre estas características dos lúpulos).

A grande maioria das variedades (ou *cultivares*) de lúpulo são híbridas de variedades originais, cruzadas para acumular qualidades genéticas específicas, como alto rendimento e resistência a doenças. Uma grande quantidade de empenho tem sido direcionada para o cultivo de lúpulo, considerando que são usados com requinte no processo de fabricação de cerveja, quase como são as ervas no ato de cozinhar.

Lupulando para amargar, aromatizar e mais...

Cada tipo de lúpulo tem um perfil distinto de amargor, aroma e sabor. As diferenças entre eles são às vezes tão sutis que até jurados de cerveja experientes têm dificuldade de reconhecer o uso de diferentes lúpulos em uma cerveja.

Cada variedade de lúpulo é mais ou menos amarga, assim como os apaixonados rejeitados. Só que ao invés de ser medido pelo número de cartas sem esperanças e ligações suplicantes, o amargor do lúpulo é medido cientificamente e expresso em termos de teor de ácido alfa, de um baixo teor de aproximadamente 2,5 % a um alto teor de aproximadamente 15 %.

Os cervejeiros estudam esses teores de amargor para poder determinar o que eles chamam de *potencial de amargor* de cada variedade de lúpulo, o que os permite substituir diferentes tipos de lúpulos (por acessibilidade ou preço) e determinar a quantidade exata necessária à determinada receita de cerveja. Eles também estudam as propriedades dos aromas e sabores únicos de cada variedade, o que os permite decidir como os lúpulos devem ser usados. E, em caso de você estar se perguntando, os cervejeiros geralmente não são amargos com seus amantes (ou assim me disseram), ainda que eles provavelmente amem suas bitters inglesas.

O aroma único de cada tipo de lúpulo vem dos óleos essenciais que evaporam durante a etapa de fervura no processo de fabricação, de modo que alguns lúpulos são adicionados depois deste estágio a fim de transferir seu aroma para a cerveja, em uma fase conhecida como *late hopping*. Se o cervejeiro quiser ainda mais aroma na cerveja, ele vai adicionar lúpulos diretamente na cerveja na fermentação ou nos tanques de maturação, em um processo conhecido como *dry hopping*.

Os cervejeiros levam em conta todas estas variáveis — amargor, sabor e aroma — quando criam uma receita de cerveja. Por isso você vê lúpulos mencionados em alguns menus de cerveja. As pessoas realmente conhecem e apreciam este tipo de coisa!

Levedura: Há um Fungo entre Nós

As leveduras trabalham pesado, mas realmente gostam do que fazem (como eu, na maior parte das vezes). Este organismo pequeno e unicelular, uma das mais simples formas de vida vegetal, é responsável por executar o processo de fermentação na fabricação de cerveja, proporcionando, desse modo, uma das mais simples formas de prazer da vida (e sua produção de dióxido de carbono é o que causa o aumento da massa de pão).

Muitos cervejeiros consideram suas leveduras como o ingrediente mais secreto e frequentemente guardam, com ciúmes, suas identidades, chamando-as de *segredo de mercado*.

A levedura está na família dos fungos e, por causa da sua capacidade de divisão celular, ele se autorreproduz. A levedura tem um apetite voraz por líquidos doces e produz abundantes quantidades de álcool (etanol) e dióxido de carbono em troca de uma boa refeição (o que significa que a levedura também é responsável pelas dores de cabeça de rachar o crânio se você beber muito).

A grande maioria das cervejas contém entre 4 e 6 % de álcool, mas, ocasionalmente, os cervejeiros fazem cervejas com maiores teores alcoólicos. Nestas cervejas, depois de atingir o nível de 8 ou 10 % de álcool por volume, a levedura cai em um estado de estupor e a fermentação está efetivamente acabada. Quando o mestre cervejeiro deseja maiores níveis alcoólicos, ele usa a ousada levedura de espumante para fazer o trabalho.

A levedura ale tem uma linhagem que advém da antiguidade — suas variedades anemófilas e selvagens deram conta do recado. A levedura não era nem considerada um ingrediente de cerveja até que todo o seu papel na fermentação foi descoberto e entendido. (Esta descoberta começou com a invenção do microscópio, no início dos anos 1700, e foi promovida por Louis Pasteur, aproximadamente um século depois, quando Pasteur provou que um rápido processo de aquecimento mataria bactérias e outros microorganismos. Pasteur estava mais interessado em cerveja que em leite, a propósito, como eu.) A variedade de levedura lager desenvolvida geneticamente foi aperfeiçoada apenas em meados dos anos 1800. Este fato não é nada importante, exceto que antes desta descoberta, os cervejeiros não podiam fazer o que hoje é chamado de uma lager de modo planejado. Eles tinham que fabricar uma ale, fermentar e armazenar a baixas temperaturas, e esperar pelo melhor.

Antigamente, sabendo apenas que a substância espumosa e viscosa que acumulava no topo do tanque de fermentação era, de alguma maneira, responsável por transformar aquele líquido primário e doce em cerveja acabada, os cervejeiros de língua inglesa falaram de coração quando batizaram-na *Godisgood* (algo como *Deusébom*), e quando as fermentações à alta temperatura azedavam, eles colocavam a culpa nas bruxas da cerveja.

Atualmente os cervejeiros podem encomendar cepas de levedura através de um catálogo, pelo número: *Internetcommerceisgood*. (Se a encomenda não chegar, culpe as bruxas do e-mail.)

Desde o final dos anos 1800, muitas variedades puras de leveduras — mais de 500 tipos diferentes — foram isoladas, identificadas, e cultivadas. Bancos comerciais de leveduras fizeram o inventário dessas variedades, e algumas cervejarias particulares guardam sob seu poder suas próprias culturas esterilizadas para cervejas futuras.

A levedura pode levar o crédito também pela classificação do estilo de cerveja. Mestres cervejeiros escolhem a levedura de acordo com a receita ou o estilo de cerveja que eles querem fazer. Como eu disse no Capítulo 1, a levedura é identificada como levedura ale (*alta fermentação*) ou levedura lager (*baixa fermentação*) (se ela é de *alta* ou *baixa* fermentação depende de onde ela se alimenta na cerveja não-fermentada).

- A levedura ale, que é uma variedade de alta fermentação, trabalha melhor em temperaturas quentes (15 a 24 graus Celsius, 60 a 75 graus Fahrenheit).
- A levedura lager, que é uma variedade de baixa fermentação, funciona melhor em temperaturas mais frias (3 a 11 graus Celsius, 38 a 52 graus Fahrenheit).

Capítulo 2: Do Sublime ao Absurdo: Ingredientes da Cerveja

 Em razão da diferença de temperatura, cada variedade de levedura produz grandes mudanças nas características de aroma e sabor que, por sua vez, criam os diferentes estilos que você conhece e ama (e bebe). A levedura, quando combinada com processos distintos de fermentação, pode contribuir também com o sabor frutado e outros característicos à cerveja. Os mestres cervejeiros tentam manter esses sabores em xeque, dependendo do estilo da cerveja que eles estão fazendo.

Os gêneros e gênios da levedura

Para vocês fãs de biologia por aí, aqui estão detalhes sobre a levedura. Estou falando de duas espécies diferentes do gênero *Saccharomyces*: a levedura ale (*S. Cerevisiae*) e a levedura lager (*S. Uvarum*, algumas vezes chamada *S. Carlsbergensis*). Caso você esteja se perguntando, a levedura de pão (ou de padeiro) é parte do mesmo gênero.

Você reconhece alguma raiz de palavra familiar no nome latino do gênero da levedura ale? *Cerevisiae* é baseado em Ceres, a deusa romana da agricultura. É também a raiz da palavra espanhola e da palavra portuguesa para cerveja: *cerveza*.

Você reconhece alguma raiz de palavra familiar no nome latino do gênero da levedura lager? *Carlsbergensis* é nomeado devido a Carlsberg, da gigante cervejaria dinamarquesa. O filho do fundador, Jacob Christian Jacobsen, que contava com Louis Pasteur entre seus amigos e colegas, construiu um laboratório na empresa em 1875. Neste laboratório, em 1883, a primeira cultura de levedura unicelular foi definitivamente isolada. Emil Hansen definiu os parâmetros da fabricação da cerveja lager moderna, ao dar aos mestres cervejeiros a habilidade de escolher uma variedade específica de levedura que produz boa cerveja e, portanto, estabelecer uma marca consistente.

Outro membro desta ordem, mas de um gênero diferente, é o Brettanomyces (o termo Brettanomyces vem do grego "fungo britânico"). Conhecido informalmente como Brett, esta levedura é ainda mais voraz que seus parentes *Saccharomyces* e podem comer açúcares que não são normalmente consumidos pela levedura de cerveja regular. Curiosamente, a Brett está se tornando bastante popular em certos círculos da comunidade cervejeira, apesar de que cervejas fermentadas ou envelhecidas com Brett têm um forte aroma de celeiro e um tom ácido no sabor (veja o Capítulo 6 para mais informação). Como sua prima levedura lager, a Brett também foi descoberta na Carlsberg Brewery, em 1904.

Água: Uma Grande Influência sobre a Cerveja

Considerando que ela constitui mais de 95 % do conteúdo total de ingredientes de uma cerveja, a água certamente pode ter uma influência tremenda no produto final. Os cervejeiros de hoje têm sorte de ter capacidade para alterar e ajustar o perfil mineral de uma determinada fonte de água, a fim de ajustar-se às suas necessidades de fabricação, adicionando carbonato de sódio, magnésio, gipsita, e afins.

 Alguns dos estilos clássicos mundiais de cerveja se tornaram clássicos por causa da água utilizada para se fazer a cerveja. As famosas cervejas Pilsner da Boêmia, como a Pilsner Urquell, são um bom exemplo. Essas lagers secas, carbonatadas e lupuladas são feitas com a água extremamente suave dos aquíferos que ficam embaixo da cervejaria. Em contraste, as legendárias Ales Inglesas de Burton-upon-Trent, como a Bass Ale, são feitas com água particularmente dura (rica em sais minerais). Os cervejeiros que tentam simular essas cervejas inglesas simplesmente adicionam minerais chamados sais de *Burton* à água de fabricação da cerveja, em um processo chamado *burtonização*.

Você com certeza já ouviu o anúncio da cerveja "feita com a mais pura água de Petrópolis". As cervejarias gostam de se regozijar da pureza da água local usada em suas cervejas. Mas qualquer fonte de água pode ser, e geralmente é, quimicamente manipulada para se equiparar à outra fonte — em todo caso, algumas das fontes tradicionais são tratadas.

Asa de Morcego, Olho de Tritão: Adjuntos que Você Pode Amar ou Odiar

Embora os quatro ingredientes, cevada, lúpulo, levedura e água, sejam tudo o que você precisa para fazer cerveja, eles não são em hipótese alguma os únicos ingredientes usados. Grãos adicionais, açúcares naturais, e condimentos são frequentemente adicionados para criar sabores únicos ou para cortar custos. Estas pequenas adições são chamadas de *adjuntos*.

Cervejeiros criativos gostam de usar uma grande variedade de ingredientes não tradicionais, incluindo temperos, frutas, e grãos, para dar às suas cervejas um sabor único e incomum. As grandes fábricas de cerveja, por outro lado, tendem a usar os grãos adjuntos mais para cortar custos do que para criar cervejas diferentes ou inovadoras.

Muitas cervejarias utilizam grãos adjuntos que incluem grãos de cereal não-maltados, como o milho e o arroz, para economizar dinheiro, pois a cevada é um grão relativamente caro. Usar milho e arroz como adjuntos também produz cervejas mais suaves e menos maltadas. Enquanto alguns cervejeiros europeus usam entre 10 e 20 % de grãos adjuntos em suas cervejas, alguns grandes cervejeiros norte-americanos são conhecidos por usar de 30 a 40 % de grãos adjuntos (e é por isso que algumas pessoas as chamam estas cervejas de "*adicione porcaria*"!). Na Alemanha, o uso de adjuntos — ou qualquer coisa que não malte, lúpulos, levedura ou água — em lagers já foi proibido pela famosa Lei da Pureza Alemã (veja o Capítulo 10 para mais informações sobre esta lei).

Adjuntos que não são grãos podem incluir:

- Açúcar Mascavo
- Mel
- Lactose
- Xarope de bordo
- Melaço
- Caramelo

Capítulo 2: Do Sublime ao Absurdo: Ingredientes da Cerveja

Em seguida, você tem os aditivos químicos e conservantes, incluindo mais de 50 antioxidantes, otimizadores de espuma, e diversas enzimas. Todos estes ingredientes são permitidos pela lei, mas muitas pequenas cervejarias se orgulham da exclusão voluntária desses aditivos e conservantes.

Que alguns cervejeiros coloquem alguns ingredientes estranhos nas suas cervejas não é mais incomum. Atualmente, amantes de cerveja aventureiros podem encontrar cervejas com frutas ou com aroma de frutas, alcaçuz, ervas e temperos, e até mesmo pimentas jalapeño inteiras diretamente na garrafa! E, enquanto o mercado puder suportar, os cervejeiros vão continuar a apresentar cervejas com novos e únicos ingredientes.

Capítulo 3

Pequena Poção Mágica: Entendendo como a Cerveja é Feita

Neste Capítulo
- Identificando os equipamentos em uma cervejaria
- Percorrendo o processo de fabricação de cerveja

Fabricar cerveja é relativamente complexo e envolve uma grande quantidade de equipamentos, especialmente quando comparada com a fabricação de vinho. Os ingredientes são torrados, triturados, aquecidos, esfriados, fervidos, mexidos, e por aí vai. Os mestres cervejeiros têm espaço aberto para afirmar seu paladar e demonstrar seu talento, mas fazer cerveja demanda muito trabalho e habilidade. O símbolo do mestre cervejeiro é o mesmo símbolo do alquimista, uma estrela de seis pontas. Não era para menos.

Após ler este capítulo, você vai apreciar o tanto que um mestre cervejeiro deve trabalhar para alcançar o equilíbrio de todos os sabores, aromas, e texturas que os vários ingredientes e processos contribuem para esta bebida complexa. O grande esforço para balancear o aroma final, o paladar e o acabamento da cerveja, levar em conta todas as variáveis, e ver que o preço de um copo vale a pena quando a cerveja funciona. (Quando você puder reconhecer quando ela funciona, confira o Capítulo 12 para as nuances da apreciação de cerveja, o Capítulo 2 para um resumo dos ingredientes, e o Capítulo 4 para dar uma olhada nos estilos de cerveja.)

Uma visita a qualquer cervejaria vai lhe mostrar que, embora todas as cervejarias estejam no negócio de fabricação de cerveja, nem ao menos duas delas são exatamente iguais em termos de uso de equipamentos e no processo que seguem. Os proprietários de pubs cervejeiros geralmente gostam de mostrar suas cervejarias. Os *pubs cervejeiros* — restaurantes/tabernas com pequenas cervejarias anexas — são menos automatizados que as grandes cervejarias, e têm tudo em menor escala.

Caldeiras, Tonéis e Tanques: Equipamento para Fabricar Cerveja

Embora o equipamento necessário para fazer cerveja tradicionalmente fosse relativamente simples, as grandes cervejarias comerciais de hoje usam equipamentos que fazem tudo, desde quebrar o grão até fechar as caixas, e uma infinidade de tarefas entre isso. A lista a seguir te dá o básico (veja a Figura 3-1 para um esquema dos equipamentos e processos da fabricação de cerveja usados na maioria das cervejarias):

✔ Muitas pessoas ao visitarem uma cervejaria reconhecem imediatamente a grande e redonda panela de cozimento que normalmente domina a sala de brassagem. Em algum lugar próximo geralmente está uma segunda tina, algumas vezes menor, chamada *tanque de mostura*, e se o lugar é grande e fabrica lagers, tem ainda mais uma, chamada *tina de clarificação*.

Tradicionalmente, esses recipientes eram feitos por tanoeiros e frequentemente chamados simplesmente de *coppers*[1] (o que sempre me lembra do Dick Tracy e seu chapéu fedora preto, mas ele não era cervejeiro). Hoje em dia, o termo caiu em desuso, muito porque o moderno equipamento de cerveja é fabricado com aço inoxidável relativamente barato e fácil de conseguir.

✔ Após a utilização dos três recipientes, a cerveja é bombeada (e ao mesmo tempo resfriada) para um grande tanque chamado *fermentador*. Por razões de higiene, os fermentadores geralmente são recipientes herméticos que permitem apenas a saída da pressão do dióxido de carbono que se dá na parte de dentro. No entanto, alguns tradicionalistas, particularmente na Grã-Bretanha e na Bélgica, ainda permitem que suas cervejas sejam fermentadas em recipientes abertos, e alguns inclusive encorajam fermentações espontâneas causadas por leveduras aéreas e selvagens (os fabricantes da Lambic belga, por exemplo).

✔ Neste ponto, cada cervejaria utiliza diferentes tipos de tanques e faz diferentes coisas com suas cervejas. Por exemplo:

  • Muitas cervejarias deixam a cerveja passar por um breve processo de maturação depois da fermentação inicial, usando recipientes adicionais sabiamente chamados de tanques de maturação para este propósito.

  • Em seguida, as cervejarias transferem a cerveja maturada dos *tanques de maturação* para os tanques de finalização para prepará-las para sua introdução na sociedade (soa como terminando a escola, né?).

Caso você esteja levando este assunto realmente a sério e andando ao redor de uma cervejaria com este livro como guia, note que (antes que você bata a sua cabeça contra o aço inoxidável sem querer) os cervejeiros tendem a usar esses termos de tanques livremente e indistintamente. Tanques de maturação são frequentemente chamados de tanques de fermentação secundários (pois a primeira fermentação ocorreu no tanque anterior); os tanques de finalização são alternadamente chamados de tanques de acondicionamento

---

[1]N.E.: Alusão ao cobre, material geralmente usado na confecção dessas panelas à época.

Capítulo 3: Pequena Poção Mágica: Entendendo como a Cerveja é Feita

pelas megacervejarias, ou *tanques de servir*, e *de conservar* cerveja ou *tanques brilhantes* (*brilhante* porque a cerveja já clarificou neste ponto). Ficou claro?

✔ Pelo fato de que a cerveja deve ser regularmente transferida de um recipiente para outro durante os processos de fabricação e envelhecimento, e porque tudo tem que estar superlimpo, vários tubos e mangueiras são espalhados por toda a cervejaria, fazendo com que algumas instalações se pareçam com uma máquina de Rube Goldberg. Pise com cuidado!

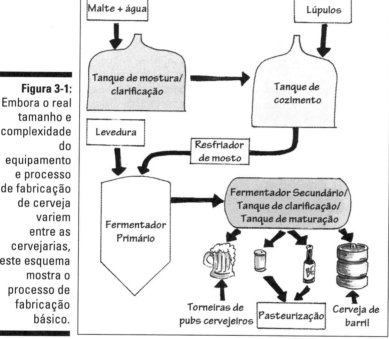

Figura 3-1: Embora o real tamanho e complexidade do equipamento e processo de fabricação de cerveja variem entre as cervejarias, este esquema mostra o processo de fabricação básico.

Nota: Depois do tour pela cervejaria, não esqueça que você "tanque" agradecer!

Então, se você está se coçando para começar sua própria cervejaria, você só vai precisa de, ah, mais ou menos um milhão de dólares para obter todo o equipamento básico.

Alquimia das Ales: o Processo de Fabricação

Explicar a sequência de passos habitual para fazer cerveja a nível comercial torna-se um pouco técnico — você tem a minha permissão para pular esta parte e seguir em frente. Se você vai ficar por aqui, pegue uma cerveja e fique confortável; use a figura 3-1 como apoio para entender o que acontece em cada momento.

Mega, micro e mais

Diversidade é essencial para fazer o mundo funcionar, especialmente no mundo da cerveja. Os cervejeiros tendem a se enquadrar em categorias pelo tamanho, com alguma correlação com os estilos fabricados. Você frequentemente ouve estes termos:

- **Megacervejarias:** Estas cervejarias são as maiores do grupo. Por exemplo, a AnheuserBusch (agora parte do conglomerado internacional de cerveja AB/InBev) produz centenas de milhões de barris de cerveja a cada ano. Os gigantes europeus Heineken e Guinness produzem um pouco menos, e a parceria relativamente nova entre Miller e Coors (inteligentemente chamada de MillerCoors) também fabrica milhões de barris de cerveja anualmente. Por isso são chamadas de megacervejarias.

- **Fabricantes regionais de cerveja:** Estes caras ficam entre os grandes e os pequenos. Sua distribuição é principalmente a nível regional e produzem tanto cervejas para mercado gourmet quanto para mercado de massa, sob suas próprias marcas ou outras.

- **Produção por contrato:** Qualquer um com uma boa receita e uma grande quantidade de dinheiro para comercializar pode ter uma cervejaria comercial (geralmente regional) fazendo a sua cerveja, talvez em várias localidades. Apenas uma vez um produtor por contrato quebrou a marca de um milhão de barris anuais (e esse fabricante eventualmente passou a operar duas instalações próprias).

- **Microcervejarias:** Pequenos empreendedores com cervejarias que produzem menos de 60 mil barris por ano são chamados de microcervejarias. Algumas pessoas desconsideram o indicador quantitativo — e o dicionário — e simplesmente associam microcervejarias (também chamadas de *micros*) à cerveja boa, artesanal.

- **Pubs cervejeiros:** Os pubs cervejeiros incluem aqueles que fazem cerveja nos arredores do seu próprio bar (ou restaurante). Eles raramente produzem mais de alguns milhares de barris por ano.

Malteação

A primeira etapa da fabricação de cerveja é a *malteação*, na qual a cevada em estado natural (ou algumas vezes o trigo) é convertida em cevada maltada (também conhecida como *malte de cevada* ou apenas *malte*). Se você quiser ser mais técnico, o processo de malteação envolve preparar o amido dentro do núcleo (o *endosperma*) para conversão em um açúcar solúvel chamado maltose através da estimulação do processo de germinação natural com umidade.

Frequentemente, os *produtores de malte profissionais* (as companhias que malteam o grão), com grandes instalações de malteação, controlam todo o processo e vendem o malte para cervejarias. As mega-cervejarias, por outro lado, geralmente fazem sua própria malteação em um esforço de controlar o processo assim como os gastos financeiros.

Capítulo 3: Pequena Poção Mágica: Entendendo como a Cerveja é Feita

Pense que é em um prado de primavera úmida, e não no chão de alguma fábrica enorme, que a planta de cevada começa a crescer. Quando este pequeno rebento (chamado *acrospira*) atinge um certo comprimento, o fabricante de malte difunde ar quente através do canteiro de grão, parando com a fria germinação (desculpe — quente!) e tornando o grão em cevada maltada. Quem disse que não é legal brincar com a Mãe Natureza?

Após o malte estar seco, os fabricantes de malte separam uma parte e a torram ainda mais em uma estufa, a fim de que surjam várias cores e sabores torrados ou tostados responsáveis por criar diferentes cores e sabores na cerveja, como acontece com os grãos de café, e café. Os fabricantes também aquecem alguns maltes ao ponto de ficarem cristalizados, carbonizados ou profundamente amorenados, maliciosamente chamados de *malte cristal*, *malte escuro*, ou *malte chocolate*, respectivamente. O malte cristal é um pouco crocante e divertido de comer neste estágio (peça um punhado a um cervejeiro), e também pode ser usado para fazer outros produtos, como leite maltado (que não é tão legal quanto à cerveja).

Moagem

Antes que os cervejeiros possam colocar o grão (que pode ser maltado e não-maltado), dentro do tanque de mostura, e começar a fabricação (veja a próxima seção para detalhes), eles têm que moê-lo. A *moagem* é um termo relativo aqui; a intenção não é fazer farinha — apenas quebrar a casca do núcleo da cevada para expor os amidos de dentro.

O cervejeiro então transfere o grão rachado, agora chamado *grist*, para o tanque de mosturação. Se o grão precisa ser mexido e movimentado, ele deve ser movido por um trado ou transportadora (antigamente, tudo era movido pela gravidade, de um andar para outro abaixo).

Brassagem

Após o grão estar no tanque de mostura, o cervejeiro o infunde em água quente, como se estivesse fazendo alguns milhares de vasos de chá. Muito frequentemente, o cervejeiro mistura diferentes tipos de maltes ou grãos especiais (como aqueles mencionados no Capítulo 2) para conseguir cores e sabores únicos. Ele então mede o pH da água (medida de sua acidez e alcalinidade) e ajusta conforme for necessário. Combinados, o grão e a água criam um denso mingau chamado *mosto*. Controles rigorosos de tempo e temperatura ajudam a converter com eficácia os amidos de dentro do núcleo em açúcares naturais.

A cerveja através dos tempos

Uma equipe de arqueologistas da Universidade de Yale escavaram os restos de uma padaria e cervejaria de 4.500 anos de idade nos arredores do Cairo, no Egito. Eles acreditam que os restos são de uma povoação que abrigava trabalhadores das pirâmides do Platô de Gizé. Além de lojas de panelas de barro e de grãos petrificados, eles descobriram túmulos e tabuletas de argila com hieróglifos. Uma dessas tabuletas descreve processos de fabricar cerveja e canta o louvor de uma deusa da cerveja Suméria. O "Hino à Ninkasi" tem sido estudado não apenas por estudantes da história antiga, como também por cervejeiros que querem aprender mais sobre a fabricação no passado.

Uísque maltado: Uma cerveja sem lúpulos

O processo de fabricação do uísque escocês começa de alguma forma similar ao da cerveja, sua prima da família do malte de cevada. O uísque maltado é feito de cevada maltada (que cria seu caráter defumado pela combinação com turfa), que também é moída e brassada. O uísque maltado também é fermentado com levedura, mas a similaridade acaba aí: o uísque maltado não utiliza lúpulos. Os fabricantes de uísque algumas vezes chamam o resultado dessa fermentação de cerveja! A cerveja (o tipo normal) e o uísque (especialmente o uísque puro, single malt) compartilham um aroma de malte e, como pode-se esperar, muitos fãs. De fato, ao menos uma revista, *The Whisky Advocate*, cobre tanto cerveja como uísque, juntamente com alguma cobertura sobre charutos. No entanto, até onde se saiba, charutos não são destilados ou lupulados, mas, como o uísque maltado, eles são defumados. (Você tinha que ter previsto esta.)

Quando o cervejeiro determina que a mostura está completa, ele transfere o espesso, doce, e viscoso *mosto* (como o sumo do malte é agora chamado) do tanque de cozimento para a fervura (veja a próxima seção para detalhes desta parte do processo). Dependendo do método de brassagem, o cervejeiro ou drena o líquido por um fundo falso que retém os grãos no tanque de mosturação ou, se a cerveja é uma lager, transfere primeiro para uma tina de clarificação, que é construída como um coador de cozinha gigante.

O grão, agora chamado de *bagaço*, não tem mais uso para o cervejeiro após a brassagem, então ele geralmente o vende ou doa para fazendeiros locais para ser usado como comida de porco. Alguns cervejeiros utilizam o bagaço para assar um pão com alto teor de fibras (eu me pergunto se ele é vendido.)

Fervura

Após o processo de brassagem, o mosto é fervido no tanque de fervura — geralmente por uma hora ou mais. A fervura realiza muitas coisas, não menos do que a completa esterilização do líquido e de qualquer outro ingrediente adicionado a ele.

Capítulo 3: Pequena Poção Mágica: Entendendo como a Cerveja é Feita

O tanque de fervura é também onde o cervejeiro tenta equilibrar o sabor doce do mosto com os agradáveis efeitos amargos dos lúpulos. Ao escolher uma quantidade medida de uma certa variedade de lúpulo ou uma combinação de muitas variedades, e adicionando-as nos tempos prescritos (*lúpulos de amargor* no início, *lúpulos de sabor* mais ao fim da fervura, e os *lúpulos de aroma* realmente no final), o cervejeiro dá à cerveja a indelével assinatura do lúpulo. Quando adicionado habilidosamente e de maneira imparcial, os atributos de amargor, sabor e aroma do lúpulo ficam em perfeito contraste e equilíbrio em relação ao sabor e complexidade do malte. Esta é a arte do cervejeiro.

O cervejeiro pode infundir lúpulo de caráter aromático adicional por um processo chamado *dry hopping*, em que o cervejeiro coloca lúpulos aromáticos diretamente no fermentador secundário junto com a cerveja depois de ter sofrido a fermentação primária. A próxima seção tem mais detalhes sobre fermentação.

Depois de uma ou duas horas de tempo de fervura, o cervejeiro desliga a fonte de calor e prepara a cerveja, agora chamada de *mosto lupulado* ou *amargo*, para transferir ao tanque de fermentação. Em seguida, é hora de remover os lúpulos. Os lúpulos podem ser removidos por um *extrator de lúpulo*, de funcionamento parecido com o falso fundo do tanque de mostura, ou por um *whirlpool*, em que a força centrífuga empurra toda a matéria sólida para o centro do recipiente, e o mosto, agora clarificado, é extraído pelo lado.

O cervejeiro bombeia o mosto do tanque através de um *chiller de mosto*, ou trocador de calor, que funciona como o radiador do seu carro e utiliza água fria, ou um fluído refrigerante para uso com alimentos, para rapidamente baixar a temperatura do mosto. Agora livre de sólidos indesejáveis, o mosto quente precisa esfriar rapidamente por duas razões:

- Líquido quente e doce é o meio perfeito para o desenvolvimento de bactérias.
- O mosto tem que ser preparado para a levedura, que pode ser negativamente afetada por qualquer temperatura acima de 38 graus Celsius, ou 100 graus Fahrenheit.

Fermentação

Após ferver e resfriar o mosto, o cervejeiro o bombeia para o tanque de fermentação, e *inocula*, ou adiciona, uma porção de leveduras frescas e aeradas ao tanque. As fábricas de cerveja comerciais usam aproximadamente um litro de levedura para cada barril (aproximadamente 31 galões) de cerveja. Esse pouquinho de leveduras desfecha um golpe.

Neste ponto, o cervejeiro ou veda o fermentador ou deixa-o aberto ao modo natural, dependendo do estilo de cerveja que está sendo feita, para a *fermentação primária*. Durante a fermentação primária, a levedura consome os açúcares maltosos liquefeitos criados durante o processo de brassagem. Em retorno, a levedura produz dióxido de carbono e álcool. Depois de 24 horas da inoculação da levedura, uma fermentação vigorosa acontece, e uma espessa camada de espuma densa aparece no topo do líquido turvo. Este processo continua por cinco ou dez dias, dependendo da variedade de levedura assim como da temperatura da fermentação — determinada, mais uma vez, pela receita. (Quanto mais baixa a temperatura da fermentação, mais devagar é a ação das leveduras.)

Maturação

A cerveja envelhece rapidamente, quando comparada ao vinho e às pessoas (especialmente as pessoas que bebem cerveja, claro). Como mencionei anteriormente neste capítulo, depois que a fermentação primária está completa, o cervejeiro transfere a cerveja para um tanque de maturação chamado de *tina de fermentação secundária* para — adivinha — a fermentação secundária e um período de envelhecimento e maturação, que varia de algumas semanas (para ales) a alguns meses (para lagers), dependendo do estilo de cerveja. Um pequeno pub cervejeiro pode reduzir a maturação e mandar a cerveja direto para o tanque de cerveja clarificada para o estágio final e vendê-la como chope (veja a próxima seção para mais informações).

Os prós e contras da cerveja de extrato

Alguns fabricantes de cerveja, a maioria pequenos pubs cervejeiros, são capazes de contornar os procedimentos de brassagem ao usar um mosto desidratado chamado de *extrato de malte*. Cervejeiros de extrato, como as pessoas que usam esse ingrediente são chamadas, precisam apenas derramar estes extratos dentro da panela de cozimento e reidratá-los com água fervente. O extrato de malte também pode ser usado para aumentar a gravidade e, assim, o teor alcoólico de uma cerveja regular feita com grão. Embora este atalho possa soar como uma tremenda economia de tempo, dinheiro e energia, os extratos de malte são consideravelmente mais caros que o grão cru, e as cervejas de extrato são frequentemente inferiores às *cervejas de grãos* (cervejas feitas com grão moído na hora). Não há nada como um almoço grátis, ou até uma cerveja grátis, para este assunto.

Acondicionamento

Depois de ser dada à cerveja a quantidade apropriada de maturação (também conhecida como condicionamento), ela está pronta para ser embalada para você beber.

Nos pubs cervejeiros, em que a cerveja é para ser servida no local, o proprietário do pub transfere a cerveja acabada para o tanque de cerveja pronta, que, neste caso, é frequentemente chamado de tanque de servir, e de conservar cerveja, e tanque de cerveja clarificada. O tanque, que atua como um barril gigante, é normalmente conectado diretamente ao dispositivo da torneira no bar de onde a cerveja é tirada.

Em muitas megacervejarias, em que a cerveja é embalada e enviada por navio, o mestre cervejeiro extrai a cerveja do tanque, depois da quantidade de tempo apropriada de condicionamento, para ser filtrada e embarrilada (sob pressão),

Capítulo 3: Pequena Poção Mágica: Entendendo como a Cerveja é Feita 37

ou engarrafada, ou enlatada. A cerveja engarrafada ou enlatada pode ser pasteurizada a fim de matar qualquer célula intrusa de levedura ou bactéria que possa ter escapado durante o processo. No entanto, a cerveja embarrilada que não é enviada para fora raramente é pasteurizada, uma grande diferença para alguns consumidores de cerveja. Por quê? A desvantagem da pasteurização é que, embora crie um produto mais estável, também prejudica o produto até certo ponto, matando um tanto do sabor da cerveja assim como micro-organismos ruins.

O processo de pasteurização estabiliza a cerveja aquecendo-a até temperaturas relativamente altas. A *pasteurização em túnel*, preferida pelas megacervejarias, borrifam água quente sobre as garrafas e latas por mais de uma hora. Um método mais suave, preferido pelos microcervejeiros, é chamado *pasteurização relâmpago*, que pode usar água extremamente quente ou até vapor, mas por não mais que um minuto mais ou menos.

Na Alemanha, apenas o chope que está escalado para exportação é pasteurizado. Em outras partes do mundo, as chances são de 50-50 que o chope para exportação esteja pasteurizado. Tenha em mente que a cerveja não-pasteurizada geralmente tem um gosto melhor, mas somente se está fresca; é provável que este tipo de cerveja estrague mais rápido.

Limpeza

Os cervejeiros dizem que no fim do processo há mais água no chão da cervejaria que no barril de cerveja, devido à toda limpeza e lavagem que deve acontecer antes e depois de cada fabricação (certifique-se de vestir as suas galochas quando visitar uma). Higienizar o equipamento de fabricar cerveja é tão importante para fazer uma boa cerveja quanto limpar a cozinha é para cozinhar uma boa comida (muitas cozinhas gourmet são limpíssimas). Assim, a limpeza é uma parte integrante do processo de fabricação de cerveja.

Parte II
Dando uma Olhada nos Estilos de Cerveja — Antiga, Nova e Renovada Também

A 5ª Onda — Por Rich Tennant

Nesta parte...

Tantas coisas aconteceram na indústria cervejeira ao longo das duas décadas passadas que me tomou esta parte quase inteira para classificá-las. Graças à renascença da cerveja que estamos experimentando, a indústria está bem fluida (se você me perdoa o trocadilho) e dinâmica; os estilos de cerveja estão sendo reavivados e inventados com regularidade.

Como se não fosse o suficiente, pensei que também poderia ser uma boa ideia acender uma luz sobre certos nichos de cerveja que se endereçam às necessidades ou preferências de certos segmentos da população. Então, mergulhe dentro!

Capítulo 4

Conhecendo as Principais Categorias de Cerveja: Ales, Lagers e Mais

Neste Capítulo

▶ Descobrindo como a cerveja é classificada
▶ Entendendo como diferenciar os vários traços da cerveja
▶ Degustando os muitos estilos de cerveja que há por aí

O que estava faltando no cenário da cerveja por muitos anos está agora de volta com estilo: o estilo mesmo (o estilo da cerveja, para ser mais preciso). A cerveja está agora sendo fabricada em uma grande profusão de estilos, tanto assim que novos estão efetivamente sendo inventados. Mas não foi sempre assim.

Olhando para trás para a história da cerveja, as ales são consideradas a cerveja da antiguidade. Eventualmente, na metade do século XIX, a cerveja lager tomou conta. E em algum lugar ao longo do caminho, o conceito de cerveja híbrida foi introduzido.

Neste capítulo, eu peneiro as principais diferenças entre as ales, lagers e as cervejas híbridas. Também observo alguns traços importantes da cerveja, que você pode usar para descrever os vários estilos dela.

Dois Grandes Ramos na Árvore Genealógica da Cerveja: Distinguindo Ales e Lagers

Se você é novo no mundo para além da Budweiser, deve estar se perguntando, "O que é uma ale?" e "O que é uma lager?" — assim como a óbvia continuação, "Qual é a diferença?"

Todas as cervejas são feitas como ales ou lagers; *ale* e *lager* são os dois ramos principais (classificações) da árvore da família da cerveja e são ramos estreitamente relacionados. As ales são as cervejas mais antigas, distintas e tradicionais do mundo, antecedendo-se às lagers em milhares de anos, ao passo que as lagers são uma criação relativamente moderna, com menos de 200 anos de idade.

Nas próximas seções, explicarei como os cervejeiros usam os diferentes tipos de levedura para criar ales e lagers, e observo as diferenças no sabor que você deve encontrar nelas.

A levedura faz a cerveja

O ramo da família de cerveja — ale ou lager — corresponde ao tipo de levedura usada para fermentá-la. Você tem levedura ale e levedura lager, e estes tipos de levedura, por sua vez, normalmente ditam a temperatura na qual a cerveja é fermentada. As ales são tradicionalmente fermentadas a temperaturas mais quentes (de 12 a 21 graus Celsius, de 55 a 70 graus Fahrenheit), enquanto as lagers são normalmente fermentadas a temperaturas mais frias (de 3 a 10 graus Celsius, de 38 a 50 graus Fahrenheit).

As temperaturas mais frias na fermentação e maturação, usadas com as leveduras lagers, diminuem a atividade da levedura e requerem um tempo mais longo de maturação. O ambiente frio inibe a produção de aromas frutados (chamados *ésteres*) e de outros subprodutos de fermentação comuns nas ales. Este processo cria o sabor mais limpo da lager. Maturação longa (ou *lagering*) também atua para suavizar a cerveja.

Você pode sentir a diferença, algumas vezes

Sabor — ah, sim. Todo iniciante quer saber qual é a diferença de sabor entre as ales e as lagers. Se apenas fosse assim tão fácil! É quase como perguntar como o sabor dos vinhos tintos diferem dos vinhos brancos. (Plugue sem vergonha: veja a última edição do maravilhoso livro irmão da Alta Books, *Vinho Para Leigos*, de Ed McCarthy e Mary Ewing-Mulligan..

Ironicamente, você pode encontrar estilos de cerveja chamados *cerveja vermelha* e *cerveja branca*, mas esta é totalmente outra história, e você pode ter certeza que ela não envolve cascas de uva. (Veja a próxima barra lateral "Cerveja Vermelha e Âmbar: nada está claro" para mais informação).

As ales compartilham muitas características comuns, assim como as lagers, mas os dois grupos se sobrepõem tanto que qualquer distinção absoluta sobre as duas classes estão geralmente erradas. Essa sobreposição cria confusão e a necessidade de especialistas para explicar as diferentes características, mas também cria a necessidade de explorar a cerveja. Você não queria ser um explorador? Agora é a sua chance.

Capítulo 4: Conhecendo as Principais Categorias de Cerveja: Ales,...

A cerveja através dos tempos

Quando a cerveja estilo lager estava sendo plenamente comercializada no final dos anos 1800, ela foi um sucesso instantâneo na Alemanha e em boa parte da Europa, mas as lagers nunca realmente pegaram na Bélgica, Grã-Bretanha e Irlanda. Até mesmo hoje, se você pedir uma cerveja nestes países, é provável que te sirvam uma ale, a não ser que você peça especificamente uma lager.

As lagers viraram rapidamente "As cervejas" na América do Norte, onde os cervejeiros eram em sua maioria Alemães. Até recentemente, se você pedisse uma cerveja na América do Norte, você provavelmente teria recebido uma lager. (Cuidado com o menu ocasional de cerveja que classifica as bebidas como *Cervejas* e *Ales* — a divisão correta é ales e lagers, pois ambas são cervejas).

Mas o renascimento da cerveja está mudando isso. Até nas remotas vilas das zonas rurais, bebedores de cerveja podem escolher entre a maioria, se não todos, os tipos e estilos de cerveja do mundo — ales, lagers e híbridas de todos os tons, intensidades e sabores.

Você pode dizer que as *ales* em geral

- Incluem cervejas com gosto mais robusto
- Tendem a ser frutadas e aromáticas
- Incluem cervejas mais amargas
- Têm aromas e sabores pronunciados e complexos
- São apreciadas mais quentes (7 a 12 graus Celsius, 45 a 55 graus Fahrenheit)

E você pode dizer que as *lagers* em geral

- Incluem cervejas com gosto mais suave
- Tendem a ser altamente carbonatadas ou secas
- Tendem a ser macias e suaves
- Têm aroma e sabor sutis, limpos e balanceados
- São servidas razoavelmente frias (3 a 7 graus Celsius, 38 a 45 graus Fahrenheit)

Se alguma pessoa disser, "Eu não gosto das ales", ou "lagers me dão dor de cabeça", responda dizendo que simplesmente muitas variedades existem para este tipo de distinção e que muita água pode rolar (ou cerveja, para esse assunto). Chamada para a exploração de cerveja!

Cerveja Vermelha e Âmbar: nada está claro

Uma consequência do renascimento da cerveja artesanal tem sido a criação de estilos novos e não-tradicionais, como a Cerveja Vermelha e a Cerveja Âmbar.

✔ Na minha opinião, a *Cerveja Vermelha* existe apenas por causa da criatividade do marketing — e você pode agradecer ao pessoal do Coors por apresentar a América para a Killian's Irish Red. Antes da profusão das Red Ales e Lagers (a maioria fabricada por megacervejarias ou seus subsidiários) atingirem as estantes das lojas, nenhum estilo como este existia. A única Cerveja Vermelha verdadeira foi a Flanders Red Belga — mas este é um tipo totalmente diferente (a Flanders Red Belga é uma ale complexa, ácida, e parecida com vinho).

Os parâmetros para a Cerveja Vermelha são difíceis de esboçar; as Cervejas Vermelhas são muito o que o cervejeiro ou o gênio do marketing quer que elas sejam, apesar de essas cervejas tenderem a ser de corpo leve a médio, muito bem maltadas, com sabores de caramelo, nozes ou tostado notáveis, diretamente atribuíveis aos grãos usados na fabricação da cerveja, de cor marrom-avermelhada.

✔ Em razão da profusão das Cervejas Âmbar no mercado, a Amber Ale e a Amber Lager foram designadas estilos autênticos. Por essa designação ser baseada primariamente na cor da cerveja, distinguir entre Pale Ales e Amber Ales é frequentemente difícil, uma vez que muitas Pale Ales tendem a apresentar a cor âmbar.

Cervejas da Velha Guarda: Entendendo as Ales

Como observei no começo deste capítulo, a ale é a classificação de cerveja que precede a história escrita. Presume-se que as verdadeiras primeiras cervejas produzidas por nossos antepassados hominídeos eram uma forma bruta de ale, espontaneamente fermentada pelas leveduras selvagens aéreas. Essas leveduras se tornaram conhecidas como de alta fermentação pela sua propensão a flutuar no topo da cerveja quando ela está fermentando. Por isso, as ales são, da mesma forma, consideradas cervejas de alta fermentação.

Na verdade, até a invenção do microscópio, no século XVIII, os cervejeiros não sabiam exatamente o que era a levedura ou como ela alimentava a fermentação, eles apenas sabiam que ela o fazia — e eram agradecidos. Eles até a chamaram de *Deusébom!*

Remontando à antiguidade, muitas ales eram densas e parecidas com sopa de aveia, frequentemente contendo pedaços do grão que foi usado para fabricá-la, e opaca pela levedura que a fermentou. (Arqueologistas e antropologistas determinaram que as pessoas usavam canudos para beber a cerveja de grandes bacias comunais.) As ales eram também bastante escuras e frequentemente defumadas devido ao processo de secagem do grão sobre o fogo. Na Escócia, onde o grão era seco sobre fogueiras de turfa, a ale local pegou a característica da sua bebida irmã, uísque.

A premissa básica da fabricação de ales é fermentá-las a temperaturas bem altas (12 a 21 graus Celsius, 55 a 70 graus Fahrenheit). A essas temperaturas, a levedura tende a permanecer bem ativa, assim completando o processo de fermentação de modo bastante curto — em aproximadamente uma semana ou mais. A levedura ale gosta de flutuar no topo da cerveja enquanto ela fermenta, então passou a ser conhecida como *levedura de alta fermentação*.

Praticamente qualquer estilo de cerveja anterior ao advento da refrigeração artificial nos anos 1800 a qualifica como um estilo ale do Velho Mundo; no entanto, aqueles estilos de ale que estão no final mais claro do espectro de cor, assim como aqueles estilos que são servidos claros como cristal, certamente foram beneficiados pela tecnologia da nossa era moderna. As cervejas não são mais todas escuras, defumadas e turvas, graças à alta tecnologia dos aparatos de secagem de grãos e sistemas de filtração.

Não muito diferentes das poções fermentadas por leveduras selvagens fabricadas pelos nossos ancestrais neolíticos, algumas cervejarias comerciais ainda produzem suas ales únicas em um método bastante antiquado e, de alguma maneira, arriscado. Depois de fazer a cerveja, eles a despejam em recipientes amplos, rasos e abertos, e permitem à Mãe Natureza tomar conta. A microflora residente encontra seu caminho para a cerveja desprotegida, e segue seu caminho com ela, produzindo algumas das mais estranhas e esotéricas — para não dizer ácidas — cervejas do planeta. A maturação e a mistura com outras cervejas amenizam um pouco da pegada ácida dessas ales, mas elas ainda são qualificadas como gosto adquirido.

Muitos poucos cervejeiros no mundo produzem cervejas de fermentação espontânea, e uma coisa que todos eles compartilham é a importância do local das suas cervejarias. (Eu realmente disse leveduras *residentes*.)

A "Nova" Cerveja do Pedaço: Familiarizando-se com as Lagers

A chave para entender a cerveja lager está na própria palavra *lager*. A palavra alemã *lagern* significa armazenar. As lagers são maturadas, ou armazenadas, por longos períodos de tempo a temperaturas variando entre 3 a 10 graus Celsius, 38 a 50 graus Fahrenheit. Este longo período de maturação é o que dá às cervejas lagers uma suavidade e bebibilidade que raramente se encontra entre as ales.

O longo período de maturação apenas não pode tornar a suavidade das lagers possível; menores temperaturas na maturação também são imperativas para atingir a sutileza das lagers. Os primeiros fabricantes de lagers frequentemente alocavam suas instalações da cervejaria em terrenos montanhosos ou perto, para poder cavar adegas subterrâneas a fim de armazenar suas cervejas. Os cervejeiros das planícies, que tinham que renunciar às cavernas Alpinas, cortavam enormes blocos de gelo dos lagos e rios locais no inverno para armazenar em uma câmara fria a fim de atingir o mesmo efeito de maturação fria das lagers nas suas cervejas. Com o advento da refrigeração com gás comprimido no final dos anos 1800, os cervejeiros que podiam pagar por essa tecnologia ultramoderna eram capazes de estabelecer sua loja em qualquer lugar que quisessem — com uma montanha de ar rarefeito ou um lago congelado à vista.

A natureza do longo e frio processo de maturação lager desacelera a atividade da levedura. Devido às frias temperaturas de fermentação e maturação, a habilidade de fermentação da levedura diminui, e os cervejeiros acham necessário *inocular*, ou adicionar, uma maior quantidade delas nas suas cervejas do que o típico para fermentação das ales.

A levedura também cai fora da suspensão, instala-se no fundo do fermentador bem no início do processo, e continua a fazer seu trabalho de lá. Desta forma, a levedura lager é também conhecida como *de baixa fermentação*, e a cerveja lager é considerada uma cerveja de baixa fermentação.

Em qualquer medida, a introdução da refrigeração artificial é a linha divisória entre as ales do Velho Mundo e as lagers do Novo Mundo — apesar de que as lagers já estavam sendo produzidas sem aquela tecnologia. Mas a qualidade das lagers foi imensuravelmente aprimorada pelo total controle que os cervejeiros agora tinham sobre os processos de fermentação e maturação. A longa duração do processo de fabricação das lagers também teve um efeito secundário na cerveja: ela ficou clara como cristal na hora de embalar.

Misturado: Tomando Nota das Cervejas Híbridas

Como muitas famílias, as cervejas podem ter parentescos misturados. Estes tipos de cerveja vêm sendo apelidados de cervejas *híbridas*. Como você vai descobrir nas próximas seções, as cervejas híbridas existem devido à desconsideração a convenções pelos cervejeiros, ao fermentar uma cerveja com leveduras lager e a temperaturas de ale (quentes), e uma cerveja com leveduras ale a temperaturas de lager (frias). Excêntrico, hã?

Alta fermentação com levedura lager

As temperaturas precisas utilizadas para produzir cervejas híbridas e o tempo de fermentação e maturação não são ciências exatas. Os processos variam de um mestre cervejeiro para outro, assim como as próprias cervejas que são criadas.

Não são muitos estilos de cerveja que representam este tipo de hibridismo. O estilo mais famoso é conhecido como *Steam Beer*, mas como a cervejaria de São Francisco que popularizou o estilo também registrou o nome Steam Beer, o estilo é agora genericamente chamado de *California Common Beer*. (O estilo Steam Beer também é conhecido na Alemanha como *Dampfbier*. Veja a seção mais à frente "Cervejas híbridas" para mais informações.)

Embora não possa ser mais confirmada, há uma teoria que sugere que a origem do termo steam teve a ver com uma alta fermentação tão vigorosa que fez o recipiente borbulhar, ou steam (em inglês), enquanto ventilando o crescente dióxido de carbono dentro dele.

Baixa fermentação com levedura ale

As leveduras ales, quando fermentadas a altas temperaturas (o processo usual), tendem a produzir sabores frutados e *ésteres* (aromas) frutados ou florais. Quando as cervejas são fermentadas com levedura ale a baixas temperaturas, no entanto, a produção de ésteres das leveduras é reduzida, produzindo, desse modo, uma cerveja com aroma mais contido e um sabor refinado que imita as cervejas lagers.

Como os mestres cervejeiros tendem a ter jeitos próprios de fazer as coisas, fixar as temperaturas exatas ou a duração da fermentação dessas cervejas é difícil. Por isso, você também pode esperar cervejas individualizadas desses caras.

Os três estilos de cerveja mais comuns nesta categoria híbrida são Altbier, Kölsch e Cream Ale (veja a seção mais à frente "Cervejas híbridas" para detalhes completos sobre essas três). Os dois primeiros estilos são de origem Alemã, e a última é singularmente Norte Americana.

A Baltic Porter está em uma espécie de classificação própria. Normalmente, a Porter é considerada uma ale e é de alta fermentação. Apesar disso, muitos cervejeiros que fabricam Porters nos Estados Bálticos gostam de fermentar suas cervejas a baixas temperaturas — mais frequentemente com levedura lager, mas ocasionalmente com levedura ale também. Vá descobrir.

Qualquer Coisa, Menos a Pia da Cozinha: Observando Cervejas Especiais

As cervejas especiais são das mais divertidas e populares categorias de cerveja no mundo. Esta categoria é divertida para os mestres cervejeiros e populares entre os consumidores porque ela realmente não tem limites ou diretrizes definidos. É uma espécie de categoria "qualquer coisa vai" e "que se explodam as regras".

Então, como as cervejas especiais vêm a ser? Bem, muitos cervejeiros artesanais aproximam-se da sua profissão com a mesma paixão de um artista; eles amam o aspecto criativo do seu trabalho. Embora diretrizes de estilos de cerveja sejam fundamentais para suas criações, ocasionalmente são vistas como restritivas. Os cervejeiros artesanais geralmente fazem o seu melhor quando são permitidos a se soltar na sala de brassagem. Quando largam as restrições da conformidade, eles provam a si mesmos que são artesãos incrivelmente talentosos, capazes de produzir nada menos que o néctar dos deuses.

A cervejaria Goose Island, em Chicago, ou *The Goose*, já é amplamente conhecida por sua fenomenal Bourbon County Stout (BCS), mas os cervejeiros de lá não estavam satisfeitos em descansar sobre os seus louros. Eles decidiram adicionar morangos e favas de baunilha a um lote de BCS e voilà! Eles haviam criado uma cremosa bebida de chocolate, morango e baunilha, e apelidaram-na Neopolitan — era sublime!

Parte do impulso criativo dos cervejeiros é a busca constante por ingredientes novos e únicos para adicionar às suas cervejas. Esta busca é feita muito para abrir novos caminhos e expandir horizontes, mas também é feita em nome do marketing. Em outras palavras, quanto mais ingredientes por aí afora, melhor.

Aqui está uma lista parcial de ingredientes excêntricos que recentemente entraram nas cervejas comerciais ao redor do mundo;

- Myrica gale
- Pontas de cedro
- Coco
- Pontas de urze
- Cânhamo
- Flores de hibisco
- Pimentas (ancho, jalapeño, ghost)
- Bagas de zimbro
- Café Kopi Luwak

Os grãos usados para produzir o café Kopi Luwak são coletados das fezes do felino Civeta Asiática. Primeiro as civetas comem todo o fruto do café pela sua polpa, após o qual os grãos internos fermentam dentro do seu estômago. Depois de defecados, os grãos — ainda inteiros — são coletados, limpos e tostados. O resultado é um café extraordinariamente complexo e encorpado. Pelo menos três cervejeiros são conhecidos por terem feito uma cerveja com café Kopi Luwak como ingrediente.

- Grãos de pimenta
- Rosa mosqueta
- Algas (marinhas)

A Anatomia dos Estilos de Cerveja: Examinando os Traços das Diferentes Cervejas

Para entender totalmente e apreciar os vários estilos de cerveja que existem no mundo, saber como os estilos de cerveja diferem um dos outros, e como essas diferenças são medidas, é muito útil. Nas próximas seções, exploro três modos de diferenciar os estilos de cerveja, defino alguns termos usados para descrever o sabor da cerveja e apresento o conceito de cerveja artesanal.

Definindo os estilos de cerveja com três parâmetros

Todos os estilos de cerveja podem ser facilmente identificados e diferenciados por três medidas simples:

- **Cor:** Todas as cervejas têm cor, seja ela clara, escura ou algo entre isso. A cor da cerveja é determinada primariamente pelo grão usado para fazer a cerveja. Grãos de cores claras resultam em uma cerveja pálida; contrariamente, grãos escuros e tostados produzem cervejas escuras.

    O espectro de cores da cerveja varia do palha ao preto, e essa variação de cor pode ser medida na escala Standard Reference Method (SRM) (0 A 50). Uma American Light Lager pode ter uma cor entre 2 a 4 SRM, enquanto uma Imperial Stout pode ter uma cor de 44 SRM. (Você não precisa necessariamente saber os detalhes por trás do Standard Reference Method, apenas precisa saber que os números desta escala correlacionam-se com cor; números baixos representam cerveja mais clara, números altos representam cervejas mais escuras).

- **Amargor:** Todas as cervejas têm algum nível de amargor, seja muito ou pouco. O amargor na cerveja é antes de tudo o resultado da extração de ácidos alfa dos *lúpulos* (que abordo no Capítulo 2) durante o processo de fervura. Muitas variedades de lúpulos são produzidas em vários lugares pelo mundo, resultando na variação do teor de ácidos alfa (mais ácidos alfa = mais amargor). Os cervejeiros sabem tudo sobre essas variedades e usam os lúpulos apropriadamente.

    O amargor do lúpulo é medido pela Unidade Internacional de Amargor (International Bittering Units — IBUs). Uma American Light Lager deve ter entre 5 a 8 IBUs, enquanto uma Imperial India Pale Ale (IPA) deve ter 100 ou mais IBUs.

- **Gravidade:** Todas as cervejas têm um nível de viscosidade, seja ela densa ou aguada. O termo *gravidade* se refere à densidade da cerveja. A gravidade é medida no dia em que a cerveja é feita e determinada pela quantidade de açúcares solúveis — conhecidos como *maltose* — dissolvidos na cerveja. A maltose é derivada dos grãos maltados, e a gravidade da cerveja pode ser aumentada ou diminuída simplesmente aumentando ou diminuindo a quantidade de grãos maltados usados para fazer a cerveja.

    A gravidade pode ser medida pela escala específica (ou original) de gravidade (1.000 a 1.150) ou pela Escala Balling (0 a 40); estas escalas são como as escalas Celsius e Fahrenheit do mundo da cerveja. Uma American Light Lager pode ter uma gravidade original de 1.024 a 1.040 (6 a 10 Balling), enquanto uma Barleywine pode ter uma gravidade original de 1.080 a 1.120 (21 a 28 Balling).

    Como a maltose é consumida pela levedura durante a fermentação, a gravidade da cerveja diminui por volta de 20 a 25% do seu nível original quando pronta para embalar.

Tenha em mente que todos esses números podem te dizer muito sobre como a cerveja aparenta e sobre seu gosto, mas a levedura ainda é quem determina se a cerveja é uma ale ou uma lager (veja a seção anterior "A Levedura faz a cerveja", para detalhes)

Usando alguns termos de degustação

Eu examino muitos termos de degustação no Capítulo 12, mas você precisa saber pelo menos os termos seguintes para entender os estilos de cerveja que listo posteriormente neste capítulo. Saber esses termos também pode encorajá-lo a explorar e experimentar (e também te dar algo sobre o que falar com qualquer lupulomaníaco que você possa encontrar no bar):

- **Agressiva:** Como você pode esperar, uma cerveja agressiva tem um aroma e/ou sabor ousadamente assertivo.
- **Balanceada:** Simplesmente significa que o malte e os lúpulos estão em proporções similares e o sabor tem uma representação igualitária da doçura do malte e do amargor do lúpulo — especialmente no final.
- **Corpo:** O corpo é a sensação de preenchimento ou viscosidade no paladar da cerveja, variando do aguado para o cremoso. A cerveja é geralmente descrita como de corpo suave, leve ou médio ou encorpada (*forte* só se refere ao teor alcoólico).
- **Complexa:** Significa que a cerveja é multidimensional, envolvendo muitos sabores e sensações no paladar (o oposto de simples).
- **Carbonatada:** Significa que a cerveja tem grande concentração de gás carbônico ou é efervescente. As cervejas consideradas carbonatadas geralmente são mais secas também.
- **Diacetil:** Este termo descreve um aroma ou sabor amanteigado ou de caramelo amanteigado.
- **Esterificada:** Cerveja cheia de aromas que remetem às frutas.
- **Floral:** Cerveja cheia de aromas que remetem às flores.
- **Frutada:** A cerveja tem sabores que remetem a várias frutas.
- **Lupulada:** Significa que os lúpulos têm aromas e sabores de ervas, terrosos, picantes ou cítricos.
- **Maltada:** Maltada descreve sabores derivados do grão maltado. Cervejas maltadas têm riqueza e doçura de malte mais pronunciados.
- **Textura ou sensação de boca:** Texturas são as sensações táteis, como o calor do álcool, carbonatação, secura e afins. O corpo também é parte da sensação de boca.
- **Tostada/Torrada:** Tostada/Torrada descreve os sabores do malte (grão tostado).
- **Robusta:** Robusta descreve uma cerveja rica e encorpada.

Elaborando ótimas cervejas

Sabor, estilo e variedade: estas palavras não são conceitos abstratos, como qualidade, mas uma combinação de aspectos diretos, mensuráveis e facilmente descritos da cor, sabor, aroma e corpo (como descrevo nas seções anteriores).

Para usar outra analogia com comida, o cervejeiro artesanal é como um grande chef de cozinha. Assim como os padeiros gourmet transformaram o pão em surpreendentes, agora familiares, variedades das bisnagas a baguetes (com pumpernickel, centeio e jalapeño e pão de cachorro-quente entre elas), os cervejeiros podem aparecer com um número quase infinito de diferentes variações nos estilos clássicos e tradicionais abordados mais a frente neste capítulo. Os cervejeiros artesanais tendem a usar ingredientes mais caros (apenas grãos maltados e em maior quantidade deles por barril) que os grandes cervejeiros comerciais.

Os *cervejeiros artesanais* são aqueles que juntos produziram apenas abaixo de 10 milhões de barris nos Estados Unidos em 2010 (aproximadamente 5% de todas as vendas de cerveja dos EUA.). Embora a cerveja artesanal não seja necessariamente melhor que a cerveja do mercado de massa, ela geralmente tem mais sabor e aparece em uma variação bem mais abrangente de estilos. As marcas mais conhecidas e amplamente anunciadas do mercado de massa, fabricadas pelos maiores fabricantes de cerveja do mundo, geralmente contêm produtos de qualidade que representam um intervalo bem estreito de sabor e estilo, para atrair o maior número de consumidores. São famosas pelo excelente controle de qualidade e consistência, nem sempre encontradas em cervejas gourmet.

Então, enquanto megacervejarias, como a Heineken e Anheuser-Busch, estão produzindo uma cerveja equivalente ao pão de forma, cervejarias artesanais menores estão produzindo uma quantidade abrangente de estilos de cerveja, e você pode provar a diferença. Os mesmos ingredientes básicos, mas uma condução do processo completamente diferente — esta é a diferença.

Estilo é Tudo: Listando Alguns dos Estilos mais Comuns de Cerveja

Se você usasse frutas como metáfora para todos os estilos de cerveja do mundo, eles seriam tipo como maçãs, bananas, uvas, laranjas, abacaxis ou kiwis: todas com grandes diferenças de cores, texturas, sabores, aromas, e preços. Neste caso, as cervejas de marcas nacionais dos Estados Unidos seriam maçãs. Claro, você tem alguma variedade, como com (para dizer algumas) a Golden Delicious, Jonathan, Granny Smith e McIntosh. São todas boas, mas são apenas maçãs. Agora imagine nunca provar nada além de maçãs; seu conceito sobre fruta seria bastante limitado, não seria? Muitos consumidores de cerveja têm este mesmo conceito sobre cerveja! (E se cerveja crescesse em árvores, garanto que existiriam muito mais fazendeiros).

Se você pedir a um garçom para sugerir uma boa cerveja, ele provavelmente perguntaria de volta, "Do que você gosta? Escura, clara? Forte, suave? Maltada, lupulada?" As informações das seções seguintes sobre os estilos mais comuns de cerveja devem ajudá-lo a entender as perguntas e recomendações de um amigo ou do garçom; as cervejas por si mesmas podem, sem dúvidas, ajudá-lo a responder às questões mais incômodas da vida.

As listas e descrições de cerveja que seguem são baseadas em marcas clássicas engarrafadas; a parte divertida de explorar cerveja é que os pubs cervejeiros locais (e cervejeiros artesanais locais amigáveis) geralmente oferecem suas próprias versões destes estilos padrões. Eles também foram selecionados das diretrizes de estilo de cerveja compilados pela Brewers Association e pelo Beer Judge Certification Program (BJCP — Programa de Certificação de Juízes de Cerveja). Esta lista não está em hipótese alguma completa.

Nota: Entusiastas têm esquentado a discussão acerca dos estilos de cerveja. Eu me prendo ao tradicional, aos estilos já consagrados historicamente que abordarei logo em seguida (e no decorrer de todo o livro, a propósito), bem como novos estilos que vêm sendo introduzidos nos últimos anos.

Apesar de serem referidos como internacionais ou mundiais, os estilos de cerveja seguintes são originalmente europeus e norte-americanos. Não pense que sou um eurocentrista da vida — o mundo das cervejas é assim. Além do mais, estilos menos conhecidos existem em todas as partes, mas não costumam ser encontrados fora de seus locais de origem.

Ales

As ales vêm em uma grande variedade de sabores e estilos. A lista a seguir cobre alguns dos mais conhecidos (A Figura 4-1 mostra a árvore da família da ale).

- **Barleywine:** Uma ale robusta com aromas frutados e caramelizados, complexos sabores de malte e tanto álcool quanto alguns vinhos, a Barleywine é um dos raros estilos de cerveja que é perceptivelmente mais forte que as outras. A Barleywine é geralmente servida em uma taça de vinho ou copo de brandy. (Afinal, ela é, em geral, chamada da versão cervejeira do conhaque; e ela envelhece bem também). Esta cerveja é habitualmente produzida em quantidades limitadas para as celebrações das festas de inverno. Pode ser encontrada nos subestilos Americano e Inglês; a Inglesa é mais inclinada a ser maltada, a Americana se inclina mais para ser mais lupulada.

- **Dubbel Belga:** Originada nos monastérios na Idade Média e reavivada depois da era Napoleônica, a Dubbel Belga é uma ale profundamente avermelhada, moderadamente forte, maltada e complexa. Tradicionalmente, esta cerveja é *acondicionada em garrafa* (nela sofre uma sutil fermentação secundária, o que significa que a garrafa contém levedura).

- **Pale Ale Belga:** A Pale Ale Belga é uma ale frutada, maltada, um pouco picante, de cor cobre, comumente achada nas províncias Belgas da Antuérpia e Brabante. É considerada uma *session beer*, o que significa que contém teor alcoólico moderado e é fácil de beber.

- **Tripel Belga:** A Tripel Belga é uma efervescente bebida amarelo-ouro com colarinho de espuma branca. Ela tem um caráter de malte, de frutado e de especiarias, com notas cítricas. Este estilo foi originalmente popularizado pela cervejaria Trapista de Westmalle, na Bélgica.

- ***Nota:*** Apenas cervejeiros religiosos — os monges Trapistas — podem usar o termo *Trapista*, assim, cervejeiros laicos comercializam a cerveja de estilo *Trapista* como cerveja *Abbey* (também *Abby, Abt, Abdij*).

Capítulo 4: Conhecendo as Principais Categorias de Cerveja: Ales,...

ALES

Porter	Stout	Brown Ales	Amber/Red Ales	Pale Ales	
Brown	Dry	Mild	Irish Red	Pale Ale Americana	Ordinary Bitter
Robust	Sweet	English Brown	Amber Ale	India Pale Ale (IPA)	Special/Best Bitter
Baltic	Oatmeal	American Brown	Scottish Ale		
	Foreign				
	Russian Imperial			Double/Imperial India Pale Ale	Extra Special Bitter (ESB)

Strong Ales	Trapista/Abbey Belga	Ales Belgas	Cervejas Sour Belgas
American Barleywine	Dubbel	Golden/Blonde	Flanders Red
English Barleywine	Tripel	Saison	Flanders Brown/Oud Bruin
Scotch Ale	Quadrupel	Biere De Garde	
Old Ale			

Cervejas de Trigo	Cervejas de Fermentação Espontânea	Ales Especiais
Hefeweizen	Lambic	Herb & Spice
Dunkelweizen	Gueuze	Fruit
American Wheat Ale	Fruit Lambic	Winter Warmers/Holiday Beers
Berliner Weisse		
Witbier		Smoke

Figura 4-1: A árvore da família da ale.

- **Berliner Weisse:** A Berliner Weisse é uma ale bem clara de Berlim, com base de trigo e uma acidez refrescante. Para cortar a acidez, um bocado de framboesa ou aspérula é geralmente adicionado ao copo antes de beber.

  Em 1809, Napoleão se referiu à Berliner Weisse como o Champanhe do Norte, pela sua elegância e caráter vívido.

- **Bière de Garde:** Tradicional ale caseira do Norte da França, a Bière de Garde é bastante forte e com malte acentuado. Como a Saison, Bière de Garde também é produzida na primavera para o consumo no verão.

- **Bitters:** Este estilo não é tão amargo assim (bitter significa amargo) — ele foi traído pelo nome dado há séculos atrás quando os lúpulos começaram a ser usados pelas cervejarias Inglesas. Cerveja muito comum e popular nos pubs Britânicos, as Bitters vêm em uma variedade de subestilos, incluindo a Ordinary Bitter, Special/Best Bitter e Extra Special/Strong Bitter (ESB).

Lá nas Colônias: a história da India Pale Ale

A India Pale Ale, ou *IPA*, ganhou este nome por causa da presença colonial Britânica na Índia durante os anos 1800. Junto a outros confortos vindos de casa, os súditos reais Britânicos que viviam na Índia exigiam que suas ales favoritas viessem de navio, mas a jornada de longos meses em mar aberto devastava o barril de cerveja comum.

Acredita-se amplamente (mas não é provado) que um cervejeiro Britânico chamado George Hodgson identificou esse problema e decidiu fabricar uma ale de maior força alcoólica que pudesse suportar mais facilmente o rigoroso trânsito oceânico. As propriedades antissépticas do aumento do volume do álcool, combinadas com uma alta concentração de ácidos de lúpulo, garantiria aos colonizadores um produto palatável, um pouco mais potente, ao final da jornada.

Por um longo tempo as pessoas acreditaram que o suave movimento balançante do navio na água fazia com que a cerveja de dentro do barril pegasse alguma característica do carvalho, muito parecido com vinho envelhecido. Mas este mito foi desmascarado, pois os barris de cerveja eram tipicamente revestidos de resina de pinheiro, o que agia como um forro para proteger a cerveja do contato com a madeira. Ainda assim, alguns cervejeiros atualmente pressionam e mantêm esse link hipotético com o passado utilizando barris de carvalho sem revestimento ou lascas de carvalho no processo de maturação da IPA.

- **Blonde Ale:** Da cor amarela brilhante suave à dourada, com uma espuma branca, a Blonde Ale é parecida com a Pale Ale em termos de sabor, mas seu caráter lupulado é menos assertivo. A Blonde Ale é uma cerveja básica relativamente nova em muitas cervejarias e pubs cervejeiros Americanos, e é produzida como uma boa cerveja introdutória.

- **Brown Ales:** As Brown Ales têm versões Inglesa e Americana. São boas cervejas para consumidores iniciantes e tímidos, que estão buscando provar algo além do comum (não é má para veteranos também). Não tão maltada, nem tão leve, com suaves sabores frutado e caramelizado, as Brown Ales são suaves, mas saborosas. As versões Americanas tendem a ser mais agressivamente lupuladas.

- **Dry (Irish) Stout:** A Dry (Irish) Stout é uma cerveja muito escura, torrada, e com uma textura cremosa. Ela tem mais sabor torrado e de café que a porter. A Dry (Irish) Stout é ótima para entreter (cervejas, não bebês, embora no passado, era com frequência recomendada para entreter as mães que amamentavam!).

- **Dunkelweizen:** De cor castanha com aroma de especiarias, a Dunkelweizen é a versão escura do popular estilo Weizenbier da Baviera (ou Weissbier). Seu perfil aromático único inclui cravo-da-índia, banana e, ocasionalmente, chiclete.

- **Flanders Brown/Oud Bruin:** Esta ale é uma Brown Ale bem envelhecida, frutada, ácida, vinda de Flandres (Bélgica). Com cor marrom-avermelhada, esta cerveja maltada exibe uma complexidade frutada, que geralmente faz lembrar uvas-passas, ameixas, figos, tâmaras e ameixas secas.

Capítulo 4: Conhecendo as Principais Categorias de Cerveja: Ales,...

- **Flanders Red:** Uma ale complexa, ácida, parecida com vinho, vinda de Flandres, na Bélgica, a Flanders Red é tradicionalmente envelhecida em tonéis de carvalho por mais de dois anos. As versões mais refinadas são misturadas com cerveja nova.
- **Foreign Style Stout:** A Foreign Style Stout é uma ale muito escura, torrada e moderadamente robusta. As Foreign Style Stout são uma classe bastante ampla de Stouts e podem ser frutadas e doces ou secas e amargas. Elas têm maior gravidade e teor alcoólico que as Dry ou Sweet Stouts, mas menor que a Russian Imperial Stout.
- **Gueuze:** A Gueuze é uma ale de fermentação espontânea da região próxima a Bruxelas, Bélgica. É uma cerveja complexa, agradavelmente ácida, fruto da mistura de Lambics de 1, 2 e 3 anos de idade.
- **India Black Ale:** Um dos mais novos estilos de cerveja apresentados ao mundo, a India Black Ale é uma versão escura da India Pale Ale. O traço de malte caramelo e o sabor de malte escuro torrado se juntam para sustentar a presença agressiva de lúpulo. A India Black Ale é também conhecida coloquialmente como *Cascadian Dark Ale*.
- **India Pale Ale (IPA):** A India Pale Ale é uma ale lupulada, moderadamente robusta, de cor dourada à cobre. As versões Inglesas acentuam os maltes, lúpulos e leveduras inglesas; a cerveja resultante é maltada e frutada, com correspondente amargor terroso de lúpulo. As versões Americanas realçam os maltes, lúpulos e leveduras americanos; e a cerveja resultante é mais seca, limpa (menos frutada), e um pouco mais cítrica devido às variedades de lúpulo americanas.
- **Irish Red Ale:** A Irish Red Ale é uma cerveja fácil de beber, focada no malte, com generosas notas de malte caramelo. Sabores amanteigados ou de toffee também podem ser experimentados. O uso de pequenas quantidades de malte tostado fornece a coloração avermelhada da cerveja.
- **Lambic:** Uma ale complexa, ácida, à base de trigo, vinda dos arredores de Bruxelas, Bélgica, a cerveja Lambic é espontaneamente fermentada pelas leveduras selvagens ao redor do Vale do Rio Sena. As cervejas Lambic também são misturadas para criar a Gueuze e têm várias frutas adicionadas a elas para maior complexidade e sabor.
- **Mild Ale:** Uma cerveja decididamente Britânica, a Mild Ale (ou Mild) já foi um dos estilos de cerveja mais amplamente produzidos no Reino Unido. A maioria das Milds são session beers de baixa gravidade projetadas para consumo prolongado. Em geral maltadas, as Milds com frequência exibem aromas e sabores de caramelo, toffee, de nozes e tostados. Subestilo da Brown Ale, a Mild não é amplamente produzida ou importada pelos Estados Unidos.
- **Old Ale:** As Old Ales são frutadas e maltadas, com uma variedade de sabores amanteigados, tostados e de nozes. Estas bebidas peso-pesado são ótimas para tomar casualmente após o jantar, ou tarde da noite. Versões envelhecidas podem exibir pontas de acidez.

- **Pale Ales:** As Pale Ales são cervejas bem frutadas com sabores suaves de malte e uma agradável secura, muitas vezes amargor, no sabor final. Apesar do nome, são geralmente de cor dourada à âmbar. As versões Inglesas são mais balanceadas e têm um maior caráter terroso de lúpulo. Veja também a India Pale Ale.

- **Porter:** Uma ale escura, mas não imponente, a Porter tem leve doçura de malte e agradáveis sabores de grãos escuros, e funciona como uma ótima cerveja para bebericar. As Porters podem variar de um corpo médio e suave para encorpada e robusta. Procure a British Brown Porter e a American Robust Porter. Ela e sua prima Stout são bem diferentes das outras cervejas. Veja também a Baltic Porter na seção mais à frente sobre cervejas híbridas.

- **Porter (Baltic):** A Baltic Porter é uma bebida muito escura dos países que fazem fronteira com o Mar Báltico e é influenciada pelas Russian Imperial Stouts. Sabores de maltes escuros e torrados evocam os sabores de chocolate amargo, toffee, melaço e tons de alcaçuz. As versões Polonesas tendem a ser mais doces e maltadas. A Baltic Porter é tipicamente fermentada a baixas temperaturas, mas pode ser fermentada tanto com levedura ale quanto com levedura lager.

- **Oatmeal Stout:** A Oatmeal Stout é uma ale muito escura, encorpada, torrada e maltada, com um sabor complementar de aveia. A aveia é adicionada para dar corpo e complexidade.

- **Roggenbier:** A Roggenbier é uma cerveja especial fabricada na Baviera como uma variante mais distinta da Dunkelweizen, que usa centeio no lugar do trigo. Estas cervejas têm um sabor moderado condimentado e de centeio, que faz lembrar o próprio centeio ou pão pumpernickel.

Alguns cervejeiros Americanos adicionam semente de alcaravia às suas cervejas para acentuar ainda mais a experiência com centeio.

- **Russian Imperial Stout:** Uma ale escura, rica, intensa, complexa e torrada, a Russian Imperial Stout tem sabores de grãos escuros que sugere chocolate amargo, cacau ou café forte. É tradicionalmente fabricada com alta gravidade e teor alcoólico pelos cervejeiros Britânicos para exportação para os Estados Bálticos e Rússia, e dizem que é a favorita da Corte Imperial do Czar em São Petersburgo.

- **Saison:** A Saison é uma ale refrescante e frutada, bem efervescente, com uma acidez seca e refrescante. As Saisons eram tradicionalmente fabricadas na Valônia (a parte da Bélgica que fala francês) ao fim da primavera para ser consumida durante os meses de verão.

- **Scotch Ale:** As Scotch Ales são de malte acentuado com uma variedade de sabores caramelizados, de nozes, e tostados. Estas bebidas peso-pesado são ótimas para tomar casualmente após o jantar, ou tarde da noite. A Scotch Ale é uma contrapartida Escocesa mais maltada da Old Ale Inglesa.

- **Scottish Ale:** Este estilo de cerveja é relativamente desconhecido e, portanto, subvalorizado pela maior parte do mundo. As Scottish Ales são mais comumente encontradas em chope que em garrafas ou latas. Elas possuem um caráter suave e agradável de malte que pode ser percebido como caramelo ou toffee, e pode variar na cor do âmbar dourado a um marrom profundo.

Duas cervejas inteiramente novas

Na metade para o fim dos anos 1870, os homens da classe trabalhadora em Londres se reuniam em seu pub local para relaxar e resolver os problemas do mundo com um pint da sua ale favorita. Em um pub em particular, tornou-se um hábito misturar dois ou três tipos de chope em um único pint. Uma mistura especialmente saborosa se tornou conhecida como *Entire*, e o nome dessa confecção ébria viajou para outros pubs.

Quando o cervejeiro londrino Ralph Harwood pegou o jeito dessa prática, decidiu criar uma cerveja bastante aproximada dessa mistura de pub. Ele a apelidou de *Porter*, por causa dos carregadores do porto (*porters*, em inglês) e outros trabalhadores manuais que preferiam esta cerveja.

Depois que Harwood alcançou o sucesso com esta nova cerveja Porter, muitos outros cervejeiros londrinos imediatamente começaram a imitá-la. A chave para ganhar atenção a cada nova Porter apresentada era fazê-la mais escura, mais rica, e com sabor mais pronunciado. Um tanto individualista, outro cervejeiro decidiu chamar sua nova bebida de *Stout Porter*. Eventualmente, essa cerveja ainda mais escura e com sabor mais intenso ficou conhecida simplesmente como Stout — e o resto é história.

As Scottish Ales são identificadas por um antiquado sistema shilling baseado no seu teor alcoólico. Às Scottish Ales mais leves são designados 60 shilling, às médias 70 shilling, e às mais pesadas/fortes (que dificilmente são pesadas ou fortes) é designado 80 shilling. Para comparar, à maior e mais encorpada Scotch Ale é designado 120 shilling — duas vezes a gravidade e álcool que nos 60 shilling.

- **Sweet (London) Stout:** A Sweet (London) Stout é uma ale torrada bem escura, doce e encorpada. É historicamente conhecida como Milk Stout ou Cream Stout, devido ao uso de açúcar de leite não-fermentável (lactose).
- **Weizenbier/Weissbier:** Esta tradicional e refrescante cerveja de trigo da Baviera é de cor dourada e altamente carbonatada. Os aromas únicos incluem cravo-da-índia, ésteres frutados — especialmente banana — e chiclete. A Hefeweizen (*hefe* = levedura) é simplesmente uma Weizenbier que ainda tem levedura na garrafa.
- **Weizenbock:** A Weizenbock é uma cerveja de trigo escura, de médio corpo à encorpada, e com a força da Bock (descubra mais sobre a Cerveja Bock na próxima seção). Este estilo foi criado em Munique em 1907, uma resposta criativa de alta fermentação à grande quantidade de Doppelbocks de baixa fermentação produzidas pelos cervejeiros locais.
- **Witbier:** Esta ale de trigo suave, refrescante e cítrica, foi criada na cidade de Hoegaarden há mais de 400 anos atrás. *Wit* — branco em flamengo — refere-se à cor muito clara da cerveja. Seu caráter cítrico e perfumado é resultado do uso de coentro e da casca amarga da laranja curaçao. Outro tempero supostamente usado é chamado Grãos do Paraíso ou pimenta-guiné. Eles soam adoravelmente bem, mas têm um sabor ainda melhor!

✓ **Cervejas de Trigo:** As Cervejas de Trigo são as bebidas refrescantes definitivas de verão. Seus aromas frutados e perfumados, sua acidez cítrica e carbonatação efervescente fazem esta ale especialmente fácil de apreciar quando o clima está quente. Cervejas de Trigo genéricas raramente têm tanto trigo quanto as tradicionais Weizenbiers Alemãs, e não exibem a completa variedade de aromas derivados da levedura (cravo-da-índia, banana, chiclete, e por aí vai).

Lagers

O nome *lager* é tirado da palavra alemã *lagern*, que significa armazenar. A maioria das cervejas de produção em massa do mundo são lagers, mas existe uma ampla variedade de estilos além do que aquelas marcas comerciais te levam a acreditar (a Figura 4-2 mostra a árvore da família da lager).

✓ **American Pale Lagers:** Embora estas cervejas se diferenciem muito de marca para marca na mente do consumidor desinformado (graças às campanhas de propaganda), elas são, em grande parte, idênticas em gosto e força (cerca de 4 a 5% de álcool por volume). Todas as marcas *light*, *standard* e *premium* foram originalmente baseadas no estilo Pilsner clássico, que descrevo mais à frente neste seção, mas são agora muito diferentes deste estilo. Elas são de coloração clara, gasosas e aguadas, com uma doçura delicada e um aroma e sabor de *adjuntos* (milho ou arroz são os grãos adjuntos misturados com a cevada) (as versões mais leves quase não têm sabor ou aroma). Bebidas principalmente para matar a sede, são projetadas para serem servidas bem geladas.

Apesar da ressurgência mundial da indústria de cerveja e da reintrodução de muitos estilos tradicionais, mais de 80% de toda cerveja feita no mundo ainda é do estilo Pale Lager.

✓ **American Dark Lagers:** Como suas cópias mais leves, essas lagers são versões tímidas dos exemplares Europeus. Faltam nelas o sabor maltado pleno e rico do estilo German Dark Lager, e ladram mais que morde — e por isso podem facilmente ser a melhor amiga do homem. No entanto, não são amplamente acessíveis.

✓ **Bock Beer:** As Cervejas Bocks tradicionais são geralmente escuras, consideravelmente fortes, e muito intensamente maltadas. Este estilo foi criado na cidade cervejeira de Einbeck, no Norte da Alemanha, e foi mais tarde introduzida na Baviera onde se tornou ainda mais popular.

Acredita-se que o nome é uma corruptela do nome de Einbeck no sotaque da Baviera. *Bock* também significa bode em Alemão, por isso a associação entre Cerveja Bock e bodes.

✓ **Doppelbock:** Uma cerveja maltada, escura e perigosamente deliciosa, encorpada e de alto teor alcoólico, a Doppelbock foi fabricada pela primeira vez nos Alpes Italianos pelos monges do monastério de São Francisco de Paula para o sustento durante a Quaresma. Muitas vezes chamada de *pão líquido*, as Doppelbocks são facilmente localizadas nos menus de cervejas por causa do sufixo *-ator* (Celebrator, Salvator, Maximator, Triumphator, e por aí vai).

Capítulo 4: Conhecendo as Principais Categorias de Cerveja: Ales,... 59

- **Dortmunder Export:** Esta lager dourada brilhante veio da região industrial de Dortmund, na Alemanha. Ela oferece o maltado de uma Munich Helles e o lupulado de uma Pilsner, e é levemente mais forte que as duas. O termo *export* se refere à força alcoólica da cerveja e pode ser aplicado a outros estilos de cerveja também. Este estilo está em declínio e não é sempre fácil encontrá-la fora da Alemanha.
- **Eisbock:** Uma anomalia no mundo da cerveja, a Eisbock (ice bock) não surge com sua robustez e alto teor alcoólico naturalmente. Ao sujeitar a cerveja já fermentada a temperaturas congelantes, os cervejeiros podem então peneirar os cristais de água que se formam na cerveja. A cerveja resultante é então uma versão muito mais concentrada de si mesma (de 7 a 33 % de concentração).

  O processo de congelar parcialmente a cerveja para extrair cristais de gelo é chamado *congelamento fracional*. Por esse processo ser uma forma de destilação, alguns cervejeiros podem precisar de uma licença especial.
- **Helles Bock:** Esta cerveja é uma versão clara da tradicional Cerveja Bock (*Helles* significa pálido).
- **Maibock:** A Maibock acena para o mês em que é fabricada (*Mai* é Maio). Estas versões mais claras e lupuladas da Cerveja Bock foram desenvolvidas bem recentemente em comparação aos outros membros das família Bock Beer.
- **Cervejas Märzenbier/Oktoberfest:** A Märzenbier foi uma resposta da Baviera à Vienna Lager da Áustria. Ela é voltada para o malte, de cor âmbar, e bastante fácil de beber. Ela era tradicionalmente fabricada no mês de Março (Marz) ao fim da temporada de fabricação, armazenada em cavernas durante o verão e servida no outono em meio às celebrações de colheita. A Märzenbier eventualmente se tornou a cerveja oficial da Oktoberfest.
- **Munich Dunkel:** Esta clássica lager marrom de Munique foi desenvolvida como uma contrapartida mais escura e maltada da Munich Helles. Veio a tornar-se bastante popular pela Baviera, especialmente na Francônia.
- **Munich Helles:** Lager clara (*Helles* significa pálido), a Munich Helles é doce e maltada, e limpa no paladar. A criação deste estilo de cerveja pode ser remontada a Munique em 1895, quando a Cervejaria Spaten apresentou uma cerveja bávara mais maltada para competir com as famosas cervejas de estilo Pilsner.
- **Pilsner (também conhecida como Pils, Pilsener, e na República Tcheca, Plzensky):** A Pilsner é a autêntica cerveja da República Tcheca que muitas marcas Americanas de cerveja aspiram ser: uma lager aromática, sutilmente maltada, efervescente e refrescantemente amarga (lupulada). É um verdadeiro clássico, fabricada desde 1842 pelas pessoas que as criaram (a Pilsner Urquell foi a primeira cerveja dourada e clara) e o estilo mais imitado ao redor do mundo.
- **Rauchbier (Cerveja Defumada):** A Rauchbier pode variar de um amigável defumado de fogo de acampamento para uma intensa pungência acre. É definitivamente de gosto adquirido, mas você ainda não viveu tudo até ter provado uma dessas com presunto ou salsicha defumados e um forte queijo cheddar. Esta cerveja é para bebericar, não para cheirar!

A madeira tradicional utilizada para defumar os maltes para fabricar a Rauchbier é madeira de faia — o mesmo tipo de madeira usado para envelhecer a Budweiser.

- **Schwarzbier:** A Schwarzbier é uma cerveja especial regional do Norte da Baviera. Acredita-se ser uma variante do estilo Munich Dunkel, porém mais escura e seca (menos doce) no paladar. Algumas pessoas comparam a Schwarzbier à uma Pilsner preta.

- **Vienna Lager:** A Vienna Lager é a prima maltada, de cor âmbar e corpo médio da Märzenbier. A Vienna Lager é atualmente mais abundante e visível no México do que na sua terra natal Áustria, devido ao governo do Imperador Maximilian, lá nos anos 1800.

LAGERS

Pale Lager	Amber Lager	Bock	Dark Lager	Lager Especiais
American Light Lager	Marzen/Oktoberfest	Traditional Bock	Munich Dunkel	Herb & Spice
Pilsner	Vienna Lager	Helles Bock	Schwarzbier	Fruit
Dortmunder	Rauchbier	Maibock		Smoke
Munich Helles		Doppelbock		Winter Warmers/Holiday Beers
		Eisbock		

Figura 4-2: A árvore da família da lager.

Cervejas híbridas

Alguns estilos de cerveja não se encaixam perfeitamente nas categorias das ales e das lagers, pois os cervejeiros misturam ingredientes e processos das duas categorias em uma única cerveja (como expliquei anteriormente neste capítulo). Como exemplo, um cervejeiro pode usar uma levedura ale, mas à temperatura de fermentação de uma lager.

Onde as cervejas híbridas, como as seguintes, se encaixam na árvore da família da cerveja? Pense em um exótico, misterioso, bem viajado tio: um pouco não convencional, nem todo mundo gosta, mas definitivamente atrativo para alguns de nós.

- **Altbier:** A Altbier é uma Ale Alemã (certamente um pássaro raro). *Alt* significa velho, referindo-se ao fato de que a cerveja é fermentada do jeito antigo — com leveduras ale de alta fermentação (veja a seção anterior "Cervejas da Velha Guarda: Entendendo as Ales" para detalhes). As Altbiers modernas são fermentadas em altas temperaturas como as ales, mas maturadas no frio como as lagers. A Altbier típica é maltada com paladar assertivo e uma boa quantidade de amargor de lúpulo, apesar de que a combinação de lúpulos (porque é complexa) tende a diferir de cervejaria para cervejaria. Düsseldorf, na Alemanha, é considerada o centro da produção de Altbier.

- **California Common Beer (a princípio conhecida como Steam Beer):** Como a sua predecessora Steam, esta cerveja exibe um corpo médio, paladar tostado e maltado e uma presença consideravelmente agressiva de lúpulo no aroma, sabor e amargor. A California Common Beer é fermentada em altas temperaturas com levedura lager.
- **Cream Ale:** A Cream Ale é uma invenção totalmente Americana, de corpo leve. Enquanto cervejeiros Americanos produziam ales de corpo leve, resolveram tentar fazê-las com fermentações mais frias e longas, assim como era feito com cerveja lager (estas ales não foram poupadas da adição de grãos adjuntos também). A cerveja resultante é similar às lagers Americanas, e é geralmente conhecida por seu aroma e sabor óbvios de milho, junto com um suave, perfumado e doce paladar de grãos. A Cream Ale é clara e altamente carbonatada.
- **Kölsch (bruscamente pronunciada *kelsh*):** Nomeada em homenagem à cidade de Köln (Colônia), Alemanha, indica que essa cerveja foi fabricada no estilo tradicional da cidade. A Kölsch é fabricada como uma ale com leveduras de alta fermentação, mas é submetida a um processo de fermentação fria. É notadamente clara e turva, em parte devido à adição de trigo, mas muito como resultado de não ter sido filtrada. A Kölsch é limpa no paladar, com uma leve acidez láctica, de corpo relativamente suave, e não muito forte. Seu amargor moderado de lúpulo tem um efeito seco. No todo, a Kölsch é um tipo de cerveja de verão, refrescante.

Devido ao fato de Kölsch ser um nome protegido, apenas os membros da Associação de Cervejarias de Köln podem chamar suas cervejas de Kölsch.

Cervejas especiais

A categoria *cervejas especiais* é mais ou menos o cesto de bugigangas para os estilos de cerveja que não se encaixam em outro lugar. Quando se fala do lugar das cervejas especiais na árvore da família da cerveja, o primo artista selvagem é o modelo: arrojado, estrondoso, experimental, muitas vezes pateta, em geral memorável, e encantador apesar de desprezar as convenções.

Como expliquei anteriormente neste capítulo, as cervejas especiais são tipicamente cervejas regulares fabricadas em um estilo clássico (como Porter, Stout, ou Pale Ale), mas com algum novo sabor adicionado. Outras cervejas nesta categoria são feitas com comidas fermentadas inusitadas. A adição de frutas, ervas e temperos, diversos condimentos (como alcaçuz, defumado, e pimenta) e fermentáveis excêntricos (como mel, xarope de bordo e melaço) transforma uma cerveja normal em uma cerveja especial. Em muitos aspectos, as cervejas especiais são as mais divertidas de experimentar.

Os consumidores iniciantes de cerveja, ou talvez aqueles que afirmam não serem fãs de cerveja, mostram-se especialmente surpresos e satisfeitos quando experimentam essas exóticas cervejas pela primeira vez, especialmente as cervejas com sabor de frutas. Este fato não passa despercebido pelos cervejeiros, que hoje fazem da criação de novas cervejas com grande apelo uma alta prioridade. Estimule-os a fazê-las!

Os mestres cervejeiros têm bastante prazer e liberdades artísticas quando estão criando cervejas especiais. Tudo, menos a pia da cozinha, pode ser adicionado à cerveja, e tenho certeza que não vai demorar até alguém experimentar a pia também. Afinal, as pessoas tentaram cerveja de alho (ideia muito, muito ruim) e até cerveja de pimenta malagueta (o que é parecido com beber azia líquida). *Por sua conta em risco!* Algumas das misturas mais sutis são, com frequência, as mais excepcionais — uma Blackberry Porter vem à mente.

- **Fruit Beers:** As Fruit Beers são em geral lagers ou ales de leve a médio corpo, a que foi dado um sabor frutado por meio de uma fruta verdadeira ou extrato de fruta. Elas tendem a ter um final mais doce que as outras cervejas. Os sabores mais populares de fruta são cereja, framboesa e mirtilo, mas encontrar uma cerveja com sabor de damasco, pêssego ou amora silvestre não é incomum.
  Nota: As Cervejas Belgian Lambic também são frutadas, mas estão em uma classe própria (veja as descrições anteriores sobre ale neste capítulo).
- **Herb e Spice Beers:** Estas ervas e temperos podem incluir tudo, desde canela a estragão; qualquer estilo de cerveja pode ser feita com quaisquer ervas e temperos. Bebidas de verão e de inverno são típicas.

  Embora as Pumpkin Beers tenham sido feitas com abóboras de verdade, as versões comerciais de grande nome são geralmente apenas enfeitadas com temperos que fazem lembrar torta de abóbora (canela, gengibre, noz-moscada e pimenta da Jamaica).
- **Smoked Beer:** Uma Smoked Beer é qualquer estilo de cerveja a qual foi dado um caráter defumado, apesar de que um estilo em particular fica muito bem com aromas e sabores defumados: a Porter. O perfil de sabor da cerveja em questão deve sempre mostrar-se através do defumado.
- **Wassail:** A Wassail não é um estilo específico de cerveja por si, mas um estilo bastante tradicional de cerveja temperada que é fabricada para o Natal e para temporada de férias. A Wassail com frequência é conhecida por outros nomes, como *cerveja de férias*, *yule ale*, *winter warmer* e, se ela contém frutas, *mulled ale*. (A Wassail pode ser agrupada com as cervejas de frutas ou de temperos — é difícil encaixá-la perfeitamente em um espaço — mas como uma classe antiga, merece sua própria listagem).

  A palavra *wassail* vem do Inglês Antigo *waes hael* — que significa ser saudável ou estar com boa saúde. Este termo era considerado um brinde apropriado quando se oferecia uma cerveja a alguém. A bebida preferida da época era habitualmente uma *mulled ale*, uma ale forte aquecida, carregada de temperos como noz-moscada e gengibre, e adoçada com açúcar ou pedaços de frutas, geralmente maçãs torradas.

Capítulo 5
Investigando a "Real" Ale

Neste Capítulo
- Definindo a real ale
- Colocando a real ale em barris
- Clarificando a real ale e a deixando respirar
- Servindo a cerveja corretamente
- Apresentando a CAMRA

Uma das opções que os consumidores de cerveja podem encontrar nas suas excursões cervejeiras é pedir um pint de *real* ale. Não que a falsa ale tenha de fato existido, mas algumas ales são mais reais que outras. Curioso? Confuso? Leia este capítulo para um prato cheio de real ale, como é feita, e como é servida.

Entendendo o que Faz a Ale "Real"

Real *ale* refere-se à cerveja que é servida à moda antiga. A real ale é fabricada com ingredientes tradicionais (aqueles que descrevo no Capítulo 2), e é permitida maturar e envelhecer naturalmente. A maturação e envelhecimento naturais significam que a cerveja não é filtrada ou pasteurizada, o que significa que ainda contém leveduras vivas dentro dela, e continua o acondicionamento e desenvolvimento do sabor e personalidade mesmo depois de deixar a cervejaria. (Quando uma cerveja é *condicionada*, ela ainda fermenta um pouco, assim criando uma carbonatação suave e natural dentro do seu recipiente). Então, a real ale é considerada uma ale viva.

A real ale sempre é servida sem nenhum dióxido de carbono, nitrogênio, ou qualquer outro gás estranho empurrando-a do recipiente — processo comumente conhecido como *pressão principal*. A real ale é tradicionalmente extraída manualmente com uma bomba manual ou ação da gravidade (veja a seção mais à frente "Tirando a Real Ale" para mais sobre esses métodos).

A maioria das real ales são embaladas em barris (como você vai descobrir na próxima seção). Mas destes claros parâmetros que constituem a real ale, *cerveja condicionada em garrafa* também qualifica-se como real ale. A cerveja acondicionada em garrafa ainda contém levedura viva na garrafa que pode causar a continuação da transformação da cerveja ao longo do tempo. Um viva para os cervejeiros artesanais (e um punhado de cervejeiros comerciais)!

Apesar dos rumores persistentes sobre o contrário, a real ale não é quente e sem gás. Bem, certo, quando comparada com lagers Americanas quase congeladas de mercado de massa, a real ale é mais quente e menos carbonatada. Mas quando julgada por seus próprios méritos, a real ale é muito fresca e delicada. Os aromas e sabores são mais intensos no seu olfato e paladar, mas sua língua não é atacada pela carbonatação agressiva, mas sente cócegas com bolhinhas suaves e gentis.

Na Inglaterra, Escócia, e Irlanda, um projeto de credibilidade voluntário permite aos publicans, ou donos de pubs, exibir um símbolo especial em seus estabelecimentos que indicam que a real ale servida ali é de boa qualidade. Procure pela Cask Marque, que é "uma prova de um grande pint", se você quer estar seguro de beber um bom e fresco pint de real ale (veja a Figura 5-1).

Figura 5-1: A Cask Marque — uma prova de um grande pint.

Ah, e apesar de a Grã-Bretanha ser o único país do mundo que habitualmente serve a real ale, descobrir a real ale nos Estados Unidos e outros países, onde a cultura de cerveja está evoluindo e progredindo, está rapidamente se tornando popular.

Iniciando a Jornada da Real Ale em Barris

A real ale, que é acondicionada e servida como descrito na seção anterior, também é conhecida como *ale de barril* (*cask ale*) ou *cerveja de barril* (*cask beer*). Estes termos são usados para diferenciá-la da cerveja à pressão (keg beer). Tanto a cerveja de barril quanto a cerveja à pressão são fabricadas do mesmo modo — mesmos ingredientes, mesmos processos. A única diferença é como a cerveja é tratada depois que a fermentação primária está completa.

Nas próximas seções, descrevo as partes de um barril e listo diferentes tamanhos usados para a real ale.

Então, como a cerveja à pressão se difere da cerveja em barril exatamente? A *cerveja à pressão* é filtrada e servida através de um barril pressurizado. Depois da vigorosa fermentação, a cerveja à pressão é filtrada e algumas vezes pasteurizada — dependendo do seu destino — para matar ou remover as leveduras da cerveja. (A cerveja à pressão que é fabricada e vendida nos Estados Unidos raramente é pasteurizada, mas a cerveja que é importada aos Estados Unidos é quase sempre pasteurizada devido ao longo período de tempo — frequentemente meses — que leva um carregamento de cerveja para chegar ao seu destino).

A filtragem e a pasteurização são um modo efetivo de aumentar a estabilidade e validade da cerveja, mas também matam um pouco do seu sabor e característica. A filtragem não só remove as leveduras, mas também dextrinas que constituem o corpo, o que pode fazer a cerveja parecer de corpo mais suave e leve, assim como proteínas que poderiam, caso contrário, ajudar na retenção do colarinho. (Pule para o Capítulo 9 para mais informação sobre barris pressurizados).

Um barril de diversão: conhecendo as partes de um barril

Os barris de cerveja se assemelham a barris típicos, que têm uma circunferência maior no meio do que no final. São projetados para ficar deitados em seus lados, ou horizontalmente, quando completados com cerveja que está pronta para ser servida. (Os kegs — barris à pressão — à moda antiga costumavam ter este formato de barril, mas atualmente a maioria tem os lados retos e são projetados para ficar na vertical enquanto a cerveja é retirada).

Os casks (barris) também têm partes que diferem das do keg — e elas são a chave para servir a real ale. Os casks têm *válvulas de admissão* e *de encaixe*, e devem descansar em um *suporte* (veja a Figura 5-2). Descrevo cada uma destas partes na lista a seguir:

- **Válvula de admissão:** A válvula de admissão, que é usada como uma rolha para fechar o buraco no barril, é encontrada na parte lateral do barril, em sua maior circunferência. A tampa é onde o *taberneiro* (*landlord*, termo Britânico para dono do pub) ou o *despenseiro* (*cellarman*, a pessoa encarregada de assegurar que a real ale está sendo bem cuidada na adega) colocam o flexível *respiro* (*spile*), o que permite a ale respirar e evoluir (veja mais a frente a seção "Na posição do respiro: deixando a real ale respirar", para detalhes).

- **Válvula de encaixe:** A *válvula de encaixe*, que veda o buraco na parte de cima do barril (uma das extremidades planas do barril), é onde o taberneiro ou despenseiro inserem a torneira, ou a mangueira se a cerveja do barril é servida por bomba manual (veja a seção mais à frente "Extraindo a real ale por uma bomba manual" para mais informação).

- **Suporte:** O suporte é uma espécie de armação que segura o barril horizontalmente no lugar enquanto a cerveja está maturando e sendo servida. Um suporte pode segurar um único barril, ou muitos barris, dependendo do seu tamanho.

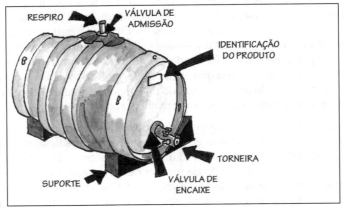

Figura 5-2: As partes de um barril.

Ampliando a situação: Pins, Firkins, Kilderkins e mais

De uma perspectiva histórica, todos os recipientes projetados para conter grandes quantidades de cerveja, vinho ou bebidas destiladas eram originalmente feitos de madeira. Hoje em dia esses recipientes também podem ser feitos de aço inoxidável, alumínio, e até mesmo material plástico. Você pode encontrar barris (e kegs, neste caso) em todos esses tipos de materiais, mas o de aço inoxidável é o mais comum atualmente.

Apesar da transição da madeira para materiais mais modernos, os barris (casks) ainda apresentam-se com uma nomenclatura que é tanto estranha quanto interessante — e pode até fazer você rir baixinho. Mas entender sobre diferentes tipos de barris tem realmente tudo a ver com tamanho e volume líquido. A Tabela 5-1 apresenta uma lista de barris variados, seus nomes e volumes líquidos (note que, de acordo com a tradição, esses barris estão listados em galões imperiais; para converter esta medida para galões padrões dos Estados Unidos, multiplique por 0,83257. Para converter galões imperiais para litros, multiplique por 4,55. Um Pin tem, por exemplo, aproximadamente 20,46 litros).

Capítulo 5: Investigando a "Real" Ale

Tabela 5-1   O que há em um Nome ou Barril, quer dizer

Nome do Barril	Volume Líquido	Outros Barris Equivalentes
Pin	4,5 galões	
Firkin	9 galões	= 2 pins
Kilderkin	18 galões	= 2 firkins / 4 pins
Barrel (barril)	36 galões	= 2 kilderkins / 4 firkins / 8 pins
Hogshead	54 galões	= 3 kilderkins / 6 firkins / 12 pins
Puncheon	72 galões	= 2 barris / 4 kilderkins / 16 pins
Butt	108 galões	= 2 hogsheads / 3 barris / 10 kilderkins / 12 firkins
Tun	216 galões	= 2 butts / 3 puncheons / 4 hogsheads / 6 barris

Acredita-se que os nomes dos barris descritos na Tabela 5-1 foram inventados lá atrás, no século XV, e eles não mudaram desde então.

Devido à natureza da real ale — pouca estabilidade, prazo de validade limitado, e por aí vai — a maioria dos cervejeiros preferem envasar suas cervejas em recipientes menores para ajudar a garantir o frescor do produto. Quanto menor o recipiente, mais rápido seu conteúdo é esvaziado. Por isso, a real ale é normalmente encontrada apenas em pins, firkins e kilderkins.

Filtrando e Acondicionando a Real Ale

Para grande maioria das cervejarias ao redor do mundo, depois que a cerveja é embalada e deixa seu local de produção, tudo o que realmente importa é se a cerveja será mantida tão gelada quanto possível, e consumida o mais cedo e fresca possível. Não com a real ale. Nas próximas seções, falo sobre a adição de clarificantes à real ale durante o envase, e de deixá-la respirar quando ela chega em seu destino.

Muitos pubs à moda antiga têm adegas embaixo de seu espaço público. A adega é o lugar perfeito para manter um grande suporte onde muitos barris podem ser acondicionados simultaneamente. Muitas adegas também mantêm uma consistente temperatura ideal para ales; 12 graus Celsius (55 graus Fahrenheit) é considerada a temperatura de adega perfeita.

Deixando claro: agentes clarificantes

A cerveja que não é filtrada e pasteurizada (como a real ale) ainda contém milhões de células de leveduras vivas em suspensão líquida. Com a ajuda da gravidade, e devido ao tempo, a cerveja clarifica por si mesma. Mas para limpar a cerveja de toda essa levedura de maneira rápida, os cervejeiros usam o que chamam de *clarificantes*. O cervejeiro adiciona clarificantes à real ale quando ele a retira ou a transfere em seu estado natural, não filtrado ou pasteurizado, para um barril. Estes clarificantes, basicamente, coagulam as células de levedura e outras matérias orgânicas, e arrastam-nas para o fundo do barril, onde elas se estabelecem e formam um sedimento de massa gelatinosa. Quando isso acontece, dizem que a cerveja *ficou brilhante*.

O que os clarificantes fazem é bastante simples; o que eles são é um pouco mais interessante. Aqui estão dois dos clarificantes mais comuns:

- **Carragena:** Também conhecida como musgo Irlandês, a *carragena* é uma espécie de alga vermelha encontrada em abundância ao longo das costas rochosas do Atlântico da Europa e América do Norte. Além de abundante, a carragena é um clarificante valorizado pela sua capacidade de suportar de 20 a 100 vezes o seu próprio peso na água quando hidratada, formando uma compacta substância parecida com gelatina.
- **Isinglass (Gelatina de Peixe):** O *isinglass* é uma forma de colágeno derivado das bexigas natatórias de certo peixe. Depois que as bexigas são removidas do peixe, são processadas e secas. Este clarificante era originalmente feito exclusivamente do esturjão, mas agora pode ser feito com um substituto mais barato, o bacalhau. O Isinglass pode ocasionalmente ser usado com outros agentes clarificantes para maior aceleração do processo de sedimentação.

Sem querer te deixar enjoado, mas antes da introdução de gelatinas menos caras, o isinglass era usado em confeitos e sobremesas, como geleia de frutas e marmelada.

Outros clarificantes de cerveja menos usados incluem os seguintes:

- **Albumina:** A Albumina é derivada das claras do ovo. A albumina ressecada é reidratada com água e adicionada à cerveja. Assim como a gelatina, este clarificante também tem carga positiva, que então atrai as proteínas e leveduras, que são de carga negativa.
- **Bentonita:** A Bentonita é um material não-orgânico combinado com uma forma de argila em pó fino. Quando misturada à água, a bentonita é bastante efetiva na clarificação de líquidos.
- **Gelatina:** A Gelatina é derivada dos cascos de vacas e cavalos. É uma proteína incolor, insípida, e inodora solúvel em água, que atrai proteínas e leveduras de cargas negativas.

> **Pectinase:** Pectinase é um termo geral para as várias enzimas pécticas que quebram a pectina, uma substância gelatinosa encontrada nas paredes das células das plantas. A Pectinase quebra a massa de pectina que pode se formar na cerveja — especialmente naquelas que contêm fruta.
>
> **PVPP (polivinilpolipirrolidona):** Diga esse nome cinco vezes rápido! Também conhecida pelo seu nome comercial, a *Polyclar* é feita de minúsculas esferas de plástico que são estaticamente carregadas, assim atraindo matéria em partículas para si como uma cola eletrostática. (Companhias farmacêuticas também usam este produto para fabricar remédios em cápsula.)

Quando um cervejeiro adiciona clarificantes em um barril de real ale, ele pode adicionar também mais lúpulos e priming de açúcar (fermentável). A dose extra de lúpulos proporciona à cerveja um aroma mais lupulado — e não amargor — e o priming de açúcar dá à levedura algo o que comer a fim de criar dióxido de carbono no interior do barril. O barril é então selado e enviado de navio para o pub.

Na posição do respiro: deixando a real ale respirar

Quando o barril chega ao seu destino, o taberneiro ou despenseiro tem agora a responsabilidade de verificar se o barril está propriamente cuidado antes de servir a bebida ao público. Fazer isso requer mais do que simplesmente colocar a cerveja na chopeira. Basta dizer que o papel do despenseiro na qualidade da real ale é tão crucial quanto o do cervejeiro.

Quando o despenseiro determina que a cerveja ficou clarificada e está pronta para ser servida, ele encaixa um respiro maleável na tampa, que está localizada na lateral do barril. (Falo sobre as tampas na seção mais atrás "Um barril de diversão: conhecendo as partes de um barril") O *respiro maleável* (spile) é feito de material poroso que permite ao ar passar através dele, assim permitindo o barril respirar.

Em razão do CO_2 poder exalar para fora através do respiro, o despenseiro pode medir a atividade do acondicionamento pelas bolhas que se formam ao redor dele. Depois de enxugá-lo, o despenseiro pode observar o quão rápido as bolhas voltam a se formar. Se retornarem devagar, significa que a levedura está se estabelecendo no fundo, e que a carbonatação da ale está próxima de se completar. Se as bolhas retornarem rapidamente, significa que a levedura ainda está ativa, e que a ale não está completamente carbonatada ainda.

Quando a cerveja tiver atingido a clarificação e o nível de carbonatação desejados, o despenseiro substitui o respiro maleável por uma cavilha rígida, que não permite gases entrarem ou saírem do barril. A cerveja então está pronta para descansar por aproximadamente 24 horas antes de ser servida.

O barril deve estar aberto e respirando (com um respiro maleável no lugar) enquanto a cerveja é extraída, caso contrário, cria-se um vácuo na mangueira (e barril). É por isso que os barris têm um prazo de validade tão curto (aproximadamente três dias). Você não só vai atrair ar para dentro do barril a cada vez que abrir a torneira — o que acelera o processo de oxidação —, mas também ficará com um recipiente que não estará sob pressão, e a cerveja perderá toda a sua carbonatação.

A real ale deve ser consumida dentro de três dias a partir da extração da primeira cerveja do barril, porque depois disto ela começa imediatamente a se deteriorar. Com isso em mente, alguns taberneiros insistem em usar um *respirador de barril*, que permite que uma pequena quantidade de dióxido de carbono substitua o oxigênio no barril. Os respiradores não liberam dióxido de carbono suficiente para carbonatar ou extrair a cerveja pelas mangueiras, mas apenas o suficiente para cobrir a cerveja a fim de mantê-la mais fresca e saborosa por mais tempo. (Pelo fato da utilização do respirador ser considerado adição de dióxido de carbono estranho, este método não é endossado pela CAMRA, um grupo sobre o qual falarei mais à frente neste capítulo.)

Tirando a Real Ale

Quando chega a hora de servir a real ale, o barril tem que ser equipado com um dispositivo de serviço. Dependendo do lugar onde o barril é mantido no pub, ele pode ser equipado com uma torneira simples ou uma mangueira para extrair a bebida através de uma chopeira. Discuto as duas opções nas seções seguintes.

Extraindo a real ale por uma chopeira

A chopeira é um dispositivo usado para extrair a cerveja do barril. Como requer um garçom para literalmente puxar a cerveja da mangueira, as chopeiras também são conhecidas como *bombas manuais*. Nas seções seguintes, explico como uma chopeira funciona e descrevo como servir uma real ale através dela.

A primeira chopeira foi inventada por Joseph Bramah, em 1797. Bramah é um dos dois fundadores da engenharia hidráulica, que ganhou fama primeiro por aumentar a funcionalidade das instalações sanitárias (banheiros) em Londres. Eu sou o único que vê uma conexão aqui?

O funcionamento de uma chopeira

O mecanismo de uma chopeira é muito simples (veja a Figura 5-3). A câmara hermética do pistão está no coração de tudo. Quando o garçom puxa a alavanca da chopeira, a cerveja é drenada do barril para o pistão (ele pode precisar puxar várias vezes, dependendo do comprimento da linha de cerveja). Uma válvula unidirecional sustenta a cerveja no interior do pistão. Quando o garçom puxa a alavanca da chopeira novamente, a cerveja no pistão flui para fora através de outra válvula unidirecional, para a torneira da chopeira, enquanto mais cerveja é drenada para preencher o espaço vazio na câmara do pistão.

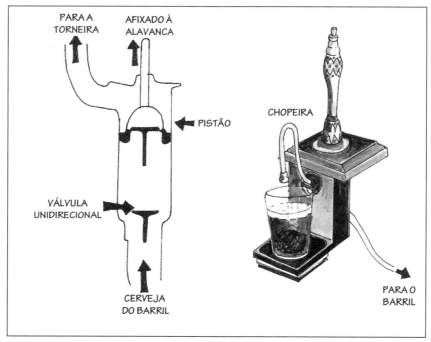

Figura 5-3: Como uma chopeira funciona.

A chopeira típica pode drenar aproximadamente metade de um pint (quartilho) de cerveja a cada puxada de alavanca, então um bom, forte, e eficiente garçom deve ser capaz de encher o seu pint com duas puxadas completas. Um brinde!

Embora algumas chopeiras tenham uma torneira curta, as mais extravagantes têm tubos alongados que circulam para cima e depois para baixo, em uma elegante curva de 180 graus. Este tipo de torneira é chamada *pescoço de cisne*. Alguns pubs, inclusive, anexam um *compensador de fluxo* (que funciona como um pequeno chuveiro) no final da torneira, para regular o fluxo de cerveja. Quando o compensador está apertado, a cerveja é agitada enquanto flui, e resulta em um maior colarinho e menos carbonatação na cerveja. Quando o compensador está bem aberto, menos colarinho é formado, mas a cerveja fica mais carbonatada.

A tiragem "correta" em uma chopeira

Alguns cidadãos podem ser superexigentes sobre como seus pints (copos de cerveja) de real ale são extraídos e servidos, por isso os garçons devem ficar com um pé atrás. Saber como tirar um pint pode ser mais uma ciência que uma arte, mas, ainda assim, pode ser feito com esplendor; apenas siga estes passos:

1. Certifique-se de que o copo está limpo para a cerveja — o grau máximo de limpeza de um copo. (Veja o Capítulo 11 para detalhes.)

2. Puxe a torneira de maneira suave e uniforme.

3. Espere alguns segundos para permitir que o colarinho cresça e comece a diminuir um pouco antes de puxar pela segunda vez.

4. Certifique-se que o cliente obtenha uma medida completa de cerveja — isto é, encha o copo até o topo com o mínimo de colarinho.

Um pint bem tirado tem um colarinho que cresce até um pouco além da borda do copo, conhecido como *chope perfeito*.

Existem algumas controvérsias sobre se o pint deve ser levantado na chopeira, de modo que a torneira fique imersa na cerveja enquanto ela é servida. Algumas pessoas dizem que este método mantém a formação de espuma em um mínimo enquanto a cerveja está sendo tirada, e outros dizem que a torneira pode se tornar um viveiro de bactérias se não for enxaguada depois de cada tiragem. O debate é violento.

Na língua inglesa, o chope é popularmente conhecido como *draft beer* por milhares de pessoas, no entanto, na realidade, chama-se *draught beer*. A palavra *draught* significa puxar, como você faria com a alavanca da torneira da chopeira. Cavalos que puxam vagões são chamados em inglês de draught horses pelo mesmo motivo.

A apresentação, por todo prazer visual que proporciona, é inútil se a cerveja não está em condições palatáveis. A mangueira e a câmara do pistão na chopeira continuam a conter cerveja entre as tiragens. Esta cerveja estraga quando deixada de um dia para o outro, então, é de extrema importância que o garçom dispense o primeiro pint ou duas tiragens pelo ralo, e não sirva cerveja velha para um cliente desavisado.

Usando uma torneira para liberar a gravidade

Ter um pub clássico montado para sua real ale não é praticável em alguns momentos, locais, e eventos, como quando você não tem uma adega embaixo ou um bom balcão de bar para instalar sua chopeira. Ou talvez você tenha apenas um único barril de uma cerveja convidada especial e exclusiva para servir. Para estas situações, servir por gravidade funciona melhor.

Servir por gravidade, ou *tirar cerveja por gravidade*, tem tudo a ver com deixar a Mãe Natureza fazer o trabalho por você. Ao simplesmente encaixar uma torneira e um respiro maleável no barril, você pode extrair a cerveja mais rápido e fácil. Não precisa empurrar, puxar, ou de gases — os inertes, em todo caso.

Capítulo 5: Investigando a "Real" Ale   73

 Como servir por gravidade requer poucas instalações ou desinstalações, a maioria dos festivais de cerveja que oferecem real ales favorecem este método de tiragem.

Subindo: O uso de compressores

O norte da Inglaterra e da Escócia têm a tradição de usar bombas elétricas — ou *compressores*, como são chamados — para empurrar a cerveja para fora do barril.

O ar é forçado para o espaço vazio do barril, assim empurrando a cerveja para a torneira. Por toda esta conveniência, este método viola os padrões da real ale.

CAMRA: Campanha para a Real Ale (Campaign for Real Ale)

Espelhando-se no enxugamento da indústria cervejeira Americana e na homogeneização das cervejas Americanas, a indústria cervejeira Britânica estava passando por uma situação parecida. A terra da venerável English Ale estava sucumbindo a uma invasão lager tanto dos Estados Unidos quanto da Europa.

De modo similar, os amigáveis e independentes pubs locais estavam desaparecendo de cena — ou sendo tomados pelo interesse das corporações cervejeiras que estavam atraindo uma galera mais jovem, mais hippie, mais desordeira, consumidores de lagers e cidra.

A Real Ale, ao que parecia, já tinha visto dias melhores.

Isto foi até 1971. Foi então que quatro dedicados consumidores de cerveja Britânicos decidiram se opôr ao que eles viam como a ruína de suas heranças, suas bebidas favoritas e seu amado pub local. Graham Lees, Bill Mellor, Michael Hardman, e Jim Makin formaram a Campanha para a Revitalização da Ale (Campaign for the Revitalization of Ale). Talvez nenhum outro grupo tenha sido tão influente no mundo da cerveja e da fabricação de cerveja — especialmente na Grã-Bretanha. O grupo, conhecido simplesmente como *CAMRA*, eventualmente decidiu tornar o título fácil de lembrar e dizer, encurtando-o para Campanha pela Real Ale (Campaign for Real Ale).

Atualmente a CAMRA é uma organização de consumidores independente e voluntária, cujos principais objetivos são a promoção da real ale, da real cidra, e do tradicional pub Britânico. A CAMRA é o maior grupo de consumidores de um único assunto no Reino Unido, e é membro fundador da União Europeia de Consumidores de Cerveja (EBCU — European Beer Consumer's Union). A CAMRA atingiu a marca de 100 mil membros em 2009 e desde então ultrapassou 120 mil membros.

A CAMRA é bastante envolvida em questões que afetam a indústria cervejeira Britânica, como:

- Promoção de estilos de cerveja menos comuns e bebidas tradicionalmente fabricadas
- Promoção dos negócios das pequenas cervejarias e pubs
- Redução da fusão entre cervejeiros Britânicos locais
- Redução dos impostos de cerveja
- Reforma das leis de licenciamento

A CAMRA também é bastante ativa nos assuntos dos consumidores, como os seguintes:

- Promoção da qualidade, variedade de escolha, e valor condizente ao dinheiro
- Proteção e aperfeiçoamento dos direitos do consumidor
- Busca de melhorias em todas as lojas licenciadas e por toda a indústria cervejeira
- Suporte aos pubs como um ponto de convergência da vida da comunidade

A CAMRA passa a sua mensagem de várias maneiras, começando com as publicações. Além do seu boletim informativo mensal, *What's Brewing*, e da sua revista trimestral espertamente intitulada *Beer*, a CAMRA também publica o *Good Beer Guide*, que é uma compilação anual de pubs e cervejeiros recomendados. Qualquer um que planeja uma pequena viagem cervejeira pelo Reino Unido vai ser bem servido ao usar este guia. Para informações sobre isso e qualquer coisa sobre a CAMRA, vá em www.camra.org.uk/.

A CAMRA também mantem um Pub Heritage Group, que foi um grupo estabelecido para identificar, registrar e proteger interiores de Public Houses (pubs) de importância histórica e arquitetônica. O grupo mantém dois inventários dos Heritage Pubs:

- O Inventário Nacional para pubs que mantiveram sua condição original por pelo menos 30 anos. Em 2009, o Inventário Nacional continha 289 pubs.
- O maior Inventário Regional de pubs que não são aceitos para o Inventório Nacional.

E, finalmente, a CAMRA apoia e promove numerosos festivais de cervejas (e cidras) ao redor da Grã-Bretanha todo ano, mas nenhum tão grande ou prestigiado como o Grande Festival Britânico da Cerveja (Great British Beer Festival) (veja o Capítulo 21 para se aprofundar). Este evento anual, que acontece a cada mês de Agosto em Londres, é onde a CAMRA distribui seu mais cobiçado prêmio: a Cerveja Campeã da Grã-Bretanha.

Capítulo 6

Explorando a Cerveja Envelhecida em Barril e em Madeira

Neste Capítulo
- Distinguindo a cerveja envelhecida em Barril e a cerveja envelhecida em Madeira
- Determinando qual a melhor madeira para envelhecer a cerveja
- Descobrindo alguns marcos no processo de envelhecimento

*T*alvez você tenha ouvido, cantado, ou até dançado a antiga canção de beber cerveja "Roll Out the Barrel". Ela remete a um tempo em que a cerveja costumava ser armazenada em barris de madeira. Bem, a música ainda é popular como nunca — e isto é uma boa coisa, também porque os barris de madeira, mais uma vez, estão sendo usados para armazenar cerveja. Se isso não fizer você dançar polca, nada mais vai fazer.

Neste capítulo, você descobre a diferença entre a cerveja envelhecida em barril e a cerveja envelhecida em madeira, tem uma visão sobre os melhores tipos de barris para usar no envelhecimento da cerveja, e explora alguns marcos do processo de envelhecimento.

Diferenciando a Cerveja Envelhecida em Barril e em Madeira

À primeira vista, os termos *envelhecimento em barril* e *envelhecimento em madeira* podem parecer um pouco redundantes. Afinal, os barris de que estou falando são feitos de madeira, então o que acontece?

Você pode argumentar que a cerveja pode ser envelhecida *dentro da* madeira, ou pode ser envelhecida *junto à* madeira. A simples diferença é essa:

- A cerveja envelhecida *dentro da* madeira está dentro do barril de madeira. Em outras palavras, é envelhecida em barril (é claro).

✔ A cerveja envelhecida *junto à* madeira é aquela que teve madeira adicionada ao recipiente em que ela está envelhecendo — que não necessariamente é feito de madeira. Em outras palavras, é envelhecida com madeira.

A ironia do retorno da cerveja envelhecida em barril

Talvez você tenha ouvido a expressão "O que é velho é novo." Esta frase não poderia ser mais relevante senão neste assunto de cerveja sendo envelhecida em barris de madeiras nos dias atuais.

Há aproximadamente um século e meio atrás, todas as cervejas eram envelhecidas em barris de madeira. Na verdade, a cerveja era fermentada, envelhecida, transportada e servida em tanques e barris de madeira. A indústria cervejeira mundial usou primeiramente barris de madeira por centenas e centenas de anos, tendo substituído jarros de barro e ânfora já muitos milênios atrás. Assim foi até que o alumínio e aço inoxidável se tornaram os materiais de escolha, e os barris de cerveja de madeira foram considerados, de alguma forma, obsoletos — ao menos para os cervejeiros.

Ironicamente, enquanto a indústria cervejeira deixava a madeira para trás, favorecendo recipientes de metal mais limpos, seguros e duráveis, as indústrias de vinho e bebidas destiladas continuaram a usar barris de madeira para a maturação. Hoje, a cerveja envelhecida em barril é a mais cotada no mercado.

A megacervejaria Americana Anheuser-Busch publica o fato de a Budweiser ser envelhecida em madeira de faia. Isso significa que pequenas e ásperas tábuas de madeira de faia são adicionadas ao recipiente de maturação, o que "aumenta a fermentação criando uma carbonatação mais efervescente e seca, enquanto transmite suavidade ao característico sabor da Budweiser". Note que esse método não deixa nenhum sabor residual de madeira na cerveja.

Madeira aromática — em grande maioria na variedade carvalho — é vendida em diferentes formas: lascas ásperas, cubos lisos e uniformes, e longas espirais (as espirais são hastes de a 3,75 a 5 centímetros de diâmetro, cortadas em espirais para criar um máximo contato com a cerveja, e são tipicamente de 30 a 121 centímetros de comprimento). Os níveis de torrefação se referem a quão ricamente tostada a madeira é. Os cervejeiros podem pedir por torrefação leve, moderada, ou forte, dependendo dos sabores que eles querem imbuir nas suas cervejas.

Descobrindo Qual Madeira é Melhor

O grande objetivo de colocar a cerveja em contato com a madeira é a cerveja pegar um pouco do aroma e sabor característicos dela. Adicionalmente, se a cerveja está envelhecendo em um barril que armazenou anteriormente outra bebida fermentada, como vinho ou uísque, a cerveja também vai pegar características daquela bebida.

Então, qual tipo de madeira é melhor usar? Descrevo algumas considerações para os cervejeiros nas seções seguintes.

Escolhendo entre barris novos e usados

Comprar novo ou usado? As pessoas têm se perguntado milhões de vezes quando se trata de itens de grande valor, como casas e carros, mas você poderia achá-la discutível quando se trata de barris de cerveja. Por que um cervejeiro não iria querer um barril novinho para as suas cervejas?

- Os cervejeiros não querem barris novos por conta do custo. Quer os cervejeiros tenham sua própria tanoaria, quer comprem seus barris de outras pessoas, barris totalmente novos representam uma despesa considerável para a cervejaria.

  Nos tempos anteriores aos barris de alumínio ou de aço inoxidável, muitas cervejarias tinham suas próprias instalações de tanoaria, nas quais os barris de madeiras eram construídos. A cervejaria Samuel Smith, em Yorkshire, Inglaterra, é uma das poucas cervejarias no mundo que ainda tem sua própria tanoaria.

- Novos barris (especialmente de carvalho) podem transmitir um sabor de madeira bastante bruto, que é forte e adstringente. O *tanino*, componente amargo que é extraído da uva para dar ao vinho tinto maior firmeza, também é extraído da madeira. Os taninos podem tornar a cerveja mais amarga e desagradável. A fim de evitar altos níveis de taninos em sua cerveja de barril, os cervejeiros revestem o interior de seus barris com *piche de pinheiro* para minimizar o contato com a madeira (piche é um líquido viscoso e pegajoso derivado da resina coletada das árvores coníferas).

O objetivo da utilização de barris já usados anteriormente para envelhecer a cerveja é impregná-la com os sabores realçados de seja qual for bebida que esteve por último naquele barril. Aquele sabor único é algo que você não pode obter de um barril completamente novo (Veja a seção mais à frente "Criando novos sabores de cerveja com sabores de barris antigos" para mais informações).

As vantagens de usar barris novos são que, quando recentemente construídos, são tão firmes e à prova d'água quanto poderiam ser, e um barril bem feito pode durar muitos anos. Barris antigos podem secar, vazar e desmontar em momentos inoportunos.

Optando pelo carvalho

Você pode escolher entre uma grande variedade de diferentes espécies de madeira para fazer barris, cada uma com suas próprias características de madeira. A madeira de carvalho é a espécie preferida para fabricar barril pelas seguintes razões:

- O carvalho é uma madeira durável.
- O carvalho não é uma madeira porosa.
- O carvalho imbui à cerveja (e ao vinho e uísque) agradáveis e desejáveis sabores.

- O carvalho é abundante na Europa e na América do Norte (onde a maioria dos vinhos, uísques e cervejas são feitos).

O carvalho-branco Americano é mais robusto que o Europeu, o que não necessariamente é uma coisa boa — a não ser que você seja um fabricante de bourbon. Para muitos produtores de bebida, sutileza e refinamento são melhores do que sabores grosseiros e não-balanceados.

Criando novos sabores de cerveja com sabores de barris antigos

Os cervejeiros de hoje em dia descobriram que muito se pode ganhar ao envelhecer suas cervejas em barris que já armazenaram outras bebidas fermentadas. Eles também descobriram que o envelhecimento em barril não é uma ciência exata; na verdade, está muito mais perto de uma forma de arte. E muitos cervejeiros estão aprendendo conforme avançam.

O envelhecimento de cerveja em barril não é simplesmente o caso de fazer a cerveja, fermentá-la, e depois deixá-la descansar em um barril por algumas semanas ou meses, e depois embalá-las. Um punhado de variáveis entram no jogo na maturação da cerveja em barril (como você descobre na seção mais à frente "Marcando Alguns Pontos no Processo de Maturação"). Quando se trata de escolher barris para suas cervejas, os cervejeiros têm que considerar o que vem a seguir, como eu explico nesta seção:

- Que tipo de barril será usado (vinho, conhaque, uísque, e por aí vai)?
- Qual é o estilo base da cerveja (Porter, Stout, Barleywine, e por aí vai)? (Folheie o Capítulo 4 para uma apresentação dos estilos de cerveja.)
- A cerveja final será *limpa* (sem mistura) ou misturada com outra cerveja?

Escolhendo o seu veneno: Os barris de bourbon e além

Os cervejeiros têm as seguintes opções de barris para a maturação da cerveja.

- **Barris de bourbon:** Neste momento, os barris Americanos de bourbon são o que há de melhor para o envelhecimento da cerveja. Uma razão é a sua disponibilidade fácil, outra é sua característica de sabor intenso.

  Pela lei, o bourbon deve ser envelhecido por dois anos em barris de carvalho Americanos, e os barris podem ser usados apenas uma vez, o que significa que os destiladores de bourbon devem se livrar de milhares de barris seminovos todos os anos. Encharcado com o potente sabor do bourbon, esses barris têm novos papéis a desempenhar no envelhecimento de rum, tequila, xerez e, agora, cerveja.

  Os barris de bourbon são carbonizados por dentro, de acordo com as especificações dos destiladores; eles podem ser levemente carbonizados ou altamente carbonizados. Esta carbonização, junto com o caráter de carvalho, podem permear a cerveja criando uma incrível mistura com aromas e sabores torrados e/ou defumados, de baunilha, caramelo e toffee.

Capítulo 6: Explorando a Cerveja Envelhecida em Barril e em Madeira

- **Barris de vinho e de xerez:** Barris de vinho e de xerez (e, em uma menor extensão, os barris de conhaque) também são usados com grande sucesso. Barris de vinho Chardonnay, por exemplo, que não são carbonizados, infundem a cerveja com um quente tostado de carvalho, e sabores e aromas de coco e baunilha.

  Uma cervejaria artesanal americana — Dogfish Head — até envelhece uma de suas cervejas com a exótica madeira paraguaia Palo Santo. *Palo Santo* significa árvore sagrada, e esta madeira tem sido usada nas comunidades produtoras de vinho da América do Sul.

- **Barris de uísque:** Os barris de uísque dão à cerveja sabores similares àqueles obtidos ao envelhecer a cerveja em barris de bourbon, mas os barris de uísque não são tão intensos.

Escolhendo um sabor de barril antigo para o tipo de cerveja que se quer

Nesta nova era de iluminação cervejeira, os cervejeiros que estão fazendo a incursão na cerveja envelhecida em barril, estão descobrindo que existem muitas opções quando se trata de escolher que tipo de barril deve ser usado para maturar suas cervejas. Cada barril tem sua própria personalidade e características, e apresenta uma possibilidade diferente.

Escolher entre barris de vinho e uísque não é sempre fácil, mas escolher entre diferentes tipos de vinhos (tinto ou branco), vinhos fortificados (porto e madeira), e vinhos destilados (brandy e conhaque) torna a decisão ainda mais difícil. As opções se estendem além do bourbon para outras bebidas destiladas, como uísque escocês, rum e tequila.

Em geral, os barris de bourbon e uísque são perfeitos para cervejas escuras e ricas, como a Imperial Stout, porque os sabores de grãos escuros da cerveja associam-se perfeitamente com as características tostadas e defumadas da madeira. Barris de vinho são melhores para sabores mais delicados. Estilos de cerveja mais pálidos, como a India Pale Ale, podem funcionar melhor com barris de vinho que emprestam seu caráter frutado para cerveja sem transferir qualquer defumado ou cor.

Quando barris de xerez ou conhaque são usados para maturar a cerveja, geralmente são aos caprichos do cervejeiro. Não existem regras duras e firmes sobre misturar e combinar estilos de cerveja e tipos de barril na sala de brassagem.

A Boston Beer Company envelhece as suas cervejas Barrel Room Collection em barris de brandy usados. O carvalho, por si mesmo, junto com o caráter residual do brandy, transmite sabores únicos para as cervejas que armazena. O processo de envelhecimento nesta madeira ajuda a suavizar as características das cervejas e ameniza um pouco da rispidez do etanol (álcool).

O que é ainda mais impressionante é que os cervejeiros estão combinando esforços para casar estilos específicos de cerveja com tipos específicos de barris. Diferentes tipos de barris têm características gerais que os fazem especialmente apropriados para certas cervejas.

> **Cervejas envelhecidas em barril, por números**
>
> Na edição de 2011 do Grande Festival Americano de Cerveja (Great American Beer Festival), em Denver, Colorado, a cerveja envelhecida em madeira e em barril teve 307 exemplares, divididos nas seguintes categorias:
>
> - Cerveja Envelhecida em Madeira e em Barril: 40 rótulos
> - Strong Beer Envelhecida em Madeira e em Barril: 118 rótulos
> - Strong Stout Envelhecida em Madeira e em Barril: 74 rótulos
> - Sour Beer Envelhecida em Madeira e em Barril: 75 rótulos
>
> Considerar que esses estilos de cerveja sequer existiam há alguns anos atrás, exprime bastante sobre o interesse nestas categorias.

A cervejaria Russian River Brewing Company, na Califórnia, vai mais longe, envelhecendo cervejas individuais em barris específicos de vinho. Temptation, uma Belgian Blonde Ale, é envelhecida em barris de Chardonnay. Supplication, uma Belgian Brown Ale, é envelhecida em barris de Cabernet Sauvignon americano.

Muito do que está acontecendo na indústria da cerveja artesanal atualmente, no que diz respeito ao envelhecimento da cerveja dentro e em madeira é completamente experimental. A medida a qual um cervejeiro pode prever o resultado de qualquer cerveja que foi maturada por muito tempo em um barril de madeira é questionável — especialmente daquelas bebidas misturadas. Apenas repetidas experimentações fornecem resultados previsíveis. Veja a seção "Misturando cervejas de dois ou mais barris" mais à frente neste capítulo.

Marcando Alguns Pontos no Processo de Maturação

Os cervejeiros não podem sempre estabelecer uma data de embalagem no calendário antes do tempo para a cerveja envelhecida em barril e em madeira. Mais frequente do que se pensa, a cerveja é quem decide quando está pronta. As cervejas envelhecidas em barril e em madeira precisam ser experimentadas periodicamente para avaliação da progressão de sabor. Este processo pode levar meses ou até anos.

Nas próximas seções, descrevo alguns marcos importantes no processo de envelhecimento da cerveja em barril e em madeira (confira o Capítulo 3 para informações gerais sobre a fabricação de cerveja).

Conferindo a oxidação da cerveja

Como se escolher tipos de barris e combiná-los com os estilos da cerveja (como explico anteriormente neste capítulo) não fosse o suficiente para ocupar a cabeça dos cervejeiros, eles também têm que levar em consideração o nível de oxidação que ocorre enquanto a cerveja está maturando.

Capítulo 6: Explorando a Cerveja Envelhecida em Barril e em Madeira 81

Enquanto a cerveja envelhece em barris de madeira, as *aduelas* — longas tábuas que formam o barril (veja a Figura 6-1) — absorvem uma parte da cerveja, e uma quantidade adicional pode evaporar com o tempo, o que pode deixar um espaço vazio no barril. Neste caso, os cervejeiros têm poucas opções:

- Completar seus barris com mais cerveja para preencher o vazio, a fim de evitar a oxidação da cerveja e aromas e sabores que resultam da oxidação.
- Preencher o vácuo com gás CO_2 (dióxido de carbono). Pelo fato de o gás de dióxido de carbono ser mais pesado que o oxigênio — e o ar ambiente — ele efetivamente empurra o oxigênio para fora do barril e deixa uma manta invisível de proteção em cima da cerveja. A manta protege a cerveja da oxidação e seus efeitos.
- Deixar a cerveja maturar e se desenvolver naturalmente e não fazer nada em relação ao vácuo no barril. O processo de permitir minúsculas quantidades de ar infiltrar-se pela madeira trata-se de uma lenta oxidação controlada que leva a um aprofundamento do sabor que não seria possível de outra forma.

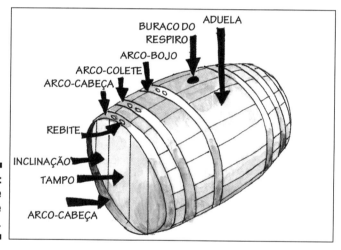

Figura 6-1: As partes de um barril de madeira.

Decidindo se deixa a cerveja ficar ácida

Além de considerar as qualidades oxidantes do envelhecimento da cerveja, os cervejeiros também têm a opção de permitir a suas cervejas azedarem durante a maturação e envelhecimento. Sim, eu disse *azedar!*

As Sour Beers (sour significa azedo em inglês) têm sido parte da realidade cervejeira durante milênios, mas o sabor acre na cerveja era normalmente considerado negativo. Nos tempos de outrora (seja lá quando essa outrora foi), os cervejeiros faziam o que podiam para evitar que suas cervejas azedassem, mas agora isso é considerado uma opção viável. Muitos veem as Sour Beers como um sociável meio termo entre os consumidores de cerveja aventureiros e os consumidores de vinho aventureiros. As cervejas azedas e acres podem ser sutis ou intensas, mas são sempre vivas e refrescantes.

A seguir estão os três diferentes níveis da Sour Beer:

- **Sour Beer não-intencional:** A Sour Beer não-intencional resulta da mesma forma que soa — não-intencionalmente — e é basicamente uma cerveja que ficou ruim como resultado de um erro na cervejaria, inclusive mau manuseamento ou manutenção do equipamento.
- **Sour Beer intencional:** Esta cerveja é feita de acordo com o estilo — em outras palavras, os cervejeiros planejaram a receita de modo a produzir uma cerveja com sabor azedo (como a Berliner Weisse; veja o Capítulo 4).
- **Sour Beer antecipada:** A acidez dessa cerveja é uma questão de previsão da influência do envelhecimento em barril na cerveja final, devido à ação de leveduras selvagens ou bactérias presentes na madeira. Este processo pode resultar em sabores inesperados na cerveja finalizada — algumas desejáveis, algumas nem tanto.

Nota: Para o propósito deste capítulo, estou discutindo apenas o nível três. E como uma importante nota relacionada, nem todas as cervejas envelhecidas em barris são azedas, e nem todas as Sour Beers são envelhecidas em barril.

Nas próximas seções, aponto os riscos necessários em deixar a cerveja azedar, os tipos de levedura e bactéria que levam a Sour Beer, e algumas ótimas Sour Beers que você pode querer experimentar.

Os riscos necessários

Pelo fato de o envelhecimento em barril ser mais uma arte que uma ciência, não é tão controlável como práticas padrão de fabricação de cerveja. Produzir Sour Beer envelhecida em barril é lançar-se à fé, pois envolve alguns riscos e demanda muita paciência pelas seguintes razões:

- **Envelhecimento em barril é uma espera cara.** Os cervejeiros podem ter que esperar um ano ou dois (ou mais) para ver se a bebida turva com leveduras, descansando em barris poeirentos e encharcados, se desenvolveu em um delicioso néctar acre que foi planejado, ou se tornou uma cerveja impossível de beber, devastada por leveduras agressivas e bactérias vorazes.
- **Envelhecimento em barril é uma estranha dinâmica.** Ainda que a cerveja se transforme em um majestoso exemplo da arte do cervejeiro, ele ainda tem que persuadir o consumidor a bebê-la. Um cervejeiro artesanal noticiou que ainda recebe ligações de clientes dizendo a ele que uma garrafa da sua cerveja envelhecida em barril deve ter estragado, porque tinha sabor azedo!

Os micróbios que levam à acidificação (e as cervejas que resultam)

As cervejas que ficam azedas durante o envelhecimento em barril normalmente entram em contato com estas leveduras selvagens ou bactérias abrigadas na madeira do barril:

Capítulo 6: Explorando a Cerveja Envelhecida em Barril e em Madeira   83

- **Brettanomyces:** *Brettanomyces*, carinhosamente também chamada de *Brett*, é uma levedura selvagem que muitos cervejeiros consideram ser o gêmeo mau da cerveja de levedura comum (*Saccharomyces*). Quando a Brett azeda a cerveja, deixa um aroma de celeiro ou de pelego de cavalo suado.

  Se você quiser conferir este micróbio acidulante — e quem não iria querer — experimente o que muitos conhecedores de cerveja consideram uma clássica cerveja Brett: Orval Trappist Ale, da Bélgica.

  A oxidação de barril (que eu discuto anteriormente neste capítulo) não é tanto um problema com o Brettanomyces. A Brett forma uma *película* (um filme branco, rugoso e viscoso) na superfície da cerveja que a protege da oxidação vinda do vácuo do barril preenchido com ar.

- **Lactobacilos:** O *Lactobacilo* é um micróbio que azeda a cerveja criando ácido láctico (os lactobacilos também azedam o leite, por isso a parte *lacto* do nome).

  Uma das Sour Beers mais clássicas de todos os tempos no mundo é a altamente estimada Rodenbach Grand Cru, da Bélgica. O que faz essa Grand Cru tão intrigante é sua mistura de uma cerveja nova (33%) com uma cerveja antiga (67%), que foi maturada em barris de carvalho por dois anos. A maior porcentagem da cerveja antiga envelhecida em carvalho dá à Grand Cru sua complexa e intensa fragrância e final prolongado. Ambas são fermentadas por múltiplas variedades de agentes fermentadores, inclusive lactobacilos e Brettanomyces.

- **Pediococcus:** O *Pediococcus*, também uma bactéria que azeda a cerveja, e por ser *anaeróbica* (significa que vive sem oxigênio), é, portanto, a bactéria com maior potencial para estragar qualquer cerveja. Um dos maiores desenvolvimentos de sabor como resultado da Pediococcus na cerveja é a produção de *diacetil* — um aroma e sabor amanteigado.

- **Acetobacter:** A *Acetobacter* é uma bactéria que produz ácido acético. Quando a cerveja é infectada com acetobacter, está no caminho de se tornar um vinagre maltado. E você *não* quer beber aquilo!

Antes que qualquer um saia correndo em busca de uma cerveja azeda-envelhecida-em-barril em seu estilo de cerveja favorito, preciso informar que apenas um punhado de estilos de cerveja são designados a ser azedados durante o processo de envelhecimento em barril. Se você é um fã das cervejas Czech Pilsner, Dortmunder Export ou Bavarian Bock, lamento dizer que você está sem sorte. Na verdade, nenhum estilo de lager é intencionalmente azedado. Note a palavra *intencionalmente*. Alguns estilos de lager são envelhecidos em barril, mas apenas na intenção de obter o sabor da madeira, não para ficar com micróbios que azedam a cerveja. E até lagers envelhecidas em barris não-azedas são poucas e distantes entre si.

Se você está interessado em experimentar os mais finos exemplos de cervejas do velho mundo envelhecidas em barris, confira o estilo Flanders Red Ale, da província Belga do Oeste de Flanders, perto da cidade de Roeselare. Prepare-se para se impressionar e se surpreender. Prepare-se para gastar um pouco de dinheiro também; eles não ligam essas cervejas à linha de montagem da moda.

Misturando cervejas de dois ou mais barris

Um dos talentos não-celebrados entre os cervejeiros de envelhecimento em barril atuais é a habilidade de avaliar a progressão da cerveja no barril (incluindo as tarefas mencionadas nas seções anteriores). Mais ainda, muitas vezes esses cervejeiros devem misturar habilidosa e artisticamente os conteúdos de dois ou mais barris para atingir o perfeito equilíbrio de sabor e intensidade da cerveja antes de embalá-la. Misturar é um dos maiores desafios que os cervejeiros encaram, mas também pode ser uma das maiores realizações quando dá certo. Se tornar um mestre na mistura requer mais do que habilidade; geralmente requer anos de experiência também.

A mistura de cervejas é feita o tempo todo na indústria cervejeira de nível corporativo. Cervejas de grandes marcas são habitualmente misturadas para garantir a consistência a cada leva. A mistura de cerveja a nível artesanal é feita para desenvolver sabores únicos e complementares entre dois ou mais barris de cerveja, assim como para suavizar uma ou duas arestas brutas.

Aqui está uma pequena lista de cervejas misturadas por onde você pode começar:

- Cuvée Du Jongleur, fabricada pela Cascade Brewing Company
- Vlad the Imp Aler, fabricada pela Cascade Brewing Company
- Burton Baton, pela Dogfish Head Brewing Company
- Jim, fabricada pela Hair of the Dog Brewing Company

Em cima do barril: O custo de uma cerveja envelhecida em barril e em madeira

Quando questionados sobre o preço de seus produtos envelhecidos em barril, muitos cervejeiros enfatizam que essas cervejas não são criadas do dia para noite. Essas bebidas levam tempo para atingir a maturidade e o auge de sua magnificência. Muitos cervejeiros são comprometidos com o envelhecimento de suas cervejas por no mínimo um ano. Alguns deles acreditam que suas cervejas devem continuar a se desenvolver no barril por cinco anos, mas poucos têm o tempo ou os recursos financeiros para provar isto.

Uma coisa que o apreciador iniciante de cerveja vai notar conforme embarcar na trilha de descobertas da cerveja envelhecida em barril, é que achar e comprar essas cervejas não é uma aquisição barata e trivial.

A cerveja envelhecida em barril atingiu o ápice no mercado da cerveja, apontando sempre maiores preços na caixa registradora. Pelo menos dois fatores econômicos estão funcionando aqui:

- O tempo que leva para envelhecer devidamente essas cervejas — medido em anos, não em meses.
- A demanda por essas cervejas no mercado aberto está excedendo a oferta.

Até que alguém invente um meio de apressar o processo de envelhecimento da cerveja, ou até uma cervejaria encontrar um meio econômico de produzir milhões de barris de cerveja envelhecida em barril, este cenário é improvável de mudar em breve. Se você gosta e quer, vai ter que pagar por ela. Isto, meus amigos, é o que chamam de "estar em cima do barril".

Capítulo 7
Mergulhando em Cervejas Extremas

Neste Capítulo
- Definindo a cerveja extrema
- Descobrindo as origens da cerveja extrema
- Levando a cerveja extrema à níveis mais altos

Se você pedisse a uma dúzia de cervejeiros artesanais para criar uma cerveja extrema, você provavelmente obteria diferentes receitas baseadas na noção que os cervejeiros têm desta palavra. No entanto, uma coisa é garantida: todas as cervejas passariam do limite em termos de aroma, sabor, sensação de boca e potência. A sutileza deixou o prédio!

Fazer uma cerveja extrema é forçar os limites de qualquer maneira que você puder. Quanto maior, mais arrojada e mais malévola sua cerveja for, mais provavelmente vai atrair fãs ávidos. Agora, nem todo mundo acha cervejas extremas fáceis de beber e gostar, mas muitos fanáticos não enjoam delas.

Este capítulo te deixa ciente das características das cervejas extremas e algumas das versões originais. Também te leva rapidamente pelos tipos mais comuns de cervejas extremas modernas e as várias maneiras pelas quais seus fabricantes tentam se sobressair um dos outros.

O Que Faz Uma Cerveja "Extrema"?

Como parte do processo de fabricação, sobre o qual falo no Capítulo 3, a cevada maltada é submetida a um processo de moagem que extrai o açúcar fermentável, ou *maltose*, do grão. A maltose é, então, convertida em álcool pelas leveduras durante a fermentação. O mesmo grão também transfere sua cor à cerveja e proporciona a ela o corpo, a textura e o sabor. Estes três efeitos do processo de fabricação podem ser usados para tornar a cerveja extrema ao criar um maior corpo, sabor mais intenso, e um maior teor alcoólico.

Penso que é seguro dizer que, quando se trata de cervejas extremas, um belo gole de matar a sede não faz parte do programa. Estas cervejas são realmente feitas para bebericar, não para dar goladas.

Mais encorpada

O fato de as cervejas extremas terem mais corpo que as cervejas normais é apenas parte e parcela do processo de fabricação. A fim de obter mais sabor e álcool na cerveja, o resultado é uma cerveja mais encorpada. O processo de criar uma cerveja mais encorpada é simples, apenas use mais malte. Adicionar mais malte à bebida significa mais de tudo que o malte proporciona: cor, sabor, textura, e açúcares fermentáveis de malte.

Apesar de a maioria dos açúcares de malte serem consumidos pela levedura durante a fermentação, uma levedura normal não consome mais que 75 a 80% dos açúcares disponíveis. Isso significa que, em média, 20 a 25% dos açúcares do malte permanecem na solução depois da fermentação. Essas sobras de açúcar transmitem doçura e corpo à cerveja.

As dextrinas são outro importante componente derivado do malte. Embora não possam ser percebidas no sabor, as dextrinas proporcionam à cerveja uma sensação de volume e densidade no paladar. Uma cerveja com muitas dextrinas proporcionam mais a sensação de óleo de motor no paladar que de água.

Sabor mais intenso

As cervejas extremas têm tudo a ver com sabor intenso. A Tabela 7-1 apresenta alguns ingredientes usados para tornar uma cerveja tradicional em uma bebida extrema. Ela também te indica por que os cervejeiros adicionam esses ingredientes e os efeitos que eles têm no sabor da cerveja.

Tabela 7-1	Criando mais sabor com Vários Ingredientes		
Ingrediente(s)	*Exemplos*	*Por que é adicionado*	*Efeito*
Grãos escuros torrados	Cevada torrada, malte escuro, malte chocolate	Maior intensidade do sabor	Sabores tostados, queimados, ou de chocolates escuros
Maltes diferentes	Malte cristal, malte de madeira defumada, malte de turfa defumada	Adiciona doçura de malte, complexidade adicional	Complexidade e profundidade de sabor
Diferentes variedades de lúpulo (ou aumento das quantidades)	Cascade, Centennial, Simcoe	Intensifica o aroma e sabor do lúpulo, aumenta o amargor	Intensificação de todas as características do lúpulo

Tabela 7-1	Criando mais sabor com Vários Ingredientes		
Ingrediente(s)	**Exemplos**	**Por que é adicionado**	**Efeito**
Fontes de açúcar e xaropes	Frutas e extratos de fruta, açúcar mascavo, mel, xarope de bordo, e melaço	Maior sabor, sabores incomuns, aumenta o teor alcoólico	Complexidade e intensidade de sabor
Ervas, temperos e condimentos não-fermentáveis	Fava de baunilha, alcaçuz, café, chá, raiz de gengibre, abóbora, urze, camomila, e pimentas.	Maior sabor, sabores incomuns	Complexidade e intensidade de sabor
Levedura	Leveduras de champanhe, leveduras selvagens e bactérias	Maior grau de fermentação, sabores incomuns	Mais álcool, cerveja mais seca, sabores como banana, chiclete, e cravo-da-índia. Leveduras selvagens podem criar Sour Beers (mais sobre isso no Capítulo 6).

Os cervejeiros também têm a opção de envelhecer suas cervejas por longos períodos de tempo em barris de carvalho. Envelhecer uma cerveja em barril resulta em uma ampla quantidade de características de madeira, de carvalho, e de cedro que não são diferentes das que você pode encontrar em alguns vinhos ou uísques. Para mais sobre cervejas envelhecidas em barris, pule para o Capítulo 6.

Maior teor alcoólico

Nem todos os cervejeiros que se propõem a criar uma cerveja extrema têm em mente o alto teor alcoólico — literalmente ou figurativamente. Em muitos casos, os níveis elevados de etanol na cerveja são apenas um subproduto feliz da receita. Quando os cervejeiros fazem uma cerveja encorpada com o propósito de intensificar o sabor e a sensação de boca, o álcool que resulta de todo aquele malte não pode ser evitado. O cervejeiro teria que desviar do seu caminho para impedir as leveduras de fazerem o que fazem naturalmente.

Por outro lado, alguns cervejeiros se propõem especificamente a fazer cervejas de alta octanagem. Alguns o fazem por experimentação ("o quão forte posso fazer essa cerveja?"), alguns como parte de uma competição de um só jogador, e alguns com a intenção expressa de comercializar cervejas que dão o que falar. (Para exemplos de tudo acima, veja a próxima caixa lateral "Batalhando pelo maior teor alcoólico".)

Batalhando pelo maior teor alcoólico

Lá atrás, quando comecei a me aprofundar na boa cerveja, em meados dos anos 1980, as duas cervejas mais fortes do mundo eram, naquele tempo, a cerveja sazonal de natal Samichlaus Bier, da cervejaria Hürlimann (Suíça)[1], e a Kulminator Urtyp Hell 28 da EKU, ambas com 14% de álcool por volume. Quando a cervejaria Boston Brewing Company (BBC) apresentou a sua Triple Bock em 1995, o limite havia sido levantado para 17%. Alguns anos depois, a BBC lançou a Sam Adams Utopias, com impressionantes 27% de teor alcoólico (e um igualmente impressionante preço por garrafa: US$150).

Apenas a partir de 2009, o teor alcoólico da cerveja aumentou o dobro daquele limite — e depois mais. Primeiro, a BrewDog Brewery na Escócia criou a Tactical Nuclear Penguin com 27%. Para não ser superada, a Schorschbräu Brewery, na Alemanha, contra-atacou com a Schorschbock à 31%. O retorno à salvo da BrewDog foi apelidado de Sink the Bismarck (Afunde o Bismarck), e pesado com 41% — o que aconteceu de coincidir com o ano em que a Grã-Bretanha afundou Bismarck. Schorschbräu rapidamente respondeu com outra Schorschbock, agora com 43%. A BrewDog não teve escolha senão aumentar a aposta, desta vez com algo que foi pensado para ser um nocaute: The End of the History (O Fim da História em inglês) — com 55%, apenas 12 garrafas desta cerveja foram produzidas, e foram vendidas por US$780 cada uma!).

Nada além do silêncio foi ouvido dos Alemães, mas, do nada, uma cervejaria holandesa de nome Brouerwij t'Koelschip se juntou ao feudo cervejeiro. A Start the Future, com impressionantes 60% de teor alcoólico, chegou ao mercado em julho de 2010. Altamente forte, beber apenas uma garrafa desta cerveja deve ser como consumir um pacote de 12 Heinekens inteiro. A guerra acabou. Por enquanto.

Até para as leveduras mais fortes, fermentar uma cerveja com mais de 12 ou 14% de álcool sem cair em estupor pela toxicidade do álcool não é normal. Para que as leveduras cheguem àquele nível, e além, precisam de uma pequena ajuda do cervejeiro. Alguns truques dessa troca incluem:

- Aumentar a temperatura da fermentação
- Adicionar leveduras mais novas e frescas à bebida
- Agitar o recipiente da fermentação para manter as leveduras em suspensão líquida
- Usar variedades mais fortes de levedura que são normalmente usadas para fermentar xerez ou champanhe

E, então, existe o macete dos cervejeiros, conhecido como *destilação por congelamento*. A ideia é que, esfriando a cerveja bem abaixo do ponto de congelamento, a água da cerveja comece a formar cristais de gelo. Estes cristais de gelo são peneirados para fora da cerveja, deixando para trás um líquido muito mais concentrado — assim como o teor alcoólico. Cada vez que esse processo é feito, a cerveja fica cada vez mais densa, e o teor alcoólico fica cada vez maior.

---

[1] N.E.: A Samichlaus Bier deixou de ser produzida pela Hürlimann em 1996, mas sua produção foi retomada pela cervejaria austríaca Schloss Eggenberg em 2000. Pode ser encontrada à venda no Brasil.

Cervejas Monásticas: As Cervejas Extremas Originais

Ordens religiosas têm fabricado cerveja na Europa desde a Idade Média. Estas *cervejas monásticas* são sempre amplamente elogiadas e premiadas, mas frequentemente mal-entendidas — muito devido à sua origem. Muitas pessoas acreditam que as cervejas monásticas são raras e de grande potência. Embora algumas sejam de fato raras, e muitas extremamente fortes, as requintadas cervejas fabricadas pelas ordens Cisterciense, Beneditina e Trapista não podem ser tão facilmente definidas.

A maioria dos estilos de cerveja monástica são bem antigos e, portanto, são ales, mas pelo menos um tem parentesco com a lager. Independente de suas classificações na árvore da família da cerveja, as bebidas monásticas são exemplos antigos de como a cerveja chega a ser extrema. As próximas seções apresentarão dois tipos de cerveja monástica.

A origem das Dubbels, Tripels e Quadrupels

Historicamente, monges pela Europa produziam apenas uma cerveja de teor alcoólico modesto, também conhecida como *cerveja de mesa*, que era regularmente consumida em suas refeições. Quando se preparavam para eventos especiais ou feriados comemorativos, eles também faziam uma cerveja, ou cervejas, de grande força — uma Dubbel ou Tripel, ou qualquer uma que eles tinham em mente (para mais informação sobre estes estilos, veja o Capítulo 4). Eventualmente, essas grandes cervejas eram vendidas ao público, enquanto as de menos potência ainda eram reservadas para o consumo interno.

Uma maneira simples e fácil de diferenciar as cervejas era chamar a cerveja de mesa uma *Single*, e as cervejas com maiores gravidades e força viraram *Dubbel* e *Tripel*, respectivamente. Era só uma questão de tempo para que a *Quadrupel* fosse adicionada ao repertório de fabricação dos monges.

Os cervejeiros artesanais de hoje viraram uma página no livro dos cervejeiros monásticos ao criar estilos de cerveja de maior força e intensidade de sabor. Eles, igualmente, pegaram emprestado a simples e clara terminologia dos monges usada para distinguir as cervejas. Folheie algumas cartas de cerveja e eu garanto que não vai demorar até que você tropece em uma cerveja que afirma ser "double isso" ou "triple aquilo". Você pode não saber imediatamente o que aquela designação significa, mas há alguma coisa intuitiva nisso. Obviamente, uma cerveja double ou triple alguma coisa sugere que ela é maior, melhor, ou mais impressionante que a versão single de si mesma (tipo como doubles e triples são maiores, melhores versões dos singles no beisebol).

A criação da Doppelbock

Monges Italianos da ordem de São Francisco de Paula, que vivem na Baviera, levaram a Bock Beer a um nível mais elevado ao criar um estilo totalmente novo de cerveja, conhecido como *Doppelbock* (double bock). A Doppelbock não era fabricada por uma questão de ego ou ganância, mas por necessidade. Os irmãos de São Francisco queriam fabricar uma cerveja que não apenas matasse sua sede, mas também saciasse sua fome durante o período quaresmal de jejum, que precede o feriado de Páscoa. Devido à sua base de grãos e alto teor de carboidratos, a Doppelbock é conhecida como pão líquido por uma boa razão.

Em 2011, Iowan J. Wilson decidiu viver um experimento baseado no propósito original da Doppelbock. Ele se comprometeu a ficar os 46 dias completos sem consumir nada a não ser Doppelbock e água. Permitindo-se a quatro porções de cerveja a cada dia da semana, e cinco cervejas por dia nos finais de semana, a Doppelbock era sua única fonte de nutrição (a cerveja que ele bebia tinha 288 calorias por cada porção de 355 ml). Ele sobreviveu à sua provação dietética autoinduzida com nada pior que o desgaste, mas ele não vai se afiliar a um monastério tão cedo.

Aos monges de São Francisco de Paula foi dada permissão para vender suas cervejas ao público em 1780. Depois que a notícia daquelas cervejas maltadas espirituais se espalhou, os monges e suas cervejas tornaram-se famosos. Aos cidadãos de Munique é creditado o nome do estilo de cerveja Doppelbock, mas os monges nomearam-na *Salvator*, em referência ao Salvador. Eventualmente, o monastério e sua cervejaria foram vendidos para uma empresa de fabricação de cerveja privada que hoje em dia tem o nome de Paulaner.

Conforme mais e mais cervejarias da Baviera foram produzindo a Doppelbock, cada uma nomeou suas cervejas particulares com uma palavra que terminava com o sufixo -ator, em reverência à Doppelbock original. Fique atento a essas marcas Alemãs de Doppelbock:

- Augustiner Bräu Maximator
- Ayinger Celebrator
- Hacker-Pschorr Animator
- Hofbräu Delicator
- Löwenbräu Triumphator
- Spaten Optimator

O Starkbierfest de Munique (festival de cervejas fortes de Munique) é um festival de primavera baseado na Doppelbock que dizem ser ainda melhor que a Oktoberfest da cidade. O Starkbierfest acontece quando o clima está mais frio e os turistas estão escassos. Se você gosta de cerveja e da cultura da Baviera, esta é a hora para estar em Munique. Pelo fato de estarem atreladas ao calendário da igreja, as datas da Starkbierfest variam de ano para ano. O festival começa na terceira sexta-feira depois da Quarta-feira de Cinzas, e continua por três semanas — três das melhores semanas do reino da cerveja.

Se é Imperial, Ela Governa: Intensificando os Estilos de Cerveja para um Maior Impacto

Para onde quer que olhe em uma carta de cerveja, você está sujeito a encontrar algumas opções que calham de ser Imperial, seja uma Imperial Pale Ale, uma Imperial Brown Ale, ou uma Imperial Red Ale, e a lista continua mais e mais. *Imperializar* uma cerveja é pegar um estilo básico de cerveja e turbiná-lo. Em outras palavras, você intensifica quaisquer características da cerveja que a fazem valer a pena em primeiro lugar. (Tecnicamente, o termo *imperializar* não é parte corrente do vocabulário cervejeiro, mas, provavelmente, deveria ser.)

A mais antiga cerveja Imperial conhecida foi encontrada na Rússia, mas chegou lá através da Grã-Bretanha. Com o objetivo de que suas cervejas sobrevivessem à remessa de navio para o exterior, os cervejeiros Britânicos usavam o truque, honrado pelo tempo, de fazer uma cerveja de maior gravidade e consequente maior álcool resultante. Estas ales, Porters e Stouts extremas Britânicas chegavam em muitos portos no Norte da Europa, inclusive nos Estados Bálticos. De lá, essas estimadas cervejas seguiam seu caminho em direção ao interior, incluindo a Rússia. Dizem que Catarina, a Grande, desenvolveu uma paixão pela forte British Stout, assim como os Czares e muitos membros da Corte Imperial Russa. Os recordes de envio de remessa das cervejarias para Rússia da Imperial Russian Stout datam do final dos anos 1780.

Imperializar uma cerveja também tem a ver com dar aos fãs mais apaixonados e entusiasmados no mercado cervejeiro o que eles desejam — mais! Mais malte, mais lúpulos, e, claro, mais álcool. Posso apenas imaginar (e salivar) como vai ser o sabor da primeira Imperial Belgian Quadrupel. Confie em mim, ela está chegando.

Mas, de novo, nem toda cerveja Imperial vale a pena beber (ou até imaginar). No entusiasmo, cervejeiros artesanais foram longe ao imperializar estilos de cerveja que são tradicionalmente feitos para ter corpo leve e baixo teor alcoólico, com resultados que, na melhor das hipóteses, são misturados. Caso em questão: Imperial Witbier. A cerveja base (Belgian Witbier) é uma delicada cerveja de cor bem clara e corpo leve. Seu sabor picante e cítrico e carbonatação borbulhante se combinam para fazer a melhor bebida para matar a sede no verão. O tempero da versão Imperial, junto com os 10% de teor alcoólico, criaram um ofensivo caráter medicinal e solvente, desagradável de cheirar ou beber.

Embora eu não tenha citado os estilos a seguir — ainda —, espero que os cervejeiros declinem a oportunidade de fazer uma Imperial British Mild, uma Imperial Berliner Weisse, uma Imperial Kölsch, ou uma Imperial Cream Ale. Algumas vezes, é melhor deixar as coisas como estão.

> ### Ganhando mais dinheiro com o rendimento da cerveja extrema
>
> De todo o seu conhecimento, paixão, e habilidade artesanal, quando se chega ao ponto principal, os cervejeiros são homens (e mulheres) de negócio, em primeiro lugar. Ser capaz de aumentar as vendas e lucros da cervejaria faz parte do seu trabalho, e a produção de cervejas extremas parece dar a eles um meio para conseguir esse fim (sem mencionar que também é divertido fazê-las).
>
> Em relação à sua popularidade, as cervejas extremas geralmente não têm um componente-chave do prazer de beber cerveja: a facilidade de beber. Elas não são projetadas para serem consumidas uma após a outra, ou em qualquer quantidade de uma vez só. Combinado ao crescente preço da venda a varejo de uma cerveja extrema regular, os consumidores estariam menos propensos a pagar entre US$15 ou US$20 por uma embalagem com seis garrafas. Por isso, os cervejeiros têm que apresentar embalagens e preços que façam a cerveja extrema mais fácil de engolir — por assim dizer.
>
> Cada vez mais dessas cervejas de alta qualidade estão aparecendo nas prateleiras das lojas em garrafas de 650 ml — ou equivalentes em litros similares. Embora o volume total da cerveja vendida seja reduzido pela metade ou mais, o preço unitário não é reduzido proporcionalmente.
>
> Veja um caso real sobre a questão: uma cervejaria bem conhecida produziu uma cerveja extrema altamente apreciada, que inicialmente era vendida em embalagens de quatro garrafas de 355 ml por US$18,99. Quando o cervejeiro trocou para garrafas de 650 ml e as vendeu por US$10,99, ele aumentou suas vendas de US$ 1,33 centavos por ml de cerveja para 1,69 centavos por ml. (Não apenas o cervejeiro aumentou as suas vendas, como também diminuiu seus gastos; menos garrafas, tampas, e rótulos, e nenhuma embalagem de papelão era usada). O consumidor também vê essa nova embalagem como econômica, pois ele está gastando apenas US$11 ao invés de US$19.

A Batalha das Cervejas: Minha Cerveja é Mais Extrema que a Sua

Como se uma cerveja extrema não fosse o suficiente para chamar a atenção dos consumidores, cervejeiros criativos encontraram outra maneira de serem notados. Considere esta seção como seu curso pessoal intensivo em Marketing de Cervejas Extremas.

Roubando a cena com nomes diferentes

Quando se trata de cervejas extremas, os nomes das marcas parecem seguir um padrão de "a maior", "a mais malvada" e "a mais ousada". Tanto isso que, em alguns casos, agências governamentais tiveram que intervir para fazer cumprir regulações a respeito de blasfêmia e afins (veja a próxima barra lateral "Cachorro Sujo" para um bom exemplo). Alguns nomes de marcas parecem até desesperados para ganhar a sua atenção.

Gostem deles ou não, aqui você encontra uma lista de autênticos nomes de cerveja não-alterados para sua diversão e prazer de leitura (prova de que bom sabor e bom gosto nem sempre são a mesma coisa — vide alguns cujos sentidos reais são impublicáveis):

- Arrogant Bastard
- Bitches Brew[2]
- Camel Toe
- Dead Guy Ale[3]
- Dirty Bastard
- Fornicator
- Golden Shower
- Gorch Fock[4]
- Hairy Eyeball
- Hop Stoopid
- Moose Drool
- Raging Bitch
- Santa's Butt
- Sheep Shagger
- Sticky Zipper
- Yellow Snow

Aumentando a competição com embalagens malucas

Em grande parte, a embalagem de cerveja não era particularmente digna de atenção — até que mais e mais cervejas começaram a caminhar para o extremo. As cervejas extremas altamente octanadas, em particular, eram engarrafadas em robustas garrafas de cerveja de 650ml, não apenas pela sua potência, mas também por seu crescente preço de varejo (veja a barra lateral anterior "Ganhando mais dinheiro com o rendimento da cerveja extrema"). Rapidamente entrou em voga mergulhar a garrafa em lacres coloridos. O pessoal sempre criativo da Three Floyds Brewing Company, em Munster, Indiana, até usou lacres coloridos para distinguir entre as safras da sua Dark Lord Imperial Stout.

---

[2]N.E.: Cerveja feita pela cervejaria americana Dogfish Head em homenagem aos 40 anos do clássico disco homônimo do célebre músico de jazz Miles Davis, lançado em 1970 e considerado o precursor do estilo jazz fusion. O rótulo da cerveja reproduz a psicodélica arte da capa do disco, inclusive.

[3]N.E.: Cerveja feita pela cervejaria americana Rogue em referência à célebre comemoração do Dia de Los Muertos mexicano e que também faz grande sucesso entre os fãs da banda Grateful Dead. Pode ser encontrada à venda no Brasil.

[4]N.E.: Navio alemão de três mastros do século XX.

> ## Cachorro Sujo
>
> Em 1990, quando a cervejaria Flying Dog Brewery abriu em Aspen, Colorado, o artista e "gênio louco" Ralph Steadman (apresentado ao dono da cervejaria George Stranahan pelo escritor Hunter S. Thompson) foi comissionado para fazer a primeira arte do rótulo da cervejaria.
>
> O primeiro trabalho de Ralph para a cervejaria foi para o rótulo da cerveja Road Dog Porter. Ele consagrou sua arte com uma simples frase "Good Beer, No S**t" ("Boa Cerveja, Sem Enrolação") — só que sem os asteriscos. "Nós gostamos de onde ele estava indo com aquilo", disse Stranahan, "então deixamos rolar".
>
> Assim que as cervejas chegaram às prateleiras, o controle de bebidas alcoólicas de Colorado considerou o rótulo como imoral e removeu todas as cervejas Road Dog do mercado. Temporariamente substituindo-o por "Good Beer, No Censorship" ("Boa Cerveja, Sem Censura"), a Flying Dog Brewery lutou junto com a União Americana pelas Liberdades Civis durante quatro anos para ter o texto original reintegrado. Em 2000, foi decidido que a arte não deveria ser censurada. Desde então, "Good Beer, No S**t" (sem os asteriscos) adorna com orgulho os rótulos da Road Dog Porter.

Até a cervejaria algumas vezes sóbria Anheuser-Busch (A-B) não pôde resistir à oportunidade de se mostrar um pouco. Em 2005, a A-B apresentou a sua Brew Masters Special Reserve (8,5% de álcool por volume, o que para uma A-B é definitivamente extremo). Esta cerveja de fim de ano foi embalada em uma garrafa de incomum tamanho de 1,358 l, fechada com uma tampa flip-top.

Quando mais tarde a cervejaria Boston Beer Company lançou a sua altamente intoxicante Utopias, nada menos que um decanter de ouro de 710 ml seria suficiente. Esta garrafa incomum foi projetada para parecer uma panela de brassagem de cerveja em toda a sua brilhante glória dourada.

Levando este conceito de embalagens excêntricas a um extremo obsceno, a cervejaria escocesa BrewDog Brewery passou dos limites da sanidade. Cada garrafa da sua The End of History (apenas 12 garrafas no total) foi enfeitada em seu melhor traje de defunto. Com a ajuda de um criativo taxidermista, cada garrafa vinha completamente dentro de um esquilo, que também estava vestido com o seu melhor smoking preto e cartola! (Não acredita? Dê uma olhada na Figura 7-1 como prova!)

Capítulo 7: Mergulhando em Cervejas Extremas

Figura 7-1: The End of The History, da cervejaria BrewDog Brewery, enfeitada de esquilo.

O Futuro das Cervejas Extremas

Por todo esse blá blá blá, as cervejas extremas nem sempre sobrevivem à sua fama instantânea, e nem sempre cumprem as suas promessas. Muitas vezes, são criadas simplesmente para ajudar as cervejarias a ganhar um espaço nas prateleiras e chopeiras, assim como atenção e fatia de mercado. Cervejas extremas nasceram de uma atitude "o que for preciso" na indústria cervejeira. Muitas têm o que é preciso, outras não.

Mesmo que esse nicho continue a crescer, a construir, e a encontrar convertidos sedentos por cervejas fortes, uma repercussão já está se formando. Nesta competição de tudo ou nada para ver qual cerveja grita mais alto, alguns estão tranquilamente pedindo calma na indústria e no mercado. Eles imploram por cervejas com sutileza e suavidade. Eles anseiam pelo retorno das cervejas fáceis de beber, com baixos teores alcoólicos, e moderadamente lupuladas, que não limpem o esmalte dos seus dentes. Eu vou beber a isso!

Capítulo 8

Conferindo Cervejas Orgânicas, Sem Glúten e Kosher

Neste Capítulo
- Investigando a cerveja orgânica
- Obtendo informações sobre cervejas sem glúten
- Refletindo sobre a cerveja kosher

*P*or uma razão ou outra, algumas pessoas não são capazes de beber o que o resto de nós considera uma cerveja "normal". Para alguns, é uma escolha pessoal; para outros, é uma questão de saúde ou prática religiosa. Se você se encaixa em algum desses grupos, você veio ao lugar certo. Este capítulo busca fornecer informações que você precisa para continuar apreciando cerveja (das variedades orgânica, sem glúten, e kosher) sem comprometer a sua saúde, consciência ou convicção religiosa.

Seleção Natural: Cerveja Orgânica

Nos dias de hoje, um movimento orgânico está estabelecido em relação a todas as coisas, bem, orgânicas. Café orgânico, frutas e vegetais orgânicos, sucos orgânicos — e seguindo o vinho orgânico, a cerveja orgânica parecia estar na progressão natural das coisas. Nas próximas seções, falo sobre as origens da cerveja orgânica, sua certificação e rotulagem, algumas razões para considerar a hipótese de se beber cerveja orgânica e diferentes cervejas orgânicas que você pode experimentar.

No começo: a ascensão da cerveja orgânica

O moderno movimento da cerveja orgânica traça suas origens na Brauerei Pinkus-Müller, em Münster, Alemanha, onde a primeira cerveja completamente orgânica foi fabricada em 1979. Ela veio como resultado do desapontamento de Pinkus-Müller sobre a qualidade decrescente do malte convencional daquele tempo. Ele achou que o malte orgânico era um substituto superior, e sua cervejaria mudou para uma fabricação toda orgânica um pouco mais de uma década depois. A Alemanha ostenta hoje aproximadamente 30 cervejarias orgânicas, e a cerveja orgânica de Pinkus-Müller eventualmente influenciou mestres cervejeiros ao redor do mundo. Em 1997, o Departamento de Agricultura dos Estados Unidos (United States Department of Agriculture — USDA) estabeleceu o Programa Norte-Americano de Orgânicos, que abriu a porta para que Morgan Wolaver fundasse a primeira indústria de cerveja totalmente orgânica, a Wolaver's Organic Ales, em Santa Cruz, Califórnia.

As vendas norte-americanas de comida e bebida orgânicas cresceram de 1 bilhão de dólares em 1990, para 14 bilhões de dólares em 2006, de acordo com a USDA. Naturalmente, a cerveja também seguiria esta tendência — e seguiu. Em 2005, a cerveja orgânica emparelhou com o café como a bebida orgânica que crescia mais rápido. Em 2006, a cerveja orgânica ainda representava menos que 1% das vendas de cerveja, mas estas vendas dobraram para 19 milhões de dólares entre 2003 e 2005, de acordo com a Associação do Comércio Orgânico norte-americano. Em 2009, o setor de cerveja orgânica mais que dobrou o número das vendas relatado há apenas quatro anos atrás, para um pouco mais de 41 milhões de dólares.

Triagem das certificações de cerveja orgânica

A indústria cervejeira mundial está dando grandes passos no setor da cerveja orgânica, mas os cervejeiros comerciais dos Estados Unidos estão ficando um pouco para trás. Talvez mais cervejeiros nos Estados Unidos produzissem cerveja orgânica se não fosse pelos muitos desafios que têm que enfrentar. O processo de certificação orgânica, por exemplo, pode ser caro e penoso, e alguns dos ingredientes em estado natural podem ser difíceis de definir quantidade. Também pode ser dispendioso manter um equipamento separado para produção orgânica (usar o mesmo equipamento para lidar com ingredientes orgânicos e não-orgânicos pode causar contaminação cruzada).

Colocando de maneira simples, os padrões do USDA para cerveja orgânica são os mesmos das comidas orgânicas: Os ingredientes devem ser cultivados sem agrotóxicos ou fertilizantes sintéticos, em solo livre de produtos químicos por pelo menos três anos, e ingredientes geneticamente modificados (ou OGMs) não podem ser usados.

Um OGM é um *organismo geneticamente modificado*. Os OGMs são comuns na produção de comida, e eles incluem grão geneticamente modificado, que pode aparecer na indústria cervejeira. O rótulo de certificação orgânica é uma garantia de que o produto não contém OGMs.

A certificação orgânica para a cerveja é dividida em dois níveis primários:

- **100% orgânica:** Esta certificação é o nível mais alto e requer que a cerveja seja fabricada inteiramente com ingredientes organicamente produzidos (absolutamente nenhum produto químico ou pesticidas) e nada mais.

Capítulo 8: Conferindo Cervejas Orgânicas, Sem Glúten e Kosher

✔ **Orgânica:** O próximo nível, *orgânica*, compreende o maior número de cervejas. As cervejas orgânicas devem ser fabricadas com 95% de ingredientes organicamente produzidos. Os 5% restantes devem ser ingredientes que não estão disponíveis em forma orgânica na qualidade e quantidade necessária. Além disso, esses 5% restantes de ingredientes devem estar incluídos na Lista Nacional de Substâncias Permitidas e Proibidas da USDA. Essa lista consiste em amido de milho, gomas extraídas da água, alginas, lecitina crua e pectina.

Tenha em mente que esse processo de certificação orgânica é um tipo de trabalho em andamento; as regulações da USDA são propensas a continuar a mudar no futuro. Também devo comentar que esta descrição sobre o que é orgânico está simplificada. Embora isso possa soar bem direto, as especificidades sobre como ingredientes organicamente cultivados afetam os processos de fabricação de cerveja, e como exatamente definir ingredientes orgânicos fazem esse assunto qualquer coisa menos simples. Dê uma olhada na barra lateral adiante "Não é orgânico até a USDA disser que é", para mais detalhes.

A não ser que você tenha memorizado a lista inteira de certificações orgânicas da USDA, o que você lê nos rótulos dos produtos varia do impreciso, no melhor dos casos, à total confusão no pior.

Por que ir de orgânica? Ajude o meio ambiente — beba uma cerveja!

Então, por que beber cerveja orgânica? Você não vai encontrar nenhum incentivo financeiro real para beber cerveja orgânica, pois elas são geralmente tão caras quanto as cervejas artesanais. O real incentivo para beber organicamente está enraizado na grande satisfação de saber que você não está depositando outro fardo no meio ambiente. Um compromisso com a agricultura sustentável e com o meio ambiente, isso é o que representa a cerveja orgânica, como esboço na lista a seguir:

✔ Beber cerveja orgânica pode contribuir para sua saúde e bem-estar em geral. Ao consumir cervejas orgânicas, você evita o consumo de produtos químicos usados na agricultura e no processamento de comida — muitos dos quais se sabe que são tóxicos.

✔ Beber cervejas organicamente fabricadas contribui para um melhor meio ambiente. A agricultura orgânica reduz a erosão e o esgotamento dos nutrientes do solo, escassez de água, e poluição ao não usar produtos químicos para fertilizar as colheitas ou para combater pestes e doenças.

✔ Ao beber cerveja orgânica você dá suporte à indústria de agricultura orgânica, que contribui com a quantidade de terra que é cultivada sem uso de produtos químicos e de maneira sustentável. A agricultura orgânica também proporciona mais empregos agrícolas por acre do que a agricultura convencional.

Cuidado com a lenda urbana de que cervejas orgânicas são menos propensas a dar ressaca devido à ausência de produtos químicos — não é verdade! Agora, onde eu coloquei a aspirina?

Não é orgânico até a USDA disser que é

Para uma cerveja sustentar o rótulo "USDA Organic", de acordo com a lei federal dos Estados Unidos, ela precisa conter 95% de ingredientes orgânicos, com os outros 5% de ingredientes não-orgânicos que estão na Lista Nacional da USDA, sustentado que orgânicos equivalentes não estão comercialmente disponíveis em quantidade suficiente. (Você ainda está me acompanhando?) Atualmente, a Lista Nacional contém apenas cinco itens: amido de milho, gomas extraídas da água, algina, lecitina crua, e pectina. Além de lúpulos, outros 38 ingredientes, neste momento, estão sob consideração para inclusão na Lista Nacional.

A USDA divide as certificações orgânicas de acordo com a composição do produto:

- Um produto agrícola, em estado bruto ou processado, que é vendido, rotulado, ou apresentado como 100% orgânico deve conter, por peso ou volume líquido, 100% de ingredientes organicamente produzidos.

- Um produto agrícola, em estado bruto ou processado, que é vendido, rotulado, ou apresentado como orgânico deve conter, por peso ou volume líquido, não menos que 95% de produtos agrícolas organicamente produzidos, em estado bruto ou processado. Quaisquer ingredientes restantes do produto devem ser organicamente produzidos, a não ser que não estejam comercialmente disponíveis na forma orgânica, ou devem ser substâncias não-agrícolas, ou produtos agrícolas não-organicamente fabricados que estejam em consonância com a Lista Nacional.

- Produtos agrícolas multi-ingredientes, que são vendidos, rotulados, e apresentados *como feito com (ingredientes especificados ou grupos de comida) orgânico* devem conter, por peso ou volume líquido, pelo menos 70% de ingredientes organicamente produzidos, fabricados e manuseados de acordo com as especificações orgânicas da USDA.

Já está com sede? Leia seus rótulos com atenção!

Movimento orgânico: uma lista das cervejas orgânicas

Se você está interessado em experimentar algumas cervejas orgânicas, você está com sorte; a Tabela 8-1 te dá uma lista de cervejas pelas quais pode começar.

Tabela 8-1	Uma Amostra de Cervejas Orgânicas	
Cerveja	*Cervejaria*	*País*
Foret	DuPont	Bélgica
Jade	Bénifontaine	França
Pinkus Organic Münster Alt	Pinkus-Müller	Alemanha
Golden Promise	Caldonian	Reino Unido
Organic Best Ale	Samuel Smith	Reino Unido
Chocolate Stout	Bison	Estados Unidos

Capítulo 8: Conferindo Cervejas Orgânicas, Sem Glúten e Kosher

Tabela 8-1   Uma Amostra de Cervejas Orgânicas

Cerveja	Cervejaria	País
Cru D'Or	North Coast	Estados Unidos
Elliott Bay (10 variedades)	Elliott Bay	Estados Unidos
Fish Tale Amber Ale	Fish	Estados Unidos
Green Lakes	Deschutes	Estados Unidos
Laurelwood Free Range Red Ale	Hopworks	Estados Unidos
Mothership Wit	New Belgium	Estados Unidos
Mud Puddle PNW Red Ale	Oakshire	Estados Unidos
Naughty Nellie's Golden Ale	Pike	Estados Unidos
Oceanic Organic Saison	Kailua Kona	Estados Unidos
Organic Barley Wine	Lakefront	Estados Unidos
Organic ESB	Lakefront	Estados Unidos
Organic Zwickel Bier Pale Ale	Redrock	Estados Unidos
Squatters Organic Amber Ale	Utah Brewers Cooperative	Estados Unidos
Stone Mill	Anheuser-Busch	Estados Unidos
Wild Hop	Anheuser-Busch	Estados Unidos
Woody Organic IPA	Roots Organic	Estados Unidos

Celebrando a cerveja orgânica

Começou há alguns anos atrás, através do dono da cervejaria Roots Organic Brewing, em Oregon, o Festival dos Cervejeiros Orgânicos Norte-Americanos (NOABF — North American Organic Brewers Festival), que são três dias de celebração à cerveja orgânica certificada e a práticas de vida sustentáveis.

Como o próprio movimento orgânico, o NOABF continua a crescer. O festival de final de semana, que mostra mais de 50 cervejas orgânicas certificadas, normalmente atrai mais de 20 mil participantes, que são saudados por um quadro de funcionários de mais de 600 pessoas.

Cientes de que grandes eventos criam grandes pegadas ambientais, os produtores do festival minimizam o impacto do evento de várias maneiras: defendendo o uso de transporte público, promovendo um extensivo programa de compostagem e reciclagem, e utilizando uma matriz solar local que provê grande parte da eletricidade do festival.

Confira em www.naobf.org para mais informações sobre o festival.

O fiasco da colheita de lúpulo orgânico

Os lúpulos representam a maior porcentagem de ingredientes produzidos não-organicamente na cerveja orgânica, mas sua certificação, categoria, e viabilidade estão neste momento em andamento (acho que está perto de Rhode Island). Sim, lúpulos organicamente cultivados estão por aí, mas não em grandes quantidades; os lúpulos estão sujeitos à uma variedade de doenças e outros problemas relacionados com o cultivo (veja o Capítulo 2 para mais sobre lúpulos). Este fato justifica por que cultivadores de lúpulos em larga escala nos Estados Unidos ainda não assumiram o risco da produção de lúpulo orgânico. Atualmente, a maioria das poucas variedades de lúpulo orgânico disponíveis nos Estados Unidos são importadas da Nova Zelândia, Alemanha e Reino Unido. Claro que essa escassez afeta os fornecedores dos cervejeiros também; lúpulos orgânicos importados são de 20% a 30% mais caros que os lúpulos convencionais domésticos.

Um pouco da confusão também rodeia, em primeiro lugar, a necessidade de lúpulos orgânicos. Muitos pequenos cervejeiros orgânicos insistem em usá-los para fazer seus produtos 100% orgânicos, ou pelo menos para fazer suas cervejas serem certificadas pela USDA (95% de ingredientes orgânicos). Cervejarias maiores argumentam que, pelo fato do lúpulo constituir menos de 5% do perfil ingrediente total de suas cervejas, essas cervejas fabricadas com lúpulos não-orgânicos ainda se qualificam para certificação orgânica.

Membros da Associação Americana de Cultivadores de Lúpulo Orgânico (AOHGA — American Organic Hop Grower Association) argumentam que o Conselho Nacional de Regulações Orgânicas (NOSB — National Organic Standards Board) criou um desestímulo econômico para o cultivo de lúpulos orgânicos, ao permitir o uso de lúpulos não-orgânicos na cerveja orgânica. Da mesma forma, muitos cervejeiros que produziam cervejas com lúpulos orgânicos argumentaram que seus custos eram maiores e que existia uma diferença entre seus produtos e aqueles produzidos sem lúpulos orgânicos. Esta situação, criada pela NOSB, diminuiu o crescimento da produção de lúpulo orgânico nos Estados Unidos, ao obstar o desenvolvimento de um mercado viável de lúpulos orgânicos na América do Norte.

Como resultado da subsequente petição da AOHGA para USDA, todas as cervejas rotuladas orgânica devem ser produzidas com lúpulos orgânicos em até 2013. A janela de dois anos é para permitir tempo a cervejeiros e cultivadores para assegurar estoques de lúpulo orgânico suficientes para satisfazer suas necessidades.

Uma Esperança para Pessoas com Doença Celíaca: Cerveja sem Glúten

Como menciono no Capítulo 2, muitos grãos diferentes têm sido usados para fabricar cerveja durante milênios. É claro, a cevada é o melhor, seguido pelo trigo e depois centeio. O problema com esses grãos — ao menos para pessoas que sofrem da doença celíaca — é que eles contêm *glúten*. O glúten é responsável por desencadear uma reação autoimune no intestino delgado das pessoas com essa adversidade em particular. Essa reação pode ser debilitante, causar grande desconforto, e possível rompimento da função do intestino delgado a longo prazo. Isso significa que pessoas com a doença celíaca não absorvem os nutrientes que precisam de suas comidas, e podem experimentar uma variedade de outros problemas de saúde. (Veja a barra lateral mais à frente, "Alguns fatos sobre a doença celíaca", para mais informações.)

O glúten ajuda a fazer a massa de pão ficar elástica para que a levedura possa fazê-la crescer, e dá ao pão a característica de mastigabilidade. Como um componente da cevada, do trigo e do centeio, o glúten dá à cerveja densidade e também corpo.

O único tratamento disponível para as pessoas com doença celíaca é uma longa vida evitando produtos que contêm glúten, o que significa que não há cerveja normal em suas dietas. Ai! Imagina passar o resto da sua vida sem cerveja. Que pensamento deprimente este. Por sorte, há esperança; e ela vem na forma de uma cerveja que é fabricada sem produtos que contêm glúten.

Como resposta à crescente demanda por cervejas sem glúten no mercado comercial, muitas cervejarias ao redor do mundo estão apresentando novos produtos a cada ano. Nas próximas seções, anoto grãos e amidos que são seguros para as pessoas com doença celíaca consumirem na cerveja, e forneço uma lista de cervejas sem glúten para começar a experimentar.

A turma dos "sem glúten": grãos e amidos usados na cerveja sem glúten

Aqui você encontra uma lista de grãos não permitidos e seus derivados que pessoas com doença celíaca devem evitar:

- Cevada e malte de cevada
- Malte, extrato de malte, tempero de malte e vinagre de malte
- Centeio
- Trigo — incluindo durum, sêmola, kamut e trigo-vermelho

Alguns poucos fatos sobre a doença celíaca

A *doença celíaca* também é conhecida como *enteropatia glúten-induzida*, *intolerância ao glúten* ou *espru celíaco*. É a doença subdiagnosticada mais comum atualmente, potencialmente afetando 1 em 133 pessoas nos Estados Unidos. A doença celíaca é uma patologia crônica e hereditária e, se não tratada, pode, em última instância, levar à subnutrição. É o resultado de uma resposta imunomediada à ingestão de glúten que prejudica o intestino delgado. Os nutrientes passam rapidamente pelo intestino delgado ao invés de serem absorvidos.

Essa doença é permanente. Ocorrem danos no intestino a cada vez que a pessoa consome glúten, independente de quais sintomas se apresentam.

Vou ser honesto aqui — a cerveja feita de grãos livres de glúten provavelmente não se equipara à cerveja regular no sabor e qualidade, mas para alguém que enfrenta uma vida inteira de restrições em beber cerveja, a cerveja sem glúten é como o néctar dos deuses — feito sem glúten, claro!

Sorgo, painço e trigo sarraceno são os três grãos mais comuns que substituem aqueles que contêm glúten e são usados para fazer cerveja, mas aqui está uma lista mais completa dos grãos e amidos que são seguros para o consumo:

- Feijão
- Trigo Sarraceno

    O trigo sarraceno é uma planta da família *Polygonaceae*, e tem suas origens na China central e ocidental. Suas pequenas castanhas de faia são moídas, o que separa as suas sêmolas comestíveis dos seus cascos. Estas sêmolas são, então, tostadas e usadas como grãos.

- Milho
- Painço

    Painço é uma família de gramíneas e representa uma das mais antigas culturas cultivadas conhecidas pelo homem. As sementes do painço são colhidas e usadas para fazer comida ou para alimentar; nesse caso, a comida é cerveja! O painço tem sido regularmente usado para fazer cerveja na África, e é agora um dos grãos mais amplamente usados na cerveja comercialmente fabricada sem glúten.

- Batata
- Quinoa
- Arroz
- Sorgo

    O sorgo é natural do nordeste da África. Como uma valiosa fonte de comida, ele seguiu as rotas comerciais pela Índia e China, e eventualmente fez o seu caminho para América. O sorgo é uma gramínea vigorosa, que tolera climas secos e é comumente usado como um dos ingredientes da cerveja Africana.

- Soja
- Tapioca

Sem glúten, mas cheia de sabor: uma lista das cervejas sem glúten

Você está no mercado para comprar uma cerveja sem glúten? A Tabela 8-2 apresenta uma amostra de cervejas sem glúten comercialmente produzidas que você pode experimentar.

Capítulo 8: Conferindo Cervejas Orgânicas, Sem Glúten e Kosher **105**

 Muitos cervejeiros de cervejas sem glúten formularam seus produtos com 100% de ingredientes sem glúten e processos que garantam a pureza do seu produto. No entanto, alguns processos de filtragem usados pelas cervejarias tornam o glúten indetectável em cerveja com baixo teor de glúten; então, a não ser que a cerveja seja totalmente livre de glúten, as pessoas com doença celíaca não têm garantia de que estão completamente seguras. E, pelo fato de a cerveja *sem glúten* ser questão de saúde, as regulações de rótulo de cerveja norte-americanas atuais não permitem o termo *sem glúten* aparecer em qualquer cerveja vendida nos Estados Unidos. Comprador e bebedor, cuidado!

Tabela 8-2   Cervejas sem glúten produzidas comercialmente

Cerveja	*Cervejaria*	*País*
Australia Pale Ale	Billabong	Austrália
O'Brien Premiun Lager	O'Brien	Austrália
Green's Discovery Amber Ale	De Proef	Bélgica
Green's Endeavor Dubbel	De Proef	Bélgica
Green's Quest Tripel	De Proef	Bélgica
La Messagère	New France	Canadá
Kukko Pils	Laitilan	Finlândia
Beer Up Glutenfrei Pale Ale	Brauerei Grieskirchen	Alemanha
Birra 76	Bi-Aglut (food products)	Itália
Mongozo Palmnut	Mongozo Beers	Países Baixos
Mongozo Quinua	Mongozo Beers	Países Baixos
Celia Saison	The Alchemist	Estados Unidos
Dragon's Gold	Bard's Tale	Estados Unidos
New Grist	Lakefront	Estados Unidos
Mbege	Sprecher	Estados Unidos
Passover Honey Beer	Ramapo Valley	Estados Unidos
Redbridge	Anheuser-Busch	Estados Unidos
Shakparo Ale	Sprecher	Estados Unidos
Tread Lightly Ale	New Planet	Estados Unidos

Seguindo a Lei: Cerveja Kosher

Para milhões de judeus praticantes ao redor do mundo, seguir a *cashrut*, ou as leis alimentares do judaísmo, é parte muito importante da vida cotidiana. As comidas e bebidas que estão de acordo com a *halachá* (lei judaica) são chamadas de *kosher*. Kosher significa, simplesmente, próprio para consumo pelos judeus de acordo com a tradicional lei judaica. Nas próximas seções, explico exatamente o que a torna uma cerveja kosher, e forneço uma lista de cervejas kosher que você pode experimentar.

Para que uma comida ou bebida seja considerada kosher, ela deve ser primeiro inspecionada e certificada por uma das muitas organizações certificadoras ao redor do mundo. Uma das maiores agências certificadoras na América do Norte, Star-K, é responsável por certificar a maioria das cervejas feitas ou importadas pelos Estados Unidos.

Descobrindo o que a qualifica como kosher

Baseado na cashrut, muitas cervejas produzidas pelos métodos típicos não violam a lei alimentar. Em outras palavras, a cerveja é genericamente kosher; nenhum dos ingredientes em estado natural e aditivos usados para fazer a cerveja regular apresentam preocupações para a cashrut.

As regras mudam, no entanto, quando ingredientes, aditivos, e condimentos atípicos — frutas, xaropes de fruta, temperos, e por aí vai — são adicionados. Nesses casos, a cerveja requer certificação. Da mesma maneira, se as cervejas com altos teores alcoólicos requerem fermentação com outras leveduras que não as leveduras típicas de fazer cerveja, as cervejas requerem certificação.

Aqui você encontra algumas generalizações seguras:

- Todas as cervejas não-aromatizadas e sem aditivos listados no rótulo são aceitáveis, mesmo sem a certificação kosher. Esta generalização se aplica tanto às cervejas produzidas quanto às importadas nos Estados Unidos, incluindo as cervejas não-alcoólicas e escuras.
- Todas as cervejas sem tempero, incluindo a cerveja escura ou maltada, dos seguintes países são kosher: Bélgica, Canadá, Inglaterra, Alemanha, México, Noruega e Países Baixos.
- Embora o caminho mais seguro seja comprar a cerveja com a certificação kosher, em circunstâncias onde fatos evidentes provam sem dúvidas que não existe preocupações cashrut, o Torá cede ao que a evidência mostra.

Qualquer cerveja que contenha *lactose* (açúcar do leite) não é kosher, devido à inclusão de ingredientes lácteos. A lactose é tipicamente usada para fazer Sweet Stout, que também pode ser comercializada como Milk Stout ou Cream Stout.

Os produtos que foram certificados como kosher são rotulados com uma marca chamada hechsher, que normalmente identifica o rabino ou organização que certificou o produto. A categoria cashrut de um produto muda com as mudanças nos métodos de produção ou na supervisão cashrut. Sempre procure por uma marca kosher no rótulo ou embalagem da cerveja.

Cerveja Hebraica: Chosen Beer

No início havia uma ideia, e ela era boa: uma microcervejaria que complementasse a experiência judaica nos Estados Unidos. No ano 5757 (1996), Jeremy Cowan lançou a cervejaria Shmaltz Brewing Company para criar cervejas feitas para acompanhar ritos e rituais da vida, tanto sagrados como seculares. A Genesis Ale se tornou a primeira cerveja de classe mundial certificada sob os maiores critérios de avaliação da comunidade kosher ortodoxa.

A Shmaltz Brewing Company passou a fabricar a Jewbelation Ale, a Rejewvenator Doppelbock, a R.I.P.A ou Rye India Pale Ale, a Origin Pomegranate Ale, e a Bittersweet Lenny's Rye I.P.A — um tributo ao comediante Lenny Bruce.

A Chosen Beer, de acordo com um comunicado de imprensa da cervejaria, é a libação perfeita para casamentos, bar mitzváh (requer documento de identidade), shows dos Beastie Boys, sessões da Suprema Corte ou qualquer lugar em que as pessoas estejam aconselhando ou se divertindo. *L'Chaim!*

Tudo é kosher: uma lista das cervejas kosher

Para uma seleção de cervejas kosher, confira a Tabela 8-3.

Tabela 8-3 Uma Amostra de Cervejas Kosher

Cerveja*	Cervejaria	País
Best Extra Stout	Coopers	Austrália
Extra Strong Vintage Ale	Coopers	Austrália
Original Pale Ale	Coopers	Austrália
Premium Lager	Coopers	Austrália
Special Old Stout	Coopers	Austrália
Amber Dry	Brick	Canadá
Anniversary Bock	Brick	Canadá
Brick Premium	Brick	Canadá
Blue Moon	Coors	Estados Unidos
Bohemian Black Lager	Spoetzl	Estados Unidos
Boston Ale	Sam Adams	Estados Unidos
Boston Lager	Sam Adams	Estados Unidos
Brooklyn (todos os produtos feitos em Utica)	Brooklyn	Estados Unidos
Cherry Wheat	Sam Adams	Estados Unidos
Chocolate Bock	Sam Adams	Estados Unidos
Copperhook Spring Ale	Redhook	Estados Unidos

(continua)

(continuação)

Tabela 8-3　　Uma Amostra de Cervejas Kosher

Cerveja*	Cervejaria	País
Cranberry Lambic	Sam Adams	Estados Unidos
Cream City Pale Ale	Lakefront	Estados Unidos
Double Bock	Sam Adams	Estados Unidos
Eastside Dark	Lakefront	Estados Unidos
Fuel Cafe Stout	Lakefront	Estados Unidos
FX Matt (todos os produtos)	FX Matt	Estados Unidos
Hefeweizen	Sam Adams	Estados Unidos
Honey Porter	Sam Adams	Estados Unidos
Imperial Stout	Sam Adams	Estados Unidos
Imperial White Ale	Sam Adams	Estados Unidos
Klisch Pilsner	Lakefront	Estados Unidos
Longhammer IPA	Redhook	Estados Unidos
Oktoberfest	Sam Adams	Estados Unidos
Old Fezziwig	Sam Adams	Estados Unidos
Pale Ale	Sam Adams	Estados Unidos
Redbridge Gluten-free	Anheuser-Busch	Estados Unidos
Redhook Blonde	Redhook	Estados Unidos
Redhook ESB	Redhook	Estados Unidos
Riverwest Stein Beer	Lakefront	Estados Unidos
Saranac (todos os produtos)	Saranac/FX Matt	Estados Unidos
Shiner Blonde	Spoetzl	Estados Unidos
Shiner Bock	Spoetzl	Estados Unidos
Shiner Hefeweizen	Spoetzl	Estados Unidos
Shiner Kosmos Reserve	Spoetzl	Estados Unidos
Shiner Smokehaus	Spoetzl	Estados Unidos
Summer Ale	Sam Adams	Estados Unidos
Winter Lager	Sam Adams	Estados Unidos
Winterhook Winter Ale	Redhook	Estados Unidos
White Ale	Sam Adams	Estados Unidos

*Incluídos nesta lista estão todos os produtos não-condimentados da Heineken, Guinness e Corona.

Parte III
Comprando e Apreciando Cerveja

A 5ª Onda — Por Rich Tennant

"Cozinhar com cerveja? Eu tenho feito isso há anos. Adicionar cerveja à comida? Tenho que experimentar isso algum dia."

Nesta parte...

Consumidores de cerveja, em geral, não gastam seus neurônios no processo de comprar cerveja, exceto talvez ao pegar o que estiver em promoção. Nesta parte, procuro corrigir essa situação ao fazer de você um consumidor informado.

Embora isso possa surpreender algumas pessoas, a cerveja merece tanta atenção em termos de servir e apreciar quanto o vinho. A cerveja, inclusive, substitui muito bem o vinho na cozinha e na mesa. Como o vinho, a cerveja tem seu vocabulário e um conjunto de técnicas que podem realmente aumentar seu entendimento e apreciação. Você descobre o que precisa saber nesta parte.

Mas, é claro, se você está simplesmente com sede, vá logo abrir uma gelada!

Capítulo 9
O Melhor Jeito de Comprar Cerveja

Neste Capítulo
- Escolhendo a sua embalagem
- Entendendo a sua desconfiança enquanto compra
- Conferindo as suas compras

Cerveja é comida. Algumas vezes você ouve os Europeus se referirem à cerveja como pão líquido (embora fazer um sanduíche com cerveja seja um pouco difícil). Como a maioria das comidas, especialmente o pão, a cerveja é perecível e se torna velha com o tempo, então quanto mais fresca a cerveja, melhor ela é. Por isso, os consumidores de cerveja no caminho da iluminação querem consumir cerveja que foi propriamente manuseada para manter o frescor — particularmente se ela não tem conservantes (muitas das boas cervejas não possuem conservantes).

O frescor da cerveja tem quatro inimigos: tempo, calor, luz e oxidação. Neste capítulo, explico como lidar com esses problemas para se tornar um consumidor mais informado sobre o processo.

Latas, Garrafas, Growlers e Barris Keg: Decidindo Qual é o da Sua Escolha

Os consumidores de cerveja têm discutido incessantemente sobre se a cerveja é melhor engarrafada ou enlatada. Ao invés de fazer um pronunciamento autoritário e apresentar minha opinião (que, claro, é a opinião certa), esta seção apresenta os fatos e deixa que você chegue às suas próprias conclusões sobre latas de cerveja, garrafas, growlers e kegs.

(Pensando melhor, deixe-me dar minha opinião logo: a cerveja em lata oferece mais conforto, mas não se pode argumentar contra a estética da velha garrafa marrom — me chame de antiquado. Além disso, onde estariam os grandes guitarristas, como Eric Clapton e Bonnie Raitt, sem seus slides feitos dos pescoços de garrafas de vidro de cerveja? (Alguma vez você já ouviu falar de um guitarrista que tenha feito slide com uma lata de alumínio?)

Do topo liso ao topo com anel: uma breve história da lata de cerveja

Colecionadores, tomem nota! Desde a primeira vez que a lata de cerveja foi apresentada à indústria cervejeira, ela se tornou bastante popular e passou por uma série de transformações:

- Lançada em 24 de janeiro de 1935, a Krueger Cream Ale (cervejaria Gottfried Krueger Brewing Company) foi a primeira cerveja vendida em lata. O sucesso foi tão grande que 37 cervejarias Americanas — inclusive a Pabst e a Schlitz — estavam enlatando suas cervejas até o final daquele ano.
- A cervejaria Felinfoel Brewery, em Wales, tornou-se a primeira cervejaria fora dos Estados Unidos a enlatar sua cerveja, em 1935. Naquele tempo, os cervejeiros podiam escolher entre dois tamanhos de lata — 296 ml para o mercado doméstico e 355 ml para o mercado externo.
- No início, dois tipos de latas de cerveja existiam: a flat-top (topo plano — que tinha que ser furada com um abridor de latas) e a cone-top (topo em forma de cone — que era selada com uma tampa coroa, assim como uma garrafa).
- Em 1936, muitas cervejarias simultaneamente apresentaram latas de 946 ml ao mercado.
- A cervejaria Coors Brewing Company foi a primeira cervejaria a embalar sua cerveja em latas de alumínio (lá nos anos 1950).
- Em 1954, a cervejaria Schlitz Brewing Company foi a primeira a apresentar a lata de 473 ml.
- Em 1962, a cervejaria Pittsburgh Brewing Company foi a primeira a apresentar a lata de alumínio lift-tab (fácil de abrir).
- As latas com anel no topo, também conhecidas como *pull tabs* (com puxador), apareceram pela primeira vez em 1965.
- Em 1969, a cerveja enlatada ultrapassou as vendas da cerveja em garrafa pela primeira vez.
- As latas push button (com um dispositivo para empurrar) foram apresentadas em 1974, mas duraram somente alguns anos, pois os clientes tinham dificuldade para pressionar o dispositivo e abri-las.

Batendo lata

A garrafa precede a lata em, ah, aproximadamente 4 mil anos. As pessoas, que antes bebiam chope fresco em tavernas vizinhas (ou carregavam-no para casa em um balde), passaram a comprar cerveja em lojas, em garrafas. As latas de cerveja, apresentadas pela primeira vez em 1935, revolucionaram a indústria cervejeira. Quando pacotes de cerveja em lata (seis por pacote) foram apresentados, eles eram muito mais leves, rápidos para gelar, e mais cômodos do que as garrafas em geral (o que continua valendo hoje em dia). Infelizmente, a cerveja sempre ficava com o gosto da lata em que estava.

Afinal, um forro sintético, que protegia a cerveja do contato com o metal foi inventado, e a lata se tornou mais popular que nunca. Em algum momento, a velha lata foi substituída pela mais nova e mais leve lata de alumínio, e parte graças ao crescente mercado de massa, a indústria cervejeira não olhou para trás. Mas, até as latas de alumínio atuais são revestidas com um forro alimentício para impedir qualquer cerveja de entrar em contato com a lata.

Uma das muitas vantagens que as latas têm em relação às garrafas é a completa eliminação de danos causados pela luz, e uma considerável redução dos danos por oxidação (*cerveja oxidada* é a cerveja que foi exposta ao oxigênio). O calor, no entanto, ainda pode ser um problema, já que acelera o processo de oxidação.

Engarrafada ou enlatada, a cerveja deve ter o mesmo gosto. No entanto, cervejeiros artesanais têm tradicionalmente usado garrafas quase que exclusivamente, pois o equipamento para enlatar é mais caro que o equipamento para engarrafar. Mas a tendência está mudando. As latas de alumínio estão, mais uma vez, se tornando a embalagem de escolha, até na indústria de cerveja artesanal. Esta tendência se tornou particularmente evidente no Colorado, onde, em 2002, a cervejaria Oskar Blues Brewery deu o corajoso passo de fazer da sua Dale's Pale Ale, uma das primeiras cervejas artesanais a ser enlatada, ao invés de engarrafada. Esta escolha não foi apenas um movimento de mercado, também; moradores aventureiros do Colorado acham que as latas são muito mais amigáveis ao meio ambiente que as garrafas, e muito mais fáceis de levar em viagens de caminhada, bicicleta, rafting e acampamento.

Optando por garrafas

Apesar da popularidade da cerveja em lata, a garrafa de cerveja nunca desapareceu. As únicas mudanças notáveis foram na esfera da conveniência. A antiga e pesada garrafa retornável foi substituída em muitos mercados por uma versão mais leve e descartável, e uma gêmea com tampinha de torcer.

As razões mais comuns para preferir comprar cervejas em garrafa às em lata são

- ✔ As garrafas mantêm a cerveja mais gelada que as latas depois que você as tira da geladeira ou refrigerador.
- ✔ Há mais marcas disponíveis em garrafa que em latas.
- ✔ As garrafas parecem ser esteticamente mais agradáveis que as latas.

Os devotos da cerveja em vidro discutem não só a favor das garrafas, como também sobre o tamanho e formato da garrafa que melhor realçam a cerveja, como longnecks versus stubbies. (Ainda estou para ouvir um argumento convincente para me converter a algum estilo de garrafa em particular.) Hoje em dia, as cervejarias ao redor do mundo usam dezenas de formatos de garrafa de cerveja; algumas das mais curiosas (Mickey's Big Mouth e Orval Trappist Ale, por exemplo) são feitas de acordo com as especificações de cada cervejeiro. Não me deixe nem começar a falar da garrafa Vortex!

Elegendo o Growler

Nestes dias, um dos aspectos mais interessantes das vendas a varejo de cervejas artesanais é, na verdade, um retorno aos dias antes da proibição. Os *growlers* estão se tornando bem populares para vendas de cerveja para se levar para casa em pubs cervejeiros e microcervejarias. Os growlers são normalmente jarros de vidro de ½ galão enchidos por demanda pelas torneiras dos cervejeiros e vendidos para viagem. Muitas vezes as cervejarias cobram preços estabelecidos por um growler enchido (que depende da cerveja de escolha), com uma redução de preço quando você traz o growler para o refil. Algumas cervejarias até dão um refil grátis depois de tantos refis pagos.

A conexão do growler com o passado faz um anedota interessante. Beber cerveja em pausas para almoço costumava ser uma prática aceitável de trabalhadores manuais. Estes trabalhadores pagavam crianças locais para correr até a cervejaria local para encher um pequeno balde com cerveja. Este balde era conhecido como *growler* — nomeado por causa do ronco do estômago — e o ato de encher o balde rápido era chamado de *apressando o growler*.

Comprar um growler de um pub cervejeiro é, geralmente, o único jeito de apreciar a cerveja daquele pub fora da cervejaria. Muitos poucos pubs cervejeiros engarrafam suas cervejas, então os growlers servem como sua única forma de embalagem.

Rolando no barril keg

Você talvez não precise comprar um keg de cerveja com muita frequência, mas provavelmente vai comprá-lo ao menos uma vez para um piquenique, uma partida de futebol, uma festa de aniversário de 30 anos (ou 40, ou 50), ou uma megafesta quando terminar de pagar a hipoteca. Ao menos alguns de vocês pertenceram à popular fraternidade Tappa Kegga Bru na faculdade. Além disso, o único jeito de ter chope fresco e não pasteurizado é comprando um keg. Nas próximas seções, apresento alguns pontos úteis para usar um keg.

Comprar um keg é fácil; difícil é transportá-lo. Os grandes são muito, muito pesados — tipo uns 68 kg. Não levante um sozinho! Busque alguém grande e forte para pegá-lo, ou peça para entregá-lo diretamente na sua festa.

Tamanhos de keg

Você precisa descobrir quantas pessoas estarão presentes na festividade e seus níveis de participação para determinar qual tamanho de keg comprar. Veja a Tabela 9-1 para uma análise de tamanhos de keg. Tenha em mente que, na linguagem cervejeira, um barril — 31 galões — não existe de verdade, a não ser para contagens e para propósitos de capacidade da cervejaria.

Tabela 9-1	Tabela de porções de cerveja de keg nos Estados Unidos	
Tamanho do Keg	Número de porções de 355 ml	Número de porções de 235 ml
1/6 de barril —"mini" keg (5,16 galões) —20 litros	55	82
¼ de barril —"pônei" keg (7,75 galões) —30 litros	82	124
½ barril (15,5 galões) —60 litros	165	248

Indo para a vala

Falando sobre certificar-se de beber sua cerveja antes que fique velha — lá atrás, quando na Inglaterra ainda aconteciam enforcamentos públicos, a tradição era dar aos condenados um copo de ale de cortesia no caminho para sua execução (Ousariam dizer, "Joga pela garganta"?)

Nos Estados Unidos, a cerveja de outros países geralmente vem em kegs de 50 litros (13,2 galões) e 30 litros (7,9 galões). Para complicar ainda mais as coisas, os vendedores algumas vezes usam nomes diferentes para esses itens, nomes confusos de marcas com tamanhos e apelidos. Solução: Sempre foque na figura do volume líquido (galões ou litros).

Outra opção de keg que está se tornando dominante na indústria cervejeira artesanal é a disponibilidade de *Cornelius kegs* (também conhecidos como *Corny kegs*). Esses recipientes finos e cilíndricos são as mesmas coisas que os produtores de refrigerantes têm usado por anos para dispensá-los. Alguns cervejeiros artesanais estão agora vendendo suas cervejas nestes minikegs, tanto para mercados de grande escala quanto de varejo.

Esteja ciente dos dois estilos de Corny kegs: *ball lock* ou *pin lock*, que se referem às diferentes maneiras das mangueiras de CO_2 e de cerveja encaixarem no keg. Certifique-se de adquirir o equipamento de conexão apropriado quando comprar o seu Corny keg.

As partes de um keg

A Figura 9-1 mostra um exemplo de um keg popular, chamado de *Sankey*. As partes deste keg em particular incluem a válvula extratora e a torneira. A *válvula extratora* é o que aumenta a pressão dentro do barril para forçar a cerveja a sair. A *torneira* é por onde a cerveja é servida.

Parte III: Comprando e Apreciando Cerveja

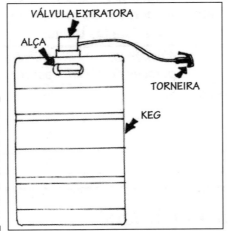

Figura 9-1: Um keg Sankey de 15,5 galões é um dos mais comuns e fáceis de usar.

Não deixe latas e garrafas de "chope" enganarem você

Não seja enganado por produtos engarrafados e enlatados chamados chope (*draft* ou *draught*, em inglês) alguma coisa. Chope significa "tirado fresco de uma torneira" — ponto! Ter chope em uma lata ou garrafa é literalmente impossível, apesar dos rótulos artisticamente redigidos.

Cervejeiros no Reino Unido inventaram uma lata (rotulada *Pub Draught*) que contém sua própria cápsula de nitrogênio (chamada widget), que libera nitrogênio na cerveja quando a lata é aberta, assim criando uma pequena quantidade agradável de carbonatação e textura cremosa de uma tirada fresca de um pint de ale. É como o chope tirado das torneiras dos pubs Londrinos? É boa e perto — mas apenas perto — da coisa real.

Instruções para usar um keg

Embora você possa pensar que comprar um keg, colocá-lo em um lugar de fácil acesso, e deixar seus convidados fazerem o resto é suficiente, siga essas dicas para fazer sua festa com keg ser ainda melhor:

- **Certifique-se de adquirir a torneira certa para o seu keg quando comprá-lo ou aceitar a entrega.** Você é cobrado por um depósito reembolsável pelo equipamento de torneira, então trate-o com carinho.

- **Entenda o sistema keg que está usando.** Os dois sistemas kegs mais comuns no mercado são os fáceis de usar Sankey kegs, de laterais retas — usados pelas cervejarias Anheuser-Busch, Miller, e muitas microcervejarias (veja a Figura 9-1) — e os antiquados Hoff-Stevens kegs, com seus lados abaulados e óbvio buraco de rolha (a abertura arrolhada por onde o keg é enchido).

Capítulo 9: O Melhor Jeito de Comprar Cerveja 117

O sistema Hoff-Stevens deve ser atarraxado cuidadosamente no keg (cuidado com o chope que espirra!). Certifique-se de que as torneiras estão limpas e apropriadamente instalada nas aberturas, senão o keg pode não pressurizar corretamente. Se o keg não pressuriza, você não bebe! Isso causa tanta dor! Dor e, devo dizer, desapontamento.

- **Mantenha a cerveja tão gelada quanto possível.** Se você não tem uma geladeira enorme, coloque gelo na parte de cima e ao redor da base do keg enquanto ele fica em um grande balde ou lata de lixo de plástico.

- **Espere que o primeiro galão ou mais seja um pouco mais espumoso que o normal.** Afinal, ele provavelmente chacoalhou um pouco durante a entrega, mas a cerveja eventualmente sai normal. Deixar o barril sentado por um tempo ajuda, assim como encher um jarro e servir nele ao invés de encher copos individuais. Ficar mexendo na válvula reguladora de pressão também leva a uma cerveja espumosa; servir em um jarro previne este problema também. Sempre abra completamente a torneira quando dispensar a cerveja a fim de evitar espuma excessiva.

- **Cuidado com as sobras.** Algumas pessoas podem dizer que cerveja nunca é demais, e nenhum bom anfitrião quer que ela esgote. Isso significa que é possível que sobre cerveja. Se você não quer que aquele néctar precioso retorne junto com o keg depois da festa, planeje-se com antecedência: limpe completamente alguns jarros de plástico de leite — ou growlers, se você tiver — e esvazie o conteúdo do keg dentro deles. Refrigere a cerveja imediatamente e beba em um dia ou dois. Cerveja não-pasteurizada de keg fica velha muito rápido.

Comprar ou Morrer: Procurando a Cerveja Mais Fresca

Muitas pessoas não estão nem um pouco autoconscientes acerca de apertar tomates, bater em melões, cheirar carne moída, ou ler a data de validade em embalagens de pão no supermercado. E os entusiastas do vinho não prestam grande atenção no ano da safra (colheita das uvas)? Por que, então, devem os consumidores de cerveja estar dispostos a entrar em uma loja, agarrar qualquer pacote velho de cerveja da prateleira, e presumir que a cerveja está fresca?

Nas próximas seções, apresento indicadores a respeito da procura pela cerveja mais fresca por aí. Ponto de partida: não espere que a cerveja seja nem um pouco mais resistente ao tempo, ao calor, e à incidência de luz do sol que as outras comidas frescas. Se o varejista empilha pacotes de cerveja à mostra em frente às janelas da loja que ficam expostas ao sol por várias horas por dia, apresente um relatório para polícia da cerveja de uma vez! Para resumir: tempo = ruim, calor = ruim, luz = ruim, refrigeração = bom.

Entendendo que o tempo não está do seu lado

Como mencionei anteriormente neste capítulo, a cerveja fica velha com o tempo. Três meses é a média da janela de frescor (a data de validade) para garrafas pasteurizadas ou cerveja em lata. Algumas cervejas têm uma validade maior que outras. Cervejas totalmente pasteurizadas (aquecidas por mais de uma hora, como são a maioria das cervejas de megacervejarias) são mais estáveis que as cervejas rapidamente pasteurizadas (aquecidas apenas por um minuto, como algumas cervejas artesanais). Ainda, lúpulo e álcool servem como conservantes naturais, então, cervejas bem lupuladas e fortes têm uma validade maior.

Cervejeiros conscientes demandam que suas cervejas sejam removidas das prateleiras se elas não forem vendidas dentro do tempo apropriado. Infelizmente, muitas das pequenas lojas nos Estados Unidos que estão apenas começando a lidar com cervejas artesanais e importadas podem, não intencionalmente, manter estoques velhos à venda até muito depois do tempo que deveriam ser retornadas. A lição para você é esta: sempre verifique as datas antes de comprar; nunca compre cerveja velha.

Chamando para perto

Tem um ditado que diz, "A cerveja deve ser bebida tão perto da cervejaria quanto possível".

Os fãs dizem que a Guinness (uma Irish Stout) não viaja bem. Um fã testou essa teoria, com um resultado divertido. Ele fez uma longa viagem para a famosa cervejaria Dublin para o último e mais fresco possível pint perfeito da sua cerveja preferida. Mas, antes do seu primeiro gole, um gaiato local tentou dissuadi-lo com o clássico humor Irlandês dizendo, "Oh, eu não sei. É bem longe daqui até o tonel. Você sabe, ela não viaja bem".

Adegando a cerveja como vinho fino — mas só em casos especiais

Com o punhado de informações adiante, não apenas você pode manter a cerveja por um longo tempo, mas também pode realmente aperfeiçoar suas características com uma maturação de curto prazo de aproximadamente seis meses a um ano. As cervejas fortes e complexas a seguir tendem a amadurecer com o tempo, muito como fazem o uísque e o vinho:

- Barleywines de alta gravidade
- Old Ales
- Cervejas envelhecidas em barril (veja o Capítulo 6 para detalhes sobre este tipo)
- Algumas das cervejas Belgian Trappist mais fortes (Dubbels e Tripels)

Embora algumas cervejas, como a Thomas Hardy's Ale (uma Old Ale), ainda estejam boas depois de uma década (desenvolvendo alguns sabores parecidos com amêndoa e xerez), até as cervejas mais fortes estão propensas a perder o vigor depois de um ano ou dois, pois a oxidação leva a melhor e a cerveja fica velha.

Muitas pessoas colecionam garrafas e latas de cerveja, mas ninguém em mente sã (e claro que isso não desqualifica nenhum de vocês) coleciona cerveja vintage sem planejar bebê-la. Além disso, apenas alguns poucos cervejeiros (dos estilos anotados anteriormente) datam suas cervejas pela safra — embora esse número continue a aumentar. O vinho é safrado e está sujeito a bons e maus anos; algumas colheitas se mantêm boas por muitos anos e são posses premiadas nas adegas daqueles que as têm. Para o colecionador de vinho, possuir estes vinhos é, muitas vezes, mais importante que bebê-los. Nenhuma aspiração como esta existe entre os consumidores de cerveja, porque nenhuma cerveja inspira tal pretensão. Além disso, tenho sorte se uma boa garrafa de cerveja durar um fim de semana na minha casa, nem pensar em anos!

A cerveja é realmente muito mais democrática que o vinho, e geralmente menos cara. Qualquer um pode ter uma adega cheia das melhores cervejas.

Ficando longe da cerveja não refrigerada

O calor faz a cerveja estragar muito rápido. A refrigeração é, então, a maneira ideal de estender a validade da cerveja. No entanto, a falta de refrigeração apropriada é o maior problema para os revendedores de cerveja e distribuidores. Os revendedores geralmente têm um espaço limitado no refrigerador, e muitos tendem a reservar o espaço da refrigeração para cervejas de grande nome. Distribuidores com frequência estocam grandes quantidades de outras cervejas em cavernosos depósitos não-refrigerados, que podem sujeitar a cerveja a flutuações extremas de temperatura. Isso para não mencionar a cerveja importada de outros países, que passam meses no porão de cargas dos navios.

A vida não é justa: vá pegar uma cerveja e pensar sobre isso.

Então, quais cervejas que ficam com a temida recepção calorosa? A cerveja que não é apoiada por ao menos uma forma principal de propaganda, a cerveja distribuída por uma empresa com bolsos rasos (*leia-se:* sem brindes para os revendedores, sem letreiros neons, sem relógios de plástico), ou qualquer cerveja recém-chegada que ainda não achou o seu público. Essas cervejas são geralmente deixadas para definhar nas quentes prateleiras da loja ou em exposições em janelas ensolaradas que parecem atraentes, mas que são terríveis para a cerveja. E essas cervejas podem estar entre as mais saborosas!

Evitando a luz

Qualquer forma de luz é potencialmente prejudicial para a cerveja. A luz produz reações químicas nos compostos dos lúpulos. Essas reações criam um suave *cheiro de gambá* (*cheiro de gato*, no Reino Unido). Iluminação incandescente é ruim o suficiente, mas a luz fluorescente — encontrada na maioria das lojas — é ainda pior. (Não, a luz da sua geladeira não vai destruir a sua cerveja.) O pior inimigo da cerveja é a luz do sol, no entanto, porque é luz e calor.

A cerveja que tem cheiro de gambá sofreu o que se chama de *lightstruck*. A cerveja que sofreu lighstruck é a cerveja que foi exposta à luz visível e ultravioleta. Esta exposição causa uma reação que quebra a *isohumulona*, uma molécula derivada dos lúpulos. Outra molécula que resulta desta reação é a *3-metilbut-2-eno-1-tiol*, que partilha um odor parecido com a defesa natural almiscarada do gambá.

Uma forma de proteção contra os danos da luz é o vidro colorido. Quanto mais opaco o vidro, melhor: verde é bom, mas âmbar (marrom) é melhor.

Então, por que algumas cervejas em garrafas claras, como a Miller High Life, não ficam com cheiro de gambá? Isso tem a ver com aquela cervejaria em particular que usa um extrato de lúpulo quimicamente alterado que não contém isohumulona. Sem isohumulona, não tem reação à luz, e não tem cheiro de gambá.

Verificando o cenário da loja antes de comprar

Como pode você, o consumidor, saber quando uma cerveja em particular chegou na loja? Infelizmente, você não pode, mas pode achar pistas na cerveja ou na embalagem que te ajudam a descobrir quais cervejas são de estoque novo e quais foram compradas há muito tempo atrás. Aqui estão algumas dicas gerais de como comprar:

- Quer você compre cerveja em garrafas ou latas, sempre apanhe o estoque refrigerado primeiro.
- Procure por um carimbo de data legível — se tiver um (veja a barra lateral adiante "Decifrando o código"). Olhe na parte superior das latas ou nos ombros das garrafas; fique desconfiado de qualquer uma que tenha uma manta de poeira.
- Quando comprar cerveja em garrafa, considere a cor da garrafa. Tenha em mente que o vidro verde permite penetrar mais luz que o vidro marrom, e o vidro claro é o que mais permite a luz.
- Segure uma garrafa contra a luz e avalie a claridade da cerveja. Exceto as cervejas propositalmente engarrafas em estado não-filtrado, uma cerveja filtrada fresca deve estar clara como cristal. Procure por sedimentos. A não ser que a cerveja em suas mãos seja uma Hefeweizen ou uma cerveja acondicionada em garrafa (veja o Capítulo 4), sedimentos sugerem que a cerveja está por ali há algum tempo.
- Balance suavemente a garrafa. Quaisquer pedaços de coisas girando são provavelmente flocos de proteínas que se levantaram do líquido — um sinal definitivo de que a cerveja é elegível para a vigilância sanitária.
- Verifique o espaço de ar (o *volume livre*) na parte de cima da garrafa. O volume livre apropriado deve ser não mais que 1 polegada do topo do líquido à tampa. Um volume livre maior do que o normal pode promover a oxidação, especialmente em cerveja não-refrigerada. Não compre essa garrafa!

Decifrando o código

Todos os maiores cervejeiros Norte-Americanos carimbam a data de seus produtos para que os distribuidores possam manter o controle de seus estoques. Geralmente espera-se que os distribuidores removam e retornem um produto vencido para o cervejeiro, mas, ocasionalmente, o distribuidor e o revendedor concordam em vender a cerveja vencida com uma drástica redução no preço — sem informar ao consumidor o quão velha ela está. Verificar a data carimbada antes de comprar parece a atitude de senso comum entre os consumidores; no entanto, alguns cervejeiros usam carimbos de data criptografados, então apenas aqueles que sabem o código (e provavelmente alguns operadores da CIA) podem entender a informação. Muitos cervejeiros artesanais, que sobrevivem e morrem pelo frescor de seus produtos, carimbam suas datas de maneira não--codificada e fácil de ler. Créditos a eles.

Alguns carimbos de datas de megacervejeiros indicam não apenas em qual cervejaria a cerveja foi fabricada, como também em qual linha de produção ela foi embalada — com uma precisão que chega ao período de 15 minutos de produção! Mas, quando escrito em código alfanumérico de 12 figuras, a informação pode muito bem ser um hieróglifo. O prêmio de uma cerveja fresca para qualquer um que possa decifrá-lo.

Fazendo amizade com revendedores locais de cerveja

Conheça os revendedores locais de cerveja. Se eles possuem uma variada seleção de cerveja, faça seu rosto ficar conhecido. Deixe-os saber que você é um nerd de cerveja. Não tenha medo de fazer perguntas. Depois de estabelecer uma relação, você pode querer saber de seus revendedores locais de cerveja sobre suas práticas de estocagem e de giro de estoque. Você, provavelmente, vai obter respostas diretas, especialmente se o proprietário é um amante de cerveja dedicado. Em tempo, você pode até sugerir aquisições e exclusões do estoque. Quem sabe — antes de ter terminado, eles podem fazer de você um parceiro de negócios.

Outra maneira de garantir um suprimento de cerveja de qualidade, especialmente se você não vive em uma área urbana principal, é se juntar a um clube de cerveja-do-mês. Você pode encontrar vários pela internet, e muitos te enviam 12 garrafas, junto com um boletim informativo, por aproximadamente US$25 a US$35 por mês. Esse tipo de conexão serve ao duplo propósito de trazer a você cerveja fresca, assim como te expor à variedade de cervejas de microcervejarias que não são normalmente distribuídas nacionalmente.

Você se Queimou? Conferindo sua Cerveja em Casa

Depois de deixar seu dinheiro e trazer a sua cuidadosamente examinada cerveja para casa, a avaliação pós-compra começa; explico o que fazer nas próximas seções.

Estourando a rolha

A avaliação da sua cerveja comprada recentemente começa com a remoção da tampa da cerveja. A garrafa fez um rápido e saudável silvo? Ela entrou em erupção como o vulcão Vesúvio ou falhou em soltar qualquer carbonatação? A não ser que a garrafa tenha sido exposta a bastante calor ou você tenha feito alguma magia com ela logo antes de beber, a erupção indica uma potencial fermentação selvagem na garrafa — não é uma boa coisa, mas também nada que vá te matar também. Se uma rápida cheirada não verificar essa possibilidade, uma provadinha depois vai. Sabores e aromas avinagrados são, geralmente, bons indicadores de uma fermentação selvagem, mas uma pasteurização apropriada faz dessa uma ocorrência não muito frequente. E tenha em mente que certos estilos de cerveja são feitos para ter sabor azedo, e algumas são apenas naturalmente mais carbonatadas que outras. Não julgue tão rápido.

Se você não ouviu o *fizzzt* normal da garrafa, ou a cerveja foi carbonatada inapropriadamente na cervejaria (muito improvável) ou o vedante da tampa tinha uma fenda que permitiu o escape da carbonatação. Esses tipos de problemas praticamente não são relatados a respeito de cervejas conhecidas e de marca, e são geralmente limitados a produtos de pequenas cervejarias com baixa tecnologia.

Tem chuva na sua cerveja!

Já notou a nuvem que aparece no gargalo de uma garrafa de cerveja quando a tampa é removida? É uma nuvem de verdade, assim como lá no céu!

O espaço de ar no gargalo da garrafa ainda não aberta contém dióxido de carbono e vapor de água. Pelo fato da pressão interna ser aproximadamente o dobro da pressão do ar no nível do mar, quando a tampa é retirada, os gases e vapores se expandem rapidamente. Esta descompressão causa uma precipitada queda de temperatura (lembra da sua aula de ciências no colégio?) no gargalo da garrafa — estimado em aproximadamente -34 graus Celsius (-30 graus Fahrenheit). Isso é frio, cara!

Esta instantânea queda de temperatura leva às moléculas de água a ficarem tão lentas que se tornam locais de *nucleação* para gotículas de água (condensação) — da mesma maneira que as nuvens se formam no céu.

Combatendo a tristeza da oxidação

Qualquer cerveja que esteja parada há muito tempo, indiferente se ela foi pasteurizada ou não, chega a um ponto em que fica velha (se torna *oxidada*). O resultado é uma cerveja que tem cheiro e sabor de papel nos primeiros estágios e de papelão nos estágios avançados. A cerveja refrigerada é, de longe, menos propensa a se tornar oxidada, mas ainda pode acontecer ao longo do tempo.

Pelo fato de que as únicas maneiras de detectar a oxidação na cerveja são cheirando e provando-a, você provavelmente não vai descobrir esta falha até ter comprado a cerveja. Essa é outra boa razão para verificar a data de validade da cerveja no rótulo ou embalagem antes de comprar.

Capítulo 10
Olhando para a Loucura dos Rótulos e a Confusão do Marketing

Neste Capítulo
- Compreendendo os rótulos de cerveja
- Entendendo a propaganda e o marketing da cerveja
- Descobrindo os benefícios da cerveja para saúde

Fazer uma escolha informada quando se está comprando cerveja embalada em lata pode ser um pequeno desafio. Algumas vezes, estranhas regulações governamentais e, vamos admitir, a licença poética dos cervejeiros se combinam para fazer o rótulo e a propaganda da cerveja de pouca ajuda. Determinar o que você está comprando, ou pagando extra, é, algumas vezes, difícil.

A poesia dos cervejeiros é geralmente óbvia (um resumo do sabor, o que é de grande ajuda, e ingredientes e processos de fabricação, que são em sua maioria irrelevantes para o consumidor médio). As palavras *maltado* ou *lupulado* podem dar uma boa ideia do sabor, mas uma lista de maltes ou lúpulos específicos não significam muito para muitas pessoas, embora seja apetitoso e divertido, até educativo. Outras informações, como *os mais finos grãos*, são algumas vezes confusas. Essas coisas fazem a cerveja melhor? O fã de cerveja deve entender os termos e fazer sua escolha baseada naquela informação? Na maioria das vezes, a resposta é não.

O que *não* está listado no rótulo da cerveja é mais preocupante e levanta ainda mais dúvidas na cabeça do consumidor informado. Este capítulo te dá um pano de fundo sobre o que é o que no mundo da rotulagem e marketing da cerveja para que você possa consumir com confiança.

Entendendo as Leis sobre Rótulos

Nos Estados Unidos, a indústria cervejeira Norte-Americana (junto com as indústrias Norte-Americanas de vinho e destilados) é supervisionada tanto pelo Bureau of Alcohol, Tobacco, and Firearms (ATF) quanto pelo Alcohol and Tobacco Tax and Trade Bureau (TTB). Tão longe quanto a produção de cerveja vai, a ATF está mais preocupada com o desvio ilegal de álcool para propósitos criminais, enquanto o TTB é agora o corpo diretivo atrás de todos os "pode" e "não pode" que controlam a rotulagem e o marketing da cerveja[1].

Como você pode imaginar, através dos anos a indústria cervejeira Norte-Americana tem sido envolvida por algumas leis bastante arcaicas, algumas que precedem a Proibição (que esteve em vigor de 1920 a 1933). A situação é parecida no Reino Unido e Europa. O ponto é que, apesar de suas melhores intenções, os governos podem ter conseguido prevenir informações úteis — como conteúdo nutricional e força — de chegar até você. Um paradoxo bizarro. Com o renascimento da cerveja artesanal em pleno andamento, muitas mudanças tomaram lugar e continuam tomando em um espaço vertiginoso.

O que o rótulo deve ter

As regras dos Estados Unidos dizem que muito pouco é requerido nos rótulos de cerveja. Na verdade, as regras dos EUA requerem apenas o básico, e os rótulos podem ser tão incompletos quanto incorretos do ponto de vista do entusiasta de cerveja.

- Para cervejas domésticas, o nome e o endereço do empacotador ou engarrafador, mas não necessariamente do fabricante real da cerveja (ou o endereço atual) deve aparecer no rótulo.

- Para cervejas importadas, o rótulo deve incluir as palavras *importada por* seguido pelo nome do importador, ou agente exclusivo, ou único distribuidor responsável pela importação, junto com seu lugar principal de negócios nos Estados Unidos.

- A classe (ale ou lager) *deve* estar declarada, e o tipo (estilo — Porter, Bock, e por aí vai) *pode* estar declarado. Infelizmente para os consumidores, o tipo é a mais importante distinção dos dois.

A lei diz — muitas vezes sem precisão — quais cervejas podem e não podem ser chamadas de *Ale*, *Porter* ou *Stout*. Pelo menos um cervejeiro lançou mão deliberadamente de uma rotulagem inadequada de uma ale como uma lager ou um estilo que não existe para adaptar-se. Muito negligente.

Na União Europeia, as leis são parecidas, com algumas importantes adições: os cervejeiros que exportam para lá devem listar o país de fabricação, teor alcoólico por volume (não feito nos Estados Unidos), e uma data de *melhor consumir até*, algo que alguns cervejeiros Norte-Americanos fazem por escolha em um esforço para impressionar fãs perspicazes.

Para cervejas brasileiras, algumas informações são obrigatórias: nome da cerveja, tipo (estilo), teor alcoólico, conteúdo da embalagem, razão social e

---

[1]N.E.: No Brasil, quem estabelece as normas relativas a rótulos e demais informações acerca do comércio de cerveja no Brasil é o Ministério da Agricultura, Pecuária e Abastecimento (Mapa).

CNPJ do fabricante, registro no MAPA do fabricante e do produto, telefone de atendimento ao consumidor, composição da cerveja, informações sobre transporte e acondicionamento, validade e lote, e as frases obrigatórias "Aprecie com moderação", "Produto destinado a maiores de 18 anos" e "Contém glúten".

Pela lei dos EUA, muitas outras declarações e representações não devem ser usadas ou estar contidas nos rótulos, inclusive qualquer declaração ou representação relativa à análise nutricional, ingredientes, padrões ou testes.

Misturado, mas bom

A crença de que os cervejeiros Alemães atuais não são permitidos de fazer cerveja com nada que não seja os quatro ingredientes básicos é de alguma forma enganosa. Os cervejeiros têm permissão de usar frutas e temperos em suas cervejas (e até chucrute, se eles escolherem); a estipulação é que eles não podem chamar aquela cerveja de lager se estiver sendo comercializada na Alemanha — ainda que seja uma. Estranho, não?

Como consequência, a distinção entre ales e lagers é distorcida, no que deve ser um dos primeiros e mais bizarros buracos na lei de proteção ao consumidor. Apesar disto, a Reinheitsgebot ainda é um padrão reconhecido universalmente.

É claro, as regras podem ser interpretadas, não seguidas literalmente, e ainda ser honradas. Para o cervejeiro que quebra as restrições da Reinheitsgebot para desenvolver um sabor incomum — usando cevada não maltada, açúcar extra para prolongar a fermentação, ou adicionando alguma fruta para o sabor (veja o Capítulo 2 para mais sobre ingredientes de cerveja) — não deve haver nenhuma vergonha. Que o cervejeiro continue usando ingredientes de alta qualidade e não dependa de conservantes para realçar artificialmente o produto é o mais importante.

O fraco, o forte e o ininteligível: teor alcoólico

Embora *todas* as outras bebidas alcoólicas sejam *requeridas* a listar claramente o teor alcoólico em seus rótulos, listar qualquer indicação de força, incluindo a porcentagem de álcool (a não ser que a cerveja não tenha álcool), era proibido em rótulos de cerveja até 1996. Por anos, o governo teve medo que as pessoas vendessem ou comprassem cerveja baseando-se unicamente na força. (Por que a mesma razão não se aplicava aos vinho e destilados?)

A vasta maioria das cervejas ao redor do mundo tem teor alcoólico de 4 a 6% por volume (por exemplo, a Budweiser tem 5%). Muitas cervejas podem conter tanto quanto 7 ou 8%, e umas poucas seletas contêm níveis alcoólicos equivalentes aos dos vinhos de qualidade, que são de aproximadamente 12 a 14%. Falo sobre o teor alcoólico dos estilos específicos de cerveja no Apêndice A.

O método mais comum de relacionar o teor alcoólico em uma cerveja é pela real porcentagem por volume, o que é lei no Reino Unido e na Europa. Nos Estados Unidos, tem sido costume entre os cervejeiros registrar o álcool pelo peso. Destes dois métodos, o álcool por volume é mais fácil de entender porque você compra cerveja por volume, e hoje, a vasta maioria dos cervejeiros registram teores alcoólicos por volume.

Por que o método por peso é usado? Porque o álcool pesa menos que a água, cerveja, e muitos outros líquidos e, assim, parece ser menor quando medidas comparativas são feitas. Nas medidas Inglesas, um pint de água, por exemplo, pesa 1 libra (na verdade, um pouco mais, 567 gramas). Um pint de álcool, por outro lado, pesa apenas 0,79 libra, ou seja, 448 gramas. Então, uma cerveja com um teor alcoólico de 3,2% por peso, é na verdade de 4% por volume. Uma cerveja de 4% por peso é na verdade de 5% por volume. Para descobrir por si mesmo, converta uma leitura de álcool por peso para seu equivalente em álcool por volume ao multiplicar por 1,25. Para converter uma leitura de álcool por volume para seu equivalente em álcool por peso, multiplique por 0,80. Divertido, hein?

Alguns escritores de cerveja internacionais publicados fornecem ambas as medidas nas suas análises sobre cerveja. Leia rótulos e menus cuidadosamente, e lembre-se que números por peso são *menores* que aqueles por volume. Você pode estar consumindo muito mais (ou menos) álcool do que pensa.

Os Europeus estão acostumados a ver alguma indicação de teor alcoólico em suas cervejas, estando ou não acompanhada de um número:

- Na Alemanha, os rótulos de cerveja em garrafa são propensos a conter uma das três designações legais de força seguintes: *schankbier* (fraco), *vollbier* (médio), ou *starkbier* (forte).
- A Bélgica tem quatro categorias de força de cerveja, variando da *Catégorie III* (a mais fraca), movendo-se através das *Catégories II* e *I*, terminando na *Catégorie S*, para forte.
- A França tem que ser diferente, claro. Eles inventaram sua própria medida de força, chamada *graus Régie*, que eles usam para medir cervejas variando de *bière petite* (a mais fraca), através da *bière de table*, *bière bock*, *bière de luxe*, *bière de choix*, e *bière spéciale* (a mais forte).

Se você quer saber a força e detalhes sobre a fabricação de uma determinada cerveja, você pode conferir algumas boas análises na Internet (veja o Capítulo 19 para algumas sugestões de sites de internet) ou confira o Apêndice A para mais informações sobre o teor alcoólico de várias cervejas.

Rótulos ignorantes: aditivos e conservantes

A indústria cervejeira dos EUA é uma das poucas indústrias de produção consumível que não é requerida pelo governo a listar ingredientes nos rótulos do produto. Surpreendentemente, os consumidores também não demandaram aos cervejeiros fazer isto.

Entre os muitos aditivos e conservantes permitidos estão mais de 50 antioxidantes, realçadores de espuma, corantes, aromatizantes, e variadas enzimas, como a aspergillus oryzae, propilenoglicol, bissulfito de sódio, benzaldeído, acetato de etila, e corante de comida. E você pensando que cerveja era apenas uma água com gosto bom!

A primeira lei de proteção ao consumidor

Escrita em 1516 pelo Duque Guilherme IV da Baviera, a Reinheitsgebot garantia que a verdadeira cerveja da Baviera fosse feita com nada mais que cevada ou trigo maltados, lúpulos e água. Esta lei da pureza foi atualizada (para incluir a levedura, por exemplo, sobre a qual as pessoas não tinham conhecimento em 1516) e se tornou parte das leis modernas com o tempo.

Na verdade, a questão dos ingredientes permitidos constituía apenas metade do assunto do decreto original. Naquele tempo, a mais importante questão lidava com a estrutura de preço da cerveja.

O custo era para ser predefinido de acordo com a medida (quarto e ½ quarto) e o período do ano. (Aparentemente, a cerveja da Baviera do século XVI era mais cara nos meses de verão quando a demanda era maior — um conceito ainda vigente na minha companhia elétrica.) O Duque percebeu que a bem-vista indústria cervejeira podia ser desenvolvida em uma estação energética tributável, e a história provou que ele estava certo.

A Reinheitsgebot definiu os pontos básicos da cerveja de qualidade. Ela lançou as diretrizes em pedra e tem sido honrada e respeitada por 480 anos pela indústria cervejeira Alemã. Em 1919, todas as cervejarias Alemãs reafirmaram a sua obediência informal à lei — algo que os leais consumidores Alemãs guardam com carinho.

Mais recentemente, na primavera de 1986, um cervejeiro chamado Helmut Keininger foi preso por colocar produtos químicos na sua cerveja. A infração foi considerada tão devastadora profissionalmente que ele acabou cometendo suicídio na sua cela de cadeia de Munique.

Puristas loucos por cerveja que planejam uma peregrinação devem saber que a cópia original da Reinheitsgebot está em exibição na Livraria Estadual da Baviera, em Munique.

Uma das marcas das cervejas feitas artesanalmente é que elas são produzidas sem aditivos e conservantes químicos. Minha opinião é que os cervejeiros de grandes corporações são infames por usarem ingredientes mais baratos (grãos adjuntos, como milho e arroz — veja o Capítulo 2 para ingredientes mais frequentemente usados na cerveja) para fazer cerveja, mas, para fãs de boa cerveja como eu, muito pior do que sua frugalidade é o uso de aditivos e conservantes.

A Reinheitsgebot: A Lei Alemã da Pureza da Cerveja

Muitos rótulos de cerveja ostentam a seguinte frase: *Fabricado em estrito acordo com a lei de pureza Alemã de 1516*. Isso diz muito; significa que a cerveja não possui adjuntos (açúcar, arroz, milho), aditivos, ou conservantes e é fabricada usando apenas cevada ou trigo maltado, lúpulos, leveduras e água. A ausência de tal afirmação não significa necessariamente que a cerveja tem adjuntos, embora um simplório equivalente seja *100% malte*, o que significa que nenhum grão adjunto foi usado (apenas cevada e trigo são maltados).

Originalmente, a Reinheitsgebot (pronunciada como rráin-rraits-guê-bôt) era conhecida como a lei da pureza da cerveja da Baviera porque a Baviera era um Protetorado regido por um rei em 1516 — ainda não era parte da Alemanha moderna. *Freistaadt Bayern* (o Estado livre da Baviera) não se juntou aos outros Estados Alemães da República de Weimar até 1919, tempo em que os outros cervejeiros Alemães adotaram a lei da pureza da cerveja da Baviera como sua.

Embora a Reinheitsgebot tenha raízes na história política Alemã, ela se tornou sinônimo das cervejas artesanais dos EUA. Por quê? Porque a Reinheitsgebot apoia a pureza da cerveja, e os cervejeiros artesanais dos EUA abraçaram de coração a ideia; alguns até anunciam o fato.

A Reinheitsgebot não se aplica à cerveja que é exportada da Alemanha. Algumas das cervejas Alemãs mais populares importadas pelos EUA não são fabricadas de acordo com a Reinheitsgebot; as receitas foram legalmente alteradas com adjuntos e conservantes tanto para o gosto dos EUA, quanto para uma maior validade. Deve ser por isso que muitos viajantes Norte-Americanos na Alemanha dizem que as cervejas Alemãs nunca são tão gostosas em casa como na Alemanha.

Publicidade e Marketing de Cerveja

Estranhamente, a maior ênfase na promoção de cerveja nos EUA está no reconhecimento do nome, assim, as propagandas exibem humor e situações sociais não relacionados com o sabor, ingredientes ou qualidade geral da cerveja. Em outras palavras, enquanto a propaganda deveria exaltar as virtudes e as várias características do produto, a propaganda de cerveja de megacervejarias tende a ignorar a cerveja em si (nem me deixe começar a falar porque). Como exemplos, tente um time Sueco de biquíni, um cachorro feio chamado Spuds, sapos animados, e rótulos de cerveja que dizem a você quando a cerveja está fria (a gente precisa mesmo disso?). Pegou a ideia? Eles podem ser métodos criativos e efetivos de publicidade, mas dizem pouco sobre a cerveja. O mesmo em relação aos rótulos.

Nas próximas seções, exploro detalhes não essenciais geralmente inclusos na publicidade de cerveja e também apresento alguns esquemas de marketing, como falsas microcervejarias e fabricação de cerveja por contrato.

Obtendo detalhes não essenciais

Alguns dos chavões peculiares à indústria cervejeira inclui *misturas únicas*, *grãos selecionados*, *lúpulos premium*, e *água pura da fonte*. Os dois termos mais usados (apesar do fato de que dizem muito pouco sobre o sabor da cerveja) são *suave* e *macia*. Em muitos casos, *insípida* e *sem vida* deveriam ser termos mais adequados.

Cães de guarda através dos anos

Através da história, as pessoas fizeram esforços esporádicos para controlar a indústria cervejeira e cumpriam papel equivalente ao da análise de controle de qualidade, lei da pureza ou não-lei da pureza. Nós, amantes da cerveja, levamos essas coisas a sério!

- O primeiro cão de guarda foi um companheiro Egípcio, no tempo dos Faraós, que tinha o título de Inspetor Chefe da Cerveja, ou algo do gênero. Era de sua responsabilidade manter o nível de qualidade da cerveja produzida na casa do Faraó. Nenhuma menção é feita sobre penalidades por falhas.

- Uma das mais antigas agências públicas na Inglaterra é aquela do *ale-conner*, ou provador, um posto criado por William O Conquistador, no século XI, para manter os preços e qualidade das ales na linha. Não apenas era o ale-conner um julgador especialista em cerveja, mas também quem tinha o poder de condenar uma leva de cerveja ou ordenar a sua venda a um preço reduzido se não tivesse de acordo com seus altos padrões. Esta posição civil simbólica ainda existe na Inglaterra, pagando uma pequena pensão anual com cerveja de graça em boa medida. (O pai de William Shakespeare, John, era um ale-conner, uma nomeação de significância considerável na Inglaterra Elisabetana. O jovem poeta, obviamente, aprendeu a apreciar uma boa cerveja: "Blessing of your heart, you brew good ale," de *Os Dois Cavalheiros de Verona*).

  De acordo com o conhecimento Britânico, além de provar a mercadoria líquida, o engenhoso ale-conner avaliava as novas cervejas de maneira muito peculiar. Trajado com roupas de baixo de couro, ele despejava uma medida de ale em um banco de madeira e obedientemente sentava na poça de cerveja por não menos que meia hora. Se suas roupas ficassem grudadas no banco, a ale era julgada como jovem e imperfeita — com muito açúcar — e o ale-conner podia cobrar uma penalidade do cervejeiro. (Descubra mais sobre o ale-conner no Capítulo 19.)

- Na Alsácia do século XVIII, ensaístas jurados de cerveja eram chamados de *bierkiesers*. Nas regiões vizinhas de Artois e Flandres, seus equivalentes eram chamados de *coueriers*, *egards*, ou *eswarts*. Seu trabalho era experimentar chopes frescos a fim de assegurar que se encontrava de acordo com os padrões locais, que pareciam bastante com a Reinheitsgebot. A adição de qualquer ingrediente não-autorizado era uma ofensa punível.

As megacervejarias não estão sozinhas na amplitude de suas propagandas e rótulos: Muitos rótulos de cervejas artesanais informam a variedade de lúpulo ou água usados. (Imagina ser informado sobre a variedade de milho que foi usado no seu cereal matinal?) Este tipo de detalhe importa para os cervejeiros, mas para o resto de nós, é só campanha publicitária. O que realmente importa é como os ingredientes são combinados e como fica a cerveja como resultado final. É a cerveja, amigos. O resto você pode ignorar.

E todas as nossas garrafas são feitas do mais fino carbono

Tente não ser levado pela linguagem floreada e embalagem extravagante. O que vem a seguir é uma cópia literal de um rótulo do gargalo de uma popular e excelente cerveja artesanal (com bons ingredientes), em que os marqueteiros simplesmente se empolgaram:

A Ajax Tradicional Pale Ale [nome modificado para proteger o culpado] *é fabricada com seis maltes especialmente combinados, lupulada com East Kent Goldings Ingleses e Cascades Americanos para dar a essa tradicional ale uma qualidade distinta, porém bebível.*

Especialmente impressionante é a habilidade da cerveja de manter uma *qualidade bebível* depois de todos esses maltes e lúpulos. O que mais poderia ser? Pintável? Vestível? É sério mesmo — *bebível*?

Invadindo o território da cerveja artesanal com as macrocervejarias disfarçadas de micro

Um pouco depois da revolução da cerveja artesanal começar, o leão (megacervejarias) notou que o espinho (cervejeiros artesanais) em sua pata usava um marketing e uma estratégia de negócio inteligentes. Os megacervejeiros gostaram do selo de qualidade dos cervejeiros artesanais — e dos preços premium.

Em uma ilustração máxima de que a imitação é a mais sincera forma de adulação, alguns dos grandes megacervejeiros dos EUA compraram ou se tornaram sócios de uma série de cervejeiros artesanais regionais bem-sucedidos; alguns desses grandes cervejeiros também começaram a fazer suas próprias marcas semelhantes às artesanais disfarçadas de microcervejarias, através de um marketing inteligente (um gaiato apelidou-as *micros clandestinas*). Aqui estão alguns megacervejeiros que lançaram mão de cervejas semelhantes às artesanais:

- **A cervejaria Miller Brewing Company:** A Miller se fundiu com a Molson há alguns anos atrás e apresentou a cerveja clara Blue Moon sob os auspícios da cervejaria Blue Moon Brewing Company. A Blue Moon continua a ser bastante popular apesar do fato de que foi fabricada por uma corporação de megacervejaria. Juntas, elas produziram várias variações no tema moon (NTD — moon significa lua, em inglês).

Capítulo 10: Olhando para a Loucura dos Rótulos e a Confusão... **133**

✔ **A cervejaria Anheuser-Busch (A-B) Brewing Company:** Mexendo com cervejas com perfil de microcervejaria feitas por macrocervejarias já há algum tempo agora, as mais recentes apresentações da A-B ao mundo das pseudocervejarias artesanais são a Shock Top Wheat, a Stone Mill Pale Ale, e a Land Shark Lager, a última delas sendo fabricada especialmente para a cadeia de restaurantes Jimmy Buffet's Margaritaville.

Embora algumas das cervejas falsamente artesanais sejam incríveis e premiadas bebidas tradicionais de qualidade, muitas são simplesmente os mesmos velhos produtos maliciosamente mascarados de bons produtos. *Caveat emptor*[2].

No Reino Unido, os grandes cervejeiros estão empurrando cerveja *nitrokeg* (cerveja de keg filtrada e pasteurizada, artificialmente carbonatada e pressurizada com uma mistura de nitrogênio/dióxido de carbono) disfarçada como a mais cara e apreciada, naturalmente carbonatada, não-filtrada, não-pasteurizada, e extraída manualmente, ale condicionada em barril. Os cervejeiros até fornecem chopeiras falsas. Tradicionalistas estão fazendo um rebuliço.

Pegando a base da fabricação de cerveja por contrato

As microcervejarias (cervejeiros que produzem menos que 60 mil barris por ano) têm monopolizado a imagem de mercado em torno da cerveja gourmet: a maioria dessas cervejas vende mais porque os consumidores as consideram superiores, muito devido ao frescor resultante da fabricação local e em pequenas levas. Os consumidores também estão mais propensos a pagar mais pela cerveja que contenha um selo de ser micro e feita artesanalmente, como acontece com o pão artesanal ou móveis feitos à mão.

Muitas das melhores e mais conhecidas *cervejas artesanais* (cervejas gourmet feitas em uma grande variedade de estilos clássicos, usando ingredientes de qualidade) não são fabricadas nas microcervejarias, mas fabricadas por contrato em maiores volumes que uma microcervejaria poderia arcar. Cervejeiros por contrato contratam cervejarias regionais subutilizadas, mas bem equipadas para produzir uma receita com os ingredientes e fórmulas próprias do cervejeiro por contrato. O que entrega no dialeto do rótulo, se você puder encontrar uma pequena impressão ao longo das bordas, é algo como, "Fabricado pela XX Brewing Co. sob contrato especial, xyz Brewing Co., Estado ABC". O único outro jeito de aprender o que é fabricado por contrato é seguir blogs de cerveja, fazer procuras no Google ou consultar os sites virtuais de avaliação de cerveja (veja o Capítulo 19).

A bastante popular Boston Beer Company (Samuel Adams Boston Lager, e por aí vai) começou como uma cerveja fabricada por contrato, mas agora a empresa possui e opera duas instalações de fabricação separadas para acompanhar a demanda por seus produtos. A primeira cervejaria da Boston Beer Company estabeleceu-se em uma loja na antiga Haffenreffer Brewery,

---

[2]N.E.: "Tome cuidado, consumidor!"

em Jamaica Plain, Massachusetts (perto de Boston). A segunda encontra-se na velha Hudepohl-Schoenling Brewery em Cincinnati, Ohio.

Você vai ver uma tendência definitiva quando certas marcas estiverem prósperas o suficiente para estabelecer uma demanda nacional que pode ser suprida apenas pela fabricação regional, o que é melhor que ter de recorrer a adjuntos e conservantes. Nada de errado com isso — a qualidade é a mesma. Ainda assim, você pode achar isso desconcertante.

Sua cerveja cheia de personalidade, com rótulo artístico e nome que pega, exalando a qualidade de ser feita em casa e seu frescor de cerveja local pode não ser feita ali perto por algum maravilhosamente talentoso louco por cerveja trabalhando arduamente em um equipamento feito em casa; ela pode ser, na verdade, produzida em uma planta industrial a centenas de quilômetros de distância, talvez financiada por capital de risco e movida por um marketing musculoso de primeira linha. Por exemplo, moradores de Chicago que têm carinho pela cerveja State Street Beer de sua terra natal ficaram certamente surpresos em descobrir que ela é produzida em Evansville, Indiana.

No entanto, se a cerveja tem gosto bom, não se preocupe! O gosto — e a sua satisfação — é tudo o que realmente importa.

O rótulo como uma forma de arte

Um dos aspectos mais legais da renascença da produção de cervejas artesanais Americana é o trabalho artístico em seus rótulos. Alguns deles são muito inspirados e esplêndidos trabalhos de arte, enquanto outros, como o rótulo a seguir da Flying Dog Ales, são excêntricos e irreverentes. Apreciá-los traz uma dimensão completamente nova ao ato de beber cerveja. E os nomes das marcas! São criativos e engraçados, fazendo com que o espírito da cerveja viva dentro e fora da garrafa.

Capítulo 10: Olhando para a Loucura dos Rótulos e a Confusão... **135**

"Guinness is Good For You": Conteúdo Nutricional

Nos Estados Unidos, o TTB não permite que a tabela de Informações Nutricionais da Food and Drug Administration (FDA) apareça na lata ou garrafa de cerveja. E, na União Européia, propostas para autorizar a listagem de ingredientes caíram no esquecimento. Os governos temem que os consumidores possam inferir sugestões de "reivindicações curativas e terapêuticas" decorrentes do fato de que a cerveja artesanal bem feita pode ter mais proteína do que uma tigela seca de cereais, com a metade dos carboidratos e o dobro de potássio, e os sem aditivos ou conservantes tão frequentemente encontrados em comidas preparadas, assim como em algumas cervejas de macrocervejarias.

Em um artigo de fevereiro de 1993, da *Seattle Weekly*, Jack Killorin, um porta-voz da ATF, é citado como dizendo que listar os nutrientes da cerveja sugeriria que a cerveja é uma comida. De acordo com o artigo, Killorin disse que a cerveja não é comida porque o álcool é ruim, e a FDA não permite comida ruim. (Agora, eu pergunto, essa mesma regra de pensamento se aplica para jantares de TV e marshmallows?) Apesar dessa afirmação, fortes indicadores mostram que essa atitude está mudando e que os rótulos nutricionais serão eventualmente listados nos produtos de cerveja.

De fato, nos Estados Unidos, as diretrizes do governo em que essas coisas são baseadas são revistas a cada cinco anos. A Dietary Guidelines for Americans (Diretrizes Alimentares para Americanos), revisada em 2010 por uma comissão mista do Departamento de Agricultura e do Departamento de Saúde e Serviços Humanos dos EUA, efetivamente contradisse a linha de anos do governo. Essas diretrizes afirmavam que evidências acumuladas sugeriam que beber moderadamente (*leia-se*: não mais que uma bebida por dia para mulheres e duas bebidas por dia para homens) está associado com um menor risco de doença cardiovascular e que o consumo moderado de álcool "também está associado com um menor risco de qualquer causa de mortalidade entre adultos de meia idade e mais velhos, e pode ajudar a manter a função cognitiva intacta com a idade". Uma bebida é definida como 355ml de cerveja comum (5% de álcool por volume) ou 150ml de vinho ou 45ml de álcool destilado (40% de álcool por volume/80 testado).

Esta modesta afirmação é completamente revolucionária para o governo dos EUA. Afinal, as diretrizes de 1990 diziam que beber não tinha *nenhum* benefício para saúde. No entanto, eles não estão exatamente te convidando para uma grande festa. *Moderação* é a chave, assim como é uma dieta balanceada com pouca gordura combinada com exercícios. Essas diretrizes adequadamente alertam que a ingestão de grandes quantidades de álcool é arriscada em termos de aumento da pressão sanguínea e incidência de acidentes vasculares cerebrais, doenças do coração, e algumas formas de câncer, assim como sendo uma causa menos direta de defeitos congênitos, suicídios, e acidentes. As diretrizes continuam para nos lembrar dos perigos de beber e dirigir, assim como do consumo excessivo irresponsável em geral. O alerta governamental nos rótulos de cerveja continua em vigor.

Livre de colesterol e de gordura

Por anos, a ótima Irish Stout da Guinness vem sendo anunciada com o slogan "Guinness Is Good for You" (Guinness é Boa para Você). Os Americanos levam esse tipo de afirmação muito a sério, então ela não foi usada na propaganda da Guinness nos Estados Unidos. Mas estava parcialmente correta: a cerveja é realmente nutritiva, apesar de que você deve consumi-la apenas com os propósitos do prazer e de matar a sede.

A cerveja é livre de colesterol e gordura. Mais boas notícias: 355ml de uma típica Pale Lager Americana realmente têm menos calorias que 355ml de leite 2% ou até suco de maçã (um pouco menos que o vinho também)! E alguns estilos com menores teores alcoólicos, como as Dry Stouts, têm ainda menos calorias. A cerveja pode não ser uma estrela da dieta, mas você ficará feliz em saber que ela tem boas qualidades dietéticas.

Aqueles Alemães certamente reconhecem uma boa coisa quando a veem

Em meados do século XIX, em Munique, algumas mães que amamentavam e amas de leite saíam de seu caminho para beber cerca de sete (sic) pints de cerveja por dia, pensando que aquela quantidade era necessária para amamentar adequadamente a criança. Em 1876, o departamento de saúde da cidade de Munique tentou interromper este hábito, afirmando que apenas dois pints por dia eram necessários. Claro, hoje sabemos que qualquer álcool consumido por uma mãe amamentando pode ser passado para suas crianças; assim, não é inteligente nem seguro beber qualquer quantidade de cerveja enquanto amamentar.

No entanto, as coisas são um pouco diferentes para os homens: em 1987, uma petição federal Alemã para a Corte Europeia em um assunto relacionado afirmava que 25% dos nutrientes diários de um homem alemão médio vinha da cerveja. Isso é consumo sério.

Se o governo *permitisse* a lista de conteúdo nutricional no rótulo da cerveja, aqui está como o conteúdo de uma tabela nutricional padrão apareceria em uma garrafa long neck (355 ml) de uma típica lager fabricada por megacervejarias:

- 151 calorias (2/3 do álcool)
- 0 g de gordura
- 0 mg de colesterol
- 25 mg de sódio
- 13,7 g de carboidratos

- 1,1 g de proteína
- Indícios de quantidades de cálcio, potássio e fósforo e muitas das vitaminas B

A título de comparação, aqui estão alguns números sobre uma cerveja de alta qualidade fabricada por uma microcervejaria, como a Stone's Arrogant Bastard Ale, produzida na Califórnia, EUA. Uma long neck de 355ml tem 190 calorias, 0 gordura, 0 colesterol, e 12 g de carboidratos totais. Ela não contém nenhuma fibra alimentar, 12 g de açúcar, 0,5 g de proteína, e 20 g de álcool. E você não vai encontrar nenhum aditivo ou conservante. (A maioria das cervejas leves possuem cerca de 95 calorias, com a mais leve do mundo — Budweiser Select — possuindo apenas 55 calorias.)

Beba cerveja, viva mais

Uma das melhores pequenas gulodices noticiadas que os consumidores de cerveja já ouviram foi a reportagem da primavera de 1996, a qual dizia que a cerveja escura pode ajudar a prevenir doenças cardíacas.

Essas notícias bem-vindas vieram de John Folts, o diretor de Pesquisa de Trombose Coronária e do Laboratório de Prevenção da Universidade de Wisconsin, o homem que descobriu que a aspirina ajuda a prevenir a doença cardíaca. A chave do papel da cerveja escura, junto com o vinho tinto e chá preto, é que ela contém componentes parecidos com as vitaminas chamados *flavonóides,* que inibem a atividade das plaquetas no sangue, fazendo-as menos propensas a obstruir artérias. E outros estudos mostram que o consumo moderado de qualquer quantidade de álcool pode aumentar os níveis de HDL (colesterol bom), assim como ajuda na sua longevidade.

Não estou sugerindo que você deva sair e beber cerveja por razões medicinais. Pelo contrário, o aumento do consumo de chá, suco de uva, ou frutas e vegetais é o melhor caminho a se guir. Mas, ainda assim, essa informação dá a você uma ótima desculpa (se você precisar de uma) para beber cerveja.

Capítulo 11
Servindo Cerveja

Neste Capítulo
- Escolhendo o copo perfeito
- Aperfeiçoando sua tiragem
- Atingindo a limpeza completa

O simples ato de servir cerveja a alguém não precisa ser feito com floreios, mas deve ir um pouco além de deslizar uma lata gelada de Yahoo Brew através do bar ou da mesa da cozinha.

Se você está por dentro da boa cerveja, você está por dentro de como apreciá-la da maneira certa, e para apreciá-la da maneira certa você tem que prestar atenção em que copo usar, em como você serve a cerveja, e em como você limpa e guarda o copo quando tiver terminado de usá-lo. Você descobre todos esses aspectos sobre servir cerveja neste capítulo. Assegurar-se de que a cerveja que você serve tem o melhor gosto que pode ter para você e seus convidados requer apenas um pequeno esforço. Eu sei que os cervejeiros apreciam isso, e você também vai apreciar.

Escolhendo um Copo com Classe

Você deve sempre derramar a cerveja da garrafa ou lata antes de servir. Ponto. Qualquer recipiente *limpo* é suficiente, mas vidro transparente tem uma clara vantagem sobre os copos e canecas opacos porque permite você a apreciar a cor e o colarinho da cerveja. Afinal, como diz o ditado, "bebemos primeiro com os nossos olhos". Uma brilhante e borbulhosa cerveja coberta por uma densa e firme coroa de espuma é uma visão para olhos sedentos.

Além de aparentar estar boa, no entanto, as variadas formas e tamanhos de copos de cerveja têm um papel significante na sua apreciação. Os copos que são fundos ou que têm curvas para dentro em direção ao topo são bem efetivos na captura e concentração dos aromas da cerveja. Nas próximas seções, descrevo uma série de estilos de copo básicos e alguns tipos que estão fora do comum. Também forneço alguns indicadores para determinar quais copos são os certos para as suas necessidades.

Caneca e thistle, todos muito limpos: Uma pequena história do copo de cerveja

Os antigos Sumérios eram conhecidos por beber suas cervejas diretamente de um vaso comunal na qual eles mergulhavam canudos ou canos ocos. Algumas civilizações posteriores aprenderam como moldar recipientes irregulares de barro para comportar líquidos, enquanto outros costuravam peles de animais juntas para criar um *bottel* — muito parecido com o odre de hoje. Conforme a civilização progredia, madeira, vidro, e bronze foram usados para melhores efeitos.

O fato das bacias de madeira, canecas de argila e cálices de estanho serem opacos era de pouca importância para essas pessoas, já que as ales eram escuras e turvas. Essas cervejas turvas tinham baixas pontuações na escala de aparência visual e eram também bebidas em recipientes não-transparentes.

O completo potencial dos copos de vidro não foi reconhecido até meados do século XIX, quando as Pilsners da Tchecoslováquia e as Pale Lagers da Alemanha apareceram pela primeira vez. Essas douradas e brilhantes cervejas eram mostradas com melhor vantagem em copos altos, finos e com pés. A invenção da máquina de pressionar copos, um pouco anterior à chegada dessas cervejas no mundo, tornou possível a produção de copos em uma variedade de formatos e tamanhos. Conforme a popularidade dessas cervejas se espalhou, assim também o fez o uso de copos de estilo específico.

Com o retorno pagão da sociedade moderna ao ato de beber cerveja diretamente de seu recipiente, beber cerveja civilizadamente voltou atrás em muitos séculos.

Atualmente, um calmo renascimento do uso de copos específicos para cada estilo de cerveja está acontecendo, consequência do movimento da revolução das microcervejarias, em que pubs cervejeiros ou bares de cerveja podem exibir uma variedade de estilos de copos tão extensa como o número de estilos de cerveja sendo servidos.

O conceito de copo de uma cerveja específica pode ser novo para os Americanos, mas é velho para muitas nações Europeias. Países produtores de cerveja geralmente observam mais esse código não-escrito do protocolo da cerveja — os Alemães e os Belgas podem ser especialmente sensíveis a isso. Em alguns casos, os cervejeiros Belgas e Alemães têm encomendado a fabricantes de copos famosos mundialmente projetos de copos únicos para suas cervejas.

Uma história conta sobre um visitante estrangeiro em um bar de cerveja Belga que, depois de fazer o seu pedido, foi informado que todos os copos daquela cerveja em particular estavam sendo usados e que ele era convidado a pedir uma segunda opção ou esperar até que um copo de sua primeira escolha ficasse disponível!

A disposição dos copos: os tipos básicos de copos de vidro

Tradicionalmente, certas cervejas têm um estilo de copo específico associado a elas. (Descrevo estes estilos de copo nas próximas seções.) Usar esses copos é um sinal do seu grande respeito pela boa cerveja. A boa notícia sobre os copos de cerveja, no entanto, é que eles não envolvem regras rígidas. Não usar esses estilos é sinal apenas de que você é uma pessoa normal sem um copo superlegal, então não se desespere se você não tem um copo em particular. Se você não tem o copo perfeito, não se preocupe; aquele copo de chá gelado dos Flintstones no guarda-louça serve ao propósito.

Combinando o estilo de copo com o estilo de cerveja

Cervejas simples podem ser servidas em copos simples; cervejas envelhecidas e caras devem ter tratamento real. A Tabela 11-1 descreve qual copo básico usar para cada tipo de cerveja.

Tabela 11-1   Os Copos Certos para Estilos de Cerveja Seletos

Descrição do Copo	Cerveja
Copos fundos, em formato de tulipa	Cervejas fortes, como as Belgian Ales
Copos pint simples	Mild Ales e Brown Ales, Porters, Stouts
Copos pequenos, tipo taça de brandy, ou até de licores	Barleywines ricas e alcoólicas, Old Ales, e Imperial Stouts
Taças estilo Flauta (flute) esguias, com haste	Algumas Ales Trapistas e de Abadia aromáticas e Cervejas de Fruta Belgas
Copos altos e estreitos	Cervejas leves, bem carbonatadas e aromáticas, como as Pilsners e Witbiers
Copos altos e espessos	Cervejas de Trigo
Cálices abaulados	Cervejas aromáticas, como a Berliner Weisse

Levantamento de tipos específicos de copos

Você pode se deparar com alguns dos estilos de copo a seguir nas suas jornadas cervejeiras (Confira alguns dos tipos mais populares na Figura 11-1 e veja o Capítulo 14 para uma tabela básica de conversão métrica).

- **Copo Altbier:** O Copo Altbier é um copo pequeno, esguio e cilíndrico, parecido com o copo Tom Collins. Este copo é uma versão menor e mais gorda do copo de cerveja Kölsch.

- **Flauta (flute):** Um tanto fino e elegante com uma haste e uma base, a flauta é usada para Pilsners e cervejas similares, mas é feito para cervejas que se parecem com vinhos, como as Cervejas de Fruta Belgas. Este copo enfatiza as qualidades acres e vinosas.

- **Caneca de pint "com covinhas":** A caneca de pint "com covinhas" foi durante um tempo o recipiente padrão em pubs Britânicos. Este copo foi lenta e silenciosamente substituído pelo copo de pint de laterais retas, que era mais fácil de guardar nas prateleiras cheias do pub. A caneca de pint "com covinhas" é bem apropriada para English Ales e Bitters.

Parte III: Comprando e Apreciando Cerveja

✔ **Cálice goblet:** O cálice é usado quase que exclusivamente para Berliner Weisse e algumas Ales Trapistas e de Abadia. Com a aparência de um cálice, com uma grande cavidade de pouca profundidade e uma pesada haste e base, o cálice desencoraja a excessiva formação da coroa de espuma e permite que o nariz da pessoa entre dentro da boca do copo.

Figura 11-1: Uma grande variedade de copos de cerveja permite a você escolher o certo para um estilo particular de cerveja.

✔ **Halbe:** Significa "meio" em Alemão, para meio litro, um halbe é uma simples caneca preferida por muitos Alemães para uma Helles do dia a dia. O halbe é parecido com o pint inglês com uma alça.

✔ **Copo de Kölsch:** O copo de Kölsch é um copo alto, esguio, e cilíndrico, parecido com um copo Tom Collins. É a versão mais alta do copo Altbier.

✔ **Krug:** Krug literalmente significa caneca de cerveja (pode também se referir a um caneco ou jarro). O krug é grande e geralmente feito de vidro forte, tornando-o seguro para o brinde em cerimônias.

✔ **Mass:** O Mass, pronunciado como *mahss*, significa medida em Alemão. Este copo também é chamado de *masskrug* da Baviera. O mass é uma larga e pesada caneca com covinhas com capacidade líquida de 1 litro (34 onças, ou o equivalente a 2 2/3 de garrafas de cerveja). O copo mass permite 5 centímetros de espaço para o colarinho, tem aproximadamente 20 centímetros de altura, e pesa aproximadamente 1,13 quilos quando vazio. Este copo é o padrão de tamanho para servir cerveja na Oktoberfest de Munique.

Bebedores sedentos Alemães dizem que quando a grande caneca mass está em uso, cada gole (golada?) de cerveja deve diminuir o nível do líquido até a próxima covinha do copo. O copo tem apenas quatro covinhas verticais, então, cada gole é equivalente a 250ml de cerveja! *Ein, zwei, G'suffa!*

Capítulo 11: Servindo Cerveja   *143*

- **Middy:** De origem australiana, o tamanho do middy depende de onde você está bebendo: em Sidney, um middy comporta 295 ml, mas em Perth, comporta apenas 200 ml.
- **Pilsner:** O copo Pilsner vem em uma variedade de estilos. Os mais elegantes são altos e com base, e feitos de vidro muito fino; eles comportam de 295 a 355 ml. As versões mais comuns são geralmente em formato de ampulheta ou copos com a boca levemente curvada para fora, comportando de 240 a 355 ml.
- **Copo de Pint:** Provavelmente o copo de cerveja mais trivial e substituível, o copo de pint padrão — ou agitador (shaker) — é feito de vidro espesso, que vai se abrindo devagar para fora em direção ao topo, e comporta 473 ml (antes que você diga, dãã, continue lendo). O copo *imperial pint* comporta 591 ml de cerveja (não muito comum nos Estados Unidos). O copo de pint *nonic* que tem uma protuberância perto do topo do copo que evita que o colarinho transborde (essas protuberâncias também permitem aos copos serem empilhados um dentro do outro sem ficarem presos). Outra variação é uma versão suavemente encurvada do pint padrão, simplesmente chamada de *copo de pub*.

Muitos bares e pubs nos Estados Unidos servem a cerveja em copos de pint que não têm o tamanho legítimo de um pint (16 onças ou 473 ml); eles têm muitas vezes apenas 14 onças (414 ml) de volume. Se os bares fazem isso para intencionalmente enganar o consumidor talvez nunca saibamos. Então, consumidor, cuidado!

- **Pônei:** O pônei é uma medida de líquido Australiana de 1/5 de pint. O copo em si comporta entre 118 a 148 ml de cerveja, dependendo se você está em Victoria ou New South Wales (ninguém sabe o porquê, embora esses territórios tenham sido uma vez completamente independentes um do outro).
- **Schooner:** O schooner é tipicamente um copo alto similar a um copo tumbler, medindo 444 ml. Beber em um schooner na Austrália pode ser qualquer coisa entre 266 a 444 ml, dependendo do bar. Tipos descontraídos, esses Australianos.
- **Schnelle:** O schnelle é uma alta e esguia caneca de cerveja cônica de barro ou cerâmica com uma tampa articulada.
- **Sham:** O sham é geralmente de pequenas proporções, variando entre 148 a 295 ml, independente da forma. A exata origem e definição desse copo de cerveja é dúbia (afinal, a palavra *sham* é definida como um impostor).
- **Stein:** O stein, ou *pedra* em Alemão, é feito de barro ou cerâmica e geralmente têm uma tampa articulada (geralmente feita de estanho). Um *copo stein* é uma contradição de termos.
- **Thistle:** A silhueta desse copo thistle (cardo[1], em inglês) é exatamente como o nome sugere. O thistle é um copo com formato único, quase exclusivamente usado para Scottish Ales mais fortes (o thistle é o emblema da Coroa Escocesa). No entanto, o copo em si é atribuído aos Belgas, que desenvolveram uma predileção por esse estilo quando

[1] N.E.: Planta cuja flor tem o mesmo formato do copo.

os soldados Escoceses que estavam estacionados na Bélgica durante a I Guerra Mundial trouxeram sua forte ale consigo. Os copos thistle ajudam a intensificar o aroma da cerveja.

- **Tulipa:** A forma do copo tulipa se assemelha de fato a seu próprio nome, e é eficaz em capturar as qualidades aromáticas da cerveja. A abertura curvada permite a pessoa que está bebendo sorver a cerveja e a espuma ao mesmo tempo, criando uma textura cremosa. O copo tulipa favorece as Strong Ales Belgas.

Qual estilo de cerveja vai melhor *naquele* copo?

A explicação para a palavra *skull* (caveira, em inglês) na língua Inglesa pode não ser etimologicamente correta, mas é uma história que vale a pena repetir: os violentos guerreiros nórdicos, sempre bêbados de ale, tinham um jeito particularmente bárbaro de celebrar suas conquistas. Eles bebiam uma ale forte nos crânios fervidos dos seus inimigos, brindando sua vitória com a palavra *Skol* (skull)!

- **Tumbler:** O tumbler pode ser bastante trivial, mas as bordas chanfradas adicionam um charme. O tumbler é usado para uma grande variedade de estilos de cerveja.
- **Copo de cerveja Weizen:** Alto, proporcional, de boca larga, com uma capacidade que geralmente excede 530 ml, o copo de cerveja Weizen é projetado para comportar meio litro de Cerveja de Trigo e sua abundante espuma.

Passando para o próximo nível: ferramentas esportivas de beber

Alguns copos não específicos para um estilo de cerveja em particular podem fornecer ao consumidor desavisado um desafio e geralmente um resultado surpreendente. Por favor, não tente beber nesses copos em casa!

- **Copo Yard (ou yard-de-ale ou aleyard):** O copo yard comporta aproximadamente 2 ½ pints de cerveja. O copo yard tem, bem, uma jarda (91,5 cm) de comprimento com um topo em forma de boca de sino, uma base em forma de bola, e um longo e fino corpo (imagine um trompete ou veja a Figura 11-2). O copo yard também vem em um tamanho de metade de uma jarda.

O recorde mundial por esvaziar um copo yard é de apenas 5 segundos; o recorde anterior de 12 segundos era mantido pelo ex-Primeiro Ministro Australiano Bob Hawke, atingido enquanto ele era um estudante em Oxford.

Capítulo 11: Servindo Cerveja

- **Stiefel (ou bota):** O Stiefel é um copo literalmente na forma de uma bota (veja a Figura 11-3). Ele pode variar em tamanho, mas comumente comporta entre 4 a 5 pints de cerveja. O Stiefel é popular entre jovens grupos de fraternidades, pois ele é feito para beber comunalmente (e quem quer que tome o último gole, compra a próxima rodada). Beber em uma bota cheia de cerveja apresenta um problema similar àquele do copo yard. A solução? Beber com o dedão do pé apontado horizontalmente.

- **Copo Kwak:** Outra excentricidade de copo, o copo Kwak é um receptáculo de beber feito especialmente para uma única marca. O fabricante Belga da escura e ricamente herbal cerveja Kwak encoraja donos de bares a servir esta cerveja no famoso copo Kwak. Este copo tem aproximadamente 30 centímetros de comprimento e é parte copo de cerveja Weizen, parte copo yard (veja a Figura 11-4). Por causa de sua forma e tamanho, o copo Kwak não fica em pé sem a sua própria estrutura de apoio de madeira. Juntos, o copo e a estrutura representam um alto investimento por parte do cervejeiro.

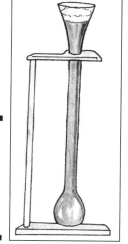

Figura 11-2: Copo yard e suporte — não é para os de coração fraco.

Figura 11-3: O copo Stiefel em sua forma de bota.

Beber em um yard pode criar um senhor respingo

O problema (o desafio? O esporte?) em beber de um copo yard é que quando as bolhas de ar em ascensão atingem o bulboso fundo do copo, a cerveja restante é liberada em uma repentina erupção, molhando, desse modo, o bebedor descuidado. O truque para beber em um copo yard é bastante simples: gire devagar o copo enquanto bebe, e a pressão não vai se formar no bulbo.

A suposta origem do copo yard é interessante. O Código Napoleônico proibiu aos condutores de carruagem dos aristocratas de descer de seus coches enquanto os passageiros estivessem sentados dentro dele, para evitar o risco de perder o controle dos cavalos. Para que o condutor pudesse se refrescar, uma bebida tinha que ser levantada até ele. Um proprietário de uma taverna Belga com iniciativa inventou o copo yard para facilitar essa transação. O copo yard é ainda ocasionalmente chamado de *chifre do condutor*.

A linha plimsoll

Os interesses dos consumidores de cerveja são protegidos em muitos países que requerem que o copo de cerveja tenha uma marca de medida, chamada de *linha plimsoll* (nomeada para o inventor Samuel Plimsoll, o cara brilhante que inventou um jeito de marcar linhas profundas em cascos nas proas dos navios). Esta linha possibilita ao consumidor ver se estão obtendo tiragens de cerveja completas e apropriadas. Os bebedores em pubs Ingleses devem ficar cientes de que o governo há muito tempo desistiu da aplicação legal desta lei.

Figura 11-4: Um copo Kwak fica em pé apenas com o suporte da estrutura de madeira.

Para evitar que clientes façam do copo Kwak parte de sua coleção pessoal, muitos garçons Belgas pedem um dos sapatos do cliente como um depósito de seguro pelo copo.

Vamos ser práticos: definindo os copos que você realmente precisa

Todos os apreciadores novatos de cerveja devem correr e comprar duas dúzias de diferentes modelos de copos de cerveja para consumi-las corretamente? De jeito nenhum. Beber cerveja é para ser agradável, e grande parte desta diversão é o conforto. Escolha um copo de cerveja que seja agradável para você, e se divirta usando-o — com frequência.

 No entanto, eu recomento ter no mínimo um conjunto de copos pint padrão de 473 ml em mãos, combinado com um conjunto de mais elegantes flautar de cerveja com pé. Você pode usar snifters de conhaque para uma saideira noturna de Old Ales, Scotch Ales, Quadrupels Belgas, Imperial Stouts, e Stouts envelhecidas em barril.

Enchendo o Copo

Embora beber cerveja em grandes goles em uma lata seja uma ocorrência comum, beber cerveja diretamente da garrafa é tão elegante quanto virar uma garrafa de vinho em direção ao seu rosto (certo, certo, eu confesso que já fiz isso também). Não beba — sirva!

Você acredita que está lendo sobre como servir cerveja? Não ria — você vai descobrir algo novo nas próximas seções, prometo. A vida é cheia de surpresas.

Conhecendo a temperatura adequada de servir a cerveja antes de despejá-la

Um dos pontos mais agradáveis da apreciação de cerveja que é frequentemente negligenciado é a temperatura adequada para servi-la. Servir as cervejas em suas temperaturas adequadas pode exigir um pequeno esforço ou planejamento extra, mas as recompensas são significativas. Beber cerveja na temperatura certa permite a você realmente *saborear* a cerveja.

 As cervejas de qualidade não devem ser servidas mais geladas que 7 graus Celsius (44 graus Fahrenheit). Aqui você encontra algumas diretrizes gerais de temperatura para diferentes cervejas:

Ajuda do limão: Guarnecendo a cerveja

Guarnecer a cerveja — adicionar algo a uma cerveja tanto para o sabor quanto para ornamentação — está se tornando cada vez mais comum, mas não sem suas tradições.

Um dos poucos exemplos que as pessoas podem se lembrar volta lá atrás em meados dos anos 1980, quando a cerveja Corona se tornou popular pela primeira vez, servida com uma fatia de limão encaixada no gargalo da garrafa. Embora isso possa ter parecido ser puramente baseado em um estratagema para os E.U.A, foi provavelmente baseado no hábito das pessoas do México, que habitualmente esfregavam uma fatia de limão ao redor das bordas de suas latas de cerveja Tecate antes de beber. Longe de ser um maneirismo estiloso, esfregar o limão era um jeito de desinfetar o topo e a abertura das latas.

Outro exemplo de guarnição de cerveja que está pegando rapidamente é a adição de uma fatia de limão ou laranja a um alto e espumoso copo de Weizen (Cerveja de Trigo). Tradicionalmente uma bebida para matar a sede no verão, um pedaço de fruta cítrica adiciona um bom sabor à cerveja.

Nota: Alguns estabelecimentos colocam a fatia de fruta cítrica sobre a borda do copo, dando a escolha ao cliente de removê-la, enquanto outros lançam a fatia dentro do copo antes da cerveja ser servida. Você pode fazer saber a sua preferência quando pedir a sua Cerveja de Trigo.

- ✔ Sirva a maioria das lagers premium entre 6 e 9 graus Celsius (42 e 48 graus Fahrenheit), e ales de qualidade entre 7 e 11 graus Celsius (44 e 52 graus Fahrenheit).
- ✔ Sirva autênticas Stouts tão quentes quanto 13 graus Celsius (55 graus Fahrenheit), que é a *temperatura de adega Britânica*.
- ✔ Sirva algumas alcoólicas Barleywines, Old Ales, e Stouts envelhecidas em barris de altas gravidades apenas suavemente geladas ou à temperatura ambiente, como um snifter de conhaque.

Nos Estados Unidos (e no Brasil), muitas cervejas são servidas muito geladas para uma séria apreciação. De fato, temperaturas estupidamente geladas arruínam o sabor da boa cerveja. Uma geladeira média é acertada para manter comidas e bebidas geladas a aproximadamente 4 graus Celsius (38 a 40 graus Fahrenheit), mas servir cervejas a estas temperaturas tem vários pontos negativos, incluindo os seguintes:

- ✔ Quanto mais gelada a cerveja, menos carbonatação é liberada; quanto menos carbonatação é liberada, menos aroma a cerveja libera.
- ✔ O paladar é anestesiado ao ponto que não pode discernir muitas das nuances do sabor da cerveja. (Então isso explica porque algumas cervejas são melhor servidas perto da marca de congelamento!) Por que se importar de beber uma cerveja se você não pode sentir o sabor? Pode também beber uma raspadinha.

Baixas temperaturas = menos carbonatação liberada = menos aroma = menos sabor = por que se importar? Guarde as temperaturas realmente geladas para *cervejas baratas* — o tipo que você dá goladas depois de cortar a grama (sabor? Quem liga?).

Inclinar ou não inclinar, eis a questão

Antes de servir a cerveja, certifique-se de que você tem um copo que comporte o conteúdo de toda a lata ou garrafa, além do espaço para o colarinho. Isso torna tudo mais fácil. Como melhor servir a cerveja depende do tipo de cerveja. Para a maioria das cervejas artesanais, a melhor maneira de servir é direto no meio do copo — mais uma vez, um copo grande o suficiente para conter toda a garrafa de cerveja — e incliná-lo ou despejar mais lentamente apenas quando um grande colarinho tenha se formado (veja a Figura 11-5). Vá em frente — seja agressivo! Assertivo! Macho! Macha!

A cerveja aquece a alma

Há séculos atrás, consumir uma ale bem quente durante o clima frio não era nem um pouco incomum. Pelo fato de todas as tabernas terem grandes lareiras, pequenos atiçadores ficavam pendurados perto do fogo para serem usados para aquecer bebidas. Estes atiçadores vermelhos e quentes, chamados *loggerheads*, eram algumas vezes agitados por cidadãos inebriados com os ânimos exaltados, dando origem à frase "to be at loggerheads" ("estar com os ânimos exaltados", em inglês).

Figura 11-5: Servir a cerveja artesanal para formar colarinho; despeje diretamente no meio do copo.

Por que despejar tão vigorosamente? Para liberar o dióxido de carbono. Você quer fazer isso pelas seguintes razões:

- A não ser que seja liberado ao servir, o gás fica preso na garrafa ou lata e vai direto para o seu estômago, aonde ele luta para se liberar em uma explosão que não é bem-vinda. Urgh e burp.
- A cerveja não despejada tem uma desagradável e inapetente reação gasosa no paladar.
- Liberar o gás ao servir a cerveja em um copo forma o colarinho e deixa o aroma se desprender da cerveja. (Cheire assim que despejar a cerveja, pois os aromas se dissipam rapidamente.)

Alguns tipos de cerveja requerem técnicas especiais. Essas técnicas não são uma ciência complexa, mas são dignas de atenção.

- **Cervejas de Trigo e cervejas de garrafas arrolhadas:** Seja um pouco menos agressivo quando despejar esses tipos de cervejas porque elas tendem a formar um colarinho maior que o normal. Um colarinho adequado deve ter ao menos 2 centímetros e meio de espessura, ou dois dedos de profundidade. (Estes mesmos dois dedos também são úteis para medir shots de tequila, mas essa é uma outra história para um outro momento.)
- **Cervejas acondicionadas em garrafas:** Você pode precisar servir essas cervejas de modo a deixar o último centímetro ou mais de sedimentos na garrafa. Não há nada de errado em beber os sedimentos de levedura formados, exceto que isso pode causar um excesso de flatulência — as leveduras vivas continuam o processo de fermentação no seu trato digestivo! No mais, nem todo mundo aprecia esse gosto de levedura concentrada, embora alguns aficionados em cerveja jurem solenemente gostar disso. Mas, então, algumas pessoas gostam de anchovas, também.
- **Pale Lagers Americanas:** Cervejas como a Budweiser e Miller são melhor servidas devagar pelo parede de um copo inclinado, ou então elas vão apresentar um copo cheio de colarinho. Pelo fato de essas cervejas possuírem pouca proteína, esse grande colarinho se dissipa rapidamente. A criação de um grande colarinho de espuma retarda o processo de servir desnecessariamente (e corre o risco de fazer uma bagunça na mesa).

Asseio Conta: Limpando e Guardando os Copos

Depois de ter feito a sua escolha de copos (descrevo os diferentes tipos anteriormente neste capítulo), comprometa-se a mantê-los limpos e a guardá-los apropriadamente. Não importa qual cerveja é servida em qual copo, uma coisa é certa: manter o seu copo de cerveja completamente livre de poeira, de marcas de dedo, batom e resíduo de sabão é absolutamente crucial. Esses tipos de sujeira podem ter um efeito prejudicial na sua apreciação de cerveja, para não mencionar que seus copos ficam com aspecto de sujo.

Entendendo a "cerveja limpa"

Um certo nível de limpeza dos copos é conhecido como *cervejeiramente limpo*. Isso não é apenas da boca pra fora — é uma realidade. Copos de cerveja precisam estar impecavelmente limpos para apresentar a cerveja sob sua melhor luz. A cerveja revela qualquer imperfeição nas práticas de limpeza e lavagem.

Nas próximas seções, explico como verificar se seus copos estão cervejeiramente limpos. Se não estão, não se preocupe. Também explico como deixá-los cervejeiramente limpos.

Verificando o cervejeiramente limpo

Ainda que um copo pareça estar limpo, pode não estar cervejeiramente limpo. O enxague com água escoa pelo copo que está cervejeiramente limpo; em um copo sujo, a água se fragmenta, deixa vestígios e marcas. Bolhas que aparecem no fundo ou lados do copo abaixo do colarinho indicam gordura — como resíduo de sabão, comida, ou oleosidade de maquiagem — ou poeira. Esses contaminantes podem levar a cerveja a ficar sem gás rápido, porque a presença de gordura (emulsificantes) quebra a superfície do colarinho de espuma e o destrói. Rachaduras, lascas e arranhões também atraem bolhas.

Rachaduras, lascas e arranhões no copo de cerveja são chamados *locais de nucleação* onde as bolhas de CO_2 se formam. Alguns cervejeiros projetaram o logotipo do copo com locais de nucleação propositalmente gravados no fundo para manter uma corrente uniforme de bolhas levantando-se no copo.

A maneira mais confiável de verificar se um copo está cervejeiramente limpo é despejando uma cerveja feita artesanalmente no copo, permitindo um bom colarinho se formar. Após a cerveja se firmar por alguns minutos, o colarinho deve permanecer firme e compacto. Se o copo não foi corretamente limpo, a espuma se quebra deixando grandes bolhas olho-de-peixe. Ou então você pode estar apenas servindo uma cerveja ruim.

Outro jeito de testar copos cervejeiramente limpos é enxaguá-los rapidamente em água quente. Imediatamente depois, salpique suavemente um pouco de sal de mesa no copo; se o copo está limpo, o sal vai grudar, se não está, o sal vai apenas saltar para fora. (Hum, também é melhor fazer isso em cima da pia.)

Deixando os seus copos cervejeiramente limpos

Dependendo do seu nível de seriedade — e eu certamente espero que você não esteja levando isso *tão* a sério — você tem várias maneiras para limpar apropriadamente o seu copo de cerveja, incluindo as seguintes:

- **Enxague os copos completamente logo após usá-los.** Esta prática é um pouco compulsiva, talvez, mas bastante efetiva para não manter seu copo sujo. Para algumas pessoas, uma enxaguada com água quente é o mais longe que querem ir, parte por causa da crença de que você não deve limpar copos de cerveja com água e sabão. Esse argumento tem dois lados:

- Um campo diz que detergentes de lavar louça de casa são perfumados e pode ser difícil removê-los no enxágue.
- O outro campo (Campo Marty) diz que se você usar pequenas quantidades de líquidos de lavar louça *não-perfumados* e imediatamente depois enxaguá-los com água quente, nenhum dano é causado.

✔ **Encha uma pia com água quente e adicione duas colheres de sopa bem cheias de bicarbonato de sódio.** Use uma escova de cerda de náilon para esfregar os mais fundos recessos do copo. Preste atenção em particular às bordas, certificando-se de que removeu qualquer batom ou protetor labial. Siga com uma boa enxaguada com água quente e deixe secar apenas em um escorredor de água ou em uma máquina de lavar louças vazia (a máquina sozinha não pode fazer um trabalho melhor).

Se você quiser limpar um copo yard, apenas use uma longa escova, que geralmente é vendida junto com o copo (veja a seção anterior para detalhes sobre esse copo).

Em nível profissional ou comercial, onde as regras governamentais são aplicáveis, departamentos de saúde requerem sanitizadores químicos ou esterilizadores, incluindo produtos feitos com fosfato trissódico. Estabelecimentos comerciais geralmente usam um composto de limpar copos que é inodoro, sem espuma, de base sem gordura, e que não precisa ser enxaguado.

Nunca seque copos de cerveja com toalhas. A toalha pode deixar marcas de sabão, óleo do corpo, e especialmente fibras nos copos.

Colocando tudo a perder

Guardar seus copos é apenas levemente menos importante do que limpá-los. Um local de armazenamento precário pode fazer seus esforços de limpeza inúteis. Certifique-se de guardar seus copos secos ao ar longe de odores desagradáveis, gorduras, e fumaças que cozinhas, lavatórios, e cinzeiros emitem. Se possível, guarde os copos de cabeça para baixo em uma cristaleira, aparador, ou armário fechado que esteja relativamente livre de poeira. É claro, se você é realmente um nerd da cerveja, você vai mantê-los no seu cofre.

Não guarde os copos na geladeira ou refrigerador. Os copos podem pegar odores de comida, e copos gelados são desconfortáveis de segurar (também deixam um desagradável anel de água toda vez que você descansa o copo). Alguns bares mal orientados servem cerveja em copos gelados, mas esses copos são terríveis de usar. O primeiro efeito que os copos gelados provocam na cerveja é aguá-la. Se isso é o que você procura, apenas opte por uma cerveja leve. Ou vá em frente e coloque seus dedos diretamente no refrigerador para replicar a sensação de segurar uma dessas aberrações. Eca!

Capítulo 12
Tornando Suas Papilas Mais Sábias: Degustando e Avaliando Cerveja

Neste Capítulo
- Usando os seus sentidos para avaliar a cerveja
- Registrando suas observações sobre a cerveja

Você já experimentou uma cerveja antes. O quão complicado pode ser uma degustação formal? Você abre a cerveja, despeja-a em um copo (ou não), leva-a aos seus lábios, bebe, engole, e é isso, certo?

Não tão rápido assim seu bafo de cevada! O que você viu? O que cheirou? Que gosto sentiu? Você ainda pode sentir o gosto? Foi bom, ruim ou nenhum dos dois? Foi o que você esperava ou o que foi anunciado na propaganda? Você recomendaria para seus amigos ou compraria novamente? A avaliação de cervejas pode ir muito além de simplesmente dizer: "O gosto é muito bom — não me enche!"

Você deveria prestar atenção, por vários motivos, na maneira em que saboreia a cerveja. Aqui estão alguns:

- Conhecimento e familiaridade aumentam o prazer no ato de beber.
- Você ganha uma melhor compreensão sobre suas preferências pessoais sobre sabores e estilos diferentes de cerveja.
- Você pode estar interessado na fabricação caseira e em seu foco em estilos de cerveja. (Vá até o Capítulo 18 para uma introdução à fabricação caseira de cerveja.)
- Alguém por quem você é louco é ainda mais louco por cerveja do que você, e conhecimento é poder.

Lembre-se que você está a caminho de se tornar quase um conhecedor de cervejas. O seu antigo estilo de degustação de cerveja era, sem dúvida, abrir, mandar a bebida goela abaixo, arrotar (bem, alguns de vocês, talvez), e talvez jogar a lata de cerveja por sobre seu ombro esquerdo (nesta ordem). O seu novo e iluminado método, entretanto, envolve uma sequência um pouco diferente de avaliação da cerveja. Não se preocupe — os passos são completamente naturais e muito fáceis. Se você consegue abrir uma garrafa de cerveja, você pode avaliar uma.

Se você só experimentou Pale Lagers de grandes cervejarias americanas, as suas ferramentas de avaliação cervejeira têm estado adormecidas. Mas agora que você está dando à cerveja todo o respeito que ela merece e experimentando uma gama ampla de estilos de cerveja, você deve envolver todos os sentidos possíveis. Como? Pegue uma cerveja, sente-se e continue lendo.

Neste capítulo, você descobre como avaliar uma cerveja não só através do gosto mas também do cheiro, aparência e tato. Eu também lhe mostro como manter registros de suas avaliações e classificar as cervejas para que você lembre do que gostou (e não gostou) nas cervejas que tem encontrado.

Se você não quiser formalizar a sua degustação, tudo bem também. A cerveja é feita para ser simplesmente apreciada! Esta é a regra número um, e não se esqueça dela.

Avaliando uma Cerveja em Dois Tempos (Na Verdade, Cinco)

Beber cerveja é uma experiência sensual. OK, tudo bem, talvez não seja tão emocionante quanto ir a um encontro romântico, mas com certeza é mais divertido do que fazer o imposto de renda. O ato de consumir uma cerveja (ou qualquer outra comida, diga-se de passagem) deveria ser uma experiência sensorial completa; quanto mais sentidos envolvidos, mais você se lembrará da experiência — positiva ou não.

Quando você está fazendo churrasco, não vê apenas a carne cozinhando na grelha; você escuta o barulho suculento da carne cozinhando ao mesmo tempo em que sente o cheiro tentador pelo ar. Ao experimentar a carne, você não sente somente o sabor mas também pode descrevê-la de maneira tátil — por exemplo, você pode dizer que ela está suculenta e macia, ou se estiver comendo na minha casa, provavelmente estará dura e seca como uma sola de sapato.

Transfira estas ideias para a degustação de cervejas. Ao despejar a cerveja em um copo (limpo), *escute* o plop-plop do líquido e o barulho efervescente da carbonatação liberada. Mas espere — não beba ainda! *Veja* as pequenas bolhas subindo rapidamente para o topo e se perdendo em uma densa camada de espuma. *Veja* o colarinho subir e inflar sobre a boca do copo. *Inspire* todo o buquê de aromas emanando da cerveja. *Saboreie* os muitos sabores dos grãos, lúpulos, e outros ingredientes. *Sinta* a viscosidade da cerveja e a explosão efervescente da carbonatação em sua língua e céu da boca. *Aprecie* os sabores remanescentes do retrogosto.

Você não quer nenhuma distração quando se está seriamente degustando uma cerveja. Use um copo grande o suficiente para uma garrafa inteira, e siga as orientações no Capítulo 11. E nada de copos congelados, por favor! Nuances sutis de sabores são difíceis de discernir se a cerveja estiver muito gelada.

Capítulo 12: Tornando Suas Papilas Mais Sábias: Degustando... 155

A degustação de cerveja tem uma ordem específica. Eu sugiro seguir as seguintes etapas na ordem mostrada. Note que as Etapas 1 e 2 acontecem separadamente, assim como a Etapa 5, mas as Etapas 3 e 4 realmente acontecem juntas. Alguns dos aspectos mais importantes da degustação acontecem antes mesmo de se beber!

1. **Cheire:** Cheque o aroma e buquê.
2. **Olhe:** Cheque a aparência.
3. **Saboreie:** Cheque o sabor.
4. **Tato:** Cheque o corpo e a sensação de boca.
5. **Reflita:** Cheque o julgamento final.

É claro, você pode simplesmente pular todas estas etapas e beber logo de uma vez, anotando apenas se você gosta da cerveja. Mas se algum dia quiser contar para alguém sobre uma cerveja que você gosta, achará esta discussão útil. Como diz mamãe, é sempre bom conversar.

Apesar de os olhos, nariz e boca serem seus mais importantes aliados, as orelhas também podem lhe dar informações importantes. *Escutar* a cerveja é basicamente limitado à sua carbonatação (fizzzzt) ao abrir a garrafa ou ao som de vidro quebrando quando você derruba uma. Se a cerveja não faz aquele barulhinho efervescente ao abri-la, prepare-se para uma cerveja sem gás. Se não eferversce ao deixá-la cair, nenhuma grande perda (apesar da bagunça para limpar e ter de pegar outra cerveja).

Seguindo as etapas dos cinco sentidos, você pode facilmente ver que a cerveja se avalia em cinco áreas correspondentes. Cada estilo de cerveja (veja o Capítulo 4 para a lista de estilos de cerveja) deve ter certas características em cada área, e estas características são o que os juízes de cerveja procuram nos concursos de cerveja; por outro lado, como consumidor, você precisa apenas observar as características para comparações, exceto, claro, por afeição e rejeição.

Aroma: O Nariz Sabe

Os aromas da cerveja são ligeiros, portanto, comece com uma fungada antes mesmo de olhar. Ainda, o sabor é parcialmente baseado no aroma — De ¼ à 1/3 de sua habilidade de sentir gosto está diretamente relacionada ao olfato, portanto, não pule esta etapa.

Assim como os críticos de vinhos e whisky, os avaliadores de cerveja usam o termo *nariz* de duas maneiras: para descrever o aroma e buquê (se o *aroma* fosse um som, o *buquê* seria o volume) assim como a ação. Você poderia dizer, "Ao cheirar sua Porter, ele comentou sobre o nariz robusto de alcaçuz". Você também pode dizer, "Ao meter o nariz no bar, ele comentou sobre sua robusta clientela", mas isso nada tem a ver com esta discussão.

Os aromas mais proeminentes associados com o nariz da cerveja geralmente vêm primeiramente do malte e em seguida do lúpulo:

> ## "O seu nobre buquê destoa de suas origens plebeias"
>
> A troca de informação sobre qualquer assunto específico geralmente requer uma linguagem especial, e — olha que sorte — a degustação de cervejas também possui seu próprio jargão. Esta linguagem pouco conhecida é a base para menus e descrições em rótulos, além de ser absolutamente necessária para fabricantes profissionais e caseiros, juízes e críticos como um vocabulário de controle de qualidade. Mais importante ainda, você escutará estas palavras por vários bares populares. Eu insiro bons termos para se familiarizar por este capítulo.
>
> Entretanto, a existência de palavras sisudas sobre cerveja traz à tona o problema do esnobismo cervejeiro. Por favor, amantes da cerveja, não tragam o esnobismo do vinho para a arena da cerveja. Se você não consegue imaginar como alguém consegue beber uma cerveja específica que para você tem o gosto horrível, vá em frente e diga, "Esta cerveja é muito ruim!" Se você não sabe o que dizer sobre uma cerveja, não tente fingir com um "Ah, er, realmente uma cerveja bastante complexa — me lembra meus tempos no exterior" ou a frase artística no título desta caixa quando tudo o que você quer dizer de verdade é "Nossa, que delícia!"
>
> É apenas cerveja no final das contas. É para sentir prazer, lembra?

- **Malte:** Aromas maltados podem ir desde um perfume adocicado até um aroma rico e caramelado e são relativamente óbvios. Dependendo do quão escura for a cerveja, aromas tostados, torrados ou achocolatados podem vir dos grãos especiais adicionados à cerveja.
- **Lúpulos:** Este aroma depende da variedade e quantidade de lúpulos adicionada à fervura durante a brassagem e se lúpulos aromáticos foram adicionados à cerveja durante os estágios de fermentação ou maturação (veja a discussão sobre o processo de *dry hopping* no Capítulo 3). Os aromas do lúpulo podem ser descritos como *herbáceo, perfumado, picante, gramíneo, terroso, floral, de pinho, cítrico* e ocasionalmente de *queijo*.

Outros aromas, como os ésteres frutados e aromas de álcool, são criados durante a fermentação e são chamados de *características de fermentação*. Algumas ales possuem um cheiro amanteigado ou de calda *butterscotch*[1] (Diacetil) que é resultado de fermentações mornas e certas variedades de levedura. Se você sente o cheiro ou gosto de milho cozido na sua lager, pode ser algo chamado DMS (dimetil sulfeto). Cheiros de plástico, legumes cozidos, ovos podres, de cachorro molhado são sinais comuns de — adivinhe — cerveja mal feita ou mal armazenada.

Olhar: Você Não Pode Julgar uma Bock pelo Seu Rótulo

O que você deve buscar em uma cerveja? Seus olhos podem discernir cores, transparência e retenção do colarinho (assim como o preço, é claro, e talvez

---

[1] N.E.: Calda à base de manteiga derretida e açúcar mascavo.

até o sentido da vida). Eu descrevo tudo isso nas próximas seções — apesar de que o sentido da vida é algo que você terá que descobrir sozinho, quem sabe bebericando sua cerveja favorita.

Todas as cores do arco-íris cervejeiro

As cores que compõem os variados estilos de cerveja percorrem o espectro de tons terrosos desde o palha claro até o dourado, âmbar, cobre, laranja, marrom avermelhado, marrom, preto e todas suas variações. Uma cor não é necessariamente melhor do que as outras, e nenhuma indica diretamente qual será o sabor — A cor é ditada pelo estilo (veja Figura 12-1). De maneira geral, as cervejas Berliner Weisse são as mais pálidas, e as Stouts são as mais escuras. Entretanto, eu recomendo se distanciar de qualquer cerveja azul! Ok, cerveja verde é aceitável, mas só no Dia de São Patrício. Bebidas maltadas incolores nem contam — bebida maltada incolor não é cerveja — e você fica 5 minutos de castigo se for pego bebendo uma.

Em um dia claro

Muitos amantes de cerveja são obcecados com a translucidez da cerveja. Se a cerveja não está translúcida como um cristal, eles não a bebem. Tudo bem, mas a cerveja só é transparente como consequência das modernas técnicas de filtração. Nem todas as cervejas são projetadas para serem translúcidas. A maioria das cervejas, por toda a história, variavam entre turvas e embaçadas devido aos ingredientes orgânicos usados no processo de fabricação delas, em sua maior parte a levedura. Essas partículas que turvavam a cerveja eram também responsáveis por fazer dela a bebida nutritiva que era. Hoje, uma aparência turva é apropriada para pelo menos meia dúzia de estilos de cerveja, como a Witbier, Hefeweizen, e qualquer outro estilo de cerveja não filtrada.

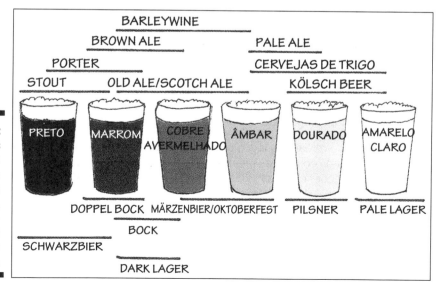

Figura 12-1: Os estilos de cerveja vêm em uma ampla gama de cores, independentes do gosto e teor alcoólico.

Mão no colarinho

A retenção do colarinho pode contar uma breve história sobre a cerveja em suas mãos.

- ✔ Quando a cerveja é despejada, um colarinho de espuma deve se formar e persistir (alguns estilos mais que outros, é claro); a última característica é tão importante quanto a primeira.
- ✔ As bolhas devem ser pequenas e devem formar rapidamente um colarinho bem unido.
- ✔ O colarinho da cerveja também pode ter uma aparência maciça se existirem proteínas (dos grãos) suficientes.

Se uma cerveja não forma colarinho, ou ela não está apropriadamente carbonatada ou o recipiente no qual ela foi despejada está sujo.

Se as bolhas da cerveja se formam e grudam nos lados do copo mas não chegam ao topo, o seu copo está provavelmente empoeirado ou sujo; talvez você queira checar a seção no Capítulo 11 sobre a limpeza de copos de cerveja.

Se o colarinho se forma mas se dissipa em grandes bolhas parecidas com sabão, as chances são de que a cerveja foi injetada com um estabilizador de espuma (alguns estabilizadores de espuma são feitos de um derivado de algas marinhas). A maioria das grandes cervejarias usam o estabilizador de espuma — um mal necessário, graças ao processo de clarificação. Os microfiltros também removem todas as proteínas que formam o colarinho. As mais finas cervejas puro malte possuem pequenas bolhas e colarinhos densos e cremosos.

Finalmente, pelo menos alguma parte do colarinho deve permanecer acima da cerveja até o copo esvaziar. No caminho, alguns resíduos do colarinho devem deixar o que é comumente chamado de Renda Belga (Belgian lace) nos lados do copo.

Saboreie: Malte e Lúpulos, os Elementos Principais

Após as primeiras duas etapas no processo de degustação da cerveja (cheirar e olhar, que foi discutido anteriormente neste capítulo), você pode finalmente chegar ao que interessa na cerveja. Independentemente de como uma cerveja cheira ou aparente, se ela não é gostosa, ela não cumpriu sua promessa.

Para o verdadeiro louco por cerveja, a intensidade total de sabor pode ser pensada como uma pirâmide do gosto, com pequenas, porém notáveis, flutuações em cada patamar. Termos relacionados percorrem a seguinte ordem:

Ausente — fraco — brando — leve — moderado — definido — forte — intenso

Use toda a superfície sensorial da sua língua (frente, trás e lados) ao avaliar uma cerveja. Tente distinguir entre a primeira sensação de sabor experimentada na ponta da língua (antegosto ou sabor preliminar) e o sabor

principal *(mid-taste* ou *true taste)* ou sabor verdadeiro, no qual a cerveja demonstra completamente os seus atrativos. Bocheche levemente a cerveja. O sabor preliminar e o sabor principal devem se misturar harmoniosamente e fazer você querer mais. A boa cerveja é complexa: às vezes é possível encontrar uma vasta gama de sabores em uma única golada.

Assim como o aroma, o sabor vem do malte, dos lúpulos e da fermentação, todos bem balanceados quando a cerveja é boa. Uma sensação gustativa relacionada, porém mais concentrada, é o *retrogosto*, em que o álcool impõe sua capacidade de esquentar a garganta nas cervejas mais fortes e de alta octanagem, bem parecido com o que acontece com o brandy. As seções seguintes darão mais informações sobre estes quatro componentes do sabor.

O maravilhoso sabor do malte

O sabor preliminar que você encontra é a *doçura* do malte. Na maioria das cervejas industriais, a doçura é delicada e perfumada e apenas vagamente tem o gosto real do malte, devido ao efeito atenuante dos grãos adjuntos utilizados, geralmente milho ou arroz (veja o Capítulo 2). Quanto menos adjuntos forem usados, mais o sabor rico e caramelizado de malte da cevada se sobressai. As cervejas *puro malte* (aquelas feitas sem adjuntos) são apropriadamente referidas como sendo de caráter *maltado*.

Quanto mais grãos especiais são usados, torrados (assados no forno) em particular, mais camadas ou complexidade terá o sabor da cerveja. Estes grãos especiais raramente adicionam doçura — apenas o sabor do grão em particular. Os maltes assados no forno criam um mosaico de sabores passando pelo tostado, torrado, amendoado, toffee e café que se misturam na cerveja. Muitos destes sabores são registrados no meio e no final da língua. Alguns dos maltes mais intensamente torrados adicionam um gosto seco e *adstringente* que é percebido pela língua como sendo amargo, muito parecido com um café ou chá fortes. O mau uso do grão pelo cervejeiro também pode levar a um sabor adstringente ou granulado na cerveja. Certas cervejas exibem uma leve acidez que pode ser detectada no sabor principal.

Cerveja como nutrição? Quem pensaria?

A cerveja era considerada nutritiva — um conceito bem distante do estereótipo bem estabelecido do bebedor de cerveja como o barrigudo grudado no sofá.

A cerveja da idade da pedra, apesar de provavelmente crua, pode ter sido uma importante fonte de nutrientes na dieta. O mesmo grão usado na cerveja era também usado para fazer pães e provavelmente se tornava mais nutritivo após passar pelo processo de fabricação da cerveja onde o amido produzido dentro dos núcleos eram transformados em proteínas e açúcares solúveis não disponíveis de outra maneira. E com certeza ela se mantinha por muito mais tempo.

E pulando mais pra frente um pouco no tempo, Martinho Lutero, fundador da Igreja Luterana, supostamente teria mantido sua saúde enquanto jejuava bebendo enormes quantidades de cerveja forte.

Nos dias antecedentes à filtragem...

Os antigos egípcios, como muitas outras pessoas naquela época, escolhiam beber suas cervejas através de caniços ou tubos para não engasgarem com pedaços de cevada deixados na cerveja não-filtrada. O museu da Universidade da Pensilvânia exibe um canudo dourado usado pela Rainha Shubad da Mesopotâmia para beber cerveja.

Normalmente, sabores azedos são considerados um defeito na cerveja, mas para muitas bem conhecidas cervejas belgas, o sabor azedo é, na verdade, um pré-requisito, assim como também é para algumas ales peculiares (veja o Capítulo 6 e Apêndice A para mais sobre cervejas azedas). As lagers definitivamente não devem ser azedas.

O divino sabor do lúpulo

O principal propósito dos lúpulos é equilibrar a doçura do malte com um agradável e refrescante amargor. Os sabores dos lúpulos são descritos basicamente com os mesmos termos usados para o aroma, mas o amargor dos lúpulos utilizam novos termos.

- **Sabor do lúpulo:** Perceptível, geralmente o gosto é bem parecido com o aroma: grama, pinho, floral, cítrico, herbáceo, picante, terroso, e assim por diante; normalmente sentido no *mid-taste*. Expresso como *brando*, *normal*, *definido*, *pronunciado* ou *agressivo*. Os últimos termos descrevem uma cerveja "lupulada".
- **Amargor do lúpulo:** Bem unidimensional: sentido no final da língua, como um retrogosto. Expresso como *delicado*, *fino*, *áspero* ou *grudento*.

Os lupulomaníacos (*hopheads*) são os apaixonados por cerveja que querem as características do lúpulo acima de todos os outros aspectos. Se você bebe com tal pessoa, certifique-se de abster-se de fazer declarações inflamadas antilúpulo. Sossegue um pouco e aproveite a experiência. Você foi avisado.

Fermentação fabulosa

O processo de fermentação é responsável por alguns dos sabores mais atraentes da cerveja, como frutas, manteiga, calda *butterscotch* (diacetil) e álcool. As ales têm um gosto mais frutado e amanteigado devido às temperaturas mornas de fermentação; as lagers não devem ter nenhum destes sabores. O gosto do álcool deve ser evidente somente nas cervejas mais fortes — geralmente aquelas com mais de 9% de álcool por volume.

No aspecto negativo, a fermentação pode estimular uma longa lista de sabores desagradáveis: o gosto emborrachado de levedura autolisada (deteriorada), aldeídos ácidos, fenólicos medicinais, metálicos enferrujados, gases fecais e dezenas de outros sabores igualmente desagradáveis que fabricantes e consumidores precisam estar de olho. Eca!

Outros sabores que você deve encontrar são odores de levedura ou de pão em cervejas acondicionadas em garrafas (veja Capítulo 3) e os sabores alcoólicos e de vinho das cervejas mais fortes.

Após se familiarizar com os vários sabores, tente medir suas intensidades. A maioria dos estilos de cerveja compartilha sabores em comum, porém, a intensidade de cada um deles é diferente para cada estilo de cerveja (veja Capítulo 4).

Retrogosto: deixe prolongar

O retrogosto da cerveja, também chamado de *final de boca*, é um dos mais prazerosos e essenciais aspectos da experiência completa de se beber cerveja, aquele que afeta a decisão de tomar outro gole. No entanto, muitas megacervejarias corporativas, com sua advocacia e marketing de cervejas com pouco ou nenhum retrogosto (como as cervejas *leves*, *secas* e *ice*), tornaram o retrogosto em perspectiva non grata. Eles fariam com que você acreditasse que a cerveja não deve ter um retrogosto e aquelas que os tem são ruins.

Por que o retrogosto é tão desejável? Imagine-se jantando uma suculenta lagosta molhada em um molho de manteiga, apenas para sentir o sabor sumir da sua boca no momento em que você engolir. Aquela *memória* prolongada do sabor é o que significa o retrogosto. Não deixe que campanhas publicitárias que condenam cervejas amargas o previna de esperar e apreciar o retrogosto das cervejas de qualidade.

Uuuuuuh, Mami!

Até muito recentemente, acreditava-se que os quatro sabores primários — doce, azedo, salgado e amargo — eram os únicos detectáveis pela língua humana, e nenhum destes sabores primários podia ser reproduzido misturando os outros sabores primários. Entretanto, agora se sabe que existe um quinto sabor primário chamado *umami*.

Quando os humanos comem, percebam eles ou não, eles usam a maioria de seus sentidos (visão, olfato, paladar, tato) para formar julgamentos sobre a comida. É claro, o paladar é o mais influente dos sentidos ao determinar o quão deliciosa está uma comida.

Agora, aqui vem a parte técnica: *Umami* é uma palavra japonesa que se refere a um gosto pungente e prazeroso que é transmitido pelo glutamato (um tipo de aminoácido) e ribonucleotídeos, que ocorrem naturalmente em muitos alimentos, incluindo vegetais, peixe, carne e laticínios.

O sabor do umami é muito sutil e mistura-se bem com outros sabores para expandir e refinar sabores. A maioria das pessoas não reconhece o umami ao encontrá-lo, mas ele tem um papel importante em tornar a comida saborosa e prazerosa. Por isso eu tenho um vidro de umami na despensa ao lado do azeite e do sherry (brincadeira, é claro).

Muitas facetas de uma cerveja se tornam mais evidentes no retrogosto em um tipo de convergência harmônica (é claro, os defeitos da cerveja, se existem, também são ampliados aqui). Certos estilos de cerveja são desenvolvidos para acentuar o malte em detrimento do lúpulo e vice versa, mas não se deve permitir que nenhum ingrediente domine completamente outro. Não tem espaço para coerção aqui.

Tato: Textura e Consistência

Os aspectos táteis da avaliação de cerveja são a *sensação de boca* e o *corpo*. Você pode literalmente sentir a cerveja na sua boca e a descrever em termos físicos familiares (como *encorpada* ou *sem corpo*). Eu descrevo mais estes aspectos na seguinte lista:

- **Sensação de boca:** Este aspecto é a experiência sensorial de toda a boca e garganta. Você não prova o gosto do frio; você o sente. Cervejas finamente carbonatadas (com suas pequenas bolhas) tendem a ter uma sensação de boca cremosa. Portanto, uma cerveja lager continental pode ser efervescente, enquanto uma Stout é macia e pegajosa, mas nenhuma dessas descrições tem nada a ver com o gosto da cerveja. A sensação de boca é a sensação da cerveja (para você — isto aqui não é sobre a autoestima da cerveja).
- **Corpo:** Nas competições de cerveja, juízes usam o termo *corpo* para se referirem ao peso ou espessura de uma cerveja. Uma cerveja light é descrita como de *corpo leve*, uma India Pale Ale é considerada de *corpo médio*, e uma Doppelbock é *encorpada*. Níveis altos de carbonatação ajudam a limpar o palato e criam a impressão de uma cerveja menos encorpada.

Gravidade e graus Plato: Assuntos pesados e não-filosóficos

Alguns termos técnicos, *gravidade* (como em *gravidade original* e *gravidade final* ou *terminal*) e *atenuação*, encontram lugar nas avaliações de entusiastas da cerveja e em análises escritas, mas estes termos não estão diretamente relacionados ao sabor. Estes termos mais técnicos são medidas de fermentação usada por cervejeiros e não são um indicativo de qualidade, apesar de alguns rótulos e propagandas se vangloriarem da gravidade de suas cervejas.

O que a gravidade significa para o bebedor de cerveja? A gravidade de uma cerveja é usada para calcular o volume de álcool. A escala específica de gravidade é baseada na água a 60 graus Fahrenheit (15 graus Celsius). Alguns cervejeiros preferem anotar a gravidade na escala de Balling, mensurada em graus Plato, que indica a mesma informação que a escala específica de gravidade, apenas em uma escala diferente.

Agora, aqui vem a parte técnica: *Umami* é uma palavra japonesa que se refere a um gosto pungente e prazeroso que é transmitido pelo glutamato (um tipo de aminoácido) e ribonucleotídeos, que ocorrem naturalmente em muitos alimentos, incluindo vegetais, peixe, carne e laticínios.

Gravidades originais mais altas da cerveja — entre 1.060 e 1.100 — geralmente significa cervejas mais fortes e encorpadas(muitas vezes chamadas de *cervejas fortes*). Acima de 1.090 é realmente raro. Gravidades originais mais baixas — entre 1.032 e 1.044 — significam teor alcoólico mais baixo e cervejas mais leves e menos encorpadas. A maioria das cervejas fica no meio termo — entre 1.044 e 1.060 ou 11.5 e 15 graus Plato.

Mais detalhes sobre este tipo de coisa estão guardados bem seguros no capítulo sobre fabricação caseira de cerveja (Capítulo 18).

Descrições coloridas, do tipo fraquinha, voluptuosa, maciça, robusta, pegajosa, são eficazes na hora de passar sua mensagem. Obviamente, assim como pessoas, um tipo de corpo não é necessariamente melhor do que outro — pessoas magras, pesadas e todo mundo entre estes dois extremos é que tornam o mundo um lugar interessante.

Ganhe amigos e influencie pessoas usando outros termos de sensação de boca usado por profissionais como adstringente, seca, choca, encorpada, gasosa, leve, intensa, suave, sem corpo, pesada, vinosa, viscosa e aguada. Ufa!

Reflita: A Cerveja Como um Todo é Melhor do que a Soma de Suas Partes?

Sem querer soar filosófico demais para você, mas não disseram que uma vida não-examinada não é uma vida que vale a pena ser vivida? Bom, o mesmo vale para a cerveja. Refletir não significa tentar ver sua imagem num copo de cerveja (apesar de que alguns de nós já se divertiram com isto); é sobre a sua percepção geral da cerveja. A diferença aqui é que todas as avaliações prévias — cheiro, aparência, gosto, tato — são, ou deveriam ser, feitas da maneira mais objetiva possível. Reflexão é o momento de levar em consideração todas aquelas observações *objetivas* e então formar uma opinião *subjetiva* sobre a cerveja.

Reflexão também é o momento de avaliar a harmonia e equilíbrio dos vários componentes do sabor da cerveja e para chegar a alguma conclusão, tipo "Ei, vou tomar outra daquela!" Resultado — você gostaria de mais uma?

Devido à ampla disponibilidade e preços razoáveis das cervejas, você pode querer manter um registro das cervejas que você experimenta e suas reações em relação a elas. Seguindo os pontos explicados mais cedo neste capítulo, você pode escrever um perfil completo de uma cerveja em apenas algumas frases (veja a seção mais adiante "Pondo Sua Língua a Teste: Registrando suas Avaliações" para detalhes sobre como começar). Você pode usar o formulário preparado pela Associação Americana de Produtores Caseiros (ilustrado na Figura 12-2), ou você pode facilmente organizar suas notas em papel branco.

Apesar de todos os detalhes serem interessantes, a questão essencial é a que conta. A cerveja é boa ou não?

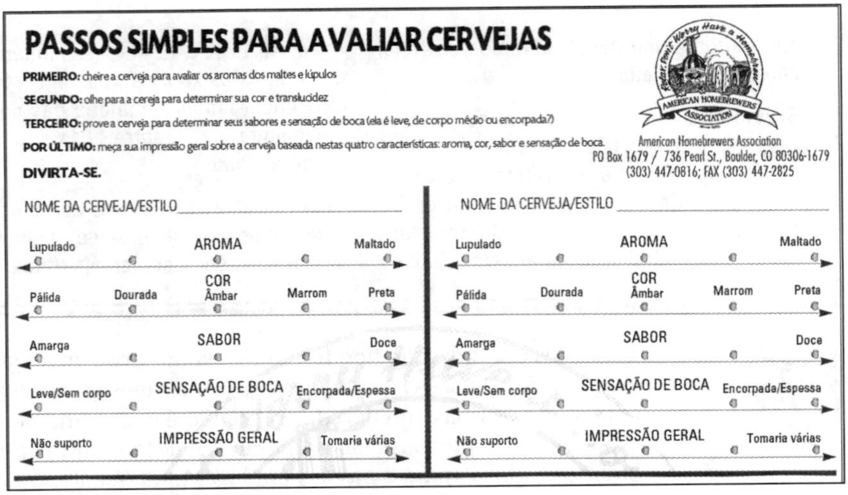

PASSOS SIMPLES PARA AVALIAR CERVEJAS

PRIMEIRO: cheire a cerveja para avaliar os aromas dos maltes e lúpulos

SEGUNDO: olhe para a cereja para determinar sua cor e translucidez

TERCEIRO: prove a cerveja para determinar seus sabores e sensação de boca (ela é leve, de corpo médio ou encorpada?)

POR ÚLTIMO: meça sua impressão geral sobre a cerveja baseada nestas quatro características: aroma, cor, sabor e sensação de boca.

DIVIRTA-SE.

American Homebrewers Association
PO Box 1679 / 736 Pearl St., Boulder, CO 80306-1679
(303) 447-0816; FAX (303) 447-2825

NOME DA CERVEJA/ESTILO ____________

AROMA: Lupulado — Maltado

COR: Pálida — Dourada — Âmbar — Marrom — Preta

SABOR: Amarga — Doce

SENSAÇÃO DE BOCA: Leve/Sem corpo — Encorpada/Espessa

IMPRESSÃO GERAL: Não suporto — Tomaria várias

NOME DA CERVEJA/ESTILO ____________

AROMA: Lupulado — Maltado

COR: Pálida — Dourada — Âmbar — Marrom — Preta

SABOR: Amarga — Doce

SENSAÇÃO DE BOCA: Leve/Sem corpo — Encorpada/Espessa

IMPRESSÃO GERAL: Não suporto — Tomaria várias

Figura 12-2: A folha de avaliação da Associação Americana de Produtores Caseiros oferece um bom formato para degustação de cervejas.

Teste sua Língua: Registre suas Avaliações de Cerveja

Você não precisa ser um especialista em cerveja para fazer suas próprias avaliações em casa. Desde que você tenha um bom acesso a uma variedade de estilos de cerveja e marcas, você pode começar o seu julgamento amador de cervejas no conforto da sua residência.

Eu comecei a avaliar cervejas na minha casa mais de 27 anos atrás. Cada fim de semana, eu fiz questão de comprar 6 cervejas que eu nunca havia experimentado. Eu me sentava com um caderno, uma caneta e um copo limpo para cerveja e devidamente descrevia cada cerveja enquanto as saboreava ao melhor de minhas habilidades. Eu ainda tenho estas anotações e ocasionalmente as leio para dar umas risadas.

Nas seções seguintes, eu lhe apresento dois métodos para registrar suas avaliações: visitando fóruns online e mantendo um diário pessoal.

LEMBRE-SE

Você não precisa saber o jargão específico das cervejas para ser um bom avaliador; simplesmente registre suas observações em uma linguagem honesta, direta e coloquial. O que importa é que você analise cada cerveja, usando seus sentidos como descrito anteriormente neste capítulo. Também é importante que você deixe de lado suas tendências pessoais e aborde a tarefa objetivamente. Você pode não gostar de tudo o que cheirou ou provou, mas você aprenderá a identificar aqueles aromas e sabores que você gosta ou desgosta. Um pouco de humildade e respeito ao cervejeiro é bom também. Só porque você não gosta de um sabor ou estilo específico de cerveja não significa que o cervejeiro falhou em produzir uma boa cerveja. Apenas significa que você ainda não adquiriu a apreciação para aquele tipo de sabor ou estilo ainda.

A principal questão do BTI: esta cerveja me dá prazer?

Profissionais possuem consultores para analisar suas bebidas para feedback dos consumidores. Vocês hedonistas de plantão ficarão felizes em saber que o Beverage Testing Institute (BTI[2]), o maior e único serviço exclusivo e independente especializado em testes com bebidas nos Estados Unidos, emprega um método de avaliação hedonista, que direciona uma simples pergunta na base do consumismo: "isto me dá prazer?" O método hedonista sugere que o gosto ser bom é mais importante do que se o gosto está correto ou se é típico. Esse método permite observações subjetivas em um ambiente objetivo.

O BTI entrega o prêmio anual do Campeonato Mundial de Cervejas (World Beer Championship) aos ganhadores entre centenas de cervejarias por todo o mundo. Os resultados são postados na base de dados da BTI (www.tastings.com), publicado na revista *All About Beer* (www.allaboutbeer.com), e nas notas de imprensa e propagandas dos ganhadores, pode ter certeza.

Seja o seu objetivo virar um juiz de cervejas, escritor ou blogueiro de cerveja, sem as credenciais estabelecidas de um avaliador de cerveja, conquistar credibilidade é difícil. O meu conselho é aprender o máximo possível e o mais rápido que puder — e nunca parar de aprender. Leia sobre cerveja, prove cervejas, visite cervejarias, discuta cerveja com outros conhecedores. Para uma educação de verdade neste campo de estudo, comece a produção caseira (veja Capítulo 18 para mais detalhes). Você não precisa ser um ótimo cervejeiro para aprender muito sobre a arte e a ciência da fabricação de cerveja. A beleza de tudo isso é que não importa qual caminho você escolher, você irá se divertir!

Avaliando cervejas em fóruns online

Para se iniciar nas avaliações de cerveja, você talvez queira fazer uso de alguns dos muitos sites na internet que dão ao público geral acesso ao site e permissão para postagens públicas sobre avaliações e classificações de cerveja (a maioria requer que você se cadastre antes de postar). Estes sites de avaliações têm se tornado bastante populares nos últimos anos e são muitas vezes considerados a fonte de informações atualizadas sobre todos os tipos de cerveja.

Porque estes sites são online, eles podem ser acessados e usados por pessoas do mundo inteiro. Ler avaliações de amantes da cerveja de outros países e continentes é sempre interessante. Da mesma forma, esses sites não são limitados a avaliações de, digamos, somente pequenas cervejarias americanas; cervejas produzidas do outro lado do mundo são muitas vezes avaliadas também.

---

[2] N.E.: Instituto de testes de bebidas

Parte III: Comprando e Apreciando Cerveja

Aqui está uma lista de alguns sites populares de avaliações de cerveja para você ir começando:

- **BeerAdvocate** (www.beeradvocate.com): Esta comunidade é dedicada ao suporte e divulgação da cerveja através da educação e apreciação (em inglês).
- **RateBeer** (www.ratebeer.com): Este site traz para você o movimento das cervejas artesanais no momento em que ele está acontecendo (em inglês).
- **PhillyCraft** (www.phillycraft.com): Este site é uma rede para todas as coisas sobre cervejas artesanais (em inglês).
- **Brejas** (www.brejas.com.br): Este site brasileiro traz milhares de avaliações para centenas de cervejas nacionais e importadas, principalmente cervejas artesanais e especiais.

Preste atenção que muitos sites de avaliação por aí não convidam o visitante para participar das avaliações ou adicionar qualquer tipo de conteúdo. Também, muitos tipos de experts gostam de guardar a diversão e as avaliações e opiniões para si mesmos, portanto não dê tanta importância a eles.

Mantendo um diário pessoal

Se você prefere não postar suas avaliações e opiniões em um fórum online (veja a seção anterior), manter um diário pessoal de cerveja em casa pode ser ainda mais fácil. Tudo o que você realmente precisa é de um fichário ou caderno. Se você fizer uma longa viagem para lugares distantes (como os da Parte IV), você talvez queira que o seu caderno seja portátil o suficiente para registrar as cervejas excelentes que você vai beber em terras exóticas. Uma câmera ou maneiras similares de capturar registros visuais de suas degustações adicionam valor e utilidade ao seu diário.

Se você gosta de escrever e não se importa com exposição pública, outra maneira de registrar suas avaliações e experiências é através de um blog pessoal (você pode fazer um em sites populares como www.blogger.com e www.wordpress.com, só pra mencionar dois). É incrível quantos blogs de cerveja existem na internet — e isso pode ser um problema em si. Infelizmente, parece que todo mundo com um computador e acesso à internet está escrevendo blogs sobre cerveja hoje em dia, portanto é difícil ser ouvido no meio do ruído da galera.

Capítulo 13

Jantando com Cerveja

Neste Capítulo
- Combinando pratos com o estilo certo de cerveja
- Escolhendo o momento certo para sua bebida baseando-se nas estações do ano e nos horários das refeições

Certas cervejas se encaixam com certos pratos como uma mão em uma luva — eles são feitos para se complementarem. Diferentemente das mãos, as cervejas são feitas para serem consumidas. Este capítulo é todo sobre como embarcar em uma viagem gastronômica cujo objetivo principal é a combinação de cervejas e pratos, portanto, vamos embarcar logo nesta viagem.

Que Casal! Combinando Cerveja e Comida

Um mundo de possibilidades existe além da simples batatinha e cerveja, até mais do que pipoca ou nachos e cerveja, e mais ainda do que churrasco e cerveja, ainda mais do que... você entendeu. São muitas possibilidades.

Pouco sofisticada é um dos adjetivos mais educados que os elitistas usam para descrever a cerveja. Infelizmente, algumas pessoas veem o bebedor de cerveja comum como pouco sofisticado, também, o que ajuda a explicar a prolongada ausência da cerveja nos típicos jantares finos.

Até recentemente, os restaurantes que estocavam cerveja o faziam com uma atitude de correr atrás da demanda; pela atenção dada à cerveja, ela podia muito bem ser servida em jarras de água. Parecia muito injusto — enquanto a clientela grã-fina fala sobre os seus brochetes de cordeiro com cogumelos chanterelles combinando maravilhosamente com um Chateau Feux-Feux vintage, se esperava que os amantes de cerveja empurrassem goela abaixo pratos simples com canecas cheias de cerveja light homogênea e gelada. Apesar de os vinhos vintage e destilados envelhecidos poderem se gabar de uma longa parceria com a alta culinária, a cerveja — até recentemente em alguns lugares — era muitas vezes rebaixada ao churrasquinho no quintal.

> ## Modelos Europeus (os melhores e piores)
>
> Os europeus parecem não ter maiores reservas sobre beber cerveja durante as refeições, incluindo até um ocasional golinho no café da manhã. Este fato é particularmente pertinente nas nações com indústrias cervejeiras dinâmicas — Reino Unido, Alemanha e Bélgica[1] — que eu destaco na lista a seguir:
>
> - **Reino Unido:** Apesar de as ilhas da Irlanda e do Reino Unido não serem renomadas por suas tradições culinárias refinadas, as suas cozinhas nacionais do dia a dia são ótimas nos pubs. *Comida de pub*, como se referem modestamente à comida, é bem servida (apesar de pouca imaginação), gostosa e o melhor de tudo, não é cara.
>
> - **Alemanha:** Na Alemanha e em muitos outros países do norte da Europa, as culinárias nacionais foram desenvolvidas em volta da cerveja. Com esta comida pesada e que alimenta, você pode sempre encontrar cerveja caso queira dar uma aliviada. Praticamente tudo que estes caras botam no prato implora por uma cerveja. Aqui, o *vinho* é que vem depois, não a cerveja.
>
> - **Bélgica:** Na Bélgica, que é conhecida por seu gosto gastronômico assim como por suas cervejas variadas, os restaurantes apresentam a *Cuisine à la Bière*. Não é incomum para os chefs prepararem pratos com cerveja e servir cada um ainda com outra cerveja para acompanhar.

Bom, isso está errado. A cerveja é somente para matar a sede da mesma maneira que os computadores são somente para cálculos e esportes são apenas para meninos. Vamos lá galera! Cerveja é para as refeições também.

Apesar dos restauranteurs, gourmands e artistas culinários terem demorado uma vida para pegar o conceito de cerveja combinando com comida, agora que eles finalmente pegaram, agora ela virou figurinha famosa. E por que não — a cerveja é considerada a bebida mais popular do mundo, e as cervejas artesanais cada vez mais têm aumentado sua popularidade. Após muitos anos, posso dizer que as perspectivas para os amantes da cerveja são boas. Graças ao entusiasmo dos cervejeiros, restauranteurs e consumidores de saborosas cervejas artesanais, a cerveja reconquistou o seu lugar de direito nas nossas mesas de jantar.

Nas próximas seções, eu dou umas dicas sobre como substituir o vinho pela cerveja, combinar a cerveja com diferentes pratos, e equilibrar o número de cervejas servidas durante uma refeição.

Uma boa cerveja artesanal pode ser muito mais interessante do que um vinho — ela é fria e refrescante e, dependendo do estilo, muito mais rica, mais complexa e mais saborosa do que o vinho. E mais, se você possui um orçamento e uma renda de classe média, você verá que degustar diversas cervejas durante uma refeição é preferível a degustar diversos vinhos.

Supondo diretrizes gerais

Dentro do muitas vezes intimidante mundo dos pratos e vinhos, até os neófitos podem se apoiar no velho clássico carne vermelha — vinho tinto. Mas, para os bebedores de cerveja não existem regras e guias na qual se apoiar, pois não

---

[1] N.E.: Países conhecidos como Grandes Escolas Cervejeiras.

Capítulo 13: Jantando com Cerveja *169*

existem. E poucas pessoas possuem uma ideia boa o suficiente dos variados tipos de estilos e perfis de sabores da cerveja para, facilmente, tomar decisões.

Na verdade, você irá ver que é difícil errar ao combinar cerveja e comida. A diversão é tentar fazer melhor do que apenas não errar.

Todo tipo concebível de comida possui uma cerveja apropriada para acompanhá-la. A beleza da cerveja está em sua versatilidade. Você pode, geralmente, encontrar um estilo de cerveja que é uma combinação natural para um tipo específico de comida. A cerveja funciona até melhor com alguns pratos do que o vinho, como, por exemplo, os muito picantes ou ácidos. Cervejas levemente ácidas são um ótimo contraponto para comidas mais pesadas.

As pessoas gostam de regras básicas, portanto, eu listo as principais relacionadas à cerveja nas próximas seções. Mas, por favor, não as siga tão piamente. Pelo bem da simplicidade, eu peguei emprestado alguns exemplos do vinho para descrever as duas principais categorias de cerveja e como combiná-las com comidas específicas.

Substituindo o vinho pela cerveja

A categoria de cervejas lager é o equivalente ao vinho branco. Quando comparadas às ales, as lagers possuem as seguintes características:

- Geralmente menos encorpadas e de cor clara
- Perfil de sabor menos amplo e maior facilidade de beber (isto é, tende a atrair um público maior)

A categoria de ale é equivalente ao vinho tinto. Quando comparadas às lagers, as ales possuem as seguintes características:

Vá em frente — Despeje a cerveja numa taça de vinho!

A ideia não é fazer uma substituição direta da cerveja pelo vinho, mas quando você substitui o seu vinho pela cerveja, você encontra alguns efeitos colaterais intrigantes, como os seguintes:

- Você tende a precisar de menos cerveja do que vinho para acompanhar uma refeição, portanto, divida uma garrafa com amigos e use taças de vinho do tipo tulipa.

- Uma garrafa de 355 ml geralmente é o suficiente quando se está jantando sozinho (tente justificar tomar uma garrafa inteira de vinho sozinho).

- Você ingere menos álcool e menos calorias. Sempre uma vantagem!

- E, finalmente, você economiza dinheiro porque cervejas gourmet são mais baratas do que vinho.

Bom, não é? De todas as maneiras, ela é a vencedora!

Parte III: Comprando e Apreciando Cerveja

- Tipicamente mais escura
- Mais arredondada, robusta e expressiva
- Perfil de sabor mais amplo e, portanto, com menos bebibilidade (isto é, ela atrai aqueles com um paladar mais experiente para cervejas)

Só para te manter ligado, lembre-se que essas regras são, de fato, bem básicas — lagers escuras e encorpadas existem assim como também existem ales claras e leves.

Na próxima vez que você for escolher a uva por hábito, considere uma cerveja. A tabela 13-1 oferece algumas boas ideias (pule para o Capítulo 4 para uma introdução a todos os tipos de cerveja listados).

Tabela 13-1	Substituições de Cerveja por Vinho
Vinho	*Cerveja substituta sugerida*
Vinho branco seco	Blonde Ale, Kölsch, ou Pilsen alemã
Vinho tinto seco	Fruit Lambic ou Flanders Red
Champagne	Uma leve e carbonatada Witbier, Lambic ou Berliner Weisse
Brandy	Uma alcoólica Barleywine ou Old Ale
Vinho do Porto	Russian Imperial Stout de sabor intenso

Lembre-se que essas sugestões de substituições não são trocas gosto por gosto e sim estilo por estilo. Em outras palavras, não espere que a Imperial Stout tenha o mesmo gosto do vinho do porto; ela está simplesmente servindo ao mesmo propósito de uma bebida rica e alcoólica para o fim do jantar.

Escolhendo cervejas para diferentes tipos de culinária

A regra geral para combinar cervejas e comidas é guardar as cervejas mais pesadas, como as ales cheias de personalidade, para pratos mais pesados, e tentar usar as lagers mais claras, levemente maltadas para pratos com sabores mais sutis. A Tabela 13-2 oferece alguns exemplos de combinações de cervejas com variados tipos de culinárias.

Tabela 13-2		Sugestões para Combinações de Cervejas e Culinárias
Cozinha	*Prato*	*Cerveja*
Mediterrânea	Massas com molho vermelho ou branco	Dortmunder ou Munich Helles
	Porco ou Cordeiro	Pale Ale (lupulada)
Frutos do Mar	Peixe fresco	Pilsner ou Wheat Beer (cerveja de trigo)
	Mariscos	Porter, India Pale Ale

Tabela 13-2 Sugestões para Combinações de Cervejas e Culinárias

Cozinha	Prato	Cerveja
	Peixe salgado	Porter
	Ostras	Dry Stout (combinação clássica)
Indiana	Pratos ao curry	Premium Pale Lager, Golden Ale
Asiática	Pratos vegetarianos (com molho de peixe)	Premium Pale Lager
Francesa	Queijos envelhecidos ou temperados com ervas	Bière de Garde, Saison
	Molhos ricos	Saison picante e refrescante
	Carne vermelha	Trappist Ales Belgas terrosas
Continental	Queijos	Altbier ou Rauchbier (defumada)
	Bife	Schwarzbier ou Porter
	Porco e frango	Maibock ou Munich Helles
	Pão preto ou de centeio com manteiga	Munich Dunkel ou Schwarzbier
	Salsichas	Bock ou Märzenbier/ Oktoberfest
	Pizza	Vienna/ Amber Lager
	Aspargos	Pale Lager ou Trappist Tripel
Comidas apimentadas	Asinhas de frango tipo buffalo	Märzenbier/Oktoberfest
	Pimentas fortes	Bock
	Molhos mexicanos apimentados	Vienna/ Amber Lager
	Culinária tailandesa	Dark Wheat, Blonde Ale
Sobremesas	Sobremesas pesadas	Doppelbock ou Imperial Stout

A Tabela 13-2 é apenas para te dar algumas ideias sobre combinações de cerveja e pratos. A vasta gama de estilos, de clara à escura, seca a doce, e leve à robusta, oferece um número ilimitado de combinações culinárias e muito espaço para experimentação.

Já para pratos específicos que combinam com cerveja, ou melhor com cerveja do que com vinho, dê uma olhada no livro *The Beerbistro Cookbook*, co-escrito por Stephen Beaumont e Brian Morin (*Key Porter Books*), que é um livro dedicado a este delicioso tema.

Cortando, contrastando e complementando diferentes sabores

Sabores complementares entre cervejas e pratos são bons, mas gostos contrastantes não são necessariamente ruins. Servir uma cerveja ácida, como a Berliner Weisse, com uma salada regada com vinagre e azeite é complementar; servir uma Witbier belga frutada como alternativa é contrastar. As duas opções funcionam igualmente bem; é só questão de preferência. A experimentação é metade da diversão!

A cerveja também serve para cortar sabores. Por exemplo, cervejas altamente lupuladas ajudam a cortar a oleosidade das carnes, como o pato ou cordeiro, enquanto as cervejas claras e carbonatadas são eficientes em cortar o ardor (como o de pimentas picantes) e o excesso de temperos.

Com comidas picantes, ao invés de tentar extinguir as chamas enxaguando a boca com qualquer coisa molhada e gelada, cubra a sua boca com uma lager cremosa, maltada, de corpo médio e não a sirva muito gelada. Você quer cervejas mais doces, e não mais secas, para cortar o calor; o álcool extra em cervejas mais fortes também derruba o calor. A água é péssima para extinguir o fogo na sua língua.

Ao preparar as refeições, os chefs tentam envolver a maioria dos 4 receptores de sabor da língua humana — doce, salgado, azedo e amargo — possíveis. Este esforço completa a refeição e a torna mais interessante. Por outro lado, se um destes sabores domina completamente ou estiver faltando completamente, o equilíbrio da refeição sofre. O que a cerveja traz à mesa de jantar é em sua maioria doce e amargo, assim você pode fazer suas escolhas adequadamente.

Ligando sua lista de combinações

Uma das melhores e mais legais maneiras de experimentar a cerveja como bebida no jantar é participar de um *jantar cervejeiro*, onde o chef se junta a um mestre cervejeiro ou importador de cervejas para desenvolver e combinar receitas de comidas e cervejas que pedem a cerveja perfeita como ingrediente ou bebida. Se você está pelo menos um pouco intrigado com este conceito, vá em frente. Você vai achar diferente de tudo o que já experimentou. Para encontrar um perto de você, comece checando os pubs locais ou gastropubs e bares (Veja o Capítulo 15 para descobrir mais sobre os gastropubs).

Você pode fazer a ideia de um jantar cervejeiro funcionar na sua casa também. O jantar cervejeiro ideal combina uma cerveja diferente com cada prato servido. Dependendo de quantos pratos você planeja servir, pode significar que muito poucas cervejas vão ser tomadas, que pode levar a uma decepção, ou cervejas demais, que pode levar à fadiga do paladar e intoxicação.

Se você irá servir somente três ou quatro pratos, você deve considerar servir uma segunda opção de cerveja para alguns ou todos os pratos. Se você está servindo sete ou mais pratos, você deve precisar reduzir a porção servida de cerveja em cada prato para mais ou menos 120 ml. Servir mais do que oito cervejas diferentes em um único jantar cervejeiro é um exagero (é para ser uma refeição e não um excesso). Dê uma olhada na Figura 13-1 para um exemplo de menu de um jantar da cerveja (em inglês).

Idealmente, você deve conseguir servir de duas a três pessoas com uma única garrafa de 355ml, o que reduz o custo e a sensação de inchaço.

Vie Beer Dinner
April 20, 2011

Reception
fried burgundy snails, preserved garlic aioli
house-smoked Crawford farm ham, grapefruit marmalade, pickled artichokes
Werp farm ramp fritter, shunkyo radish, herb oil
Pale Ale

First
fried west coast oysters, sautéed farmer's daughter shrimp,
manila clam vinaigrette, slow cooked kale, wood-grilled ramps
Saison

Second
lobster bisque, poached lobster, maple crème fraiche,
pickled M&M Ranch kumquats
Imperial IPA

Third
Gunthorp farm duck confit, braised local cranberry beans,
cippolini aigre-doux, parsley, watercress
Sticke altbier

Fourth
roasted chicken livers, sorghum, peas, pickled onions, ginger snap
Brown porter

Fifth
wood-grilled Dietzler farm strip loin, beef fat poached and fried fingerlings,
roasted french horns, pickled green beans, wilted spinach
Brown ale

Sixth
Pleasant Ridge reserve, sour cherry almond jam, honey wheat
Dunkelweizen

Dessert
spiced waffle, butterscotch, barley malt ice cream, caramelized banana
Sahti

Figura 13-1: Um menu de um autêntico jantar cervejeiro do premiado restaurante Vie em Western Springs, Illinois.

Ocasião é Tudo: Servindo Cerveja em Diferentes Ocasiões

Na minha linha de trabalho, sou frequentemente perguntado sobre minha cerveja favorita. Minha resposta honesta, porém, que soa evasiva é sempre a mesma: depende de onde eu estou e o que estou fazendo. Sério, minha(s) cerveja(s) favorita(s) depende(m) da hora e do lugar.

Qualquer cerveja que satisfaça numa tarde quente de verão dificilmente fará o mesmo numa noite fria de inverno. Uma cerveja que eu deixo para ser a última da noite certamente não será a mesma com a qual eu começo a noite.

Como você irá descobrir nas próximas seções, cervejas diferentes são melhores apreciadas de acordo com a hora do dia e a estação (por isso as cervejarias produzem cervejas sazonais). Às vezes, a melhor ocasião para se tomar uma cerveja é simplesmente nada mais do que curtir uma boa cerveja.

Selecionando cervejas para antes e depois do jantar

Estendendo a festa? Experimente as seguintes ideias para o começo e fim do jantar.

Aperitivos

Cervejas leves ou de corpo médio, ácidas ou bem lupuladas (amargas) são boas bebidas pré-jantar com suas capacidades de aguçar o apetite. Aqui estão alguns exemplos:

- Uma Pilsner bem lupulada e seca (o equivalente da cerveja ao onipresente vinho branco seco, Chardonnay)
- Berliner Weisse
- California Common Beer (Steam Beer)
- India Pale Ale
- American Pale Ales
- Gueuze ou Lambic belgas (cervejas frutadas, tipo Kriek ou Framboise, são apenas para aqueles que gostam de suco de *cranberry* ou de outras frutas como aperitivo)
- Flanders Red Ale

Bebidas pós-jantar

As cervejas pós-jantar devem ser levemente carbonatadas, e leve a meio encorpada. Aqui estão alguns exemplos:

- Brown Ale/ English Mild Ale
- Bitters britânicas
- Kölsch
- Flanders Oud Bruin/Brown Ale

Saideiras

As cervejas da saideira são geralmente bem encorpadas e robustas, com alto teor alcoólico — daí vem a sugestão de usá-las no fim da noite quando estamos de estômago cheio. Você pode experimentá-las com sobremesa (ou mesmo ser a própria sobremesa):

- Barleywine
- Old Ale
- Doppelbock
- Eisbock
- Belgian Strong Ale
- Russian Imperial Stout
- Scotch Ale
- Trappist/Abbey Ales
- Qualquer cerveja maturada em um barril de Bourbon

Essas cervejas doces, escuras e fortes geralmente são as que vão melhor com chocolate. Eu realmente as recomendo, mas não toda noite, claro. Uma vez a cada duas noites, talvez — em pequenos copos.

Servindo cervejas de acordo com a estação

Uma das melhores coisas das cervejarias artesanais é que elas gostam de produzir cervejas diferentes ao longo do ano, de acordo com as estações. Algumas cervejas são feitas somente em certas épocas do ano, enquanto outras, disponíveis o ano todo, apenas têm uma ligação natural de sabor com uma estação em particular.

Da mesma maneira que você não beberia uma cerveja pesada, rica e de alto teor alcoólico em uma tarde quente de verão, você pode não curtir uma cerveja carbonatada e leve numa noite de inverno. Aqui estão algumas sugestões de cervejas para experimentar de acordo com o calendário.

- **Inverno:** Estas cervejas tendem a ser mais escuras e encorpadas e tendem a conter um alto teor alcoólico. Muitas vezes preparadas com especiarias, frutas e ervas, elas tendem a se adaptar bem a esta época do ano. Elas também são ótimos presentes. Experimente Barleywine, Belgian Strong Ale, Eisbock, Imperial Stout, Old Ale, Scotch Ale, cervejas com especiarias e Wassail.

- **Primavera:** A indústria cervejeira vem criado tradicionalmente suas cervejas mais maltadas para esta estação. Experimente a Dubbel e Tripel belgas, Bière de Garde, Bock, Doppelbock, Maibock, Porter, e Stout.
- **Verão:** As cervejas do verão são de cor clara, de corpo leve a médio e carbonatadas. Essas cervejas podem ser servidas geladas, mas não tão geladas que anestesiem o paladar. Experimente a Berliner Weisse, Blonde Ales, Cream Ale, Cervejas de Fruta (Fruit Beers), Kölsch, Pale Ale, Pilsner, Saison, Weizenbier e Witbier.
- **Outono:** Essas cervejas são bons meio termos, nem muito clara nem muito escura, nem leve e nem pesada. O teor alcoólico é apenas um a dois % maior do que nas cervejas de verão. Experimente a Amber Ale, Brown Ale, India Pale Ale, Oktoberfest/Märzenbier, Porter, Rauchbier e Schwarzbier.

Perseguindo o calor

A cerveja é um ótimo acompanhamento para outras bebidas. Infelizmente, servindo como acompanhamento para vodca, gim, tequila e diversos outros destilados, a cerveja foi rebaixada à posição de lavar e enxaguar a boca e garganta do calor do álcool destilado. A combinação mais popular é o boilermaker: uma dose de uísque e em seguida um gole de cerveja.

No caso dos uísques single malt escoceses, entretanto, a cerveja de qualidade é mais um acompanhamento do que um enxaguante subserviente. Com boas razões: o uísque escocês começa como uma cerveja, sem o amargor do lúpulo; a diferença é que o uísque é destilado até a sua forma presente. A designação single malt refere-se ao fato de o uísque escocês ser feito 100% à base de malte de cevada e não é misturado, diferentemente dos uísques americanos que são feitos a partir de grãos considerados inferiores para a fabricação de cerveja, como o milho e o centeio (já ouviu falar dos corn squeezins[2]?)

---

[2]N.E.: Bebida americana de baixa qualidade feita à base de milho.

Capítulo 14
Cozinhando com Cerveja

Neste Capítulo

- Usando a cerveja na cozinha
- Impressionando os seus amigos com receitas testadas de cerveja

Receitas Deste Capítulo[1]

- Sopa de alho assado e cebola
- Massa Extraordinária de Cerveja
- Focaccia com glacê de cerveja
- Chili con Carne Para Leigos
- Bife Desfiado à Moda do Cervejeiro
- Quiche do Arizona
- Asas Picantes de Frango com Molho Fácil de Alho
- Camarão ao estilo Bayou
- Torta Aveludada de Chocolate e Stout

A cerveja não é somente uma ótima bebida na hora das refeições, mas também é um ingrediente maravilhoso, barato, versátil e de fácil uso na cozinha. Comparada ao vinho, a cerveja sai na frente em diferentes aspectos. A cerveja é divertida e fácil e não possui colesterol ou gordura. A maioria de suas calorias vem do álcool, que geralmente é evaporado ao ser usado em uma receita — algo que não acontece com a maioria das outras comidas.

De fato, o vinho não mais carrega a patente de bebida alcoólica preferida como ingrediente na cozinha. A cerveja é o parceiro ideal das comidas em muitas instâncias. Pode-se até dizer que a cerveja é inerentemente superior, mas não há necessidade de julgamentos aqui. Graças à ampla disponibilidade de cervejas artesanais de alta qualidade, sem aditivos e preservativos e altamente saborosas, uma nova porta gustativa se abriu.

Neste capítulo, eu explico quando você pode usar a cerveja em uma receita e quais tipos de cerveja pode usar. Eu também apresento diversas receitas deliciosas estrelando a cerveja — aproveite!

Usando a Cerveja como Ingrediente em Qualquer Prato

Cozinhar com cerveja não é nada novo. A cerveja vem sendo usada na cozinha há tanto tempo quanto a própria comida — não é surpresa, já que a cerveja foi provavelmente um dos primeiros elementos da civilização. Lá atrás quando a cerveja foi inicialmente descoberta, ela era muito frequentemente

---

[1] N.E.: Colaborou neste capítulo: Mario Cesar Varges — *Chef de cozinha, consultor gastronômico e nutricional.*

o material base ao que se adicionavam outras coisas e não o contrário. A cerveja, lá atrás também, era muito mais um alimento, com muitos ingredientes sólidos suspensos dentro do líquido.

Hoje em dia, chefs de pubs cervejeiros e gastropubs estão tomando as rédeas no desenvolvimento de novas e inusitadas receitas incorporando a cerveja no menu gastronômico. A cerveja traz uma nova paleta de sabores à panela ou frigideira. Os chefs estão até a usando nos três carros-chefe da boa nutrição: bolos, doces e calda de caramelo!

Molhos de queijo com cerveja, chili com cerveja, feijão com cerveja, pão de cerveja, molho de cerveja, qualquer coisa com massa de cerveja, e bratwurst cozida com cebola na cerveja (este um grande favorito) são as receitas tradicionais com cerveja. A culinária clássica vem incluindo pratos belgas à base de cerveja, como por exemplo o carbonnade flamande (ensopado de carne). Com alguma imaginação, se consegue milhares de outras possibilidades.

Nas próximas seções, eu explico quando você pode (e não pode) substituir a cerveja em uma receita, e ofereço algumas dicas para selecionar uma cerveja para cozinhar.

Ao cozinhar com cerveja, não se preocupe com as crianças nem com seus amigos que não bebem — o álcool tem o ponto de ebulição mais baixo do que a água (173 graus Fahrenheit ou 79 graus Celsius) e rapidamente se evapora na presença do calor. A não ser que a cerveja não seja esquentada ou adicionada ao prato imediatamente antes de servir, nenhum álcool chega à mesa.

Entendendo quando se pode (ou não) usar a cerveja em uma receita

Onde o vinho, caldo ou água é requisitado em uma receita, a cerveja geralmente pode oferecer uma alternativa única e muitas vezes melhorada. Cozinheiros criativos podem se divertir muito experimentando a cerveja como substituto para pelo menos parte de outros líquidos comumente usados na culinária.

O lugar mais fácil de se começar a brincar (com a culinária e a cerveja, é claro) é com comidas feitas à vapor, sopas, ensopados, marinadas, glacês e molhos. Simplesmente a despeje. No outro extremo, você pode tentar o sorvete de chocolate e Stout, definitivamente um teste para os mentes abertas: Experimente jogá-lo em cima de uma Stout (e não root beer[2]). Qual é a próxima agora — mostarda de cerveja? Opa, espere — já foi inventada!

Se você é um novato quando o assunto é cerveja e quer experimentá-la em suas próprias receitas, tente usar os seguintes estilos:

- ✔ Pale Lager para afinar uma massa; você também pode usar a Pale Lager como metade do líquido em qualquer receita de pão e de um quinto a um quarto do líquido em uma receita de sopa

---

[2]N.E.: Beberagem à base de raiz de sassafrás que tem espuma abundante.

- Uma ale ou lager mais clara (e um pouco de água) para cozinhar mexilhões no vapor
- Uma Pale Lager misturada com água (e especiarias) para cozinhar camarões no vapor
- Lagers leves ou de corpo médio para marinadas mais leves
- Lagers encorpadas ou ales para marinadas mais intensas (como as inspiradas pela culinária chinesa)

Boa notícia para os vegetarianos: Cervejas altamente saborosas, como a Scottish Ale, são um substituto fantástico para o caldo de galinha ou carne. A cerveja é feita de grãos, portanto ela possui uma afinidade natural com pratos à base de grãos.

Sempre que usar cerveja em alguma receita, cozinhe-a tempo suficiente para que imponha seu sabor, que depende muito da cerveja que você está usando e o que está cozinhando.

Uma das maneiras mais simples de se começar a cozinhar com cerveja é com um frango assado: Simplesmente despeje uma garrafa de cerveja bem saborosa, tipo Märzen ou Brown Ale, no fundo da travessa e deixe-a se misturar com os caldos da carne; adicione maizena ou farinha e cerveja fresca ao final, para um molho maravilhoso, simples e sem pelotas (o resto é com você).

Não parta do princípio que a cerveja é um ingrediente complementar em todas as receitas. Pois, dos quatro sabores básicos (doce, azedo, salgado e amargo), a maioria das cervejas contribuem apenas como doce e amargo. As vezes a cerveja simplesmente não funciona, geralmente porque seu amargor ou doçura natural se concentram durante o cozimento. (O vinho não é normalmente amargo, e vinhos doces não são muito usados na culinária.) Considere se a doçura e amargor concentrados da cerveja podem tirar o foco do prato que você está cozinhando.

Escolhendo a cerveja certa para a receita

Dentre a vasta gama de estilos disponíveis, você precisa fazer uma escolha sobre qual cerveja vai usar em uma receita. Apesar de as lagers mais comuns funcionarem, elas obviamente não adicionam tanto sabor quanto outros estilos. Considere os seguintes fatores ao escolher uma cerveja para cozinhar:

- **Cor:** Cervejas fabricadas com uma grande porcentagem de grãos escuros, como a Stout e Porter, geralmente transpõem a sua cor ao prato — não é um tom apetitoso para um fettuccine Alfredo ou ovos mexidos.
- **Nível de doçura (quantidade de malte) versus nível de amargor (quantidade de lúpulo e adstringência dos grãos):** O malte é de longe o sabor mais predominante da cerveja em uma receita, mas o amargor pode roubar a cena facilmente pois o amargor da cerveja aumenta com a *redução* (isto é, a diminuição do volume causado pela fervura). Adicione cervejas amargas mais tarde em uma receita, ou se uma cerveja está sendo cozida por um tempo, escolha um

estilo de cerveja mais maltada. Em geral, escolha uma cerveja mais branda ao invés das mais brutas e evite as cervejas mais lupuladas, como algumas Pale Ales. Cervejas mais pesadas e doces devem ser reservadas para sobremesas e glacês.

✓ *Nota:* À medida que a água e o álcool evaporam, tanto o sabor doce quanto amargo da cerveja se intensifica.

Grelhando um frango com cerveja

Ao cozinhar com cerveja, não ignore o ridículo. Apenas para se divertir: A receita para o Frango Dançante extraída do livro John Willingham's World Champion Bar-B-Q (William Morrow) pede que se grelhe um frango inteiro com uma lata meio cheia de cerveja enfiada na cavidade. Isso sim é diferente. Eu me pergunto: Será que o aroma delicado do lúpulo prevalece intacto?

✓ **Sabores inusitados:** Mantenha em mente que as cervejas agora estão disponíveis em uma ampla variedade de estilos, muitos com sabores que não são tradicionalmente associados à cerveja. Você pode encontrar cervejas frutadas, cervejas de chocolate, cervejas azedas, e cervejas defumadas. Não que estas cervejas não possuam muitas possibilidades culinárias; elas simplesmente não são feitas para serem usadas nas receitas comuns.

A não ser que você já seja um perito nos estilos de cerveja e sabe o que esperar de cada um deles, você pode achar a clara porém saborosa Munich Helles (lager pálida estilo Munich) adequada para diversos usos culinários.

Cuidado com as muitas receitas por aí que pedem apenas cerveja simples como ingrediente, sem especificar uma marca ou estilo em particular (veja o Capítulo 4 para informações sobre os estilos de cerveja). Esta generalização é evidência da mentalidade simplória e mal informada de que uma cerveja é uma cerveja e ponto final. Quer dizer, ora lá, algum autor pediria legumes e carnes sem especificação? Devido à grande diversidade de cervejas hoje em dia, usar o estilo errado em uma receita pode ter resultados desastrosos. Por outro lado, se o autor da receita for americano, você pode partir do princípio que qualquer lager pálida e comercial é o estilo sugerido.

Conhecendo Ótimas Receitas Estrelando a Cerveja como Ingrediente

As receitas a seguir são relativamente fáceis, e (espero) o inspirarão a experimentar a cerveja como ingrediente em outras receitas. Candy Lesher, autora do livro *Great American Beer Cookbook* (Brewers Publications, 1998), criou estas receitas especialmente para este livro. Apaixonada por comida, a Srta. Lesher é uma Chef veterana, instrutora de culinária (a personalidade culinária estrelada no Grande Festival Americano de Cervejas [Great American Beer Festival] por muitos anos), escritora, consultora, personalidade da TV, homenageada pelo Hall da Fama da Culinária do Arizona e membro da Les Dames d'Escoffier (uma sociedade filantrópica mundial de mulheres líderes profissionais nos campos da cozinha, bebidas refinadas e hospitalidade).

Se você quiser ir além no campo da culinária com cerveja, muitas revistas dedicadas à cerveja possuem uma ou mais receitas em cada edição, e muitos livros sobre cerveja listam ainda mais receitas.

Usando as sobras do malte e do mosto nas receitas

Se você é um fabricante caseiro ou tem acesso a insumos de fabricação de cerveja, talvez você queira jogar o bagaço de malte embebido (descartado) na massa do pão junto com um pouco de cerveja. O malte dá ao pão uma doçura e textura interessantes ao mesmo tempo em que aumenta a fibra alimentar.

Você também pode experimentar usar o extrato do malte ou o mosto (a coisa não-fermentada e não-lupulada e doce como xarope que é produzida no meio do processo de fabricação — veja o Capítulo 18) como base para molhos e confeitarias. Pubs cervejeiros e restaurantes sérios ligados às cervejarias tomaram este caminho e tem atingido resultados intrigantes.

Aqui estão algumas medidas americanas e suas conversões, aproximadas, para o sistema métrico:

Conversões Líquidas	*Temperatura Equivalente*	*Conversões de Massa*
1 colher de chá = 5 mililitros	110º F = 43º C	1 onça = 30 gramas
1 colher de sopa = 15 mililitros	350º F = 180º C	1 libra = 0.45 kg
1 onça = 29.6 mililitros	365º F = 185º C	
1 xícara = 250 mililitros	375º F = 190º C	
	450º F = 230º C	

Sopa de Alho Assado e Cebola

Tempo de preparo: aprox. 10 min • **Tempo de cozimento:** aprox. 1 ¼ hora • **Rendimento:** 4-5 porções

Ingredientes:	Modo de Preparo
3 cabeças grandes de alho 1 ½ colher de chá de azeite 4 colheres de sopa de manteiga	**1** Retire a maioria da casca das cabeças de alho; corte a parte superior da cabeça expondo todos os dentes. Coloque as cabeças de alho em um quadrado de papel alumínio e regue cada abertura com ½ colher de chá de azeite; feche bem o papel alumínio.
4 cebolas grandes, cortadas fininhas 2 chalotas, cortadas fininhas (opcional) 1 colher de sopa de açúcar	**2** Coloque as cabeças de alho em uma assadeira e asse no forno a 190° C por 35 minutos ou até o embrulho parecer bem mole ao ser apertado levemente. Deixe esfriar e depois tire todos os dentes das cascas; reserve.
1 colher de chá de sal 5 xícaras de caldo de legumes ou carne (de preferência caseiro)	**3** Enquanto o alho está assando, esquente a manteiga em uma panela grande em fogo médio. Adicione as cebolas e chalotas, cozinhando até se tornarem translúcidas, mais ou menos 5 minutos.
1 ½ colher de chá de tomilho ou sua erva favorita 2 colheres de sopa de farinha de trigo	**4** Adicione açúcar e sal à mistura de cebola, continuando a cozinhar até a mistura se tornar um caramelo-dourado, mais ou menos 4 minutos.
1 garrafa de 355ml de Brown Ale inglesa	**5** Enquanto a mistura de cebola cozinha até o seu ponto caramelo-dourado, esquente o caldo em uma panela separada em fogo médio até o liquido ferver; abaixe o fogo e deixe o calor manter a fervura.
1 xícara de torradinhas e 1 ½ xícara de queijo ralado (Gruyère, Kaseri ou provolone defumado)	**6** Jogue a farinha e ervas sobre a mistura de cebola, misturando bem. Cozinhe por 3 minutos e jogue o caldo quente por cima da mistura de cebola, sempre misturando bem.
	7 Amasse o alho assado com um garfo. Adicione o alho e a ale à sopa e ferva por 30 minutos.
	8 Esquente o grill. Sirva as sopas em tigelas refratárias e cubra cada uma com torradinhas suficientes para cobrir (a quantidade varia, dependendo da largura da tigela) e uma generosa porção de queijo (3 a 4 colheres de sopa por porção). Coloque embaixo de um grill bem quente rapidamente para derreter o queijo.

Por porção: *349 Calorias (gorduras 174); Gordura: 19g (Saturada 10g); Colesterol 46mg; Sódio 1,948 mg; Carboidratos 31 g (Fibra Alimentar 3g); Proteína 14 g.*

Capítulo 14: Cozinhando com Cerveja 183

Massa Extraordinária de Cerveja

Tempo de preparo: aprox. 10 min • **Tempo de cozimento:** Depende dos ingredientes que serão fritos, mais ou menos 3-4 minutos • **Rendimento:** Depende dos ingredientes que serão fritos

Ingredientes:	Modo de Preparo
Óleo para fritar (de preferência óleo de milho), suficiente para cobrir 2.5 centímetros da comida, mais ou menos 710- 947 ml	**1** Esquente o óleo a 185° C em uma frigideira funda em fogo médio a alto.
¾ de xícara de farinha para bolos, mais farinha adicional para polvilhar ¼ de xícara de fubá	**2** Em uma vasilha grande, misture a farinha, o fubá, o fermento, o sal e a pimenta.
2 colheres de chá de fermento em pó 1 colher de chá de sal	**3** Em outra vasilha menor, misture o ovo, a fumaça líquida, e a cerveja. Misture a mistura de ovo na mistura de farinha e bata rapidamente, não bata muito.
¼ de colher de chá de pimenta do reino bem moída 1 ovo grande, batido 2 a 3 gotas de fumaça líquida americana	**4** Seque os ingredientes que serão fritos e polvilhe-os levemente com farinha imediatamente antes de mergulhá-los na massa.
1 copo de Kölsch ou American Wheat Beer, bem gelado Sugestões de comidas para fritar: 6 xícaras de anéis de cebola; 8 xícaras de cogumelos; 6 xícaras de abobrinha picada; 4 xícaras de batata doce fatiada; ou uma combinação de seus favoritos!	**5** Usando uma colher ou pinça com cabo grande frite até chegar a uma cor marrom dourado uniforme, virando se necessário — geralmente 3 a 4 minutos, dependendo da grossura. Remova da panela e coloque-os em papel toalha. Deixe esfriar o suficiente para conseguir comer, mais ou menos 90 segundos.

Por porção: 272 Calorias (Gorduras 134); Gordura 15 g (Saturada 0g); Colesterol 35mg; Sódio 531mg; Carboidrato 29g (Fibra Alimentar 3g); Proteína 4g.

Nota: Esta massa é melhor quando usada imediatamente após ser preparada, portanto certifique-se que toda a comida a ser coberta pela massa esteja pronta antes de começar a esquentar o óleo.

Nota: Sempre aqueça o óleo entre 180° C e 190° C, e sempre use óleo fresco — sem exceções!

Varie! Esta massa funciona melhor com comidas mais firmes: camarão, anéis de cebola, cogumelos, peixes firmes, e pedaços finos de legumes mais duros como a batata doce, berinjela e abobrinha. E mais, se você não conseguir encontrar farinha para bolos, você pode substituir por farinha normal.

Focaccia com Glacê de Cerveja

Tempo de preparo: Aprox. 2 horas (incluindo 90 minutos para crescer) •
Tempo de cozimento: Aprox. 20 minutos • **Rendimento:** 1 Focaccia de 36-40 cm (4 porções)

Ingredientes:

- 2/3 de um copo de água
- 3 ½ a 4 xícaras de farinha de pão, dividida
- 1 colher de sopa de fermento
- 1 colher de sopa de açúcar
- 2/3 de um copo de Hefeweizen (temperatura ambiente)
- 1 colher de sopa de manjericão seco
- ½ colher de sopa de sal kosher
- ¼ de xícara de queijo Parmesão ou Romano ralado
- 6 colheres de sopa de azeite
- ½ colher de chá de pimenta do reino moída na hora
- ½ xícara de fubá
- 2 cebolas grandes, fatiadas fininhas
- ¼ colher de chá de sal
- ¼ colher de chá de pimenta do reino moída na hora
- ½ colher de sopa de manjerona seca
- 1/3 xícara de Scottish Ale

Sugestões de coberturas: ½ xícara de pimentões assados, ½ xícara de bacon canadense moído, 1/3 xícara de queijo feta e 2 pedaços de queijo provolone cortados em tiras.

Modo de Preparo

1 Esquente a água até 43º C.

2 Em uma vasilha grande, misture ½ xícara de farinha de pão com o fermento e o açúcar. Despeje a água e bata bem. Deixe descansar por pelo menos 15 minutos; ela deve ficar espumosa e formando uma coroa para provar que a levedura está viva.

3 Misture a Hefeweizen, ½ colher de sopa de manjericão, sal, queijo, 2 colheres de sopa de óleo, pimenta do reino, e fubá; bata bastante. Misture mais farinha, 1 xícara por vez, até a massa ficar dura demais para ser misturada.

4 Coloque a massa na mesa e sove de 8 a 10 minutos, adicionando somente farinha suficiente para evitar que a massa grude na superfície e nas suas mãos. A massa deve ficar macia e elástica após sovar.

5 Coloque a massa em uma vasilha levemente untada com óleo e cubra com papel filme. Deixe crescer até o dobro do tamanho — aproximadamente 1 hora.

6 Enquanto a massa cresce, aqueça 1 ½ colher de sopa de azeite em uma boa frigideira em fogo médio. Quando estiver quente, adicione as cebolas cozinhando e misturando bastante até estarem translúcidas, mais ou menos 3 a 4 minutos. Adicione sal, pimenta do reino, o restante do manjericão, e a manjerona e cozinhe até a mistura dourar, mais ou menos 4 a 5 minutos.

7 Adicione a Scottish Ale à mistura de cebola e aumente o fogo para médio-alto. Continue misturando e cozinhe até o líquido evaporar, mais ou menos 2 minutos.

8 Pré-aqueça o forno a 230º C; se você estiver usando uma pedra de pizza, coloque-a na prateleira debaixo para o pré-aquecimento. Enquanto o forno esquenta, de mais umas apertadas na massa e deixe descansar, coberta, por 15 minutos.

Capítulo 14: Cozinhando com Cerveja

9 Usando a ponta dos dedos e uma superfície levemente untada, estique e aperte a massa em círculos de 25 cm para uma Focaccia de casca grossa ou em círculos de 35 cm para uma versão de casca fina. Se estiver usando uma pedra de pizza polvilhe-a com fubá; se não, polvilhe o fubá em uma folha de assar.

10 Esfregue a massa com azeite suficiente para cobri-la toda (mais ou menos uma colher de sopa) e jogue as cebolas caramelizadas. Coloque o pimentão, bacon, feta e provolone, ou ingredientes de sua escolha. Coloque a massa na pedra quente ou coloque a folha de assar no forno na prateleira mais baixa; asse até a parte de cima borbulhar e a parte de baixo dourar — cheque após 15 minutos.

Por porção: 736 Calorias (Gordura 221); Gordura 25g (Saturada 4g); Colesterol 4mg; Sódio 666mg; Carboidrato 109g (Fibra Alimentar 7g); Proteína 20g.

Dica: Esta receita resulta na focaccia mais macia e saborosa que você vai achar por aí, feita exclusivamente para amantes da cerveja. Use a receita de massa acima ou compre massa congelada pronta de pão, deixe descongelar, amasse-a em círculos de 1 cm de espessura, e comece no passo 6.

Chili con Carne Para Leigos

Tempo de preparo: Aprox. 20 minutos • **Tempo de cozimento:** Aprox. 1 hora • **Rendimento:** 10-12 porções

Ingredientes:

1 a 1 ½ kg de carne magra suína, bovina ou ambas, ralada

2 colheres de sopa de azeite

2 cebolas grandes picadas

6 dentes grandes de alho, amassados

2 colheres de chá de cominho moído

1 ½ colher de chá de coentro moído

2 colheres de chá de orégano seco

1/3 a ½ xícara de pó de chile vermelho (do tipo ancho, se conseguir)

1-2 colheres de chá de pimenta cayenne (opcional)

2 xícaras de Vienna/Märzen/cerveja estilo Oktoberfest misturada com 1/3 xícara de farinha de trigo ou fubá bem fino

3 xícaras de caldo (galinha, legumes ou carne) ou água

450g de feijão vermelho escorrido (enlatado ou cozido)

450g de feijão preto escorrido (enlatado ou cozido)

900g de feijão pinto escorrido (enlatado ou cozido)

Sal e pimenta do reino moída na hora a gosto

Modo de Preparo

1 Em uma frigideira funda, cozinhe a carne em fogo médio até todas as partes rosas sumirem (não cozinhe até dourar). Retire do fogo, escorra a gordura em excesso, e reserve.

2 Aqueça o óleo em uma panela grande de ferro em fogo médio. Adicione as cebolas e cozinhe até ficarem translúcidas, mais ou menos 2 minutos.

3 Abaixe o fogo para médio-baixo e adicione o alho, cominho, coentro, e orégano. Continue cozinhando por 4 minutos.

4 Polvilhe o pó de chile e a pimenta cayenne (se estiver usando) e continue cozinhando por 1 minuto.

5 Adicione a cerveja, o caldo, a carne cozida e os feijões. Fervilhe lentamente, misturando com frequência, por 40 minutos. Sal e pimenta a gosto.

Por porção: Calorias 302 (Gordura 82); Gordura 9g (Saturada 2g); Colesterol 65mg; Sódio 761mg; Carboidrato 23g (Fibra Alimentar 8g); Proteína 30g.

Varie! Para um maravilhoso toque do sudoeste americano, misture 1 xícara de canjica durante os 10 minutos finais de cozimento. Para um chili ainda mais substancial, cozinhe 220g de bacon fatiado e adicione às carnes e feijões.

Bife Desfiado à Moda do Cervejeiro

Tempo de preparo: Aprox. 35 minutos • **Tempo de cozimento:** Aprox. 3 ½ horas • **Rendimento:** 8-10 porções

Ingredientes:

- 1 garrafa de 355ml de Cream Ale
- 3 xícaras de água misturadas com uma colher de sopa de sal kosher
- 2 colheres de sopa de orégano seco
- 8 dentes grandes de alho, descascados e amassados
- 2 colheres de chá de pimenta do reino moída na hora (flocos de chili vermelho opcional)
- 1.8kg de Acém bovino desossado (ou carne magra de porco)
- 1 cebola pequena, picada
- 1 colher de sopa de azeite
- 1-2 colheres de chá de pimenta cayenne moída (ou a gosto)
- 1 colher de chá de sal (ou a gosto)
- 1 garrafa de 355ml de Dortmunder Dark
- 1/3 copo de pasta de tomate
- 1/3 copo de vinagre de maçã
- 1/3 copo de açúcar mascavo
- 1/3 copo molho de carne americano
- 1-2 colheres de chá de fumaça líquida americana (ou a gosto)

Modo de Preparo

1 Em uma panela grande, aqueça a Cream Ale, água salgada, orégano, 5 dentes de alho, 1 colher de chá da pimenta do reino e cayenne (se estiver usando) e leve à fervura em fogo alto. Adicione a carne ao líquido fervente para selar os sucos, virando se necessário, e cozinhe por aproximadamente 8 minutos.

2 Abaixe o fogo para bem baixo, cubra e fervilhe devagar a carne por mais 2 a 3 horas ou até a carne se soltar facilmente. Deixe esfriar e desfie-a.

3 Em uma panela pesada em fogo médio, doure as cebolas em uma colher de sopa de azeite, mais ou menos 3 minutos.

4 Adicione os três dentes de alho restante, pimenta cayenne, sal e uma colher de chá de pimenta do reino às cebolas, e cozinhe por 2 minutos.

5 Despeje a Dortmunder e misture a pasta de tomate, vinagre, açúcar mascavo, molho de carne e fumaça líquida e fervilhe devagar por 10 minutos.

6 Adicione a carne desfiada ao molho e fervilhe por mais 15 minutos para a carne absorver o sabor do molho.

Por porção: Calorias 641 (Gordura 359); Gordura 40g (Saturada 17g); Colesterol 146mg; Sódio 869mg; Carboidrato 28g (Fibra Alimentar 1g); Proteína 41g.

Dica: Este churrasco de bife suculento com cerveja de simples preparo deve ser servido em grandes fatias de pão de massa azeda acompanhado da melhor salada de repolho.

Quiche do Arizona

Tempo de preparo: Aprox. 15 minutos • **Tempo de cozimento:** Aprox. 1 hora • **Rendimento:** 6 porções

Ingredientes:

½ xícara de creme azedo[3]

4 ovos extra grandes

2/3 xícara mistura de leite e creme de leite (meio a meio)

½ colher de chá de pimenta do reino moída na hora

1/3 copo de Chili Beer (ou American Pale Lager mais — opcional — ½ pimenta jalapeño fatiada e sem sementes)

1 colher de sopa de manteiga

1 cebola pequena, fatiada fininha

1 massa pronta congelada de 25 cm

1/3 xícara de chili verde picado (opcional)

1/3 xícara de pimentão vermelho

½ xícara de queijo Monterey Jack[4]

113g (ou 8 fatias) de bacon, cozido até ficar crocante e se desfazer

Modo de Preparo

1 Pré aqueça o forno a 190º C.

2 Em um liquidificador ou processador de alimentos, processe o creme azedo, ovos, mistura de leite com creme de leite e pimenta do reino até ficar homogêneo; misture a cerveja.

3 Aqueça a manteiga em uma panela *sauté* em fogo médio; adicione a cebola e deixe dourar, mais ou menos 5 a 6 minutos.

4 Espalhe as cebolas douradas na massa. Polvilhe os chilis (se estiver usando), pimentão vermelho, queijo ralado e bacon por cima.

5 Cuidadosamente despeje a mistura de ovos sobre a mistura de cebola. Não misture. Coloque na prateleira mais baixa do forno. Asse por aproximadamente 40 minutos ou até ao inserir uma faca ela saia limpa. Deixe esfriar de 5-10 minutos antes de servir.

Por porção: 499 Calorias (de Gordura 345); Gordura 38g (Saturada 15g); Colesterol 212mg; Sódio 609mg; Carboidrato 22g (Fibra Alimentar 0g); Proteína 16g.

Varie! Se você não gosta dos jalapeños e dos chilis verdes, substitua-os por pimentões assados ou cogumelos e brócolis.

Varie! Para uma versão mais light desta receita, use 2/3 copo de creme azedo light, 1 ¼ copos de substituto de ovo, ½ copo de leite desnatado, e pimenta junto com a cerveja. Doure as cebolas em uma panela antiaderente com spray sabor manteiga, use queijo light, e substitua o bacon por presunto light fatiado. Para um versão cervejeira do clássico quiche francês, substitua o queijo suíço e presunto pelo queijo Monterey Jack e bacon.

---

[3] Também conhecido como *sour cream*, é um creme à base de creme de leite e suco de limão.

[4] Queijo produzido em Monterey, na Califórnia, EUA. Pode ser encontrado em importadoras.

Asas Picantes de Frango com Molho Fácil de Alho

Tempo de preparo: Aprox. 25 min • **Tempo de cozimento:** Aprox. 4-8 horas mais tempo para marinar • **Rendimento:** 6-7 porções

Ingredientes:

1 colher de chá de pimenta do reino inteira

1 colher de chá de semente de coentro

1 colher de chá de semente de cominho

2/3 xícara de Munich Dunkel ou Bock

2 colheres de sopa de azeite

2 colheres de chá de gengibre ralado

4 dentes grandes de alho, amassados

1 pimenta chili serrano ou jalapeño, sem semente e bem picada (opcional para os que amam pimenta)

2 colheres de sopa de páprica defumada

2 colheres de sopa de mel

1 ½ colher de chá de sal (ou a gosto)

1.3 a 1.8 kg de frango, cortado e lavado (ou peito de frango desossado)

Aprox. 4 copos de Molho Fácil de Alho (veja a próxima receita)

Modo de Preparo

1 Aqueça uma frigideira pesada em fogo médio até bem quente. Retire do fogo e jogue as pimentas do reino inteiras e as sementes de coentro, mexendo por 1 minuto. Adicione o cominho e continue misturando por mais 30 segundos ou até ficar bastante aromático. (Pule esta etapa se estiver com pressa.) Deixe esfriar; e depois amasse as especiarias.

2 Em uma vasilha pequena, misture a cerveja e o azeite com as especiarias amassadas e o gengibre, alho, chili, páprica, mel e sal. Deixe descansar por 10 minutos.

3 Enquanto a marinada está descansando, corte o frango em pedaços diagonais com cortes de meio centímetro de profundidade, mais ou menos uns 4 por pedaço.

4 Esfregue o frango completamente com a marinada. Deixe marinar, coberto, na geladeira de 4 a 8 horas.

5 Grelhe em fogo médio até nenhum sinal de rosado apareça quando a carne é cortada e até a carne atingir temperatura interna de 73° C. Sirva com o molho fácil de alho (veja a próxima receita); Jogue o molho no frango grelhado ou para um efeito mais dramático despeje ao fundo por baixo do frango ou sirva ao lado para molhar.

Molho Fácil de Alho

2 xícaras de água

5 xícaras de pão francês ou italiano, sem casca

7 a 8 dentes grandes de alho, descascados

¼ xícara de cerveja de verão com toque de limão (ou uma Pale Ale levemente lupulada com um pouco de suco de limão)

¼ xícara leitelho (ou creme azedo)

¼ xícara de azeite

1/2 -1 colher de chá de sal (ou a gosto)

1 Despeje água sobre o pão e deixe encharcar por 1 minuto. Gentilmente retire a água do pão apertando com as mãos.

2 Coloque o pão e o restante dos ingredientes em um liquidificador ou processador de alimentos e processe até completamente homogêneo e cremoso.

Por porção: 508 Calorias (Gordura 279); Gordura 31g (Saturada 7g); Colesterol 90 mg; Sódio 1,058mg; Carboidrato 25g (Fibra Alimentar 2g); Proteína 32g.

Capítulo 14: Cozinhando com Cerveja

Camarão ao estilo Bayou

Tempo de preparo: Aprox. 15 min • **Tempo de cozimento:** Aprox. 45 mins • **Rendimento:** 6 porções

Ingredientes:

- 4 colheres de sopa de azeite ou óleo de canola
- 4 colheres de sopa de farinha
- 1 xícara de cebola picada
- 1 xícara de cebolinha picada
- 1 xícara de aipo picado
- 1 xícara de salsinha italiana picada
- 3 dentes de alho, amassados
- 1 xícara de caldo de galinha quente
- 1 xícara de Stout ou Porter de sabor bem torrado
- 8 tomates frescos ou enlatados, picados
- ½ colher de sopa de preparado especial para mariscos
- 1 colher de sopa de páprica defumada
- ½ colher de chá de pimenta do reino moída
- ½ colher de chá de sal ou ¼ colher de chá de pimenta cayenne
- 1.1kg de camarão descascados e limpos
- 4 xícaras de arroz cozido para servir

Modo de Preparo

1 Esquente o óleo em uma frigideira funda e pesada em fogo médio-baixo. Polvilhe a farinha e cozinhe até dourar, misturando sempre, aproximadamente 10 a 15 minutos.

2 Adicione as cebolas, cebolinha e aipo à farinha, cozinhando por mais 5 minutos. Adicione a salsinha e o alho, cozinhando mais 2 minutos.

3 Misture devagar o caldo quente e depois a cerveja e tomates, misturando sempre. Adicione o preparado de mariscos, páprica e pimenta. Cubra e fervilhe lentamente por 30 minutos.

4 Adicione sal e pimenta cayenne a gosto. Jogue o camarão e cozinhe até ficar rosa (mais ou menos 2 minutos). Retire do fogo e sirva imediatamente por cima do arroz.

Por porção: 425 Calorias (Gordura 108); Gordura 12g (Saturada 2g); Colesterol 281mg; Sódio 832g; Carboidratos 43g (Fibra Alimentar 3g); Proteína 35g.

Dica: Sirva o camarão com muita cerveja gelada (uma cerveja maltada tipo Oktoberfest ou Brown Ale) e pão francês fresquinho e crocante.

Varie! É claro, lagostas e caranguejos frescos vão muito bem com este molho também. Se você gosta de mexilhões, adicione-os ao molho 15 minutos após começar a fervilhar. Cubra e continue cozinhando por mais 20 minutos ou até os mexilhões se abrirem e estiverem completamente cozidos.

Parte III: Comprando e Apreciando Cerveja

Torta Aveludada de Chocolate e Stout

Tempo de preparo: Aprox. 10 min • **Tempo de resfriamento:** Aprox. 4-6 horas • **Rendimento:** 8-10 porções

Ingredientes:

- 340g de chips de chocolate meio amargo (ou chocolate amargo picado)
- 24 marshmallows grandes
- Pitada de sal
- 2/3 xícara de Stout (ou Porter)
- 1/3 xícara creme de leite ou leite evaporado ou leite condensado
- 1 colher de chá de baunilha
- 1 colher de sopa de Bourbon de qualidade ou creme de cacau (opcional)
- 1 massa pronta de torta
- Chantilly e chocolate ralado e/ou nozes torradas para decorar

Modo de Preparo

1. Coloque os chips de chocolate, marshmallows e sal em uma vasilha média.

2. Em duas panelas separadas, esquente a Stout e o creme de leite até ficar bem quente mas não fervendo. (Não aqueça os dois juntos em uma panela só, ou o creme vai talhar.)

3. Despeje a Stout e o creme sobre o chocolate e marshmallows e deixe descansar por 5 minutos. Gentilmente misture tudo para homogeneizar. Adicione a baunilha e o Bourbon (se estiver usando), continue misturando até ficar bem homogêneo.

4. Despeje a mistura na massa pronta e deixe na geladeira de 4 a 6 horas ou até bem firme. Decore com chantilly e chocolate ralado ou nozes torradas.

Por porção: Calorias 444 (Gordura 195); Gordura 22g (Saturada 10g); Colesterol 13 mg; Sódio 204mg; Carboidratos 65g (Fibra Alimentar 4g); Proteína 5g.

Parte IV
Explorando as Cervejas ao Redor do Mundo e em Casa

Nesta parte...

Esta parte do livro é, principalmente, sobre sair e explorar cervejas — geralmente onde elas são feitas (a propósito, é a melhor maneira de se experimentar cervejas). No Capítulo 15 eu fico por aqui pertinho (ou seja, na América do Norte) e em seguida sigo mais adiante até a Europa, Ásia e além, no Capítulo 16.

O Capítulo 17 também é sobre as viagens em busca das boas cervejas, mas especificamente sobre viagens focadas estritamente em cerveja. Sim, algumas empresas planejam viagens e férias totalmente focadas em cerveja, e aqui eu irei destacá-las.

E, finalmente, o Capítulo 18, que aborda a exploração cervejeira de uma maneira bem inusitada: fabricando a sua própria cerveja. Não ignore esta possibilidade; milhares de pessoas pelo mundo vêm fabricando a própria cerveja em casa (eu sou uma delas), e muitas outras estão entrando na onda todos os dias.

Capítulo 15

Analisando Cervejas na América do Norte

Neste Capítulo

▶ Revisitando as tradições norte americanas de fabricação
▶ Provando cervejas em bares e pubs cervejeiros norte-americanos
▶ Conhecendo os festivais e museus da cerveja na América do Norte

Apesar das raízes europeias da cerveja, os exploradores de cerveja norte-americanos não precisam viajar muito longe para matarem sua curiosidade. As pessoas podem encontrar muitas maneiras de celebrar e explorar as cervejarias norte-americanas, os festivais e até os museus cervejeiros. E, como a maioria da cerveja fabricada em microcervejarias ou pubs cervejeiros não é distribuída nacionalmente, a exploração de cervejas nos Estados Unidos, Canadá e até no México pode trazer recompensas, como você irá descobrir neste capítulo. Isso sim é gratificação instantânea!

Com mais de 2 mil fabricantes artesanais ou pubs cervejeiros aprimorando seus ofícios nos Estados Unidos e Canadá, você pode encontrar uma boa cerveja em praticamente qualquer lugar, apesar de estarem mais concentradas nas grandes áreas urbanas. Apesar das cervejas não serem, geralmente, regionais, como na Alemanha e Bélgica (veja o Capítulo 16 para mais detalhes), pelo menos uma região merece um mérito especial: o Noroeste Pacífico — o nirvana cervejeiro, a Terra Prometida para os exploradores de cerveja norte americanos — com seus ótimos pubs, donos de pubs, microcervejarias e fabricantes inovadores. Por volta de 30% dos lúpulos do mundo crescem aqui, junto com 30 mil toneladas de cevada a cada ano.

Conhecendo o Passado da Cerveja nos Estados Unidos

Antes de chegar ao prato principal deste capítulo — onde encontrar e saborear cerveja com seu prato favorito na América do Norte — seria interessante refletir um pouco sobre a história e eventos que fizeram da fabricação de cerveja nos Estados Unidos o que ela é hoje. Dê uma olhada nas seguintes seções para uma breve história da fabricação de cerveja americana.

Respeitando os mais velhos: rastreando ótimas tradições de cerveja americanas

Apesar de o Novo Mundo ter sido descoberto há meros 500 anos atrás, a fabricação de cerveja no continente Norte Americano tem sido um ofício constante por mais ou menos 400 destes anos. Salvo, as criações mais antigas produzidas pelos exploradores europeus eram bastante rudimentares, tendo que ser produzida através de ingredientes disponíveis, como seiva de árvores, melaço e milho; essas cervejas demonstravam a dedicação e tenacidade (e força intestinal?) dos colonizadores.

A mais antiga cervejaria da América do Norte é a Molson Brewery, em Montreal, Quebec, Canadá, fundada em 1786. (Ela também é a segunda empresa mais antiga do Canadá, atrás da Hudson Bay Company.)

Após a construção de moradias, a ordem colonial prioritária era de se construir uma igreja, seguida por uma taverna. Ambos eram ótimos pontos de encontro: um para fins religiosos, e o outro para fins político-sociais.

Eventualmente, dentre a massa de imigrantes europeus, vieram aqueles cujo ofício era fabricar cerveja — cerveja genuína, feita com ingredientes genuínos. Empreendimentos comerciais cervejeiros foram rapidamente estabelecidos principalmente nos centros urbanos para saciar a sede das crescentes populações.

À medida que as fronteiras do estado americano se expandiam para o oeste, expandia-se também a necessidade de novas cervejarias em cada novo ponto. Lá por meados de 1870, 4 mil cervejarias existiam somente nos Estados Unidos. A seguir estão os nomes ainda reconhecidos de cervejarias daquela época:

- Anheuser (Eberhard) e Busch (Adolphus)
- Coors (Adolph)
- Hamm (Theodore)
- Leinenkugel (Jacob)
- Matt (Francis Xavier)
- Miller (Frederick)
- Pabst (Frederick)
- Schlitz (Joseph)
- Spoetzl (Kosmas)

Os seguintes nomes são de cervejarias que estão desaparecendo na história ou já não são mais reconhecidos:

- Blatz (Valentin)
- Heileman (Gottlieb)
- Huber (Joseph)
- Ortlieb (Henry)
- Schaefer (Frederick and Maximilian)
- Schmidt (Christian)
- Stegmaier (Charles)
- Stroh (Bernard)
- Weinhard (Henry)

A mais antiga cervejaria em operação nos Estados Unidos é a D.G. Yuengling & Son Brewery, em Pottsville, Pensilvânia, inaugurada em 1829. A cervejaria Yuengling conseguiu sobreviver aos 13 anos de proibição produzindo a quase-cerveja (cerveja não-alcoólica) e laticínios.

Apesar de nenhuma das cervejarias mencionadas acima — e elas são apenas uma fração das que vieram antes — serem conhecidas por produzir estilos e sabores únicos e espetaculares de cerveja, todas fizeram parte de uma indústria de rápida expansão que elevou os padrões de produção. A qualidade e a consistência se tornaram os novos padrões — não que a qualidade não tenha sido nunca parte importante da indústria, mas o compromisso com a consistência foi bastante impressionante.

O número de barris produzidos pela indústria cervejeira americana começou a aumentar durante este período. A cervejaria Pabst Brewing Company do Milwaukee, Wisconsin, tornou-se a primeira a produzir mais de 1 milhão de barris de cerveja por ano no período de 1890. As cervejarias Anheuser-Busch Brewing Company, de St. Louis, Missouri, e a Schlitz Brewing Company de Milwaukee, Wisconsin, vieram em seguida. Estas cervejarias representavam as três maiores cervejarias nos Estados Unidos na virada do século XX. A cerveja em si poderia não ser tão notável, mas o grande volume que estava sendo produzido, certamente era.

A ascensão: a explosão da indústria cervejeira americana no século XX

Desde 1933, quando a 21ª Emenda pôs fim à proibição da comercialização da cerveja, a produção nos Estados Unidos se expandiu rapidamente (apesar de haver menos cervejarias do que antes, logo após a proibição). O Canadá teve sua própria proibição que começou e terminou antes, mas que afetou pouco ou nada na fabricação naquele país. A produção de cerveja no México, que nunca passou por um período de proibição, continuou sem grandes problemas.

Durante a proibição, os sul californianos bebiam na fronteira mexicana em Tijuana. Para satisfazer o grande número de turistas sedentos, cada vez mais bares e cantinas foram abertos em Tijuana, dando a esta cidadezinha rural o notório título de "mais bares per capita (no mundo)".

Nas décadas de 1940 e 1950, quando pequenas cervejarias americanas continuavam a falir e fechar, a produção de barris continuava a aumentar. Nem nos anos 1980, quando o número de cervejarias existentes nos Estados Unidos atingiu a maior baixa, os números de produção não caíram (estima-se uma produção de 175 milhões de barris em 1980 por aproximadamente 44 cervejarias). Você pode ver os altos e baixos das cervejarias em operação nos Estados Unidos no século XX na Figura 15-1.

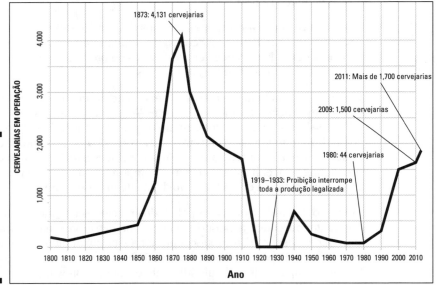

Figura 15-1: Os altos e baixos da operação das cervejarias nos Estados Unidos no século XX.

Ensinando novos truques a um velho cão: a ascensão das pequenas cervejarias artesanais

Quando cervejeiros artesanais (também conhecidos como *microcervejeiros*) entraram em cena no fim dos anos 1970 e início dos anos 1980, foram ignorados por praticamente todo mundo. Consumidores não os levavam a sério, e até onde interessava as grandes cervejarias, bom, digamos que não os interessavam. Os primeiros cervejeiros artesanais eram como um mosquito nas costas de um elefante; quando o elefante sacode o rabo, entretanto, o mosquito sabe que conseguiu sua atenção.

O momento exato no qual as grandes cervejarias começaram a levar os cervejeiros artesanais a sério está aberto para debates, mas as cervejarias

Capítulo 15: Analisando Cervejas na América do Norte

contratuais provavelmente tiveram algo a ver com isso. Uma *cervejaria contratual* é uma empresa que não é dona de nenhum equipamento de fabricação própria; ela contrata uma cervejaria de verdade para fabricar a cerveja para ela.

As cervejarias contratuais tiveram seu apogeu em meados dos anos 1980 (a Boston Beer Company é uma das poucas cervejarias contratuais que sobreviveram). Devido à aparência e gosto (na maior parte) das cervejas fabricadas sob contrato serem parecidas com as não-contratuais, os consumidores tinham dificuldade em perceber a diferença entre elas. Algumas cervejarias contratuais fizeram sucesso e eventualmente abriram suas próprias instalações, mas a maioria delas faliu e caiu no esquecimento. A única coisa em que as cervejarias contratuais tiveram sucesso foi na rápida expansão do mercado de cerveja artesanal, chamando a atenção dos consumidores e das grandes corporações, como Miller, Coors e Anheuser-Busch.

Quando o conceito de microcervejaria virou moda, muita gente iniciou operações de produção artesanal. Várias novas marcas chegavam ao mercado regularmente. Foi mais ou menos aí que o elefante começou a notar o mosquito.

Anheuser-Busch, Coors e Miller deram um recado para toda a indústria ao introduzirem suas próprias marcas especializadas no mercado (de meados dos anos 1980 até meados dos anos 1990). A mensagem era dupla:

- Elas não cederiam lugar nas prateleiras para um monte de jovens iniciantes.
- Elas eram capazes de produzir cervejas artesanais mais rápido e de melhor qualidade do que qualquer pequena cervejaria. (Pelo menos estavam certas quanto à rapidez.)

Diversas cervejarias nacionais e regionais tentaram entrar no movimento produzindo suas próprias cervejas artesanais. Algumas cervejarias realmente entenderam o conceito de cerveja artesanal e fizeram o melhor para tentar imitar, enquanto outras simplesmente não faziam ideia de onde estavam se metendo. Essas nada mais fizeram do que engarrafar uma cerveja medíocre e enfeitar com um rótulo e nome interessantes. Elas pensaram que isso passaria por cerveja artesanal. Não colou.

Quando muitos destes fingidores falharam, os grandes nomes decidiram trilhar por outro caminho. Eles tiveram a brilhante ideia de garantir sua entrada no movimento de cervejas artesanais através da compra de microcervejarias (ou parte delas). Quem disse que não se pode ensinar novos truques a um velho cão? Algumas das investidas mais notáveis das grandes cervejarias no ramo das cervejas artesanais incluem:

- A Anheuser-Busch se envolveu com a Redhook Ale Brewery de Seattle, a Widmer Brothers Brewing Company de Portland, a Kona Brewing Company de Honolulu e a Goose Island Beer Company (conhecidas coletivamente como Craft Brewers Alliance, Inc.). A Anheuser-Busch[1] abriu uma cervejaria em Portsmouth, New Hampshire, visando fabricar lá Redhook, Widmer, Kona e, mais recentemente, as Goose Island, facilitando assim a distribuição dessas marcas na costa leste.

---

[1] N.E.: Aliança dos cervejeiros artesanais.

- A Miller investiu pesado na cervejaria, anteriormente familiar, Jacob Leinenkugel Brewing Company, natural de Wisconsin, e estabeleceu a marca nacionalmente.
- A Coors foi mais discreta ao formar a misteriosa Blue Moon Brewing Company — subsidiária pouco conhecida, mas que tem se dado muito bem. (Em 2010, a Coors anunciou a criação da Tenth and Blake Beer Company, uma nova empresa focada em cervejas importadas e artesanais.)

Hoje em dia, mesmo com os números de produção e vendas das grandes cervejarias estagnados ou em queda, a produção de barris ainda está crescendo. Mérito dos cervejeiros artesanais.

Revolução ou renascença? A fabricação de cerveja nos EUA hoje e amanhã

Temos experimentado uma revolução ou uma renascença na indústria cervejeira? A resposta é sim. Os especialistas têm usado os dois termos evitando regularidade e, honestamente, os dois funcionam. Somos testemunhas de um novo momento e de grandes mudanças na indústria cervejeira. Nós estamos no meio de um *revival* ou renascimento de antigos estilos e métodos de produção de cerveja. A menos que algo seja violentamente interrompido e nós acabemos voltando ao século XV, tanto revolução quanto renascença são coisas positivas.

Falando em revolução, se um dia você estiver em Chicago, dê uma olhada na Revolution Brewing Company (www.revbrew.com). E enquanto estiver pelo bairro, dê uma paradinha no Haymarket Pub & Brewery (www.haymarketbrewing.com), próximo ao local das revoltas de Haymarket Square, em 1886.

Apesar da parte revolucionária desta nova experiência cervejeira norte-americana já ter acabado, a renascença ainda está acontecendo há mais de 30 anos — o que não é nada, visto que a Renascença durou quase três séculos na Europa. Mesmo com o crescente número de cervejarias artesanais, sempre há espaço para mais. Enquanto existirem cidades sem cervejarias e bebedores de cerveja não convertidos, existirá espaço para mais e mais cervejarias e cervejas. Pode apostar!

Conhecendo a Cena Cervejeira do Canadá e México

Por mais divertido que seja o crescimento da indústria de cerveja artesanal nos Estados Unidos, você não pode se esquecer que eles não estão sós neste movimento. Por melhor ou pior que seja, os vizinhos ao norte e ao sul são, muitas vezes, influenciados pelo o que os cervejeiros dos EUA fazem. E às vezes eles até vencem o jogo, como você poderá ver a seguir.

Oh, Canadá

As raízes da fabricação de cervejas do Canadá são tão antigas e bem estabelecidas quanto as dos Estados Unidos. Na verdade, muito da história do Canadá está interligada com a americana, pois o Grande Norte Branco foi descoberto, explorado e povoado pelas mesmas pessoas na mesma época. E soa lógico que a história de fabricação da cerveja canadense siga uma linha do tempo parecida também.

O inglês John Molson foi o primeiro a estabelecer uma cervejaria no Canadá, em 1786, ironicamente, na província francesa e bebedora de vinho, Quebec. O irlandês Eugene O'Keefe fez o mesmo em 1862 e mais tarde fundiu sua empresa com a de Thomas Carling. John LaBatt fez nome ao adquirir a cervejaria que foi vendida ao seu pai em 1866. Todos estes nomes icônicos são reverenciados pelos bebedores de cerveja canadenses. (Qual era mesmo o primeiro nome daquele cara da Moosehead[2], hein?)

Praticamente desconhecidas dos americanos que vêm sendo alimentados com uma dieta constante e limitada de Golden Lagers e Pale Ales canadenses, os grandes cervejeiros canadenses, como Molson, O'Keefe, Carling e Labatt, produzem uma grande variedade de marcas e estilos de cerveja que os canadenses guardam para si mesmos. Na verdade, a Molson Porter foi a cerveja da minha epifania, que despertou o meu interesse em boas cervejas, lá em 1982.

De qualquer maneira, refletindo o movimento de cerveja artesanal nos Estados Unidos, os cervejeiros artesanais canadenses vêm produzindo a mesma cerveja de alta qualidade e variedade de estilos. Algumas marcas para se procurar quando estiver no Canadá incluem as seguintes:

- Amsterdam, Toronto, Ontário
- Brasserie McAuslan (St. Ambroise), Montreal, Quebec
- Brick Brewery, Waterloo, Ontário
- Granite Brewery, Halifax, Nova Scotia
- Granville Island Brewing, Vancouver, British Columbia
- Okanagan Spring, Vernon, British Columbia
- Sleeman Brewing & Malting, Guelph, Ontário
- Unibroue, Chambly, Quebec

As maiores cidades do Canadá também abrigam excelentes pubs cervejeiros, renomados por suas ótimas cervejas. Entre eles estão:

---

[2]N.E.: A Moosehead foi fundada por uma mulher, Susannah Oland. É a cervejaria mais antiga do Canadá e permanece até hoje sob controle da família Oland.

LCBO e a Loja da Cerveja

Os viajantes acostumados a comprar suas cervejas em vários lugares comerciais estão sujeitos a uma surpresinha quando chegarem em Ontário. Oriundo do período da proibição canadense, o *Liquor Control Board of Ontario* (LCBO[3]) foi instituído para facilitar a transação de uma sociedade abstinente. As lojas LCBO são controladas pelo governo provinciano, e são alguns dos dois únicos lugares onde se pode comprar cerveja empacotada. O outro lugar é chamado de *The Beer Store* (A Loja da Cerveja, criativo, não?), que é comandada pela Molson, Coors, Anheuser-Busch, Inbev e a Sapporo Brewery (soa mais como um monopólio para mim). Ah, e mais uma coisa — os impostos canadenses sobre as cervejas são de doer de tão altos!

- C'est What? Toronto, Ontário
- Dieu du Ceil, Montreal, Quebec
- Hart & Thistle, Halifax, Nova Scotia
- Bushwakker, Regina, Saskatchewan
- Spinnakers, Victoria, British Columbia
- Yaletown Brewery, Vancouver, British Columbia
- Whistler Brewhouse, Whistler, British Columbia
- The Grizzly Paw, Canmore, Alberta

À maneira mexicana

A cerveja mexicana está longe de ser glamourosa; ela nunca foi considerada mais do que uma bebida qualquer para matar a sede em um país quente e seco. Entretanto, algumas marcas renomadas e artesanais estão disponíveis, como você descobrirá nas próximas páginas.

Grandes marcas de cerveja no México

Há décadas, a indústria de cerveja mexicana é monopolizada por apenas duas empresas: Grupo Modelo e Cervecería Cuauhtémoc Moctezuma. Infelizmente, elas produzem uma grande variedade de marcas sem oferecer uma grande variedade de estilos.

Interessantemente, há mais ou menos 30 anos atrás, o governo mexicano realizou uma campanha visando diminuir a incidência crescente de intoxicação pública, na qual classificou a cerveja como "una bebida de moderación" — uma bebida para se consumir moderadamente.

De qualquer maneira, se você quiser experimentar algumas cervejas mexicanas autênticas, as opções são um tanto medíocres. As seguintes marcas

---

[3]N.E.: Conselho de controle da bebida alcóolica de Ontário.

Capítulo 15: Analisando Cervejas na América do Norte

são as maiores fabricadas pelo grupo mexicano Grupo Modelo, instalado na Cidade do México:

- Corona
- Estrella
- Modelo Especial
- Negra Modelo
- Pacifico Clara
- Victoria

As maiores marcas produzidas pela cervejaria baseada em Monterrey, Cerveceria Cuauhtémoc Moctezuma, são:

- Bohemia
- Carta Blanca
- Dos Equis
- Indio
- Sol
- Tecate

O *Salón de la Fama Del Béisbol* (o Hall da Fama do Beisebol Mexicano) situa-se nas imediações da enorme cervejaria Cuauhtémoc Moctezuma, em Monterrey. Os visitantes podem saborear as cervejas em seu fresco jardim externo.

As dezenas de marcas são, em sua maioria, Pale Lagers, com duas notáveis exceções:

- O fabricante da Corona (uma pequena marca no México) também produz uma das únicas cervejas escuras do país: Negra Modelo.
- A relativamente maltada Dos Equis é uma pequena maravilha: ela é uma rara descendente das Vienna Lagers fabricadas no México durante a ocupação do imperador austríaco Maximilian, em meados do século XIX.

Cervejas artesanais no México

Por um tempo, parecia que o movimento da cerveja artesanal passaria batido pelo México. Com a economia desequilibrada e frente às tradições camponesas do país, se a cerveja artesanal pegaria de vez era uma grande questão. Porém, ufa, uma nova geração de bebedores de cerveja — e a galera das redes sociais — finalmente descobriram o que nós já saboreávamos por muitos anos: *cerveza artesanal*! Estes novos cervejeiros existem desde 2005 e estão encontrando seu espaço entre a elite urbana mexicana. Aqui estão algumas marcas e estilos que valem a pena procurar:

- Cervecería Primus (Tlalnepantla de Baz — essencialmente um subúrbio ao norte da Cidade do México)
  - Tempus Alt (Altbier)
  - Tempus Doble Malta (Imperial Altbier)
  - Tempus Dorada (Golden Ale)

A cervejaria Primus está ajudando na luta para introduzir as cervejas artesanais mexicanas no mercado, e muitos pequenos produtores locais estão se juntando para compartilhar os custos de importação e encorajar o crescimento de uma cultura de cervejas artesanais no México.

- Cervecería Minerva (Guadalajara)
  - Minerva colonial (Kolsch)
  - Minerva Pale Ale (English Pale Mild Ale)
  - Minerva Stout (Irish Dry Stout)
  - Minerva Viena (Vienna Lager)
- Minerva Malverde (Pilsner)
- Cervecería Cucapá (Mexicali)
  - Cucapá Barleywine (American Barleywine)
  - Cucapá Chupacabras (English Pale Ale)
  - Cucapá Clasica (Blonde Ale)
  - Cucapá Honey (Blonde Ale)
  - Cucapá Imperio (Belgian Strong Dark Ale)
  - Cucapá Jefe (American Pale Wheat Ale)
  - Cucapá La Migra (Imperial Stout)
  - Cucapá Light (Light Lager)
  - Cucapá Lowrider (Rye Beer)
  - Cucapá Oscura (American Brown Ale)
  - Cucapá Runaway (American India Pale Ale)
  - Cucapá Trigueña (American Blonde Ale)

Indo Onde a Cerveja Está

Mesmo com tantas variedades de cervejas disponíveis, a cerveja ainda não aparece magicamente na sua porta (a não ser que você faça parte de um clube da cerveja, mas isso é outra história). Se você quiser saborear uma boa cerveja, terá que sair e procurá-la (a não ser que você seja um fabricante caseiro, mas isso também é outra história).

A boa notícia é que você não precisa ir muito longe de casa para encontrar uma boa cerveja. Ela está lá, parada na esquina (para um número cada vez maior de pessoas). Nas próximas seções, você descobrirá alguns destinos de cerveja bem comuns pela América do Norte.

Bares de cerveja

Na Irlanda, no Reino Unido e na maioria da Europa central e do oeste, a cultura dos pubs ainda está intacta. Muitos pubs e tavernas possuem decoração tradicional, são lugares quietos, onde você pode beber confortavelmente com o povo local, que conhece praticamente todo mundo (a norma!). Mulheres e crianças são figuras presentes durante o dia. Muitas vezes, o chope é uma iguaria local que é servida e bebida com muito orgulho e respeito.

Apesar do histórico de proibição, da cultura da latinha de cerveja e da falta de estilos variados de cerveja, um pouco do estilo do Velho Mundo está retornando aos Estados Unidos na forma de bares especializados. Esses bares, diferentemente dos pubs cervejeiros e dos gastropubs que eu descrevo mais tarde neste capítulo, têm suas reputações construídas na quantidade e na qualidade das cervejas nas suas cartas de cerveja. É claro, esta moda não é sem extremos: alguns bares se empenham em ser grandes salões de cerveja alemã, outros se empenham em ser como os antigos pubs irlandeses e outros aspiram ao conceito de pub cervejeiro, instalando falsos equipamentos de fabricação para converter a aura do local na de um pub cervejeiro.

A polícia da cerveja recentemente alertou para o aumento de esnobes no campo da cerveja, portanto fique de olho naquelas pessoas que só descobriram agora que cerveja boa é legal e se tornaram experts da noite pro dia. À medida que mais bares com boas seleções de cerveja entram neste mercado expansivo e competitivo, a cerveja às vezes é forçada a ceder lugar de destaque para bandas ao vivo, para a barulheira dos jogos de pinball, para multidão enlouquecida e para ignorantes quando o assunto é cerveja. Escolha cuidadosamente os seus destinos.

Muitos bares de cerveja fazem sua reputação no tamanho e conteúdo variado de sua carta de cervejas. Oferecer três, quatro e até 500 marcas diferentes não é incomum em alguns desses lugares — mas isso não é necessariamente uma coisa boa. Por quê?

- ✔ Primeiramente, estocar tantas marcas diferentes em qualquer quantidade é quase fisicamente impossível, portanto, a sua escolha provavelmente vai estar esgotada.
- ✔ Segundo, já é difícil estocar tanta cerveja, agora estocá-las na temperatura fria apropriada está fora de questão.
- ✔ Terceiro, quando um bar oferece um número absurdo de cervejas, os estoques de certas cervejas não vendem tão rápido.

Ao invés de estocar centenas de garrafas quebráveis e envelhecidas de cerveja, os donos de bar espertos têm investido em chopeiras e agora oferecem tantos tipos de chope quanto couber nelas. Você pode encontrar bares que oferecem 10, 20 ou 50 cervejas diferentes em chope, muitas delas frescas como lúpulos recém-colhidos.

Nos Estados Unidos, a cerveja artesanal ocupa a maioria das chopeiras; alguns bares até fizeram acordos com os cervejeiros locais para receberem um fornecimento contínuo de cerveja a serem vendidas com o nome do bar.

Para a maioria dos bebedores de cerveja, o chope é melhor do que a cerveja de garrafa. Por quê? Porque o chope

- é mais fresco (a cerveja é entregue rapidamente, às vezes diretamente pela cervejaria);
- é geralmente não-pasteurizado (o gosto não foi eliminado junto com os micróbios);
- provavelmente foi armazenado apropriadamente (as pessoas que encomendam pelo barril keg estão normalmente mais interessadas na qualidade da cerveja);
- possui bolhas menores e textura mais cremosa do que as cervejas de garrafa, se servido de maneira correta — principalmente com uma chopeira com torneira de bomba manual (veja o Capítulo 5 para mais informações sobre as bombas manuais).

Pubs cervejeiros

Um dos melhores lugares para experimentar cervejas diferentes é em um pub cervejeiro — um pub, geralmente com um restaurante, que serve a sua própria cerveja fabricada em uma pequena cervejaria nas próprias instalações, meio que um restaurante com sua própria confeitaria.

Por definição, um pub cervejeiro não distribui mais do que 50% de sua cerveja para fora do estabelecimento — a maioria não distribui nenhuma — apesar de você poder levar pra casa, às vezes, em pequenos barris keg ou growlers (veja o Capítulo 9 para mais detalhes sobre esses barris). Os pubs cervejeiros possuem vários tamanhos, desde um taberneiro que fabrica por hobby e têm uma saída de em média 200 barris até as grandes operações comerciais que fabricam milhares por ano.

Mesmo com os mais ou menos mil pubs cervejeiros em operação no momento nos Estados Unidos e novos abrindo em outras partes da América do Norte e na Europa (principalmente no Reino Unido — veja o Capítulo 16), estes locais ainda não são para a maioria das pessoas. Entretanto, os pubs cervejeiros seguem pipocando por aí, em tudo quanto é lugar — especialmente em centros urbanos, mas também em locais sazonais como subúrbios e zonas rurais. Até cadeias de pubs cervejeiros têm aparecido nos Estados Unidos e Reino Unido, apesar de que nem todo mundo está convencido de que cerveja artesanal possa ser uma franquia.

A maneira mais fácil e eficiente de encontrar o pub cervejeiro mais próximo é usando a sua ferramenta de busca favorita. Se isto não funcionar, cheque os sites dedicados à cerveja listados no Capítulo 19.

Capítulo 15: Analisando Cervejas na América do Norte

Os amantes da cerveja valorizam os pubs cervejeiros por vários bons motivos, incluindo:

- **Cerveja fresca:** O produto servido num pub cervejeiro é o mais fresco que você vai encontrar em qualquer lugar. (Os pubs cervejeiros sempre se vangloriam do fato de que as cervejas de megacervejarias precisam viajar centenas de quilômetros para chegar até o seu copo, enquanto que a deles viaja apenas alguns passos do tanque até a chopeira.) Com cerveja, o frescor é imprescindível na preservação do sabor.

- **Variedade:** Os pubs cervejeiros oferecem cervejas em uma variedade dos estilos mais comuns, uma ou duas sazonais especiais e uma ou outra em um estilo mais exótico, normalmente por tempo limitado (o que faz com que você volte regularmente para ver as novidades). Os cervejeiros gostam de testar suas habilidades tanto quanto gostam de agradar o seu paladar. Cervejas importadas ou convidadas geralmente aparecem ao lado das caseiras, só por diversão. Muitos pubs cervejeiros ilustram algumas de suas cervejas mais populares nos porta-copos para que os consumidores as vejam assim que se sentarem (veja a Figura 15-2, por exemplo).

- **Know-how na hora de servir:** Os pubs cervejeiros sabem como servir uma cerveja. Por exemplo, nenhum bebedor sério quer uma caneca congelada e eu ainda estou por encontrar uma em um pub cervejeiro. A maioria deles serve a cerveja na temperatura adequada e em copos apropriados (veja o Capítulo 11 para os detalhes sobre como servir uma cerveja).

- **Educação elementar:** Os curiosos e inquisitivos podem ver o equipamento de fabricação e ter a chance de assistir o mestre cervejeiro trabalhando e fazer perguntas. Com sorte, você pode até fazer um tour. O que é legal mesmo é quando um cervejeiro oferece a um cliente bem interessado a oportunidade de passar o dia trabalhando ao lado deles.

Figura 15-2: Este porta-copo é um bom exemplo do que você pode esperar encontrar em muitos pubs cervejeiros.

- **Pós-graduação:** os pubs cervejeiros, às vezes, patrocinam seminários de fabricação ou degustações de cerveja de fim de semana. A Goose Island Brewing Company de Chicago, Illinois, foi umas das primeiras a fazer isto. Esta empresa oferece o MBA (*Master of Beer Appreciation*[4]), que encoraja os clientes a experimentarem um currículo de estilos por todo o ano e ganhar pontos Premium para trocar por camisetas e cerveja de graça (estava esperando um diploma?).

- **Camaradagem:** Uma coisa que você certamente encontrará em um pub cervejeiro é camaradagem — não a do tipo esportivo cheia de testosterona, mas a do tipo de fanáticos por cerveja, os lupulomaníacos, e os fãs de cerveja gourmet. Iniciar conversas sobre cerveja é fácil nestes lugares. (E alguns donos de pubs cervejeiros são antigos produtores caseiros.) O clima e esportes também aparecem, é claro, mas cerveja sempre será o assunto predileto.

- **Comida:** Ah sim, a comida. Os caras dos pubs cervejeiros geralmente gostam de cozinhar receitas que valorizem suas cervejas, e eles ficam felizes em sugerir combinações de comidas e cervejas. Mas a comida é secundaria à boa cerveja (pena dos raros pubs cervejeiros com cervejas ruins). Quando a comida é excelente e criativa, a experiência é divina. (Vá ao Capítulo 13 para detalhes sobre refeições com cerveja e ao Capítulo 14 para saber mais sobre como cozinhar com cerveja.)

Um bom pub cervejeiro é definido por uma boa cerveja, é claro, mas também pela evidência da paixão, reverência e respeito do cervejeiro pela cerveja. Essas qualidades são o que fazem o cervejeiro tirar tempo para conversar sobre cerveja com você, para lhe mostrar a cervejaria e para treinar os atendentes. Os cervejeiros precisam ter paixão para terem um pub cervejeiro, se não, é apenas mais um bar.

Gastropubs

Os *Gastropubs* são os mais novos destinos do amante da cerveja na América do Norte (eles diferem dos pubs cervejeiros porque eles não produzem suas próprias cervejas). Esses lugares, seguindo o modelo europeu (pubs e cafés), pretendem introduzir aos amantes da comida e da cerveja a paixão de cada um. Os menus de cerveja, apesar de não serem necessariamente extensivos na quantidade de cervejas oferecidas, geralmente têm profundidade, com diversos estilos. Os pratos são desenvolvidos em torno da cerveja ou deliberadamente preparados para serem complementados pela cerveja, o que torna os gastropubs locais perfeitos para jantares de cerveja organizados (veja a próxima seção para mais informações).

Os gastropubs são, geralmente, menores e mais intimistas do que os pubs cervejeiros, mas a conta pode ir de simples e acessível até extravagante e cara. De qualquer forma, espere uma experiência verdadeiramente gastronômica ao visitar um gastropub.

---

[4]N.E.: Mestre de apreciação de cerveja.

A maneira mais fácil e eficiente de encontrar o gastropub mais próximo é usando a sua ferramenta de busca favorita. Se isto não funcionar, cheque os sites dedicados à cerveja listados no Capítulo 19. Também não faz mal perguntar aos outros.

Jantares cervejeiros

Geralmente, um restaurante é um lugar pouco provável de se encontrar boa cerveja. O vinho sempre foi, e ainda é, o conceito favorito em combinações de comida e bebidas. Mas agora há esperança. Cada vez mais você encontra um restaurante mais refinado que decidiu acordar e ver o poder da cevada ou que recebeu inúmeros pedidos de algo que não fosse o Chateauneuf Dew Pop ou Vin d'Pay d'ay. Tal restaurante possui uma carta de cervejas, ou pelo menos algumas cervejas artesanais decentes para oferecer. Alguns estão começando a fazer jantares cervejeiros de vez em quando.

Jantares cervejeiros são um fenômeno inspirado pelo grande número de cervejas gourmet disponíveis. As refeições são oferecidas por restaurantes, pubs cervejeiros, gastropubs e bares de cerveja. Esses lugares podem não ser necessariamente conhecidos por seus longos cardápios de cerveja, mas seus donos reconhecem o poder de uma boa cerveja. Os jantares cervejeiros são, geralmente, um esforço coletivo do chef e de uma *celebridade da cerveja* — um mestre cervejeiro, um importador de cerveja ou um escritor de cerveja.

Os jantares cervejeiros geralmente apresentam muitos pratos que focam em certas combinações de cerveja e comida e geralmente usam a cerveja como ingrediente no maior número possível de pratos. Um típico menu lista os pratos junto com a cerveja a ser servida com eles; os menus podem trazer também um pouco da história de cada cerveja. Estes eventos são realmente um prazer, mas não são nada baratos. Procure por promoções especiais e planeje suas reservas com bastante antecedência.

Porque os jantares cervejeiros não acontecem todas as noites da semana, eles são, mais ou menos, uma proposta de erros e acertos. Para garantir que você não perca nenhum destes eventos, você pode querer entrar na lista de correspondência (e e-mail) dos estabelecimentos que são famosos por apresentarem jantares da cerveja.

Alguns jantares podem ser temáticos. Por exemplo, um jantar pode utilizar cervejas somente da Alemanha ou Bélgica. Ou em um banquete que oferece ostras, a Stout pode ser o único estilo de cerveja servida (ostras e Stout são uma combinação clássica). Os temas podem ser comida (como caça ou peixe), estações, especialidades locais, ou estilos de culinária. Dê uma olhada no Capítulo 13 para mais detalhes sobre jantares cervejeiros.

Celebrando os Festivais de Cerveja Norte Americanos

Os amantes da cerveja adoram celebrá-la. Festivais de cervejas artesanais estão pipocando por todos os lugares onde exista uma pequena coleção de pubs cervejeiros ou microcervejarias. Será que a cerveja é um bom lubrificante social? Algo a se pensar.

Os americanos descobriram que o verdadeiro significado de festival da cerveja vai bem além das onipresentes Oktoberfests que acontecem em qualquer cidadezinha do país. É preciso um pouco mais do que salsicha grelhada e música alemã para agradar a galera da cerveja hoje em dia. Na linguagem dos festivais da cerveja, quantidade significa variedade, de número de cervejeiros e estilos — não um alto nível de consumo. E você precisa de cerveja boa. Cerveja artesanal.

Os festivais de cerveja estão se tornando padronizados, tendo os patrocinadores aprendido com os erros.

- Os participantes podem esperar pagar uma boa quantia para o ingresso, o que é justificado facilmente devido aos custos altos de seguro, aluguel do local, banheiros químicos, propaganda e copos (os copos podem se tornar itens de colecionador, especialmente se estiverem datados).

- Se os custos da cerveja em si não estiverem inclusos no ingresso, vendem-se então fichas que podem ser compradas por pouco mais do que um trocado. Alguns festivais servem apenas 30 ml de cada cerveja (geralmente os festivais que incluem a bebida no preço do ingresso, é claro), enquanto outros permitem de 300-355 ml — mas esta quantidade é mais uma exceção do que uma regra.

Os festivais de cerveja não são apenas lugares para experimentar cervejas conceituadas hoje em dia. Muitas dessas extravagâncias agora estrelam demonstrações de fabricações caseiras, seminários sobre a culinária com cerveja, noite de autógrafos, e tendas patrocinadas vendendo todo tipo de artigos relacionados à cerveja. Nos pequenos festivais, uma das vantagens é a oportunidade de conversar com o cervejeiro e sentir um pouco da paixão e da arte envolvidas na produção da cerveja artesanal. Entretanto, à medida em que os festivais vão crescendo (e se popularizando), o encontro com o cervejeiro vem se tornando cada vez mais raro, infelizmente. Funcionários e voluntários são os que servem e conversam agora.

Nas próximas seções, eu lhe mostro dicas úteis de como se divertir em um festival de cerveja, e listo alguns dos melhores festivais na América do Norte.

Se você realmente curte cerveja e diversão, você pode pedir para ser voluntário como atendente ou guia em um festival — uma boa ideia cuja hora já chegou e na qual os benefícios (adivinhe) são simples.

Descobrindo o que fazer e não fazer em um festival

Como um veterano velho conhecido de muitos festivais locais, regionais e nacionais, eu desenvolvi uma lista do que fazer e não fazer para maximizar o seu aproveitamento e aprendizado nos festivais de cerveja — é um trabalho árduo, mas, alguém tem que fazer.

O que fazer

O que fazer ao participar de um festival de cerveja inclui o seguinte:

- Traga um motorista que não beba ou dê uma olhada nos transportes públicos.
- Chegue cedo para evitar a multidão. As multidões podem acabar com a sua tentativa de tentar conversar com um cervejeiro. E o estacionamento não é um problema grande para quem chega cedo. Seu motorista pode querer sair mais cedo se o trânsito for um problema.
- Leve, use e guarde a programação dos festivais. Os maiores e mais estabelecidos festivais dão programações detalhadas cheias de informações interessantes e educativas que podem ser úteis por meses após o festival. E mais, você precisa saber os horários marcados para as demonstrações e a aulas que são oferecidas.
- Use sapatos confortáveis; espere andar e ficar bastante em pé — e possivelmente levar um pisão no pé. Os festivais de cerveja não são renomados por suas cadeiras superconfortáveis.
- Vista-se adequadamente. Proteja-se do tempo se o festival for do lado de fora.
- Traga uma mochila ou pochete se for permitido. A maioria dos grandes festivais cobertos não permitem mais mochilas.
- Traga um contêiner portátil de água. Muitas vezes, as estações de limpeza de copos fica sem água, e bebedouros são difíceis de encontrar ou têm filas enormes. O calor, umidade, e cerveja não são os melhores parceiros. A desidratação é um problema que vale a pena ser evitado. Você também quer enxaguar seu paladar, não quer?
- Traga pão, pretzels, biscoitos ou outro tipo de lanche (evite coisas gordurosas e apimentadas se você estiver levando a sério a degustação).
- Traga um lápis ou caneta e um pequeno caderno e tome notas (legíveis) das cervejas que provar. Você se surpreenderia com o quão úteis e valiosas as suas boas notas podem ser na sua próxima visita a uma loja de cerveja ou festival. Você também se surpreenderia com o quanto você é capaz de esquecer depois de quatro horas de degustação de cerveja!
- Aceite tudo sendo oferecido de graça. Você pode não querer tantos broches, porta-copos, pôsteres ou caixas de fósforo, mas alguém que você conhece pode querer — e eles são *de graça!*

O que não fazer

O que não fazer ao participar de um festival inclui o seguinte:

- Não deixe o tempo ruim o impedir de ir a um festival ao ar livre a não ser que o tempo esteja realmente muito ruim. A maioria dos festivais são protegidos por grandes tendas. Uma chuvinha na sua cerveja não é um problema.
- Não vá a um festival de cerveja de barriga vazia a não ser que você tenha certeza que servirão comida lá. A maioria dos festivais de cerveja oferece comida, porém a qualidade e variedade podem variar bastante. As concessões de festivais podem ser ridiculamente caras.
- Não leve crianças. Para a segurança do seu filho assim como para o seu próprio aproveitamento, procure uma alternativa que não seja levar o Júnior junto.
- Não compre um livro ou qualquer item pesado até você estar pronto para ir embora, ou então você vai ter que ficar carregando com você. É claro, eles podem esgotar até lá também!
- Não fique parado na mesa de serviço após receber a sua cerveja. Nada é mais irritante do que ter que ficar brigando com a multidão para chegar até a sua cerveja. Saia logo do caminho, anda!
- Não fique o dia ou a noite toda perto da mesa que serve sua cerveja favorita. Seja ousado, experimente — experimente aquelas cervejas que você não encontra na sua loja local. Os festivais de cerveja são ótimos lugares para aprender sobre a grande variedade de cervejas e estilos incomuns. Não faça de um lugar sua taverna particular.
- Não deixe o seu objetivo ser beber todas as cervejas do festival. Em alguns casos, isto não pode ser feito; e na maioria dos casos, não deveria ser.
- Não dirija após beber cerveja.

Conhecendo festivais de cerveja notáveis nos Estados Unidos, Canadá, México e Brasil

A lista a seguir mostra alguns dos festivais mais conhecidos nos Estados Unidos, Canadá, e México. Novos festivais vêm sendo organizados, mais rápido do que você consegue dizer "Hoppapalooza". Para saber mais sobre festivais, mantenha seus contatos com os pubs cervejeiros e lojas de equipamentos de produção e dê uma olhada em sites dedicados aos festivais de cerveja, como o www.beerfestivals.org. E, é claro, você sempre pode usar o Google.

- **Microbrew Festival (Eugene, Oregon, EUA), segunda semana de fevereiro:** Estimadas 100 cervejas são representadas por 50 cervejarias. O foco deste festival é nas cervejas do Pacífico Noroeste, mas outras são bem-vindas. Também tem entretenimento ao vivo. Para mais informações, entre em contato com microbrewfestival@klcc.org.

Capítulo 15: Analisando Cervejas na América do Norte

- **American Craft Beer Fest (ACBF) (Boston, Massachusetts, EUA), primeira semana de maio:** O ACBF é a maior celebração da cerveja americana da costa leste, estrelando mais de 100 cervejarias americanas e mais de 500 cervejas! Para mais informações, dê uma olhada em www.beeradvocate.com/acbf.

- **Mondial de la bière (Montreal, Canadá), segunda semana de junho:** Um festival de dez dias, conhecido como o "Maior festival de cervejas internacionais na América do Norte", atrai mais de 50 mil participantes e estrela cervejas dos cinco continentes. O festival acontece na área de Old Port/Old Montreal. Dê uma olhada em www.festivalmondialbiere.qc.ca para mais informações.

- **Colorado Brewers' Festival (Fort Collins, Colorado, EUA), junho:** Quase 60 cervejas e 30 cervejarias do Colorado estão representadas neste festival, que inclui ótima música ao vivo no centro histórico de Fort Collins. Para mais informações, dê uma olhada em www.downtownfortcollins.com/dba.php/brewfest.

- **Nando's Canada Cup of Beer (Vancouver, Canadá), segunda semana de julho:** O maior festival de cerveja de Vancouver estrela mais de 200 cervejas diferentes. Para mais informações, dê uma olhada em www.canadacupofbeer.com.

- **Great Taste of the Midwest (Madison, Wisconsin, EUA), segunda semana de agosto:** Este festival é apresentado pela Madison Homebrewers & Tasters Guild e é um dos mais antigos e melhores eventos de um dia no meio-oeste — sempre esgotado. Mais de 119 cervejarias participaram em 2011. Entre em contato com greattaste@mhtg.org e/ou visite www.mhtg.org/great-taste-of-the-midwest para mais informações.

- **Great American Beer Festival (Denver, Colorado, EUA), fim de setembro ou início de outubro:** O vovô de todos os festivais de cerveja celebrou seu trigésimo aniversário em 2011. O GABF apresenta a maior conglomeração de cervejas e cervejarias nos Estados Unidos, com mais de 3.500 cervejas de mais de 450 cervejarias de todo o país. Este festival é sempre o maior e o melhor. Para mais detalhes, dê uma olhada em www.gabf.org.

- **Congreso Cerveza Mexico: Por la Cerveza Libre (Cidade do México, México), começo de setembro:** Por que a cerveja artesanal é uma coisa nova no México, os festivais também são. Este festival de cerveja, que é o maior deste tipo no México, é na verdade parte de um show gourmet. Dê uma olhada: www.cervezamexico.mx/.

- **Festival Brasileiro da Cerveja (Blumenau/SC, Brasil):** Considerado o maior encontro cervejeiro do país, tem como objetivo levar ao público amante de boas cervejas uma variedade de opções delas. Para mais detalhes, dê uma olhada em www.festivaldacerveja.com

Explorando os Museus de Cerveja Norte-Americanos

Os entusiastas da cerveja muitas vezes não conseguem parar na experiência direta. Desejando cada vez mais estímulo cervejeiro, eles saem do caminho comum para a cena mais contemplativa dos museus cervejeiros. Os poucos museus americanos não são renomados por sua completude ou abordagem acadêmica no assunto, mas a variedade deles vale uma explorada. Aqui estão alguns que você deveria visitar:

- **August Schell Brewing Company (New Ulm, Minnesota):** Uma cervejaria em operação desde 1860, o tour deste museu inclui a cervejaria, a mansão da família Schell, um parque de cervos e o museu. Visite: `www.schellsbrewery.com/home.php`.

- **F.X. Matt Brewery, anteriormente a West End Brewery (Utica, New York):** Este museu é uma enorme coleção da publicidade de cervejarias; itens antigos estão expostos em todas as paredes do centro hospitaleiro da cervejaria. Visite: `www.saranac.com`.

Assim como a F.X. Matt Brewery, a maioria das cervejarias maiores e mais antigas nos Estados Unidos exibem uma enorme quantidade de itens antigos e publicidade de cerveja. Confira a D.G. Yuengling & Son Brewery, em Pottsville, Pensilvânia (`www.yuengling.com`) e a Jacob Leinenkugel Brewery, em Chippewa Falls, Wisconsin (`www.leinie.com`).

- **Joseph Wolf Brewery Caves (Stillwater, Minnesota):** Estas cavernas são parte do museu de uma cervejaria de 1870. Se você conhecer este lugar, pode até entender porque um bom mestre cervejeiro tem dentes ruins. Visite: `www.lunarossawinebar.com/cavetour.html`.

- **Les Brasseurs Du Temps (Gatineau, Quebec):** Este museu histórico, localizado dentro da cervejaria Brasseurs Du Temps, exibe mais de 160 anos de história e artefatos da cerveja e sua fabricação. O tour é autoguiado e grátis. Visite: `www.brasseursdutemp.com/museum`.

- **100 Center (Mishawaka, Indiana):** Uma experiência que envolve compras, jantares finos e entretenimento, este museu está listado no Registro Nacional de Locais Históricos e ocupa os prédios que anteriormente abrigavam a Kamm & Schellinger Brewing Company, em 1853. Muitas relíquias da antiga cervejaria ainda estão lá. Visite: `www.centerforhistory.org/learn-history/business-history/mishawaka-kamm-and-schellinger-brewery`.

- **The Pabst Mansion (Milwaukee, Wisconsin):** O Capitão Frederick Pabst, fundador da Pabst Brewery, construiu esta mansão em 1893. Ela é considerada a mais fina mansão do Flemish Renaissance Revival nos Estados Unidos e é um testamento ao sucesso de Pabst, seu amor pela vida, e sua herança alemã. Visite: `www.pabstmansion.com`.

✔ **Potosi Brewing Company (Potosi, Wisconsin):** A missão do National Brewing Museum é apresentar a história das cervejarias americanas preservando e exibindo itens relacionados às cervejarias. Visite: `www.potosibrewery.com`.

✔ **Seattle Microbrewery Museum (Seattle, Washington):** Parte da Pike Brewing Company no distrito histórico de Pike Place, este museu apresenta uma coleção sobre a história da cerveja no noroeste dos Estados Unidos. Visite: `www.pikebrewing.com`.

Onde dorme um cavalo de 900 kg?

Os cavalos Clydesdale da Budweiser pesam até uma tonelada e têm mais de 1,80 na altura dos ombros. Cada cavalo consome 34 kg de ração, 22 kg de feno, e 113 litros de água todos os dias (não existem estimativas para o consumo de cerveja). Os estábulos ornamentados dos cavalos Clydesdales, nas instalações da cervejaria Anheuser-Busch em St.Louis, Missouri, foram designados um Ponto Histórico Nacional e são uma popular atração turística. Dê uma olhada em `www.budweisertours.com/toursSTL.htm` para mais informações.

Capítulo 16

Experimentando Cervejas na Europa, Ásia etc

Neste Capítulo
- Conhecendo os lugares populares
- Encontrando festivais e museus da cerveja
- Envolvendo-se com a cultura cervejeira local

Ok, fãs da cerveja: se o bichinho da cerveja te mordeu, você vai querer experimentar em primeira mão a emoção de beber cerveja fresca onde ela é mais apreciada, melhor feita e servida da maneira correta. Sim, estou falando da Europa (apesar de os Estados Unidos não serem exatamente secos — veja o Capítulo 15). Apesar de a cerveja não ter nascido na Europa, ela cresceu lá e se tornou a bebida mais popular do mundo devido às cervejarias europeias; a fabricação comercial é um negócio sério na Europa desde o século XII. Portanto, agora é a hora de fazer um tour de cerveja sério. Afinal de contas, você vai querer dizer um dia "Ah, sim — já fui lá, já bebi essa!"

Fora da Europa — com a possível exceção da Austrália — provavelmente somente os Estados Unidos e Canadá criaram uma cultura cervejeira que você pode fisicamente visitar. Nenhum outro país oferece a um explorador da cerveja muito o que explorar. As grandes cervejarias estabelecidas fora da Europa e América do Norte foram geralmente criadas por cervejeiros alemães ou britânicos (a casa da cerveja Tsingtao Beer, na China, parece uma vila da Baviera) e não são distintamente locais; as receitas e estilos são europeus (na maioria lagers leves, apesar de algumas Stouts serem fabricadas em Gana, Nigéria, África do Sul, Sri Lanka, Barbados, Jamaica e Singapura, entre outros). Então, vamos encarar: uma viagem mundial de cerveja — assim como os estilos mundiais de cerveja — é, em sua maioria, uma viagem europeia.

Você pode beber bem e se afundar em coisas sobre cerveja em quase todos os países europeus, mas as joias raras do Reino da Cerveja são, sem sombra de dúvidas, a Alemanha, Reino Unido, Irlanda, Bélgica e a República Tcheca. Eu exploro esses locais e mais neste capítulo. Loucos por cerveja certificados, a sua peregrinação os espera, completa com templos cervejeiros (maiores, mais antigos, originais e assim por diante). Para os mais sãos entre vocês, uma pequena trilha da cerveja pode oferecer um ótimo adicional em uma viagem normal, digamos uma viagem de negócios ou com a família. (Pule para o Capítulo 17 para informações gerais sobre tours e viagens sobre cerveja).

Construindo a Sua Própria Aventura Cervejeira

A cultura do pub, na maioria das grandes nações cervejeiras está, na sua maior parte, — intacta, e uma visita a praticamente qualquer bar local provavelmente resultará em uma boa descoberta cervejeira. Na Alemanha, o número absoluto de cervejarias pode te sobrecarregar (a Baviera sozinha possui mais de 600), enquanto os viajantes na Bélgica podem se sentir confusos com a variedade de estilos incomuns de cervejas servidas em qualquer bar.

A melhor maneira de evitar se sentir confuso e sobrecarregado é começar a ser mais sério. Comece experimentando cervejas deliberadamente e sem apreensão. Como faria em um festival de cerveja ou degustação, tome boas notas — de preferência em um papel, mas os porta-copos e guardanapos podem quebrar este galho. Aonde você aterrissar nestes países, seja um intrépido explorador de cerveja: peça algo local e cheio de sabor. Ao manter anotações, a sua experiência se transforma em recordações (e também faz muito mais sentido). Um registro também o ajuda ao chegar em casa e comprar versões em garrafa do que você experimentou na sua aventura.

Algumas das melhores festas da cerveja em qualquer lugar do mundo são os festivais europeus. Muitas vezes enraizados em contextos históricos religiosos e obscuros, hoje em dia eles geralmente servem como justificativas modernas para diversão. Celebração e festividade são o propósito destas festividades; a cerveja é parte integral deste fim. E se juntar à festa é fácil!

A *Campaign for Real Ale* (CAMRA) é *a* fonte de informação sobre as boas cervejas no Reino Unido e no continente. Além de reeducar seus conterrâneos sobre as ales tradicionais e condicionadas em barris (veja o Capítulo 5 para mais informações), a galera da CAMRA publica os melhores e mais incríveis guias detalhados para o turista cervejeiro (notas incluem "fogo real na lareira", "salões familiares" e "jogos de pub tradicionais sendo jogados"). O The Good Beer Guide lista mais de 5 mil pubs na Grã-Bretanha (Inglaterra, País de Gales, Escócia, Irlanda do Norte e as Ilhas do Canal, todas listadas por condado) que servem boas ales condicionadas em barris; somente as legítimas entram neste guia. Outro livro do CAMRA Good Pub Food ajuda nas notas sobre este exemplo da baixa gastronomia. A CAMRA também possui guias parecidos para a Baviera, Bélgica e Holanda. (Dê uma olhada em www.camra.org.uk para detalhes sobre como obter estes guias.)

Explorando Cerveja na Alemanha

Você, sem dúvida, já ouviu que os alemães gostam de cerveja e que eles meio que escreveram o livro sobre fabricação. Apesar de o número de cervejarias nos Estados Unidos (1700 até o momento) ter superado o número de cervejarias na Alemanha (firmes e fortes em 1200), em nenhum outro lugar a cultura cervejeira é mais bem estabelecida e enraizada do que na Alemanha.

Poucas pessoas sabem que a cerveja na Alemanha é bastante localizada. Devido ao número de cervejarias, e em particular o número de cervejarias per capita, a Alemanha tem bastantes cervejarias em nível local. Devido a esta circunstância, nunca houve necessidade nem motivação dos cervejeiros alemães de distribuírem suas cervejas muito longe da cervejaria. Daí, grandes marcas exportadoras, com a Becks ou St. Pauli Girl, são virtualmente desconhecidas fora de suas próprias regiões na Alemanha.

Eu já ouvi a mesma reclamação muitas vezes: viajantes insatisfeitos reclamam do fato de não conseguirem comprar uma Kolschbier em Hamburgo ou uma Rauchbier em Heidelberg. Estas cervejas, como a maioria na Alemanha, são produtos locais raramente encontrados fora de suas cidades de origem. O viajante bem preparado na Alemanha sabe disso e se planeja de acordo.

O único estilo de cerveja que você pode esperar encontrar em praticamente qualquer lugar na Alemanha é a onipresente pilsen alemã, uma versão mais clara e lupulada da venerável Bohemian Pilsner.

Os cervejeiros alemães encurtaram o nome de Pilsner para Pils quando os cervejeiros tchecos de Pilsen ameaçaram processá-los.

Nas próximas seções, você descobrirá tudo o que sempre quis saber sobre as cervejas na Alemanha, incluindo as regiões cervejeiras, as maiores cidades cervejeiras e os melhores festivais e museus que estão, simplesmente, implorando por uma visita.

Descobrindo os sabores regionais: norte, leste e oeste

Uma generalização sobre a cerveja na Alemanha que parece se firmar é que as cervejas mais secas e lupuladas podem ser encontradas no norte, enquanto cervejas mais doces e maltadas são encontradas no sul. Isto deixa as cervejas meio termo no meio. Bons exemplos desta generalização são as bastante amargas e secas Jever Pils, fabricadas na província nortenha de Friesland, e a maltada Augustiner Edelstoff, fabricada no estado sulista da Baviera (veja a próxima seção para mais informações sobre este estado). O estilo bem balanceado e saboroso da lager Dortmunder pode ser encontrado na Alemanha central — procure a marca DAB (Dortmunder Actien Brauerei).

Dois outros estilos de cerveja de notável exceção na Alemanha central oeste são as Kolschbier e Altbier. Primeiramente, estas duas cervejas híbridas são o mais perto que os cervejeiros alemães chegaram da produção de ales (veja o Capítulo 4 para mais detalhes nos diferentes estilos de cerveja). Segundo, você provavelmente não encontrará Altbier muito longe da região de Düsseldorf, e boa sorte em encontrar Kolschbier fora dos limites da cidade de Köln (Colônia). Marcas populares para se procurar são a Zum Uerige Altbier e P.J. Früh Kolschbier.

A Kölsch é uma denominação protegida em Köln. Apenas 20 e tantos cervejeiros dentro e em volta de Köln podem usar a palavra *Kölsch* para anunciarem o seu produto.

Enquanto a maioria das cervejarias na antiga Alemanha Oriental continuou a produzir lagers pouco impressionantes por 40 anos sob regime comunista, um estilo de cerveja em particular permaneceu popular em Berlim: a *Berliner Weisse* é única entre as cervejas alemãs; não é uma lager, e não é uma Weizenbier (ou Weissbier). Weisse — propositadamente escrita com um *e* no final — é uma cerveja pálida, ácida e refrescante. Procure as marcas Schultheiss ou Berliner Kindl.

Considere como um ponto a seu favor (e uma cerveja na sua barriga) se você conseguir encontrar outro estilo inusitado de cerveja nos estados da Alemanha Oriental, chamada de Gose ou Leipziger Gose. Esta cerveja leve, bastante carbonatada e ácida possui muito em comum com a Berliner Weisse, mas é mais difícil de encontrar.

A Gose recebe este nome da cidade de Goslar. Ela se tornou muito popular na cidade vizinha de Leipzig, mas praticamente sumiu no início do século XX. Graças à determinação de alguns cervejeiros, o estilo Gose não se perdeu para sempre e está passando por um *revival*. Hoje em dia, algumas cervejarias a estão produzindo após uma ausência de mais de 30 anos.

A Gose é uma cerveja espontaneamente fermentada — parecida com a Belgian Lambic — e às vezes o seu sabor é incrementado com uma dose de coentro e sal.

Rumo ao sul para a Baviera

Das estimadas 1200 cervejarias na Alemanha, a maioria estão no estado sulista da Baviera e na região da Francônia, centrada perto de Munique e Bamberg.

Munique sozinha abriga uma dúzia de cervejarias de todos os tamanhos, algumas cujas marcas são facilmente encontradas nos Estados Unidos: Spaten, Augustiner, Hacker-Pschorr, Löwenbräu, Paulaner e Hofbräu. Cada uma dessas seis cervejarias também opera em salões cervejeiros em Munique. Todas são lugares excelentes para experimentar o produto local (os habitantes de Munique consomem mais cerveja do que qualquer outro grupo de pessoas). Durante os meses quentes de verão, famílias inteiras se deslocam até os refrescantes jardins de cerveja (biergartens); e em alguns, você leva a sua própria comida. Melhor ainda são as cervejarias pequenas e locais espalhadas por toda a Baviera. A experiência toda é muito melhor do que qualquer uma que você possa encontrar perto de casa (seja onde for), caso você precise de uma desculpa para ir.

Apesar de Munique ser o centro romântico das cervejas na Alemanha, o verdadeiro centro da cerveja é na região de Francônia e na cidade de Bamberg, no norte da Baviera. Mais de 300 cervejarias estão na Francônia e mais ou menos nove estão na cidade de Bamberg. As cervejarias de Bamberg não possuem o mesmo nível de reconhecimento das de Munique, mas elas são tão merecedoras da sua atenção (e paladar) quanto. Procure pelas marcas Kaiserdom, Fässla e Schlenkerla.

Capítulo 16: Experimentando Cervejas na Europa, Ásia etc

Bamberg é considerada a capital mundial das Rauchbier (cerveja defumada). Diversas cervejarias lá usam malte defumado sobre fogo de madeira de faia para dar a sua cerveja um sabor inusitado e esotérico — que para algumas pessoas tem cheiro e sabor como presunto ou bacon líquido. É certo que a Rauchbier não é para todo mundo, mas todos que visitam Bamberg deveriam experimentá-la pelo menos uma vez; é útil ter um prato de queijo cheddar ou salsichas defumadas ao alcance.

Em outros lugares da Baviera, encontrar uma cervejaria que valha a visita e uma cerveja que valha experimentar é fácil. Eu recomendo as seguintes, não só por suas localizações, mas por seus laços com o passado religioso:

- A barroca Kloster Ettal, na cidadezinha da Baviera chamada Ettal, produz cervejas maravilhosas, e uma visita à basílica oferece uma pequena amostra dos impressionantes murais que embelezam o interior da grande cúpula.

- O monastério de Andechs, sudoeste de Munique, é acessível de carro ou trem. Situado no topo de uma montanha, ela possui uma linda vista do interior. Quer lugar melhor para sentar em um biergarten e bebericar algumas das melhores cervejas escuras feitas em toda a Alemanha?

- A cervejaria Weihenstephan, em Freising, subúrbio nortenho de Munique, é uma antiga cervejaria Beneditina que está em operação há quase mil anos. A Weihenstephan é a mais antiga cervejaria ainda em operação no mundo, datando de 1040. Ok, a cervejaria já se incendiou quatro vezes durante a história, mas com a típica tenacidade da Baviera, ela sempre foi reconstruída. Cerveja defumada, alguém aceita?

A Weihenstephan Hefeweizen é uma das melhores cervejas de trigo no estilo da Baviera no mundo — tanto que a sua levedura é considerada um ingrediente patenteado.

A tiragem de sete minutos

Na Alemanha, você deve encontrar algo praticamente desconhecido nos Estados Unidos, e em outros lugares por sinal: a tiragem de sete minutos. Esta tiragem é uma maneira de servir a cerveja com um colarinho firme e maciço que pode subir e ultrapassar a borda do copo sem derramar.

Esse método requer que o tirador de chope tire a cerveja no mesmo copo três ou quatro vezes, cada vez esperando dois minutos para a coroa se acertar e condensar apropriadamente. Para que os clientes não esperem os sete minutos inteiros por suas cervejas, um bom tirador tem vários copos em vários estágios à disposição.

Um produtor de cervejas Pilsner de alta qualidade (Baderbrau) da área de Chicago uma vez pediu que todos os estabelecimentos servissem sua cerveja desta maneira, mas foi ridicularizado: todos disseram que nenhum americano esperaria tanto tempo por uma cerveja. Este cervejeiro não está mais nos negócios.

Conhecendo os templos, festivais e museus alemães

A seguinte seção lista notáveis templos, festivais e museus na Alemanha. Dica: apesar de você poder encontrar muitas marcas conhecidas de cervejas alemãs na Alemanha, experimente os produtos das cervejarias locais aonde quer que vá, independentemente de nomes. Você pode ter certeza que um tesouro líquido o espera.

Templos

Aqui estão alguns templos para se visitar na Alemanha. Note que você não pode experimentar todas as cervejas de Munique em um só lugar: cada lugar tem seus favoritos ou estão ligados com cervejarias específicas, apresentando, portanto, somente marcas relacionadas a elas. Os bons guias listam as cervejas servidas em cada lugar.

- **The Hofbräuhaus, Munique:** Este é o mais famoso e antigo salão de cerveja em toda a Alemanha (e do mundo). Devido a sua enormidade (pode abrigar mais de 4 mil pessoas em três andares), sua antiguidade (ele foi comissionado em 1589 pelo Duque Guilherme V), e seu histórico político (Adolf Hitler e Vladimir Lênin ambos conspiraram por aqui), a cerveja pode parecer secundária, mas não é! As cervejas tradicionais e as sazonais, como a Delicator em março, Maibock em maio e Märzen de setembro a outubro, são todas maravilhosas.
- **Zum Uerige, Düsseldorf:** Este pub cervejeiro de renome local é conhecido por fabricar a melhor Altbier de toda a Alemanha.
- **Köln:** Qualquer uma das dezenas de pequenas cervejarias locais (a P.J. Früh é a favorita dos turistas) serve a especialidade local, a cerveja Kölsch.
- **Vilas:** Algumas pequenas vilas se orgulham de suas cervejarias, cada uma com uma receita distinta. Experimente o produto local: o litro perfeito o espera (a modernidade ameaça estas miúdas de extinção).

Festivais

A Alemanha não tem falta de festivais nos quais você pode saborear as cervejas locais. Participar de um é experimentar o que os alemães chamam de *gemütlichkeit*, uma maneira alemã de se divertir de maneira confortável e acolhedora. No topo da lista é o reverenciado e às vezes ofendido Oktoberfest. Muitos outros acontecem durante todo o ano e por toda a Baviera.

- **Fasching (Baviera), fevereiro:** O equivalente alemão do carnaval, uma grande celebração pré-quaresma, o Fasching (jejum) é celebrado primeiramente pela Baviera, que possui a maior concentração de católicos na Alemanha.

- **Starkbierfest (Munique), março:** Referido como o festival secreto de Munique, o Starkbierfest é tão grande e animado quanto a Oktoberfest, porém livre de comercialismo e de turistas bêbados (mas não necessariamente da população local bêbada). O Starkbierfest (festival da cerveja forte) é realizado quando a cidade ainda está se livrando do frio do inverno. O Starkbierfest é a celebração do lançamento anual das Doppelbocks (*Doppelbock*, localmente chamada de cerveja curativa de primavera, geralmente tem o teor alcoólico em 7.5% de álcool por volume).

- **Schützenfest (Hanover), julho:** Este festival da cerveja acontece por toda a Alemanha, mas o mais notável é o que acontece a cada julho em Hanover. Originalmente uma competição de tiros, este encontro de grupos civis vigilantes foi diluído ao longo dos séculos para se tornar uma outra boa desculpa para uma festa da cerveja.

- **Oktoberfest (Munique), outubro:** Ironicamente, este mais famoso festival *termina* no primeiro domingo de outubro, tendo iniciado no penúltimo sábado de setembro. Todas as Oktoberfests começaram como feiras rurais na época de colheita, mas, em Munique, a Oktoberfest tem pouca semelhança com estas feiras. Mais de 6 milhões de pessoas comparecem todos os anos, a maioria de pessoas que não moram em Munique — ou na Alemanha, diga-se de passagem! As reservas são essenciais (refeições completas são servidas, e você só pode beber quando estiver sentado). Muitos agentes de viagens patrocinam tours com tudo incluído. Que feira rural — ela tem até seu próprio site (www.munich-tourist.de)!

- **Cannstatter Volksfest (Stuttgart), outubro:** Este festival de outono, consideravelmente menor do que a Oktoberfest de Munique, remete aos tempos das simples feiras rurais. Os turistas estão notavelmente em falta, mas a cerveja é igualmente boa e abundante. A população local da Baviera está mais propensa a celebrar aqui. O Volksfest começa assim que a devassidão da Oktoberfest se encerra.

Museus

Porque a cerveja é grande parte da cultura e da história alemã (e porque museus são ótimos lugares para se aprender mais sobre a cultura e história local), você não pode ser um verdadeiro explorador da cerveja na Alemanha sem visitar alguns museus da cerveja:

- **Brauerei Museum (Dortmund):** Este museu está localizado no que anteriormente era o Kronen Beer Works. Dê uma olhada no site www.brauereimuseum.dortmund.de/en.

- **Brauereimuseum (Lüneburg):** Localizado em um prédio que servia de cervejaria por mais de 500 anos, a peça central deste museu é a vasta coleção de canecas de cerveja Stein.

- **Schwaebisches Brauereimuseum (Stuttgart):** Se você estiver pela área, certifique-se de checar este museu de técnicas antigas e atuais de fabricação de cerveja.

Drinques alemães misturados com cerveja

Em junho de 1922, quando Franz Kugler, um jovem empreendedor e dono de taverna de Munique, construiu uma ciclovia no meio da floresta que circundava a sua propriedade em Gasthaus, mais de 13 mil ciclistas a experimentaram. Percebendo sua escassez de cervejas blond, Kugler rapidamente começou a misturar a mais abundante cerveja escura com garrafas de refrigerante de limão, que ele tinha de sobra. Não sendo de perder uma oportunidade promocional, Kugler disse aos ciclistas que o seu preparo era algo inventado especialmente para que eles não se cansassem ou se embebedassem no caminho de volta para casa. A *Radlermass* (caneca dos ciclistas), como ele a chamou, se tornou famosa, e assim nasceram os drinques misturando com cerveja.

Aqui estão alguns dos drinques misturados com cerveja que você pode encontrar na Alemanha:

- **Altbierbowle:** cerveja Altbier despejada por cima de um pequeno recipiente de frutas frescas — popular na região de Düsseldorf, há muito tempo associada às Altbier.
- **Alt Schuss (alt shot):** Partes iguais de Altbier e refrigerante à base de cola.
- **Alsterwasser (Água de Alster):** Partes iguais de lager light (do tipo Munich Helles, e não cerveja light) e limonada ou refrigerante de limão.
- **Bierbowle:** Como o Altbierbowle, mas para meia dúzia de pessoas: seis garrafas de 355 ml de lager light, 226 g de cerejas azedas, a polpa ralada de um limão, 2 ½ colheres de sopa de açúcar, e 355 ml de uísque, servido gelado.
- **Biergrog:** Uma mistura aquecida de cerveja escura (355 ml), 3 colheres de sopa de açúcar e casca de limão ralada a gosto.
- **Bismarck:** Cerveja escura misturada com Champanhe — favorita do Chanceler Prussiano Otto Von Bismarck.
- **Heller Moritz:** Partes iguais de Wheat Beer e Champanhe ou espumante.
- **Honigbier (cerveja de mel):** Uma mistura aquecida de cerveja lager light, 1 ½ colher de sopa de mel, ¼ xícara de aveia, e uma dose de uísque (opcional).
- **Lüttje Lage:** Mais um exercício em destreza do que um drinque: no norte da Alemanha, o "diabinho traiçoeiro" é feito segurando dois copos pequenos entre os dedos da mesma mão. Um copo, segurado em cima do outro, contem uísque ou schnapps que se despeja no copo mais baixo (cheio de cerveja) ao ser despejado na boca.
- **Russ:** Wheat Beer e refrigerante de limão.
- **Schaumbier (cerveja espumosa):** Uma mistura aquecida de cerveja lager light com 2 ovos, ½ xícara de açúcar, e casca de limão ralada batido tudo junto.

Conhecendo as Cervejas no Reino Unido

O Reino Unido pode não ter o número de cervejarias da Alemanha, mas ele compensa pelos seus variados tipos de cervejas oferecidas e pelo número total de pubs — estimado em 55 mil. Esta caminhada cervejeira é um trabalho árduo se você quiser conhecer até uma pequena porcentagem dos pubs.

O Reino Unido é o reduto absoluto das ales no mundo. Como acontece com a indústria de fabricação de cerveja dos Estados Unidos, algumas grandes cervejarias nacionais dominam o mercado, mas centenas de pubs cervejeiros, micro cervejarias e cervejarias regionais produzem as mais interessantes e saborosas interpretações dos estilos tradicionais para os consumidores apaixonados, especialmente as ales condicionadas em barris (cerveja não pasteurizada, não filtrada, naturalmente carbonatada, e tirada através da bomba manual; também chamada de *Real Ale* — veja o Capítulo 5).

Essas delicadas cervejas são tratadas localmente como os vinhos locais da França, e com razão: elas não viajam — mais uma justificativa para você ir lá pessoalmente. Ironicamente, até as cervejas fabricadas pelas cervejarias nacionais britânicas (como a Bass) são consideradas boas nos Estados Unidos. Em resumo, bebe-se bem na Grã-Bretanha. Portanto, se você estiver se aventurando até a Inglaterra, País de Gales ou Escócia — ou todos os três — nas próximas seções, eu ofereço um pano de fundo das cervejas que você encontrará nestes locais e aponto os melhores pubs e festivais que o Reino Unido tem a oferecer.

Sentindo o sabor amargo das bitters na Inglaterra e País de Gales

Quase todos os pubs na Inglaterra ou no País de Gales oferecem a *Bitter* de padrão britânico, mas o estilo Bitter não é tão amargo assim — ela é levemente encorpada, carbonatada e pouco alcoólica (o termo *bitter* é uma marca antiga datando da época em que os primeiros lúpulos foram usados). As bitters podem ser encontradas em chope como Ordinary Bitter, Best Bitter e Extra Special Bitter (também conhecida como ESB). Esta listagem de cervejas não é simplesmente uma ordem crescente de qualidade; estas designações também se referem ao corpo e teor alcoólico relativos entre cada uma. Na verdade, as diferenças são um tanto minúsculas e quase imperceptíveis ao paladar não treinado — apenas algo que você deveria saber.

Nem todos os pubs oferecem uma vasta variedade de estilos, mas muitos destacam as cervejas maiores, mais robustas e vigorosas, como as Old Ales e Barleywines (veja o Capítulo 4 e Apêndice A), tão fortes (8 a 12 % de álcool) que elas podem te jogar no chão mais rápido do que você consiga dizer, "Llanfairpwllgwyllgogerychwyrndrobwllllantysiliogogogoch" (que apenas é o maior nome de uma cidade no mundo, ela fica no País de Gales).

Muitos pubs no Reino Unido são *atrelados a cervejarias* — eles pertencem pelo menos em parte a uma cervejaria e, portanto, podem apenas servir cervejas desta cervejaria em particular. Você geralmente pode descobrir uma dessas casas atreladas através da menção da cervejaria, da cerveja que é servida, ou no letreiro do pub. Se você quiser experimentar uma grande variedade de cervejas menos conhecidas, evite os pubs atrelados a cervejarias.

Jogos de pub

Independentemente da apropriação de um pub ou das cervejas servidas, os jogos de pub são populares por todo o Reino Unido. Alguns loucos por cerveja consideram os jogos de pub peças centrais da cultura britânica, se não a personificação dela. Eles não são, mas são divertidos. Os dardos, é claro, são figurinhas fáceis, mas outros jogos menos conhecidos — cribbage, dominós, e o favorito dos pubs ingleses *skittles* (uma versão para mesa do boliche que usa pinos do tamanho do dedo) — podem ser frequentemente visto sendo jogados.

A ótima comida de pub da Grã-Bretanha

As antigas comidas dos pubs incluem ploughman's lunch (tábua de queijos e pães), torta salgada de bife e fígado, shepherd's pie (bife, batatas e legumes), bangers and mash (salsichas e purê de batata), pasties (uma variação nortenha da shepherd's pie) e o sempre presente fish and chips (a versão britânica do hambúrguer com batata frita). Outros deleites gustativos incluem a upside-down pie (queijo stilton e bacon), jacket spud (batata assada), curries, hot-pot de legumes, e o pudim de Yorkshire. Na Escócia, você pode investigar o gammon steak (presunto), neeps and tatties (nabos e batatas), e o haggis (buchada de carneiro).

Os novatos bebedores de cerveja no Reino Unido podem se surpreender pelos estranhos e divertidos, e às vezes vulgares, nomes dados às cervejas britânicas por seus cervejeiros: Cachimbo do Baz, Golinho do Bispo, Blecaute, Corvina, Punhal Duplo, O Martelo de Enoque, O Quebra-Cabeças, Uma vez Cavaleiro, Câmbio Desligo, Pés Trocados, De Pernas para o Ar, Willie Aquecedor e o João Teimoso podem ser pedidas sem se envergonhar; outras pessoas podem se encabular um pouco.

Pegando pesado com a Escócia

A Escócia é responsável por apenas 10% de todos os pubs no Reino Unido, mas isto é compreensível considerando que a Escócia é um país muito menos populoso. Caramba, os escoceses são até superados pelo número de ovelhas em sua própria terra em uma relação de cinco para um!

Devido ao seu clima mais nortenho, a Escócia tem a tradição de produzir ales mais encorpadas, escuras e maltadas. E os escoceses também não são estranhos a bebidas mais fortes — sem contar o uísque. A sua forte Scotch Ale é bastante respeitada em outros países, mais notoriamente na Bélgica.

Dito isto, os produtores escoceses também produzem cervejas menos encorpadas. Na verdade, para cada estilo de Bitter inglesa que os cervejeiros produzem, existe um equivalente escocês — apesar de ainda serem mais escuras e maltadas dos que a Bitter. As cervejas das quais falo são chamadas de Scottish Ales (dããã!) e são identificadas por uma antiga designação shilling.

No lado mais leve do espectro da cerveja está a 60 shilling (que é menos encorpada do que qualquer coisa fabricada por uma cervejaria comercial nos Estados Unidos), seguido da 70 shilling, o equivalente a uma Bitter normal. A 80 shilling — também chamada de Export — é o equivalente de uma Best Bitter.

A Scotch Ale, mencionada anteriormente, vem como 120 shilling, mas não é referida como tal. As Scotch Ales são conhecidas localmente como Wee Heavy e são o equivalente da Caledônia às Old Ales ou Barleywines (8 a 12%) em termos de teor alcoólico.

Explorando os templos, festivais e museus no Reino Unido

A Grã-Bretanha tem um passado longo e ilustre, muito do qual embebido em cerveja. Qual a melhor maneira de se familiarizar com a história britânica do que a experimentando através de eventos e locais relacionados à cerveja? Aqui estão alguns destaques para conferir:

- **Cervejarias e pubs cervejeiros no Reino Unido:** O Reino Unido tem muitas boas cervejarias para colocar na lista principal — você nunca verá todas elas. A sua melhor aposta é conferir os pubs locais em cada cidade (alguns tours fazem disso uma parte essencial). A maioria dos pubs oferece boa comida e cerveja melhor ainda, sem mencionar a excelente oportunidade de se misturar com o povo local e ouvir histórias interessantes sobre antigos clientes. Muitos guias e roteiros nas cidades grandes existem com este propósito. (Se você é fã do Charles Dickens, se sentirá em casa no Saracen's Head, em Bath, onde Dickens escreveu *As Aventuras do Dr. Pickwick*.)

- **The Traquair House, Innerleithen, Scotland:** Uma mansão de quatro andares (agora um museu) possui não só uma pequena cervejaria em operação mas também uma abundância de história datando de 1500. (Bonnie Prince Charlie, líder da rebelião Jacobita contra a Monarquia Inglesa, jantava aqui.) Você não vai querer perder a Traquair House Ale.

- **Edimburgo, Escócia:** Uma ótima cidade para passear a pé, os numerosos pubs de Edimburgo são perfeitos para os *pub crawls* (roteiros a pé de pubs locais nos quais os produtos locais são experimentados). A Rose Street, na parte de New Town, possui a maior densidade de pubs por metro quadrado. Muitos servem ales condicionadas em barris. As Ales são geralmente rotuladas por potência, como Light, Heavy, Export e Wee Heavy (tão forte que precisa ser servida em pequeninas porções). Unidades alternativas são expressas como 60 a 90 shillings.

> ✔ **Sudeste da Inglaterra:** Além de visitar as cervejarias e os pubs, se você estiver aqui no fim do verão e início do outono, confira as famosas fazendas de lúpulo que pintam o interior do condado de Kent, "o Jardim da Inglaterra" e casa da famosa variedade East Kent Golding. As altas cercas trançadas onde os lúpulos sobem são maravilhosas.

O guia do CAMRA lista mais de 100 festivais por data e localização, completo com os números de telefone. As suas filiais locais também organizam festivais regionais por todo o país durante todo o ano. Consulte a newsletter mensal da CAMRA, *What's Brewing* (dê uma olhada em www.camra.org.uk para mais detalhes).

Um festival que eu recomendo é o Great British Beer Festival, em Londres, Inglaterra. Acontecendo todo ano em agosto, no Grand Hall em Olympia, a CAMRA é responsável por organizar este que é o maior festival de cerveja em solo britânico, dito como rival do Great American Beer Festival, em Denver, Colorado (veja o Capítulo 15). Além de centenas de variedades de cervejas e cidras, o festival oferece jogos de pub, itens colecionáveis, publicações e contato com várias organizações relacionadas à cerveja.

Drinques ingleses à base de cerveja

Os alemães não são os únicos que gostam de fazer drinques com cerveja. Os britânicos também gostam desta prática. Aqui estão alguns favoritos dos britânicos:

✔ **Black Velvet:** Stout e Champanhe: De acordo com a sabedoria dos pubs, a Stout representa o povo comum, e o Champanhe representa a nobreza (que estereótipo mais batido). Este drinque combina muito bem com ostras.

✔ **Brown Betty:** Ale e brandy servido quente. Na antiga Inglaterra, este drinque era servido com torradas temperadas para serem molhadas no drinque.

✔ **Brown Velvet:** Stout e vinho do porto.

A melhor maneira de experimentar as cervejas e a cultura do Reino Unido é visitando os pubs locais. Não importa onde você estiver, você provavelmente verá muitos dos mesmos estilos de cerveja nas chopeiras; o que é mais provável de ser diferente são os nomes das marcas. Também fique de olho em tudo que for bombeado à mão; as real ales são a real maneira de saborear a cerveja inglesa (veja Capítulo 5).

Quando o assunto é museu de produção cervejeira no reino Unido, o National Brewery Centre em Burton upon Trent, Staffordhire, é a minha melhor sugestão. Este museu celebra a renomada herança cervejeira de Burton upon Trent e sua influência nas técnicas de fabricação usadas por todo o mundo. Dê uma olhada em www.nationalbrewerycentre.co.uk.

Pegando o Gosto pela Irlanda

Ironicamente, apesar de famosa por sua maravilhosa cultura de pub (os contos! a música!) e seus cervejeiros internacionalmente famosos Guinness, Murphy, e Beamish, a Irlanda não possui muitas cervejarias, museus e festivais, mas o que ela tem são muitos pubs — maravilhosos pubs. A dry Stout é a cerveja nacional, e as grandes marcas variam o grau de secura. Entretanto, não pense que você não poderá encontrar deliciosas ales e lagers ou que a Irlanda não vale a viagem, porque você pode e ela vale a pena. Eu lhe mostro como e onde nas próximas seções.

Fabricando a Guinness para a nação

Quando Arthur Guinness iniciou sua cervejaria em 1759, ele não poderia nunca prever os resultados de seus esforços. Sua cerveja, a venerável Stout Guinness, se tornaria a bebida nacional da Irlanda (apesar de alguns argumentarem a favor do uísque Jameson's).

A cervejaria Guinness celebrou seu aniversário de 250 anos em 2009. Além de ser a bebida nacional da Irlanda, a Guinness também é fabricada em 40 países pelo mundo. Um número estimado de 10 milhões de pints de Guinness é consumido todos os dias.

Enquanto a Guinness pode fazer muito bem para você (de acordo com um popular slogan da Guinness), ela não é essencialmente melhor do que outras Dry Stouts encontradas nas Ilhas Emerald. Ambas, a Murphy's (estabelecida em 1792) e a Beamish (estabelecida em 1883), emanam do condado de Cork e acompanham carne de lata e repolho igualmente bem.

Indo além da tradicional Dry Stout

Outro estilo de cerveja é atribuído à Irlanda, apesar de estar perdendo popularidade. As *Red Ales*, como ficaram conhecidas, são cervejas maltadas de cores tipicamente acobreadas. A marca de exportação mais famosa da Irlanda — George Killian Lett — recebe o crédito de popularizar as cervejas vermelhas nos Estados Unidos nos anos 1980 e 1990.

A Coors Brewing Company adquiriu os direitos da George Killian's Ruby Ale e introduziu no mercado dos Estados Unidos como Killian's Red Ale — agora se ela foi produzida pela Coors como uma Ale é uma dúvida. Eventualmente, a Coors simplesmente encurtou o nome para Killian's Red, e ninguém questionou mais sua autenticidade estilística.

Duas marcas nacionais que você deve encontrar na Irlanda são a Smithwicks (pronunciada *smitticks*) Ale e a Harp Lager. Uma subsidiária da Guinness fabrica a Harp, que é uma das poucas lagers produzidas domesticamente.

Infelizmente, muito da herança cervejeira da Irlanda está abrindo espaço para lagers mais populares, principalmente grandes nomes importados da Europa e Estados Unidos. A juventude irlandesa parece pouco se importar pela Stout Guinness e sua consistência "pesada".

Visitando fábricas de cerveja e pubs irlandeses

A Irlanda parece com a Inglaterra quanto à sua cultura de pub; Na verdade a cultura de pub da Irlanda pode ser até mais enraizada. Antes de caminhar além das montanhas Wicklow, certifique-se de ficar um pouco mais em Dublin e saborear seus deleites cervejeiros.

Uma viagem a Dublin (e, francamente, uma viagem à Irlanda) não está completa sem uma parada na cervejaria Guinness. Estabelecida em 1759, a Guinness St. James Gate Brewery produz a melhor Dry Stout do mundo. Dê uma olhada no museu da Guinness para a história da fabricação de cerveja na Irlanda, propagandas de cerveja, equipamentos de fabricação, ferramentas de tanoeiros e amostras grátis de Guinness.

Os pub crawls são feitos com grande estilo. Com conselhos dos moradores locais, você pode improvisar um roteiro de música irlandesa tradicional; atores interpretando O'Casey, Beckett, Yeats, Joyce, Behand e outros visionários irlandeses, com um pouquinho de informações sobre os costumes locais bem dosadas, eles conduzem o Pub Crawl Literário.

Bebendo Cerveja na Bélgica

A Bélgica é o paraíso dos exploradores da cerveja. A cerveja é fonte da fama da Bélgica (nos olhos dos amantes da cerveja), assim como o vinho é para a França. Com mais de 100 cervejarias (e quase dez vezes mais do que isso algumas gerações atrás) em um país de 10 milhões, você pode ver por que. Os cervejeiros produzem mais de 50 estilos definitivos, em mais de 10 vezes o número de marcas, incluindo mais cervejas especiais do que qualquer outra nação.

A gastronomia belga, diferentemente de sua história e sociologia, é legendária entre as nações europeias, talvez chegando perto da alta culinária francesa. Estrelando pratos feitos com cerveja ou para serem combinados com cerveja, a *cuisine a la bière* é uma especialidade belga que não pode ser perdida. Definitivamente, procure-a.

Os cervejeiros belgas continuam a produzir estilos de cervejas desenvolvidos ao longo de séculos — alguns ainda usando cepas de leveduras descendentes diretas das originais. Alguns destes estilos de cerveja são nativos da Bélgica e feitos em nenhum outro lugar do mundo; outras são imitadas em outros lugares, muitas vezes com resultados surpreendentes. De qualquer maneira, isto merece uma viagem para experimentar a cerveja local, feita e tirada fresca, seja numa cervejaria de mais de um século ou nas abadias Trapistas ou em um Café de cerveja, que eu discutirei nas próximas seções. A cerveja é geralmente servida em copos apropriados, uma atração interessante e impressionante em si.

Rastreando cervejas seculares

Assim como as cervejas que fabricam, muitos cervejeiros belgas são antiquados. As cervejarias seculares são como museus. Alguns cervejeiros se recusam a limpar as teias de aranha, dizendo que não querem perturbar as aranhas e a própria essência da cervejaria.

Tendo muito em comum com as regiões produtoras de vinho na França, a Bélgica possui suas próprias regiões de cerveja. O que você encontrará localmente depende muito de que parte da Bélgica você está. É claro, se você estiver em Bruxelas ou outra área metropolitana, você não deve ter muita dificuldade em encontrar a maioria das cervejas especiais belgas, mas se você estiver viajando no interior, aí se torna uma coisa regional. Felizmente, para os fãs da cerveja Trapista, os mosteiros Trapistas são bem espaçados no norte e sul do país (veja a próxima seção).

Se você gosta das azedas Red Ales, vá para o oeste entrando em Flandres; se a Oud Bruin é sua praia, vá para Oudenaarde. As cervejas Lambic podem ser encontradas no sudoeste de Bruxelas, e fãs da Witbier deveriam experimentá-la em sua fonte, em Hoegaarden (leste de Bruxelas). (Para mais informações nestes estilos de cerveja, veja o Capítulo 4.)

Comercializando as cervejas Trapistas e as Abadias

Seis legítimas cervejarias Trapistas — significando que a cerveja é fabricada em uma cervejaria dentro de um mosteiro Trapista e/ou fabricadas por monges Trapistas — existem na Bélgica. Apenas cervejas fabricadas em uma dessas seis cervejarias podem ser legalmente comercializadas como cerveja Trapista. (Existe uma sétima cervejaria Trapista na Europa — Konigshoeven — mas ela fica na fronteira da Bélgica com a Holanda.)

Entretanto, diversas cervejarias seculares fabricam cervejas parecidas com as Trapistas, ou elas fabricam sob a licença dos monastérios que não têm instalações de fabricação. Estas cervejas estão limitadas à comercialização de suas cervejas como *Abby*, *Abbey*, *Abbaye*, *Abdij* ou outras escritas similares. Não se engane com nomes tipo St. Feuillien[1].

Encontrando os melhores templos, festivais e museus belgas

Os belgas têm bastante noção de que a cerveja é grande parte de sua herança nacional, e não perdem as oportunidades de celebrarem este fato. Por isso, o explorador da cerveja pode sempre encontrar algo para visitar na Bélgica.

---

[1] N.E.: O nome remete à história de um monge irlandês que evangelizava na região de Le Roeulx, onde está a cervejaria, e que foi martirizado em 655. Foi erguida uma abadia em sua homenagem no local, que foi destruída na Revolução Francesa. Desde 1873, a cervejaria é administrada pela família Friart, que produz algumas das melhores cervejas de abadia da Bélgica.

Templos

Apesar de os belgas serem mais desprendidos sobre suas incríveis experiências cervejeiras, os nerds da cerveja consideram tours de certas cervejarias, cidades e belas regiões, como nada menos do que uma peregrinação aos templos da cerveja. Aqui estão algumas possibilidades:

- **Rota das Abadias (Abbey Road):** Os fãs das Ales Trapistas devem pré-arranjar suas visitas a algumas das seis abadias Trapistas produtoras de cerveja na Bélgica (você também pode querer incluir a sétima, na fronteira com a Holanda): Rochefort, Scourmont (Chimay), e Orval no sul e sudeste, Westmalle e Achel no norte e Westvleteren (St. Bernardus) no oeste. Essas abadias não só produzem cerveja para consumo secular, mas algumas delas, como a Chimay e Orval, também produzem uma abundância de queijos e pães.

- **Rota das Lambics:** Amantes da cerveja Lambic irão querer passear pela rota Bruegel, sul e oeste de Bruxelas. Nomeada em homenagem ao famoso pintor flamengo, a rota te leva pelas vilas que inspiraram suas paisagens. Em muitas destas vilas, a única Lambic Beer é fabricada ou misturada (cerveja Lambic misturada é chamada de *Gueuze*).

- **Cafés:** Todas as grandes cidades (e muitas das pitorescas vilas) têm pelo menos um extraordinário bar de cerveja ou Café (os Cafés na Bélgica são tão comuns quanto os pubs na Inglaterra). Alguns Cafés são conhecidos por estocarem até 500 diferentes cervejas belgas. Fora de Bruxelas, a cidade medieval de Bruges tem mais Cafés do que qualquer outra cidade do seu tamanho. Novamente, uma passadinha local é a melhor maneira de apreciar estes Cafés, portanto vá! E veja se você consegue resistir às *pommes frites* (batatas fritas no estilo belga) servidas com maionese.

Festivais

Assim como qualquer outro país com indústria cervejeira dinâmica, a Bélgica faz questão de celebrar a cerveja de maneira intensa e às vezes ostensiva. Aqui está uma breve descrição dos festivais mais populares na Bélgica:

- **Poperinge Hopfeesten (Poperinge), a cada terceiro setembro:** Poperinge está localizada no meio da pequena região produtora de lúpulos da Bélgica. Este festival apresenta uma procissão folclórica do povo local, uma competição de colheita de lúpulos, e muito consumo de cerveja. Infelizmente, o Hopfeesten só acontece de três em três anos — 2005, 2008, 2011, e assim por diante. Em outras ocasiões, você pode dirigir pela rota do lúpulo de 58 km pelas fazendas de lúpulos da região.

- **Zythos Bier Fest (Leuven), abril:** Este festival, que mudou para sua atual localização em Leuven, em 2011, é o mais perto de um festival nacional de cerveja que a Bélgica tem.

- **Adriaan Brouwer Bierfeesten (Oudenaarde), junho:** Este festival de cerveja é um festival anual comemorativo em homenagem ao pintor (Adriaan Brouwer), nascido lá em 1605.

Capítulo 16: Experimentando Cervejas na Europa, Ásia etc 233

A melhor e mais fácil maneira de aproveitar as cervejas belgas, às vezes inusitadas e estranhas, é abordá-las com uma mente totalmente aberta. Não pense nelas como cervejas, mas como uma iguaria local. E bebericar algumas cervejas belgas com a deliciosa e muitas vezes inspirada na cerveja culinária belga certamente não vai doer.

Se você está querendo uma pausa das cervejas belgas especializadas, você não deve ter dificuldade em encontrar a mais vendida Pilsner belga, a Stella Artois, ou outra de igual qualidade, a Maes. Até as cervejas belgas menos excitantes são muito saborosas.

Museus

A Bélgica também tem sua cota de museus dedicados à cerveja e sua fabricação. Alguns são grandiosos, outros menores e mais íntimos, mas todos celebram o amor mútuo pela cerveja belga.

- **Het Brouwerhuis ou La Maison des Brasseurs (Bruxelas):** Apesar de não ser uma cervejaria, este museu palaciano (quartel general dos Knights of the Mashing Fork[2] e traduzidos como Brewer's Guildhouse and Confederation of Belgian Brewers Museum[3]) é um dos maiores templos da cerveja na Europa, localizado apropriadamente na Brouwersstraat (Rua do cervejeiro), na Grand-Place. Em uma das grandes ironias da cidade, a famosa fonte conhecida como Manneken Pis (um querubim aliviando a bexiga) é localizada aqui também.
- **De Geuzen Van Oud Beersel (Beersel):** Artefatos de produção de cerveja neste pequeno museu formam uma extensão do tour da cervejaria. Para marcar um tour da cervejaria, vá até www.degeuzenvanoudbeersel.be/en/home-en.
- **Brugse Brouwerij Mouterijmuseum (Bruges):** Este local mostra a história da fabricação de cerveja na cidade de Bruges. O museu é localizado em uma cervejaria no porão, De Halve Maan.
- **Musee Bruxelloise de la Gueuze (Bruxelas):** Este museu-cervejaria da cervejaria Cantillon, com exibições da história da fabricação da cerveja, oferece sessões de fabricação abertas ao público duas vezes por ano. Uma entrada de 6 Euros do tour inclui uma amostra grátis de cerveja.

Conhecendo as Cervejas da República Tcheca

Os Tchecos bebem mais cerveja per capita do que qualquer outra população no mundo. E, como na Alemanha, a cerveja produzida localmente pode ser encontrada em quase todas as cidades Tchecas. Lembre-se de que a República Tcheca é um país produtor de lagers (afinal, foi lá que nasceu a Pilsner), portanto, qualquer pessoa sedenta por ales vai se decepcionar. Mas,

---

[2] N.E.: "Cavaleiros do Garfo de Mostura", ferramenta de fabricação artesanal de cerveja.
[3] N.E.: "Museu da Confederação dos Cervejeiros Belgas e Casa do Cervejeiro".

se você ama lagers, as cervejas deste país, das claras às escuras e pretas (que eu vou discutir nas próximas seções), certamente irão aguçar seu paladar.

Visitando o lugar de nascimento da Pilsner

Antes de 1842, a Pilsner não existia. A cervejaria Urquell, em Plzen (Pilsen), introduziu a primeira lager de cor dourada no mundo — e o mundo nunca mais foi o mesmo. Acredita-se que 80% de toda a cerveja fabricada no mundo hoje são derivadas do estilo Pilsner.

A marca *Pilsner Urquell* literalmente significa "a fonte original da Pilsner".

Experimentando outras cervejas tchecas

Apesar da República Tcheca — e especialmente a região da Boêmia — estar para sempre ligada à cerveja Pilsner, este país tem uma longa e celebrada história de fabricação de cerveja antes da primeira Pilsner ser produzida. Longa e celebrada história, mas não necessariamente variada.

O que você pode esperar encontrar é uma progressão de lagers claras (*svetlé*) e escuras (*tmavé*) de diferentes potências. Não diferente das Bitters britânicas ou das Scottish Ales, as cervejas tchecas são geralmente ordenadas por sua potência alcoólica, como indicam seus graus Balling (que é uma medida de gravidade ou densidade no dia em que a cerveja é fabricada). Uma cerveja com uma gravidade de 11 a 12 graus Balling tem um teor alcoólico de 4.5 a 5.0 %; uma cerveja com gravidade entre 13 e 20 graus Balling tem teor alcoólico entre 5.5 e 7.5 %.

Perto das festividades do inverno, os cervejeiros introduzem uma cerveja preta especial (*cerné*), que é marginalmente mais escura do que as cervejas escuras regulares. E, sim, ela é uma lager.

Conhecendo estabelecimentos históricos de cerveja tchecos

Como seus irmãos da Europa Ocidental, os tchecos adoram cerveja e adoram preservar a sua cultura histórica de produção de cerveja. Aqui estão alguns lugares na República Tcheca onde você pode saborear e celebrar a cerveja:

- **Museu Pivovarské (Plzen):** Este museu e cervejaria fica em uma maltaria gótica na cidade histórica de Plzen. Centenas de exibições únicas fazem jus à história da fabricação de cerveja e da cultura de beber cerveja, dos primórdios até atualmente.

- **Cervejaria Pilsner Urquell (Plzen):** A cervejaria Pilsner Urquell apresentou ao mundo a cerveja Pilsner, clara e dourada, a avó de todas as lagers comerciais. Esta área era o reino medieval do bom Rei Wenceslas. Os devotos dizem que a cerveja não viaja bem, portanto, você precisa experimentá-la no local — preciso dizer mais?
- **Cervejaria e restaurante U Fleku (Praga):** Este pub cervejeiro é um dos maiores e mais antigos (inaugurado em 1499) pubs cervejeiros do mundo. Apenas uma cerveja é servida aqui — estranhamente, uma lager escura.
- **Budweis:** Qualquer cerveja desta cidade, que um dia foi o local da cervejaria real, é chamada de *Budweiser* (note a relação com reis). A Anheuser-Busch baseou sua cerveja mais famosa nesta cerveja local anos atrás. A Michelob também é baseada no nome de uma cidade próxima.

Encontrando Cervejas de Destaque em Outros Cantos do Mundo

Um sério explorador de cervejas não precisa parar nos principais países produtores. Outros países também possuem muitas descobertas, apesar de que, devido à lealdade do povo local às suas cervejas favoritas, encontrar cervejas diferentes pode ser mais difícil. Enquanto você descobre as cervejarias e museus de outros países, certifique-se de perguntar sobre grupos de amantes de cerveja para saber dicas sobre bares especializados ou festivais de cerveja.

Áustria

Um estilo inteiro de cerveja — a Vienna Lager — é atribuído à velha Viena, que possui uma dúzia de pubs cervejeiros maravilhosos, mas apenas uma cervejaria em produção — Ottakringer. Por todo o país, as cervejarias são conhecidas por operarem ótimos restaurantes também. A cozinha é tipicamente Tirolesa (bastante parecida com a da Baviera), com bastante carne e amido — em outras palavras, ótima comida para se tomar cerveja!

Como na Alemanha, Bélgica e Grã-Bretanha, muitas cidades pequenas na Áustria têm suas cervejarias locais (mas não tão numerosas quanto na Alemanha).

Dinamarca

A Dinamarca não é tão conhecida por sua produção e exportação de cervejas, mas isto não significa que não há experiências cervejeiras a serem saboreadas lá. A Dinamarca, simplesmente, tem a infelicidade de ficar na sombra de seu vizinho ao sul (Alemanha).

A cervejaria Carlsberg (localizada em Copenhague) é a maior da Dinamarca e é local de muito estudo e desenvolvimento do estilo de cerveja lager. Um século de história de fabricação de cerveja dinamarquesa é exibido aqui; o tour autoguiado inclui algumas amostras grátis.

Holanda

A cerveja holandesa é popularizada por talvez sua menos interessante marca, a Heineken. É uma pena, considerando tudo o que os cervejeiros holandeses têm a oferecer. O povo holandês também gosta muito de cerveja e importa grande variedade de cervejas do mundo todo. Aqui estão alguns lugares que você precisa conhecer se um dia estiver na Holanda:

- **Amsterdam:** A Heineken é uma das maiores cervejarias do mundo e um tour na cervejaria é muito divertido (a instalação principal, fora de Amsterdam, é a maior cervejaria da Europa).
- **Biermuseum de Boom (Alkmar):** Este museu oferece exibições sobre fabricação, maltagem e tanoaria, instaladas em uma velha cervejaria.
- **Brewery De Konigshoeven (Berkel-Enschot):** A única cerveja Trapista produzida fora da Bélgica é fabricada na Abadia de Konigshoeven (*Abdij* em holandês) e vendida sob o nome de La Trappe na Europa. Nos Estados Unidos e Canadá, estas cervejas são comercializadas como Konigshoeven Trappist Ales.
- **Bokbier Festival (Amsterdam):** No outono, o grupo holandês PINT (*Promotie Informatie Traditioneel Bier*) celebra as cervejas holandesas no maior festival de cerveja da Holanda. Fundada em 1980, a PINT é uma das mais antigas organizações de consumidores de cerveja do mundo.

Noruega

A fabricação de cerveja na Noruega tem mais de mil anos e, até alguns séculos atrás, uma tradição de fabricação rural persistiu. Infelizmente, a maioria das cervejas norueguesas ficou para história. Hoje em dia, grandes cervejarias como a Carlsberg-Ringnes e Hansa-Borg dominam o mercado.

No lado positivo, a cerveja artesanal chegou neste gelado país, com microcervejarias estabelecidas em Oslo (Oslo Mikrobryggeri) e Grimstad (Nogne O).

A Aass (pronunciada *ohss*) Bryggeri (cervejaria), em Drammen, Noruega, possui uma excelente variedade de estilos de cervejas de qualidade. Dê uma olhada em www.aass.no, para mais informações.

Austrália e Nova Zelândia

Os australianos são notórios por seu alto consumo per capita, que está a par com os alemães e tchecos. Isto não deveria ser uma surpresa para um país quente e árido com vasto passado fronteiriço. Os australianos preferem sua cerveja muito gelada (eles provavelmente não recebem muitas reclamações dos visitantes americanos), que é uma das razões que os bares australianos servem a cerveja em copos pequenos: ela pode ser bebida mais rapidamente sem sofrer perda de temperatura.

Apesar da grande influência inglesa nas indústrias cervejeiras australianas e da ocasional ale bem feita, a Austrália é um país-continente da lager. Algumas das ales de destaque são a Coopers Real Ale e Stout, Tooth's Sheaf Stout, e uma favorita do povo lá de baixo, a Castlemaine XXXX (conhecida carinhosamente como "Quatro Xs").

Os australianos podem ser um tanto provincianos com suas cervejas. Você bebe XXXX se você é de Queensland, mas você prefere uma Victoria Bitter se você for de Victoria. A Swan é apreciada no oeste australiano, enquanto a Tooheys é apreciada em New South Wales. E não se esqueça da Boag's, na Tasmânia; A cervejaria oferece um ótimo tour e degustação!

Locais notáveis na Austrália incluem numerosos pubs cervejeiros. Como é de se esperar, estes pubs tendem a se concentrar dentro e em volta dos centros metropolitanos de Sydney, Melbourne e Perth.

A Nova Zelândia é o paraíso do amante da cerveja. Não só a cerveja é a bebida mais popular da Nova Zelândia, como também é produzida em uma ampla variedade de estilos. Apesar de o mercado ser dominado pelas duas maiores cervejarias do país (Lion Nathan e DB Breweries), a Nova Zelândia possui microcervejarias (15) e pubs cervejeiros (18) também, a maioria centrada em Auckland, Christchurch, Nelson e Wellington.

Se você estiver em Auckland, Nova Zelândia, no final de março, compre um ticket para o New Zealand Beer Festival. Esta celebração neozelandesa estrela mais de 70 cervejas de algumas dezenas de cervejarias.

Japão

Por toda a Ásia, a influência alemã na fabricação é inconfundível, e as lagers leves predominam. Os grandes cervejeiros japoneses famosos internacionalmente possuem jardins de cerveja (Sapporo tem o mais famoso) e pubs temáticos e cada vez mais bares estão abrindo, com grandes seleções de cervejas internacionais, estrelando microcervejarias americanas e belgas. A fabricação caseira também está pegando, assim como microcervejarias e pubs cervejeiros. E não se esqueça de que os japoneses têm fabricado cerveja há muito tempo: o *saquê* é, na verdade, uma cerveja feita inteiramente de arroz.

Tailândia

A Tailândia possui grandes cervejarias bem estabelecidas, como a Boon Rawd Brewery, que produz as marcas populares Singha e Leo. Outra empresa, a Thai Beverages, fabrica a marca competidora Chang, que tem o teor alcoólico levemente elevado (os locais alertam sobre a "chang-ressaca"). Ainda, a cervejaria alemã Paulaner opera um salão de cerveja em Bangkok.

Brasil

O Brasil é o quarto maior mercado de cerveja do mundo em volume de produção, apesar do consumo per capita ser de apenas um terço do consumo da República Tcheca, por exemplo, que são os maiores consumidores de cerveja do mundo. O Brasil é sede da Ambev, cervejaria que nasceu da fusão das tradicionais Brahma, Antarctica, Skol/Caracu e Bohemia, e pertence ao maior conglomerado cervejeiro do mundo, a Anheuser-Busch InBev, união das cervejarias Anheuser-Busch norte-americana (produtora da Budweiser) e da Interbrew, de origem belga, produtora da Stella Artois e que tem vários rótulos internacionais conhecidos em seu portfólio. Grandes cervejarias e grupos dividem o mercado com a Ambev, principalmente a Heineken, que comprou a Kaiser, a Brasil Kirin, que adquiriu a Schincariol, e a Cervejaria Petrópolis, produtora da Itaipava, entre outros rótulos. Além das megacervejarias, o Brasil já possui cerca de 200 microcervejarias espalhadas principalmente nas regiões Sul e Sudeste do país, e vários bares, lojas e cervejarias especializadas em cerveja artesanal nas principais capitais do país.

Uma cerveja é uma bier é uma pivo

Aqui está como pedir uma cerveja em vários países:

País	"Cerveja"
China	mai chiu
Tchecoslováquia	pivo
Dinamarca	ol
Finlândia	olut
França/Bélgica	bière
Alemanha	bier
Itália	birra
Japão	biru
Letônia	alus
Holanda	bier
Polônia	piwo
Espanha/México	cerveza

Capítulo 17
Embarcando em Viagens e Excursões Cervejeiras

Neste Capítulo
- Preparando-se para jornadas cervejeiras
- Planejando suas férias em função da cerveja
- Encontrando acomodações relacionadas à cerveja
- Fazendo tours de cervejarias sozinho ou em grupo

Nem toda cerveja é consumida em casa ou no seu pub ou bar local. Às vezes, você tem que sair e procurar novas e excitantes cervejas, seja em um tour com um grupo ou sozinho. A boa notícia é que fazer isto está se tornando mais fácil, especialmente se você está tirando férias. Neste capítulo, eu irei destacar algumas das melhores e mais fáceis maneiras de planejar a sua viagem cervejeira.

Tenha Algumas Dicas Cervejeiras em Mente Antes de Sair de Casa

Nos dias atuais, os amantes da cerveja não precisam ir muito longe para encontrarem boa cerveja — pelo menos não tão longe quanto era necessário ir algumas décadas atrás. Este fácil acesso à boa cerveja sempre foi uma realidade no caso da Europa e agora também se torna realidade na América do Norte, Austrália e Nova Zelândia. (Em outras partes do mundo, entretanto, encontrar uma boa cerveja pode ser um pouco mais difícil, mas as recompensas líquidas, como sempre, valem o esforço.)

Se você é novo na experiência de cervejas artesanais, pode não estar ciente das ótimas oportunidades de degustação bem na sua área. Porém, uma simples olhada nos negócios locais possa facilmente lhe mostrar o caminho certo. O Capítulo 15 mostra alguns lugares para experimentar na América do Norte, como bares de cerveja, pubs cervejeiros, e mais. É claro, nada funciona melhor do que o bom e velho boca a boca.

Buscar experiências com cerveja longe de casa envolve muito esforço e investigação. Felizmente, porque as pessoas agora moram em uma comunidade global e possuem acesso a informações atualizadas, planejar uma viagem da cerveja muitos quilômetros de casa é bem fácil.

Aqui estão algumas ideias e sugestões para se considerar se você pretende embarcar em uma viagem séria sobre cervejas — especialmente fora do país:

- **Planeje o máximo que puder.** Após decidir para onde vai, descubra quais oportunidades cervejeiras existem dentro e em volta do seu destino. Considere quais cervejarias estão lá e quais tours são oferecidos e a necessidade de reservas. Aprenda sobre a cultura local de pubs e tavernas, e descubra onde você pode experimentar uma grande variedade de cervejas — e comer alguma coisa também. Considere comprar um (ou mais) guia de cerveja publicado.
- **Aprenda sobre as leis e costumes locais:**
  - O álcool pode ser proibido em certos países, ou até em condados (nos Estados Unidos).
  - A cerveja pode não estar disponível para comprar durante certas horas do dia e em alguns dias da semana.
  - Os pubs e tavernas podem ter horários inusitados e inconvenientes em certos dias da semana.
  - A idade permitida para beber pode ser menor do que você imagina, permitindo que um amigo ou familiar mais jovem o acompanhe na sua jornada.
  - Preste atenção nas penalizações para intoxicação pública ou de direção sob a influência do álcool, elas podem ser particularmente severas em alguns países, incluindo até o encarceramento.
- **Antes de sair de casa, entre em contato (pelo menos através do e-mail) com as cervejarias ou locais relacionados nos seus planos.** Você deve ter certeza de que eles estarão abertos na data e hora de sua visita.
- **Traga uma câmera para registrar o seu tour ou visita.** Dependendo de onde estiver, você deve perguntar se pode tirar fotos.
- **Traga materiais para escrever.** Tomar notas, especialmente das degustações de cerveja, é muito útil. Quanto mais cervejas você experimenta, mais difícil fica de se lembrar.
- **Por favor, colecione e guarde cartões de visita, porta-copos e outras lembranças grátis de sua viagem.** Elas o ajudaram a lembrar de onde você esteve e o que experimentou.

Colocando a Cerveja nas suas Aventuras de Férias

Naturalmente, as pessoas planejam as suas férias de acordo com seus interesses pessoais, seja mergulhar no Caribe, caminhadas nas Cotswolds, ou observação de pássaros na Costa Rica. E o tio Fred, que gosta de provar cervejas diferentes? Bem, existe um lugar só para ele também.

Por acaso, muitos destinos cervejeiros importantes estão em destinos turísticos populares e desejáveis pelo mundo, tornando estas jornadas muito interessantes e convidativas para todos os envolvidos. (Minha esposa e filhos, hoje já mais velhos, foram arrastados para mais tours de cervejarias do que eles podem lembrar, mas estes tours eram sempre no caminho de um parque nacional ou parque de diversões. Eu juro!)

Nas próximas seções, eu lhe mostro algumas férias planejadas que focam na cerveja e discutirei as vantagens de uma aventura cervejeira não planejada.

Todos juntos agora: indo com grupos de excursão

Planejar férias específicas sobre cerveja está se tornando mais fácil — e mais comuns — graças à proliferação de empresas turísticas que se especializam neste tipo de coisa. A beleza é não ter que organizar tudo sozinho. Além do mais, estas férias são lideradas por especialistas (na indústria turística, se não na cervejeira) que garantem que cada detalhe da viagem está organizado.

As próximas seções oferecem uma lista de algumas opções de férias da cerveja por aí, e esta lista não é de maneira alguma exaustiva. Até o mais viajado explorador da cerveja é capaz de encontrar uma viagem interessante aqui.

Viajando pela Europa

A BeerTrips.com (www.beertrips.com) oferece itinerários relaxantes, que permitem bastante tempo para a sua própria exploração. Aqui estão alguns tours organizados pela BeerTrips.com na Europa:

- Farmhouse Ales da Bélgica e França
- A República Tcheca: cervejarias Independentes e Locais de Patrimônio Mundial
- Cerveja e Culinária do Norte da Itália
- Praga, Munique e Bamberg

Parte IV: Explorando as Cervejas ao Redor do Mundo e em Casa

- As Grandes Cervejas da Bélgica
- Cerveja de Inverno: Bruges and Londres
- Festival Zythos Belgian Beer
- Alemanha: Colônia, Bamberg e Fruehlingfest em Munique

A Belgian Beer Me! (www.belgianbeerme.com) faz tours em um único país (adivinhe qual), mas os tours são extensivos (esta empresa também oferece aulas sobre cerveja belga nos Estados Unidos). Aqui estão quatro dos tours anuais liderados pela Belgian Beer Me!

- O melhor tour das Farmhouse Ales na Bélgica e França
- O tour dos monges Trapistas solitários na Bélgica e Holanda
- O tour do Festival de Natal de Essen na Bélgica
- O grande tour do Zythos Beer Festival da Bélgica

A Bier-Mania! Tours Culturais de Cerveja (www.bier-mania.com) oferece estas variedades divertidas de excursões para a Europa:

- O Grande Tour da Cerveja Europeia (Tours pela Europa, 10 dias)
- O Grande Tour da Cerveja da Bélgica (Bélgica e França, 10 dias)
- Especial Franconia e Bamberg (Franconia, Annafest, Bamberg e Pilsen, 10 dias)
- Especial Tcheco da Bohemia (Bohemia, Zoigl Land e Franconia, 10 dias)
- Especial da Bavária e Alpes Tiroleses (Oktoberfest e Alpes, 4 ou 10 dias)
- Especial Berlim Oriental (Alemanha Oriental e Berlim, 10 dias)
- Tour Clássico do Baixo Reno (Fim de semana ou no meio da semana no Baixo Reno)
- Especial Ardennes (Região de Ardennes na Bélgica, 3 dias)
- Especial Bière de Garde (Verdun e Pays de Meuse na França, 3 dias)
- Especial Bruges e Flanders (Flanders belga e francês, 3 dias)
- Tours combinados e Eventos (tours mesclados e festivais de cerveja)

Nota: A Bier-Mania! Tours Culturais da Cerveja também oferece o Especial Velho Oeste do Colorado (Montanhas Rochosas, 8 dias) para a galera que quer permanecer nos Estados Unidos. Veja a próxima seção para mais opções nos Estados Unidos.

A Knickerbocker's Bier Tours (www.knickerbockersbiertours.de/) oferece um tour cervejeiro da Alemanha que inclui o seguinte:

Capítulo 17: Embarcando em Viagens e Excursões Cervejeiras

- Uma visita a seis cervejarias diferentes na Alemanha
- Dois seminários sobre cerveja e fabricação
- Um pub holandês que oferece 130 cervejas diferentes
- Um Bierbörse (festival) com 900 cervejas

O NovoGuide Tours oferece o Grande Tour das Cervejarias (`www.novoguide.com/brewery`), que dura nove dias e oito noites e visita cinco países europeus, incluindo

- República Tcheca (Praga e Pilsen)
- Alemanha (Munique)
- Bélgica (Leuven)
- Inglaterra (Londres)
- Irlanda (Dublin)

Caminhando e pedalando nos Estados Unidos

Para os exploradores americanos que preferem ficar em casa, o Zephyr Adventures (`www.zephyradventures.com`) tem a coisa certa para você. As atividades do Yellowstone Hike, Bike and Beer Adventure consistem em caminhadas e passeios de bicicleta dentro e em volta do Parque Nacional de Yellowstone, em Wyoming, perto de Bozeman, Montana e do Harriman Parque Estadual, em Idaho. A prática de mountain bike acontece nos morros baixos do resort de ski Big Sky, no Parque Nacional Grand Teton, e um passeio pelo National Scenic Byway, do topo do Beartooth Pass, a 3.336 metros de altitude, em Wyoming, até o Red Lodge em Montana a 1.693 metros de altitude. A cada dia, são oferecidas para você opções difíceis ou fáceis, fazendo este tour possível para todo mundo.

A parte da cerveja desta aventura envolve tours das seguintes seis cervejarias em seis dias em Montana, Idaho e Wyoming:

- Bozeman Brewing Company em Bozeman, Montana
- Lone Peak Brewery em Big Sky, Montana
- Grand Teton Brewing em Victor, Idaho
- Snake River Brewing em Jackson, Wyoming
- Red Lodge Ales em Red Lodge, Montana
- Yellowstone Valley Brewing Company em Billings, Montana

Navegando por aí

Nem todas as aventuras cervejeiras são em terra. Hoje em dia você pode encontrar diversas oportunidades de curtir um cruzeiro da cerveja. Alguns são grandes, outros pequenos; alguns são luxuosos, alguns, bem, nem tanto. Todos os seguintes cruzeiros da cerveja permitem que você curta boas cervejas sem pular fora do barco!

- O Magic Happens (www.alaskabrewcruise.com/Home.html), junto com o Celebrator Beer News, apresentam o cruzeiro anual Ultimate Beer Experience. Este cruzeiro, de sete noites, no Alaska, via passagem interna, acontece no navio Celebrity Cruise Line's Infinity. Além do itinerário fantástico do cruzeiro e seus portos regulares, você participa de dois tours de cervejarias (Juneau e Skagway/Haines) e seis eventos de degustação de cervejas enquanto está a bordo — o antídoto perfeito para a mareagem.
- A Northwest Rafting Company (www.nwrafting.com) adicionou o Cervejas e Paisagens ao seu itinerário de rafting no Rio Rogue em Oregon. O Cervejas e Paisagens se parece com as viagens comuns de rafting, mas quando você chega ao acampamento, uma variedade de cervejas em barris o estão esperando. Cada viagem tem um cervejeiro ou representante de cervejaria presente para oferecer degustações de cervejas especiais. Os guias do Northwest Rafting Company também preparam uma refeição especial para complementar as oferendas da noite. O itinerário do verão de 2012 inclui tours nas cervejarias Deschutes Brewery, Double Mountain Brewery e a Sierra Nevada Brewing Company.
- Em Milwaukee, Wisconsin, você pode participar de um pequeno tour das cervejarias da cidade, passando pelo Rio Milwaukee nos Tours de barco Riverwalk Tours (www.riverwalkboats.com). O Tour Sunday Brewery Tour para em frente a cervejaria Lakefront Brewing Company, a Milwaukee Ale House e a Rock Bottom Restaurant and Brewery. Você pode começar o tour em qualquer um destes três lugares.
- A Rogue Wilderness Adventures (www.wildrogue.com) novamente lança a sua viagem de rafting Paddles and Pints no Rio Rogue, em Oregon. Esta aventura de quatro dias se juntou com um renomado mestre cervejeiro para oferecer as duas melhores coisas de Oregon. Durante o dia, os funcionários da Rogue Wilderness Adventures levam os remadores cachoeira abaixo num dos rios mais bonitos do país. As noites são passadas no camping, em pequenas praias, enquanto os guias servem especialidades para acompanharem a degustação de cerveja.

Ziguezague maltado: aventuras cervejeiras não planejadas

Apesar de eu recomendar um tempo de planejamento sobre os destinos escolhidos (veja a seção anterior "Mantendo Algumas Dicas Sobre a Viagem em Mente Antes de Sair de Casa"), um dos mais recompensadores aspectos de uma viagem em aberto — e uma mente aberta — é a flexibilidade de tomar outro rumo de última hora para algo não planejado ou inesperado. A espontaneidade é valiosa nestas situações e podem o levar até experiências memoráveis com a cerveja. Este tipo de aventura é mais do tipo faça-você-mesmo, coisa-de-momento. Beba onde a população local bebe ao invés de onde os turistas bebem. Sempre mantenha os olhos e mente abertos nas suas jornadas; sua barriga e língua te agradecerão.

Capítulo 17: Embarcando em Viagens e Excursões Cervejeiras   **245**

Aqui estão algumas aventuras não planejadas em que seu humilde autor já embarcou:

- Visitar uma cidade cosmopolita como Veneza, onde passeios de gôndola e vinho italiano são a ordem do dia, oferece a oportunidade de descobrir que Veneza tem um pub cervejeiro! (Só para constar, é o BEFeD Brew Pub Mestre.)
- A maioria dos visitantes de Salzburg, Áustria, eventualmente pega o caminho até a fortaleza Hohensalzburg, que tem uma vista da cidade. E muitos visitantes da Hohensalzburg escolhem subir até lá no conveniente teleférico. Se você andar pela inclinada e estreita rua que sobe até o morro, minha esposa e eu encontramos a entrada da Stiegl Bierkeller no caminho. (Ok, a gente não teve tempo para entrar, mas isto não vem ao caso.)
- Passeando casualmente pelo shopping a céu aberto em Heidelberg, Alemanha, uma tarde levou minha esposa e eu à porta de uma cervejaria que oferecia mais de 100 cervejas diferentes em garrafa — muitas das quais eu nunca tinha visto em casa. Não é de se surpreender que eu não lembre o nome do lugar.
- Entrando em uma pequena lojinha de mantimentos em Londres, procurando algo para comer de noite, deparei-me com a oportunidade de comprar várias garrafas de uma ale que eu não tinha visto em nenhum pub que visitei. Elas foram prontamente saboreadas no meu quarto de hotel naquela noite.

Travesseiros de Lúpulo para Todos! Alojamentos Próximos e Dentro das Fábricas de Cerveja

Durante séculos, algumas pessoas acreditavam que o lúpulo ajudava a trazer um sono revigorante, e daí começaram a usar travesseiros de lúpulo como remédio contra insônia e ansiedade. O aroma intenso dos lúpulos é considerado um método efetivo e suave de induzir o sono. Verdade ou não, a crença da habilidade dos lúpulos em induzir o sono data desde que os colhedores de lúpulos se sentiam continuamente sonolentos no trabalho.

Mesmo que você escolha não participar de uma viagem organizada em grupo focada na cerveja (veja a seção anterior "Todo mundo junto agora: os tours em grupos"), diversas oportunidades existem para dormir em pousadas que fazem da cerveja local uma parte da experiência — ou você pode encontrar acomodações dentro e perto de cervejarias. Eu discutirei estes dois tipos de oportunidades e darei sugestões de lugares para ficar nas seções seguintes. A minha aposta é que a sua sonolência será mais afetada pela ingestão de álcool do que pelo cheiro do aroma do lúpulo, porém intensificado pelos dois.

Cerveja, cama e café da manhã

Apesar das localizações das pousadas do tipo B&B (Bed and Breakfast[1]) serem diversas em muitos países, elas não são tão numerosas como parecem ser na Grã-Bretanha. Tornando-as ainda mais intrigantes, entretanto, alguns destes B&B adicionaram um B a mais a seus títulos — e agora o jogo virou.

As zonas rurais da Inglaterra, Escócia e País de Gales estão cheias de B&B, que atendem os amantes de cerveja. Literalmente centenas de charmosas tavernas e antigos bares estão esperando para serem explorados. Se você está considerando uma jornada cervejeira pela Grã-Bretanha, considere mesmo estas opções de B&B&B.

Qualquer pessoa planejando uma viagem pelos países do Reino Unido deveria obter uma cópia do *Beer, Bed and Breakfast*[2], um guia de pubs com acomodações de ótimo preço e comidas e cervejas excelentes. Este livro de 200 e poucas páginas divide os países em condados e o informa até sobre as cervejas que você pode esperar encontrar nas chopeiras de cada lugar. Todas as sugestões incluem o contato, tipo de acomodação, lista de cervejas servidas, tipos de refeições e horários, e um guia de preços fácil de entender, para ajudá-lo no planejamento do orçamento. Este guia está disponível através da CAMRA, em www.camra.org.uk.

Enquanto isso, aqui está uma breve lista de pousadas do tipo B&B, nos Estados Unidos, que se juntaram à revolução da cerveja:

- O Black Friar Inn and Pub, em Bar Harbor, Maine (www.blackfriarinn.com), é descrito como um "retiro para os cavalheiros" pelos donos. É a casa do Friar's Pub, que serve uma linha completa de destilados, vinhos e as cervejas da microcervejaria Gritty McDuff's (fabricada em Portland, Maine). Beba no pub em si ou no deck no telhado.

- Forty Putney Road Bed and Breakfast, em Brattleboro, Vermont (www.fortyputneyroad.com), tem vista da água e vários caminhos e jardins ao longo da água, mas está a uma curta caminhada do vibrante centro de Brattleboro. Os donos são autoproclamados nerds da cerveja e possuem um pequeno pub no local, com mais de 30 cervejas artesanais locais. Todo sábado à noite, eles oferecem uma degustação de cervejas artesanais, e muitas vezes oferecem eventos relacionados à cerveja.

- O Inn, no Ellis River em Jackson, New Hampshire (www.innatellisriver.com), oferece um pacote com duas noites dedicadas à cerveja. Comece o seu dia saboreando um copo de ale local com queijos e torradinhas na sala de jogos/pub. No dia seguinte, dê uma olhada nas cervejas de microcervejarias nas lojas de North Conway e depois faça um tour da cervejaria Tuckerman's Brewery. O seu jantar de três pratos nessa noite no White Mountain Cider Company inclui a sua escolha de uma das cinco cervejas regionais na chopeira.

---

[1] N.E.: Cama e café da manhã, em inglês.
[2] N.E.: Cerveja, cama e café da manhã, em inglês.

Beber e dormir, misturar e apagar: passando a noite em uma cervejaria

Um número limitado de lugares existe onde os hóspedes podem passar a noite em uma cervejaria ou nas imediações de uma cervejaria. Sonâmbulos são aceitáveis, já sonâmbulos bêbados são mal vistos!

- Brewery Creek Bed and Breakfast Inn, em Mineral Point, Wisconsin, (www.brewerycreek.com) é na verdade três negócios em um. A hospedagem inclui cinco quartos no Inn e dois chalés na Shake Rag Street. Os outros dois negócios incluem um pub cervejeiro e restaurante no Inn e a cervejaria Brewery Creek Brewing Company que está adjacente ao restaurante. O Brewery Creek Inn é legalmente um hotel, mas porque o café da manhã é servido, eles escolheram chamar de Bed and Breakfast. Ainda bem que não é no Dairy Creek.

- O Calistoga Inn Restaurant & Brewery (www.calistogainn.com) é um hotel charmoso da virada do século, no estilo europeu, com serviço completo de restaurante e uma cervejaria artesanal, no coração do estado vinícola da Califórnia. Com um histórico de 100 anos servindo visitantes no Napa Valley, em 1987, o Calistoga Inn adicionou uma cervejaria, antigamente conhecida como Napa Valley Brewing Company. Todas as cervejas fabricadas aqui também são servidas aqui. Após longas horas de degustação de vinhos, não tem nada melhor do que uma cerveja gelada no pátio do Calistoga Inn. Os tours da cervejaria estão disponíveis de segunda à sexta.

- O Fredericksburg Brewing Company (www.yourbrewery.com) é o mais velho e respeitado pub cervejeiro no estado do Texas. Ele começou suas operações em 1994, pouco depois que a legislação que permitia pubs cervejeiros no Estado da Estrela Solitária passou. Localizado em Main Street, no coração do centro comercial, o Fredericksburg Brewing Company abriu uma loja no prédio de dois andares que foi reformado seguindo padrões históricos. O segundo andar oferece espaço para suas instalações de Bed and Brew, que incluem 12 quartos privativos com banheiro. Cada hóspede tem direito a provar quatro cervejas grátis para cada noite que ficam.

- A House of Rogue (www.rogue.com/locations/bb.php) oferece uma maneira única de aproveitar Newport, Oregon. Os apartamentos aconchegantes são localizados acima do Rogue Ales Public House na histórica orla de Newport. Você pode aproveitar uma linda vista da baía da cidade onde a maior frota pesqueira do Oregon coexiste com uma crescente indústria turística. Dentre as muitas atividades, está olhar os leões-marinhos no cais e parar na Public House para provar diversas ales premiadas.

- Para aqueles que estão procurando algo mais refinado, dê uma olhada no Swans Hotel and Public House em Victoria, British Columbia (www.swanshotel.com). Localizado no coração do centro histórico da cidade canadense de Victoria, o Swans fica pouco minutos do famoso porto Inner Harbour, onde você pode curtir atrações locais, eventos, entretenimento e compras. É claro, você pode escolher ficar quietinho e aproveitar as cervejas da casa fabricadas na cervejaria Swans Buckerfield Brewery, no nível da rua. Este pub ganhou o premio de Pub Cervejeiro Nacional do Ano, em 2006.

✔ No começo dos anos 1940, após fugirem do regime Nazista na Europa, a família Von Trapp se estabeleceu em Stowe, Vermont, em uma encantadora fazenda com paisagens e montanhas reminiscentes de sua amada Áustria (Sim, esta é a famosa família Von Trapp retratada no filme *A Noviça Rebelde*.) A família Trapp começou a receber hóspedes em suas acomodações rústicas com 27 quartos em Stowe, Vermont, no verão de 1950. Após um incêndio devastador em 1980, a estrutura original foi substituída por um alojamento alpino de 96 quartos.

Uma verdadeira bonança de cerveja, cama e café da manhã

Acho que é seguro dizer que nenhuma outra empresa no mundo oferece ao explorador da cerveja um número tão incrível de opções de lugares para ficar quanto McMenamins. Fundada pelos irmãos Mike e Brian McMenamin, em 1985, seu império inclui uma cadeia de quase 60 pubs cervejeiros, microcervejarias, cinemas, locais para concertos, e hotéis históricos, a maioria localizada em Portland, Oregon, com outros locais espalhados por Oregon e Washington.

O que torna estes muitos lugares tão interessantes é em razão de onde estão situados, nove dos quais estão em lugares pertencentes ao Registro Nacional de Lugares Históricos. Aqui está uma lista parcial:

✔ Um prédio que foi originalmente parte da Lewis and Clark Centennial Exposition

✔ Um antigo bordel

✔ Uma antiga igreja sueca

✔ Uma antiga escola

✔ Uma antiga funerária

✔ Um cinema construído pela Universal Studios

A McMenamins opera atualmente 24 cervejarias. Coletivamente, foram produzidos 54 mil lotes de cerveja, desde 1985. Somente em 2010, foram produzido 47.700 barris de cerveja, ou incríveis 5,9 milhões de pints.

Atente para o fato de que nem toda propriedade da McMenamin opera uma cervejaria e nem todas as propriedades possuem acomodações para passar a noite. Para escolher o melhor local, vá até www.mcmenamins.com.

Johannes Von Trapp, então, começou a pensar em fabricar a própria cerveja para seus hóspedes. O sonho dele era produzir a versão americana das deliciosas lagers que ele saboreava em suas viagens à sua casa ancestral austríaca. O sonho de Johannes se tornou realidade na primavera de 2010, com a abertura da cervejaria Trapp Family Brewery. A modesta instalação (mais ou menos 270 mil litros por ano) está localizada no andar mais baixo da confeitaria do resort, onde chopes da cerveja local estão disponíveis o ano todo. As três principais cervejas são a Golden Helles, Vienna Amber, e Dunkel Lager. (Para mais informações, dê uma olhada em www.trappfamily.com).

Conhecendo as Excursões de Cervejarias

Os tours de cervejarias são uma das poucas maneiras em que as pessoas podem experimentar cervejas de graça (ou quase de graça) e receber uma rápida educação sobre os processos de fabricação, tudo na mesma tarde. E mais, os tours de cervejarias não são novidade — as grandes cervejarias vêm fazendo-os há anos como parte de seus programas de relacionamento com os consumidores (a Anheuser-Busch possui até um ícone nacional, os estábulos dos cavalos Clydesdales), e a paixão dos donos de microcervejarias e pubs cervejeiros é tão grande que o tour é uma aposta certa de diversão.

Cada uma das grandes e nacionalmente conhecidas cervejarias possuem tours agendados e em multimídia que eventualmente desembocam em salas espaçosas e confortáveis de degustação, certos de incluírem também uma loja de presentes na esperança de que você se sinta obrigado a comprar algo em retorno da hospitalidade deles. Alguns cervejeiros regionais possuem tours de vários tipos, enquanto outros não se importam (ou não podem fazer tours por motivos de seguro).

As coisas são mais casuais no nível das microcervejarias. Uma ligação prévia geralmente é o suficiente para você entrar. Os pubs cervejeiros requerem apenas uma boa lábia da parte do cervejeiro e do consumidor (e um momento quando o cervejeiro não está muito ocupado). Em alguns casos, tudo o que você precisa fazer para ver o processo de fabricação em operação é dar uma leve viradinha no banco do bar (meu tipo de exercício).

Nestes lugares menores, dado a natureza da indústria, você provavelmente será capaz de conhecer o mestre cervejeiro, a equipe de manutenção, o dono, e o presidente, tudo de uma vez só. Você não encontrará melhor oportunidade de aprender sobre a parte mais íntima da fabricação, e o entusiasmo com este tipo de ofício pode ser contagiante. Mas, cuidado — você pode se pegar ajudando na limpeza!

Nas próximas seções, eu ofereço dicas sobre fazer o tour de cervejarias sozinho, e descrevo os tours de ônibus e de bicicleta.

Fazendo sozinho uma excursão

Fazer um tour em uma cervejaria já se tornou umas das coisas mais fáceis que os nerds da cerveja podem fazer. Quase todas as cervejarias — especialmente as artesanais — apresentam tours de suas instalações, mas geralmente isso se deve à conveniência. Ter pessoas andando pela cervejaria nos dias de fabricação e engarrafamento pode atrapalhar e até oferecer risco para os visitantes.

De qualquer maneira, não deixe isto o impedir de perseguir o seu hobby. Simplesmente ligar antes ou checar as informações no site da cervejaria pode aliviar muito do stress de todos os envolvidos. A maioria das cervejarias publica os dias e horários para tours agendados; outras estão limitadas a um tour por semana. Tudo depende do quanto eles estão ocupados e dos funcionários disponíveis para guiar o tour.

Para despertar seu interesse em fazer tours de cervejarias, aqui está uma lista de algumas oportunidades únicas encontradas em cervejarias pelo mundo:

- O Buller Pub & Brewery, em Buenos Aires, Argentina (www.bullerpub.com), é modelado no estilo dos pubs cervejeiros americanos. Este divertido bar possui extensos menus de comida, cerveja e destilados. Grupos de oito podem fazer o tour da cervejaria e aprender sobre os materiais e métodos na fabricação. Os visitantes têm a chance de experimentar uma das seis cervejas do pub: uma lager, Cream Pale Ale, Oktoberfest, India Pale Ale, Dry Stout, e Honey Beer.
- A cervejaria Chimay Brewery, na Bélgica (www.chimay.com) é considerada a meca da cerveja. Infelizmente, os fãs deste famoso monastério produtor de cerveja Trapista não são permitidos entrar na cervejaria. Mas os turistas podem visitar os jardins da abadia, o cemitério e a igreja. Depois, eles podem seguir para o L'Auberge de Poteaupre, uma antiga escola transformada em restaurante/cervejaria, onde as cervejas da Chimay e outras cerveja belgas são encontradas nas chopeiras.
- A cervejaria Kiuchi Brewery, em Ibaraki, Japão (www.kodawari.cc/?en_home.html), fabricante da Hitachino Birds Nest Beer, apetece os novos fabricantes de cerveja com uma lição pessoal na elaboração da receita, medição de maltes, amassar o grão, e outras técnicas de fabricação. O produto final leva três semanas para fermentar e pode ser enviado para você quando estiver pronto. A pegadinha? Ela só pode ser enviada para um endereço no Japão.
- No alto dos Alpes Suíços, a cervejaria Monsteiner Bier Brewery (www.biervisionmonstein.ch/) oferece nada menos do que nove degustações de cervejas únicas, incluindo um passeio de trem e caminhada nórdica. Essas excursões terminam com um tour pela cervejaria, uma degustação, ou ambos. A cervejaria também produz especialidades caseiras, tais como o bacon e queijo do cervejeiro e pão de bagaço de malte.
- Por mais ou menos US$25, os visitantes da cervejaria Well and Young's Brewery, no Reino Unido (www.wellsandyoungs.co.uk), podem dar uma espiada na tradição cervejeira inglesa. Em 1876, a cervejaria Young's abriu suas portas; em 2006, ela se fundiu com outra cervejaria local chamada Wells. Juntas elas fazem lagers e ales tradicionais. O tour inclui bebidas, um jantar do tipo torta de carne, e três garrafas grátis de sua escolha.

- A cervejaria Bohemia, em Petrópolis, Rio de Janeiro, Brasil (www.bohemia.com.br) construiu recentemente o Centro de Experiência Cervejeira e Museu da Cerveja, anexos à fábrica. O roteiro é um tour autoguiado de duas horas e meia de duração, que mostra informações audiovisuais sobre a história da cerveja no mundo e no Brasil e da cervejaria em si. Oferece aos visitantes ainda degustações da linha Bohemia e jogos interativos. A cervejaria conta ainda com um bar e empório abertos ao público. O tour pode ser agendado no local ou pelo site da cervejaria.
- A cervejaria Eisenbahn, em Blumenau, Santa Catarina, Brasil (www.eisenbahn.com.br), também permite a visitação à sua fábrica. Pessoas interessadas poderão conhecer a história da cervejaria, o processo de fabricação, os tipos de cerveja e ainda degustar um chope de 300 ml tirado diretamente de um dos tanques de fabricação. Para tanto, basta agendar uma visita, de segunda a sábado, das 14:00 às 19:00.
- A cervejaria Baden Baden, em Campos do Jordão, São Paulo, Brasil (www.badenbaden.com.br), já faz parte do roteiro de quem passeia pela cidade. O visitante conhece o cuidado artesanal do processo de fabricação de uma cerveja especial, recebe dicas de degustação e harmonização, além de experimentar os chopes Baden Baden Cristal e Baden Bock.
- O Beer Tour é um roteiro mensal que passa pelas principais cervejarias de Belo Horizonte, Minas Gerais, e região. Organizado pelo zitólogo Rodrigo Lemos, o roteiro acontece aos sábados e conta com café da manhã e almoço harmonizados, além das visitas às cervejarias e também lojas e bares especializados em cerveja artesanal, sempre com degustações durante todo o percurso, e inclui também o translado entre todos os locais visitados. Informações e agendamento pelo blog Beer Architecture (beerarchitecture.wordpress.com) ou pelo e-mail rjlemosarq@yahoo.com.br.

Experimentando excursões em grupo de ônibus

Se você está viajando para um lugar que tem sorte de ter muitas cervejarias em uma área relativamente pequena geograficamente, você pode querer investigar a possibilidade de tours em grupo de ônibus. Estes tours tornam fácil e conveniente visitar várias cervejarias em uma única tarde, e você não precisa dirigir entre uma cervejaria e outra — especialmente se você não conhece as redondezas. Fazer um destes tours de ônibus significa também que você não vai estar atrás do volante após consumir várias cervejas. E, finalmente, estar em um ônibus cheio de nerds da cerveja seguindo suas paixões é sempre muito divertido. *"Noventa e nove garrafas de cerveja, noventa e nove garrafas de cerveja..."*

Aqui estão alguns lugares onde os tours de ônibus estão disponíveis nos Estados Unidos:

- O Brewery Tours de San Diego, Califórnia (www.brewerytoursofsandiego.com), oferece tours agendados sete dias da semana — de dia e de noite. Os seus tours de segunda a quinta visitam duas cervejarias, e seus tours de sexta a domingo visitam três cervejarias. Os tours de ônibus incluem o transporte, os tours das cervejarias, as degustações, uma refeição e um copo de cerveja de lembrança.
- O Burlington Brew Tour (BBT) (www.burlingtonbrewtours.com) representa o estado de Vermont no mundo dos tours cervejeiros. O BBT oferece a oportunidade de ver em primeira mão o funcionamento de várias cervejarias no estado assim como degustar suas bebidas. Os tours incluem o transporte de ida e volta, uma prova de pelo menos 18 microcervejas, um suntuoso almoço, e dois tours privados de cervejarias. Escolha entre o Classic Burlington Brew Tour (Magic Hat Brewery, Switchback Brewery, Zero Gravity Brewery e Vermont Pub and Brewery) e o Stowe Tour (Rock Art Brewery, o Shed Restaurant and Brewery, e o Alchemist Pub and Brewery, e um jantar da cerveja no Stowe Mountain Lodge.)
- O Hop Head Beer Tour Company (www.hopheadbeertours.com), que fica em Wisconsin, especializa-se em tours no Badger State e arredores, incluindo Chicago. Os tours incluem o transporte, os tours das cervejarias, provas de cervejas, copos de cervejas, refeições e um animado debate com o especialista de cerveja a bordo.
- Usando limusines e ônibus de festa, a Long Island Brewery Tours (www.longislandbrewerytours.com) oferece aos amantes de cerveja a oportunidade de fazer tour com estilo. Todos os turistas visitam um mínimo de três pubs cervejeiros em Long Island, Nova York. Você pode passar uma tarde agradável saboreando cervejas e conversando com os cervejeiros, ou você pode marcar a sua visita para coincidir com as sessões de fabricação, onde você pode aprender sobre a fabricação de cervejas em detalhe.
- O Motor City Brew Tours (www.motorcitybrewtours.com) está situado perto de Detroit, Michigan. Um típico tour de ônibus, é um tour guiado de cinco horas a três cervejarias, onde você pode passar uma hora em cada cervejaria e experimentar três cervejas em cada um; um almoço leve é servido na primeira parada. Os growlers e garrafas de cerveja estão disponíveis para comprar em cada parada e podem ser consumidos no ônibus. Muita água e lanchinhos estão disponíveis no ônibus.
- O Portland Brew Bus (www.brewbus.com), em Portland, Oregon, leva os amantes de cerveja e turistas curiosos num tour de quatro horas nas cervejarias de Rose City para experimentarem suas cervejas. Os tours públicos agendados geralmente saem do centro de Portland às 13:30; alguns tours de sábado começam de manhã. Os tours visitam três ou quatro cervejarias e você pode experimentar entre 15 e 25 cervejas diferentes. O seu guia à bordo oferece um roteiro divertido e educativo de Portland e sua história de fabricação artesanal.

Pedalando até Pilsners e Porters: os tours de bicicleta

Devido ao grande número de pequenas cervejarias aparecendo em todos os lugares, poucos quilômetros as separam — a maioria em áreas mais urbanas. Com esta crescente densidade populacional, fazer um tour de cervejarias em um dia ou até em uma tarde — de bicicleta! — é possível.

Como alguém pode não gostar da ideia de fazer tour por cervejarias de bicicleta? É saudável; é aeróbico; queima calorias e trabalha vários músculos. Ainda não está convencido? Que tal o fato de que a pegada de carbono é mínima, quase nula? Difícil argumentar com isso não é?

Nas próximas seções, eu listo uma variedade de empresas que fazem tours de bicicleta pelo mundo e descrevo um tipo de veículo chamado de *PedalPub*.

A cervejaria New Belgium Brewing Company, em Fort Collins, Colorado (uma das cervejarias mais verdes do mundo), encoraja seus funcionários a irem para o trabalho de bicicleta. O quão sério é isso? Na ocasião do primeiro aniversário de um funcionário, ele ganha uma bicicleta novinha de presente.

As empresas de tours de bicicleta pelo mundo

Qualquer um pode tomar a iniciativa de pedalar a própria bicicleta de cervejaria em cervejaria — não seria algo difícil de fazer — mas nem todo mundo toma a iniciativa, e nem todo mundo tem uma bicicleta.

Pensando nisso, um novo modelo de negócios nasceu. Um grande número de empresas turísticas ecológicas que unem bicicleta e cerveja estão agora em operação em muitos países. Aqui estão uns rápidos exemplos:

- A Adventura Bike Holidays visita muitos países e cidades centrais da Europa, mas tem apenas um tour dedicado exclusivamente à cerveja (como se você não pudesse improvisar na Europa central!). Este passeio de quatro dias na República Tcheca o leva de Praga até a cidade spa Trebon, com paradas em Cesky Krumlov e Ceske Budejovice (o lugar de nascimento da Budweiser). Os tours das famosas casas de cerveja e muita cerveja tcheca estão incluídos. Vá até www.bikeholidays.eu/ para saber mais.

- Caso se encontre em Munique com algumas horas livres, experimente o Bicycle Tour of Munich (www.getyourguide.com/en/tours/germany-munich/munich-beer-tour-on-bicycle/?id=1615). Com limite de oito pessoas, este tour de três horas inclui informação sobre os barões da cerveja, famosas batalhas da cerveja, e a Lei Alemã de Pureza; também inclui um tour de uma das cervejarias mais famosas de Munique, completado com uma degustação.

- O ExperiencePlus! Bicycle Tours (www.experienceplus.com) oferece um tour de bicicleta na Bélgica para qualquer pessoa que ama beber cerveja. O tour começa e termina em Bruxelas, após pedalar de 48 a 88 km por dia, em um total de 278 km em 8 dias e 445 em 11 dias. Cenários históricos e de batalhas da Primeira Guerra Mundial, as cidades históricas e patrimônio mundial de Bruges e Tournai, as cervejarias Trapistas e cerveja Lambic também estão incluídos. Os preços incluem o uso de uma boa bicicleta de 27 a 30 marchas, hospedagens, café da manhã, alguns jantares, visitas guiadas a cervejarias e degustações de cerveja com o jantar, transporte para e de Bruxelas, e mais. Leva-me com você — por favor!

- Como é de se esperar, a cidade de Portland, em Oregon, cheia de microcervejarias artesanais, oferece uma excelente maneira de fazer o tour destas cervejarias de bicicleta (www.portlandbicycletours.com). O tour Pub Peddler oferece a oportunidade de se aprender sobre os processos de fabricação e sobre a cultura da cerveja, assim como a oportunidade de experimentar uma variedade de cervejas locais. Note que as bebidas não estão incluídas no preço, portanto sem pressão para "beber tudo o que tem direito".

- A Santa Cruz Bike Tours (www.santacruzbiketours.com), na Califórnia oferece um tour de cervejarias que inclui paradas nas cervejarias Seabright Brewery, Santa Cruz Aleworks, e Santa Cruz Mountain Brewing. O tour demora aproximadamente 3.5 horas, e o preço do tour não inclui o custo das bebidas a serem provadas.

- Ok, este tour pode não ser totalmente focado em cerveja, mas o Shuttle Guy Tours (www.shuttleguytours.com) com certeza faz tudo que não é relacionado à cerveja soar maravilhoso. E quem não gosta de queijo? O The Bike Ride Exploring Wisconsin (ótimo acrônimo: BREW) oferece tours e provas das cervejas artesanais de Wisconsin, galerias de arte e visitas a fábricas de queijo, pequenas cidades, e paisagens lindas. O que mais você pode querer? Ok, mais cerveja.

- O Urban AdvenTours (www.urbanadventours.com) é uma empresa ecológica de tour de bicicletas única em Boston, Massachusetts, que oferece tours originais de bicicletas e aluguel de bicicletas no centro de Boston. A Urban AdvenTours se juntou à cervejaria Harpoon Brewery para um passeio fantástico pelos distritos de Fort Point e Seaport em Boston, culminando em um tour das instalações de fabricação da cervejaria Harpoon e uma degustação como cortesia.

Uma bicicleta feita para a cerveja: o PedalPub

Um novo conceito que está tomando as ruas das cidades internacionais é uma bicicleta construída para se beber e apreciar uma cerveja enquanto pedala. Na Holanda ela é conhecida como *Fietscafe*, na Alemanha é uma *Bierbike*, e nos Estados Unidos, ela é conhecida como *PedalPub* ou *Pedal Party*.

Capítulo 17: Embarcando em Viagens e Excursões Cervejeiras

O veículo original (Fietscafe) é um bar operado por pedais, inventado na Holanda pelos irmãos Henk e Zwier van Laar, em 1997. O veículo para 17 pessoas tem 10 assentos para pedalar, dois assentos que não pedalam, um assento do motorista, um banco que senta três pessoas e um espaço no meio para o atendente do bar. Obviamente, os passageiros movem o veículo enquanto a pessoa sóbria dirige. O resto das pessoas só estão para passear — seja lá para onde for.

Desde 2005, as Bierbikes podem ser vistas por toda a Alemanha. Começando em Köln (Colônia), uma rede de comerciantes possuem mais de 50 Bierbikes nas ruas de 35 cidades na Alemanha.

Em 2007, dois amigos de Minnesota, Eric Olson e Al Boyce, viram o Fietscafe quando visitavam Amsterdam e decidiram importar o veículo nos Estados Unidos. O primeiro PedalPub foi lançada em Minneapolis e desde então se expandiu para Houston, Denver e Chicago (Dê uma olhada na Figura 17-1). Para mais informações, vá até www.pedalpub.com (Só para constar, acidentes são extremamente raros; o Fietscafe só anda a 8 km por hora, a não ser que seja uma descida, com o vento nas suas costas.)

Figura 17-1: O PedalPub é um bar operado por pedais que pode levar 17 pessoas.

Capítulo 18

Fabricando Cerveja em Casa

Neste Capítulo
- Colocando as mãos no equipamento certo
- Higienização do seu equipamento
- Fazendo, fermentando, envasando e mantendo seus registros
- Levando a sua fabricação ao próximo patamar

Uma das perguntas recorrentes sobre a fabricação caseira é, "Por que eu me daria o trabalho de fabricar cerveja se eu posso comprar a minha cerveja favorita no mercado?" Após 25 anos de fabricação caseira, de escrever diversos artigos no assunto, dar aulas ocasionais sobre fabricação e fazer dois vídeos sobre o assunto, eu posso lhe oferecer várias boas respostas a esta pergunta.

- Primeiro, a cerveja caseira pode ser tão boa quanto as comerciais ou até melhor, com tantos sabores e características quanto as cervejas artesanais. Apesar de a inspiração original para a produção caseira ter sido evitar as cervejas muito comerciais, imitar a sua cerveja artesanal favorita virou agora o motivo principal para adotar este hobby.
- Segundo, se você sabe cozinhar, você sabe fazer cerveja (com extrato de malte comprado em lojas). É fácil!
- Terceiro, com experiência e prática, você pode fazer qualquer estilo de cerveja que quiser.

Aqui estão algumas outras razões pelas quais as pessoas cozinham suas cervejas no fogão:

- Participar da moda do faça-você-mesmo a cerveja caseira — que outro hobby permite que você beba os frutos de seu trabalho? (Ok, talvez plantar maçãs para cidra ou uvas para o vinho.)
- Produzir cervejas comparáveis às cervejas artesanais difíceis de encontrar e as mais caras cervejas importadas do mundo.
- Ganhar prêmios em competições de produção caseira.
- Compartilhar a produção caseira como um passatempo divertido com amigos e familiares.
- Treinar para quando você abrir sua própria microcervejaria.

Eu escrevi este capítulo para aqueles que nunca fabricaram a própria cerveja e querem saber sobre as ferramentas essenciais e procedimentos necessários para uma produção simples, sem frescura, de uma cerveja à base de extrato de malte.

Dando os Primeiros Passos na Fabricação Caseira

Novos fabricantes caseiros e seu hobby não são diferentes dos outros: eles estão loucos (espumando pela boca?) para começar seus hobbies. Apesar deste entusiasmo ser bom, pular de cabeça no desconhecido não é. Nas próximas seções, eu explico onde você pode comprar os suprimentos. Eu também listo os equipamentos e ingredientes que você precisa para começar a fabricação.

Se você quer testar a fabricação caseira, mas sem compromisso — o que, eu, fugindo de compromisso? — você pode querer visitar um *Brew On Premise* (BOP), onde poderá usar os equipamentos, receitas e ingredientes do local. Os BOPs não são tão comuns, portanto, a probabilidade de você encontrar um é pequena. Uma pesquisa na internet confirmará tal realidade.

As legalidades da fabricação de cerveja nos Estados Unidos

Com a revogação da Emenda 18, de 1933, a fabricação caseira de cerveja deveria ter se tornado legal junto com a produção de vinho caseiro. Infelizmente, a frase *e/ou cerveja* nunca entrou no Registro Federal, supostamente devido a um erro de um estenógrafo.

Esta situação permaneceu inalterada até 1979, quando um projeto de lei foi assinado e tornado lei pelo Presidente Jimmy Carter, e após quase 40 anos, a produção caseira se tornou legal novamente, até onde importava aos policiais federais. Porque o direito de produzir cerveja caseira abriu as portas para abusos deste privilégio, algumas salvaguardas foram inseridas na lei. A seguir, estão as duas mais importantes leis federais que os produtores caseiros precisam obedecer:

- Os fabricantes caseiros estão limitados à produção de 454 litros de cerveja caseira por pessoa, por ano (ou 909 litros por ano por domicílio).

- A produção caseira não pode, *em nenhuma circunstância*, ser vendida.

Apesar do reconhecimento do governo federal dos direitos de fabricação caseira, as leis estaduais podem substituir o estatuto federal. Apenas 48 dos 50 estados possuem produções caseiras "reconhecidas estatutariamente", o Alabama e o Mississipi sendo os únicos de fora. A American Homebrewers Association (AHA)[1] está atualmente fazendo lobby para que todos os 50 estados estejam a par um do outro.

Nota: No Brasil, não há qualquer restrição legal à produção caseira de cerveja. Há, inclusive, no Estado de Minas Gerais, um Projeto de Lei (PL 1.208/11) que visa instituir o "Programa de Incentivo à Produção de Cervejas e Chopes Artesanais" no Estado.

---

[1] N.E.:   Associação Americana de Produtores Caseiros

Algo está cozinhando aqui

De acordo com estimativas de 2010, os Estados Unidos possuem mais de 750 mil produtores caseiros e mais de 900 clubes de produção caseira. Os clubes são, em sua maioria, pequenos, mas o grupo nacional, a Associação Americana de Produtores Caseiros (*American Homebrewers Association* - AHA), possui 24 mil membros. As associações de produtores caseiros estão crescendo pelo mundo também — em todos os continentes.

Comprando suprimentos[2]

Antes de começar a comprar os materiais de produção caseira, localize o seu fornecedor local de materiais para produção caseira. Comece com uma busca na internet por "Equipamentos e Materiais para Produção Caseira de Cerveja". Ligue ou passe na loja para pedir um catálogo e lista de preços se a loja tiver. Olhe os equipamentos e materiais e faça perguntas sobre o estoque, principalmente de ingredientes.

Se você não é sortudo de ter uma loja local, você pode comprar pela internet. Uma rápida busca por "materiais para produção caseira" lhe mostra uma ampla variedade de fontes.

Potes, baldes, escovas e afins

O que você precisa para começar não é exótico. As próximas seções listam (e a Figura 18-1 mostra) o mínimo que você precisa, e recomenda ferramentas não-essenciais, mas que poupam tempo. Esqueça todas as noções preconcebidas sobre panelas de fervura de cobre brilhosas e chillers ocupando a cozinha inteira ou enormes tinas de madeira borbulhando no porão — estes são produtos de uma imaginação fértil. Este processo todo é muito mais parecido com assar pão.

Kits para iniciantes, encontrados em sua loja local de equipamentos (ou na internet), variam entre os mais básicos até os de qualidade top de linha. Você pode encontrar bons kits por menos de US$200. Antes de comprar um kit, considere suas necessidades e o quanto está disposto a gastar. As próximas seções listam os itens necessários com descrições e preços aproximados.

Airlock

Um airlock é uma maneira barata e eficiente de permitir que o dióxido de carbono escape do balde fermentador sem deixar que nenhum ar entre e sem comprometer o fechamento hermético da tampa. Esta engenhoca de três peças possui uma peça cilíndrica externa com uma haste em forma de tubo, uma peça interna flutuante que se parece com um copo invertido, e uma tampa para

---

[2] N.E.: No Brasil, muitos dos suprimentos listados nesta seção só podem ser adquiridos via encomenda, pois não são fabricados no país. Em virtude disso, os valores nesta seção foram mantidos em dólar (US$).

encaixar na parte cilíndrica. Um outro equipamento parecido, chamado de *bubbler*, é um dispositivo com dois compartimentos que funciona com o mesmo princípio. A diferença é que um airlock pode ser facilmente limpo e higienizado por dentro, enquanto o bubbler totalmente fechado não. *Custo*: US$2 ou menos.

Escova de garrafa

Uma escova de garrafa é um equipamento importante. Você precisa de uma escova com cerdas moles para limpar adequadamente as garrafas antes de enchê-las. *Custo*: US$4.

Fixador de tampinhas

Um fixador de tampinhas fixa as tampinhas nas garrafas enchidas. Eles vêm em todos os tamanhos, formatos e preços. A maioria funciona igualmente bem, mas eu sugiro que você escolha o do tipo *bench* e não de *duas alças*, apesar do tipo bench custar mais caro. Um fixador do tipo bench tem pés e podem ser acoplados em superfícies como bancadas, deixando uma mão livre para segurar firme a garrafa. Os fixadores com duas alças podem ser complicados de usar se nada estiver segurando a garrafa firmemente. *Custo*: US$12 (duas alças) a US$35 (tipo bench).

Lavador de garrafas

Um lavador de garrafas é um aparato de cobre curvado ligado a uma torneira. Ele funciona como um dispositivo de spray para a parte de dentro das garrafas — uma conveniência adicional para se limpar garrafas. Não é uma necessidade, mas pelo preço, você bem que deveria tirar vantagem dele. *Custo*: US$15.

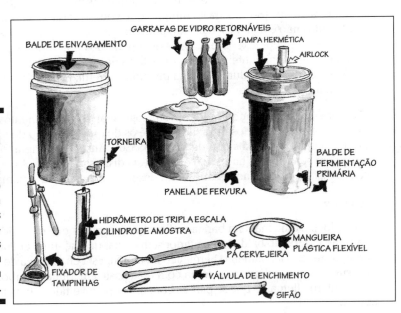

Figura 18-1: Muitas lojas de equipamentos de produção caseira vendem os equipamentos básicos como um kit para iniciantes.

Capítulo 18: Fabricando Cerveja em Casa 261

 Se você comprar um limpador de garrafas, preste atenção em qual torneira da casa você vai usar. Algumas torneiras possuem roscas maiores; outros tipos, como a do banheiro e da cozinha, possuem roscas menores e requerem um adaptador. Certifique-se que o limpador de garrafas e qualquer adaptador que você comprar tenha uma junta de borracha acoplada.

Garrafas

Procure por garrafas pesadas, retornáveis e não rosqueadas (uma tampinha não vai selar totalmente sobre as roscas). Você precisa das seguintes quantidades para 20 litros de cerveja: 57 garrafas de 355ml, ou 43 garrafas de 473ml, ou qualquer combinação que some até 20 litros. As *bombers* (garrafas de 650ml) são populares com os fabricantes caseiros. *Custo*: Custo do depósito do revendedor, ou até US$28 por caixa se comprado, dependendo do estilo.

 Você pode comprar novas garrafas do seu revendedor de materiais, mas garrafas usadas de cervejarias comerciais são muito mais baratas — apesar de estarem se tornando cada vez mais raras. Descubra se o seu distribuidor de bebidas vende garrafas retornáveis de cerveja (não as baratas, do tipo recicláveis). Se sim, compre alguns engradados, beba a cerveja, e *voilà* — você tem 48 garrafas (sem contar a bexiga inchada) simples assim pelo custo de um depósito.

Uma alternativa (cara) é comprar garrafas do tipo de tampa hermética (também chamadas de *garrafas Grolsch*, devido à cerveja holandesa que as popularizou). A vantagem dessas garrafas é que você não precisa comprar tampinhas e nem seu fixador; a desvantagem (além do gasto inicial) é que os selos de borracha acabam se desgastando. Essas garrafas também requerem mais atenção na hora da limpeza do que as outras, e elas não são permitidas na maioria das competições de cervejas caseiras.

Balde de envasamento

Você precisa de um recipiente plástico HDPE[3] (Polietileno de Alta Densidade — plástico próprio para alimentos) no dia do envasamento. Ele não requer uma tampa, mas é consideravelmente mais eficiente se tiver uma torneira removível na parte de baixo. O recipiente de plástico também é chamado de *recipiente de priming* porque a sua cerveja fermentada recebe o *priming* com açúcar de milho (dextrose) logo antes do envasamento (um processo discutido com mais detalhes mais tarde neste capítulo). *Custo*: US$14.

Válvula de enchimento de garrafas

É um tubo longo, de plástico duro com uma válvula na ponta. Ela se acopla à mangueira de plástico (que se acopla à mangueira do *balde de envasamento*, ou tubo); o tubo é inserido nas garrafas para enchimento. *Custo*: US$3.

Pá cervejeira

Uma pá cervejeira é uma colher de plástico ou de aço inoxidável com um cabo longo — 45 cm ou mais. Nunca use colheres de pau: elas podem ser difíceis de lavar apropriadamente. Use as suas pás cervejeiras apenas na fabricação de cerveja. *Custo*: US$4 (plástico) a US$8 (aço inoxidável).

---

[3]N.E.: *high-density polyethylene*

Panela de fervura

Uma panela de fervura é uma panela de metal em aço inoxidável, alumínio ou esmaltada. A sua panela de fervura deve der uma capacidade mínima de 18 litros porque quanto mais *mosto* (cerveja não-fermentada) você ferver, melhor será o resultado final. Uma antiga panela esmaltada e barata também funciona, desde que o esmalte não esteja descascando. *Custo*: US$25 ou mais.

Mangueira plástica flexível

Uma mangueira plástica flexível é um equipamento importante e multifuncional usado para transferir a cerveja de um balde para outro ou de balde para garrafa. Certifique-se de mantê-la limpa e intacta. Você precisa de pelo menos 90 cm de mangueira, mais do que 120 cm vira uma aporrinhação. *Custo*: US$0.50 a US$0.70 por cada 30 cm.

Balde de fermentação primária

Um balde de fermentação primária é um balde de plástico onde se despeja o mosto resfriado logo após o processo de cozimento (brassagem). Ele precisa ser hermeticamente fechado durante o processo de fermentação. Ele precisa ter capacidade de 26 litros para acomodar um lote de 19 litros de cerveja e ainda ter espaço para borbulhar vigorosamente e para a espuma que a levedura cria ao fermentar. *Custo*: US$18 com tampa.

Eu recomendo plástico ao invés de vidro para o balde de fermentação porque o plástico é muito mais fácil de limpar e é inquebrável. Os plásticos usados na fabricação caseira são da mesma qualidade e padrão dos plásticos usados na indústria alimentícia (plásticos HDPE). Estes plásticos, diferentemente de plásticos de grau inferior, restringem — o suficiente, mas não completamente — transferências gasosas através do plástico.

Para facilitar o uso, você pode comprar baldes de fermentação com torneiras plásticas removíveis. Se o seu balde de fermentação não tem uma torneira, você precisará de um *sifão* para tirar a cerveja do balde. Certifique-se de que a sua torneira se encaixa no sifão.

Anel de vedação

O anel de vedação se encaixa no airlock ou no bubbler agindo como um selador quando o airlock é inserido no buraco da tampa do balde fermentador. Estes anéis são medidos por números (por exemplo, anel de vedação 3). Compre um anel de vedação que caiba na abertura da tampa do balde de fermentação; o seu revendedor de equipamentos saberá do que você precisa. *Custo*: US$2 ou menos.

Hidrômetro de tripla escala

Um hidrômetro de tripla escala é um aparelho usado para determinar a gravidade de sua cerveja, que, por sua vez, permite calcular o conteúdo alcoólico (veja a Figura 18-2 mais a frente neste capítulo). Ele é fácil de usar e não é muito caro. Eu sugiro que aprenda a usar um se quiser progredir na produção caseira. Também se certifique de comprar um *cilindro* plástico para colocar a amostra para o teste. *Custo*: aproximadamente US$15 para os dois.

Equações de conversão para a produção caseira

Aqui estão algumas conversões métricas aproximadas para a medição de líquidos e tamanhos usados neste capítulo:

¾ copo = 177.75 mililitros

1 copo = 237 mililitros

1 onça = 29.6 mililitros

12 onças = 355 mililitros

16 onças (pint americana) = 473 mililitros

20 onças (pint imperial) = 592 mililitros

22 onças = 651 mililitros

1 galão = 3.8 litros

5 galões = 19 litros

1 polegada = 25 milímetros

1 pé = 30 centímetros

Um *hidrômetro* — seja ele de escala tripla ou não — é um instrumento de medição frágil, usado somente para determinar a densidade de líquidos. Quando a ponta com peso é submergida no líquido, a haste calibrada projeta-se para fora do líquido em uma altura determinada pela densidade do líquido; esta altura é que dá a leitura. Para mais informações sobre a leitura do hidrômetro, veja a seção adiante "Preparar, avançar e cozinhar!

Ingredientes da cerveja

Ok, você tem as suas panelas, baldes, tubos, colher e tudo o mais. Seguir em frente e comprar ingredientes para seu primeiro lote de cerveja é fácil, quase ridículo. Você vai a uma loja de produtos para fabricação caseira ou preenche um pedido pela internet e compra um kit de extrato (uma lata ou saco de extrato de malte), lúpulos, um pacote de levedura, açúcar de milho (*dextrose* — mínimo 2/3 de um copo), e tampinhas (tipo coroa) para 50 ou 60 garrafas. Pronto. É só isso! (Não se preocupe com a receita, todos os kits de cerveja incluem receitas.)

Kit de extratos (extrato de malte e levedura)

A cerveja que você vai fazer é de *kit* — sem grãos, sem bagunça, sem aporrinhação. Um kit cervejeiro vem completo com seu próprio pacote de levedura seca e é vendido especificados por estilos de cerveja. Ao fazer cerveja a partir de um kit, a sua única decisão é qual o estilo de cerveja você quer produzir. O extrato líquido de malte (xarope) vem em uma variedade de cores e sabores, claramente rotulados de acordo com o estilo de cerveja que produzirá.

Uma lata típica de extrato líquido de malte é de 1.4 kg. Para uma cerveja bem encorpada e saborosa, compre duas latas de 1.4 kg para fazer um lote de cerveja (19 litros). O extrato líquido de malte também é, às vezes, empacotado em sacos, que são vendidos por quilo.

Extrato seco de malte versus xarope líquido de malte

O extrato seco de malte, também chamado de *extrato em pó* ou *DME* (*Dry Malt Extract*), é uma versão desidratada do xarope líquido de malte encontrado na maioria dos kits. O extrato seco é feito da mesma maneira que os xaropes, mas com adição do processo de secagem completa (o que, por sinal, o torna mais caro). O extrato seco é geralmente vendido genericamente; não é pré-empacotado de acordo com algum estilo, apesar de você conseguir comprá-lo em variações de claro (pale), âmbar e escuro.

A melhor coisa do extrato seco em comparação com o xarope é a conveniência. Os revendedores geralmente vendem por quilo em qualquer quantidade que você desejar.

Se ele vier em um saco reutilizável, você pode usar uma porção e guardar o resto na geladeira para uso futuro, já as porções não utilizadas do xarope de malte são difíceis de armazenar.

Usar o extrato seco de malte ao invés do xarope afeta levemente as gravidades originais numa comparação de quilo por quilo. Os xaropes contêm aproximadamente 20% de água, já o extrato seco tem quase nenhuma. A diferença adiciona mais ou menos 1 grau de gravidade por quilo, e o extrato seco produz rendimento maior do que o xarope. Ou seja, 2.7 kg de xarope atinge gravidade específica de 1.048, enquanto 2.7 kg de extrato seco atinge gravidade específica de 6 graus a mais, ou 1.054 — não é uma grande diferença, mas é algo que você deveria saber.

A estranha medida — para os padrões americanos — de 3.3 libras (1,5 kg) é devido ao fato de os britânicos serem pioneiros na indústria de produção e extração do malte. A maioria dos kits no mercado são do Reino Unido, onde, convertidos em 1.5 kg, uma lata de 3.3 libras é o tamanho padrão.

Ao comprar kits de fabricação caseira, a você não é dada nenhuma escolha em relação a como o malte é embalado; só para não ser pego de surpresa, você deve saber que o extrato de malte também é vendido de forma seca (veja a caixa "Extrato seco de malte versus xarope líquido de malte" para os detalhes). À medida que você progride neste hobby, as chances são de que você preferirá o extrato de malte seco.

Aqui estão algumas dicas para lembrar ao comprar o seu kit:

- ✔ Pelo o amor da realidade e autenticidade, fique com um kit de ale. Cervejas do tipo lager são impossíveis de se fazer no nível de iniciantes.
- ✔ Apenas para rir, leia as instruções incluídas no kit. Se elas pedirem grandes quantidades de açúcar (de cana) branco (muito parecido com a era de fabricação caseira durante a proibição), ignore-as. Siga as minhas instruções e você se sairá bem. Confie em mim! (A propósito, eu já disse que tenho uma ponte para vender?)

Lúpulos

Os lúpulos estão disponíveis em muitas variedades diferentes; eles são escolhidos de acordo com o estilo de cerveja que o seu kit é desenvolvido para produzir. Os lúpulos são geralmente empacotados em medidas de 28 g, dependendo do estilo de cerveja, o seu kit pode incluir diferentes variedades de lúpulos.

Levedura

A levedura também está disponível em diversos tipos; elas também são escolhidas de acordo com o estilo de cerveja que o kit foi feito para produzir. A levedura encontrada nos kits de cerveja é seca e empacotada em pequenos pacotes. Saiba que produtos à base de levedura líquida também estão disponíveis, mas não são tipicamente encontrados nos kits porque os produtos de levedura líquida precisam ser mantidos refrigerados.

Açúcar

No momento de envasamento, você precisará de um açúcar chamado *dextrose*, ou *açúcar de milho*. Este açúcar altamente refinado é usado para o *priming* da cerveja feito logo antes da mesma ser envasada. O *priming* é o procedimento no qual uma medida de açúcar de milho é misturada à cerveja já fermentada visando criar a carbonatação na garrafa (veja a seção mais a frente "Engarrafando!"). A dextrose não é cara e pode ser adquirida em qualquer volume, apesar de muitos revendedores a venderem em montantes pré-empacotados. Para um lote de 19 litros, você precisa de ¾ de um copo de açúcar de milho para a preparação — nem mais nem menos.

Água

A água é o ingrediente que consiste na maior parte de sua cerveja, mas é muitas vezes desmerecida. Eu recomendo água mineral ao invés de água da torneira — apenas se você não tem certeza da qualidade da água da sua torneira. A água da torneira pode apresentar vários problemas, incluindo os seguintes:

- Se a água que você estiver usando para a fabricação vem de um poço subterrâneo, as chances são de que ela será rica em ferro e outros minerais com gosto.
- Se a sua água é suavizada — ou seja, teve o excesso de cálcio e metais pesados retirado —ela provavelmente é rica em sódio.
- Se a sua água é fornecida por uma empresa pública ou privada, ela pode ser rica em cloro. O cloro é volátil e pode facilmente ser fervido e evaporado, mas você teria que ferver todos os 19 litros — uma tarefa assustadora. O cloro também pode ser filtrado, ou se deixado em um contêiner aberto por 24 horas, o cloro eventualmente evaporará da água.

Tampinhas

As tampinhas de garrafa são algumas vezes vendidas em pacotes (60 tampinhas, que é o suficiente para 57 garrafas e mais umas extras), mas, normalmente, são vendidas em lotes de 144. Apesar das tampinhas de garrafa parecerem mais um equipamento do que um ingrediente, eles são objetos consumidos, pois só se pode usá-las uma vez; portanto, eu as chamo de ingredientes (só não do tipo saboroso).

Vigilância Sanitária: Mantendo a Limpeza durante o Processo de Fabricação

Antes de seguirmos para o processo de fabricação em si, mais tarde neste capítulo, eu preciso discutir um *grande* fator na fabricação de uma boa cerveja: se você quer que sua cerveja tenha um sabor fresco e que seja bebível e saborosa, você precisa protegê-la dos milhões de micróbios famintos que estão esperando para dar o bote na sua cerveja. Os germes estão em todos os lugares. Eles moram com a gente e até dentro da gente. Cuidado! Olha um aí agora!

Nas próximas seções, eu descrevo a importância de manter os seus equipamentos de fabricação limpos, os tipos de produtos disponíveis e algumas diretrizes a seguir.

A importância da esterilização e da higienização

Eu não sei quem foi que disse que a limpeza anda junto com a divindade, mas eu estaria disposto a apostar que ele ou ela fabricavam cervejas. Equipamentos escrupulosamente limpos e um ambiente de fabricação em condições impecáveis são peças chave no processo de fabricação de uma boa cerveja. *Limpo* não significa só limpo com água e sabão; quando se trata de cerveja, uma séria higienização é uma necessidade. Por quê?

Fungos e bactérias, os dois vilões do mundo dos germes com os quais você precisa se preocupar quando o assunto é cerveja, são oportunistas; se você der meia chance a eles de uma refeição grátis, eles a pegam sem grandes reservas. (Você também não faria, se fosse a sua maravilhosa cerveja sendo oferecida?) É contra eles que você tem que lutar:

- ✔ Fungo consiste de esporos de mofo e levedura selvagem. A levedura da cerveja cai na categoria de fungos, mas eles são da variedade boa.
- ✔ Apenas alguns tipos de bactérias aparecem na cerveja — geralmente em cervejas espontaneamente fermentadas belgas.

O fungo e as bactérias prosperam em temperaturas bem quentes — geralmente até 120 graus Fahrenheit (49 graus Celsius). A atividade microbial tende a diminuir à medida que a temperatura cai, portanto, resfriar o mosto quente o mais rápido possível é imperativo. (Veja a próxima seção "Preparar, avançar e cozinhar!" para mais informações sobre esta tarefa.)

Não é possível você matar *todos* os fungos e bactérias da sua casa. A ideia é prevenir que os germes se esbaldem na sua cerveja antes de você ter a chance; se eles chegarem à cerveja antes, você pode não querer mais.

Capítulo 18: Fabricando Cerveja em Casa 267

Eu não posso enfatizar este ponto o suficiente: tudo e todos que entrarem em contato com a sua cerveja *em qualquer momento* devem ser higienizados ou esterilizados.

- *Esterilização* refere-se a desinfetar itens (como a panela de fervura e os ingredientes da cerveja) através da fervura.
- *Higienizar* refere-se à limpeza e desinfetar o resto dos equipamentos usando produtos químicos.

Nota: Porque a cerveja não-fermentada é quente e doce, ela é o local ideal para reprodução dos micróbios maus. Entretanto, nenhuma das bactérias que crescem na cerveja são tão perigosas quando às bactérias *E.coli* ou *Salmonela* que aparecem em carnes não cozidas, peixe e ovos. Os germes que se reproduzem na cerveja são apenas bichinhos safados que fazem a sua cerveja ficar com o gosto ruim. Os germes da cerveja não o matarão (apesar de que ter que jogar um lote inteiro de cerveja fora é capaz.) Você, certamente, não precisa obter o mesmo nível de esterilização na sua cervejaria caseira do que se espera de uma sala de operação.

Sabão por espuma

As químicas usadas para a limpeza dos equipamentos de fabricação caseira incluem produtos à base de iodo, amônia, e cloro e soda cáustica e pelo menos um produto ecológico que usa percarbonato. A seguir, estão os prós e contras de várias químicas:

- O *iodo* é muito usado na medicina e na indústria de restaurantes como desinfetante. As propriedades desinfetantes do iodo podem ser aplicadas na fabricação caseira, mas, a não ser que a solução de iodo esteja bem diluída, ela pode manchar os plásticos assim como a pele humana. (Dilua o iodo de acordo com as instruções da embalagem.)
- A *amônia* é mais bem usada para limpar garrafas em uma diluição de 1 copo de amônia para 19 litros de água — se você aguentar o odor pungente. A amônia necessita de um bom enxágue com água quente.
- O *cloro* está na água sanitária que se usa em casa, e é muito eficiente e de bom custo-benefício para a limpeza de equipamentos de fabricação caseira. Uma solução diluída de 29.6 ml para cada 3.8 litros é suficiente, fazendo com que 3.8 litros de água sanitária saiam bem em conta. Certifique-se de comprar água sanitária *sem cheiro* e de enxaguar os equipamentos muito bem após o uso. A boa e velha água sanitária é a melhor.

Só para você não se empolgar nos procedimentos de higienização, *nunca* misture amônia com cloro. Esta combinação libera o tóxico gás clórico.

- A *soda cáustica* só deve ser usada para remover manchas difíceis e material orgânico teimoso das garrafas ou de frascos de vidro. Sempre use proteção, como óculos e luvas de plástico, quando estiver trabalhando com a soda cáustica. Certifique-se, também, de sempre usar a soda cáustica de acordo com as instruções na embalagem.

- Os *Percarbonatos* supostamente efetuam suas atividades de limpeza com moléculas de oxigênio — exatamente como eu já não sei. Os higienizadores que contêm percarbonatos não precisam de enxágue. (Sempre use os percarbonatos de acordo com as instruções da embalagem.)

Muitas marcas de higienizadores — incluindo o Iodophor, One Step, e B-Bright — estão disponíveis em distribuidores de equipamentos de fabricação caseira. A capacidade destes produtos em higienizar os equipamentos está em proporção com a maneira em que são usados, significando que se você não seguir as instruções, não culpe o fabricante por um lote estragado de cerveja.

No Brasil, é comum o uso do ácido peracético, peróxido altamente eficiente na sanitização de plásticos e garrafas.

Práticas gerais de limpeza

Esterilizar e higienizar o seu equipamento é o sexto passo no processo de fabricação (veja a seção, mais a frente, "Preparar, avançar e cozinhar!"). O melhor lugar para fazer este procedimentos é em um tanque ou em uma grande pia. (Uma banheira também serve, mas lembre-se que os banheiros carregam milhares de bactérias, e às vezes, crianças pequenas. Remova as duas coisas antes de usar.) Os métodos mais eficientes de higienizar envolvem deixar de molho ao invés de esfregar. O tempo de molho depende totalmente do tipo de produto que você está usando, portanto, sempre confira as instruções na embalagem.

Nunca use produtos abrasivos ou materiais que possam arranhar o seu equipamento plástico, pois arranhados são ótimos esconderijos para bactérias. Uma esponja macia, usada somente para a limpeza dos equipamentos de fabricação caseira, é o que se deve usar.

Seguindo Passo a Passo as Instruções de Fabricação Caseira

Fazer e envasar um lote de cerveja, como construir Roma, não pode ser feito em um dia. Por outro lado, também não demora muito mais do que um dia. Porque o mosto cru e doce precisa passar pela fermentação antes de se tornar oficialmente cerveja, o envasamento só pode ocorrer após a fermentação estar completa. A fermentação de um lote de 19 litros geralmente demora um mínimo de sete dias, dependendo da levedura. Portanto, você precisa tirar dois dias, com uma semana de intervalo, para o trabalho. Se dê um tempo de três horas a cada dia para preparar, cozinhar (ou envasar), e limpar. A paciência é uma virtude; uma boa cerveja caseira é o prêmio em si.

Nas próximas seções, eu descrevo cada estágio do processo de fabricação caseira para iniciantes, desde o cozimento inicial até o envasamento e registro.

Tudo o que entrar em contato com a cerveja pode potencialmente a contaminar. Mantenha os seus equipamentos limpos, a sua cervejaria limpa, as suas mãos limpas, e tenha como prática a boa higiene; cada tossida ou espirro é uma ameaça à sua cerveja. Você pode até considerar banir os cachorros de sua área de fabricação até a hora da limpeza. A cerveja não é coisa séria, mas a higienização sim.

Preparar, apontar, cozinhar!

Ok, agora chegou a hora de fazer cerveja. Certifique-se de ter todos os equipamentos e ingredientes à mão antes de iniciar. Sem mais delongas, aqui estão os passos para fazer uma simples cerveja de extrato:

1. **Encha dois terços de sua panela de fervura com água fria e coloque no fogão, com o fogo médio-alto.**

    Use o maior queimador do fogão disponível.

    A quantidade de água usada neste passo não é importante, mas você deve ferver o máximo possível. Não se preocupe — você compensará a diferença em 19 litros adicionando mais água ao fermentador mais tarde (no Passo 12).

2. **Esquente o grosso xarope de malte para torná-lo menos viscoso e mais fácil de retirar da lata (ou do saco).**

    Você pode esquentá-lo imergindo-o em água quente por mais ou menos 5 minutos.

3. **Abra a lata ou saco, coloque todo o extrato na panela de fervura, e use a sua pá cervejeira virgem para dar uma boa e vigorosa misturada.**

4. **Coloque um timer ou anote a hora em que colocou o malte na panela. Ferva destampado por 1 hora, mexendo regularmente e mantendo a panela fervendo devagar.**

    O tempo de fervura mínimo universal é de 1 hora — o tempo necessário para misturar e ferver os ingredientes adequadamente.

    Esteja preparado para reduzir ou desligar o fogo — ou jogar uma mão cheia de cubos de gelo — se a espuma ameaçar transbordar. Misturar regularmente previne que o extrato queime, um problema especialmente comum em fogões elétricos.

    Coisas grudentas e doces espalhadas pelo fogão não é nada bom — sem falar no desperdício potencial de cerveja. Portanto, lembre-se, para prevenir transbordamentos, *não* tampe a panela.

5. **Adicione os lúpulos à panela de fervura de acordo com a sua receita.**

    Os lúpulos são normalmente adicionados à panela em pequenos incrementos de 28g ou 14 g por vez. Eles também são normalmente adicionados em intervalos de 15 minutos a 30 minutos. A hora certa afeta o aroma e o sabor da cerveja; os lúpulos adicionados cedo ao processo de fervura adicionam mais amargor à cerveja, enquanto lúpulos adicionados mais tarde produzem mais aroma. Os lúpulos adicionados na última meia hora da 1 hora de fervura contribuem para dar o sabor do lúpulo na cerveja.

6. **Enquanto o extrato está fervendo, higienize os equipamentos que precisará para a fermentação.**

   Os itens que você precisa higienizar são

   - Balde de fermentação e a tampa
   - O airlock ou bubbler desmontado
   - O anel de vedação
   - Uma xícara de café ou pequeno pote (para a levedura)
   - Hidrômetro de tripla escala (não o cilindro)

   Coloque o balde no tanque (ou pia grande) e comece a despejar água gelada nele. Adicione os produtos químicos de limpeza, de acordo com as instruções na embalagem, ou 29.6ml de água sanitária sem cheiro para cada 3.8 litros de água. Deixe a água encher o balde; e depois a desligue. Mergulhe o restante dos equipamentos no balde, incluindo a tampa do balde (você terá que fazer uma forcinha).

   Agora abra uma cerveja; você tem tempo para gastar. Enquanto isso, mexa a panela de fervura (com a pá, não a garrafa de cerveja!).

7. **Após meia hora, remova e enxágue os equipamentos higienizados.**

   Se o seu balde fermentador tem uma torneira (*spigot*), retire a água através dela para higienizá-la também. Enxágue tudo com água quente e coloque os itens em uma superfície limpa. Deixe secar naturalmente.

   A tampa do balde de fermentação, colocada de cabeça para baixo, é um bom lugar para colocar os itens menores.

8. **Quando 1 hora se passar desde que adicionou o extrato, desligue o fogo e agora coloque a tampa na panela de fervura.**

9. **Esfrie o mosto (após ser misturado com água, o extrato fervido é transformado em *mosto*).**

   Coloque uma tampa no ralo e cuidadosamente coloque a panela de fervura no tanque. Deixe cair água gelada da torneira até encher a pia, certificando-se de que não deixará a água entrar na panela e no mosto fervido. O calor da panela será retirado pela água fria, que não ficará fria por muito tempo.

   Despeje a água e repita este processo duas ou três vezes, ou quantas vezes forem necessárias. Quando a água em volta da panela não ficar mais morna nos primeiros minutos, você pode parar.

   Adicionar gelo à água acelera o processo de resfriamento. Se você mora em um lugar frio, barras de neve funcionam bem para resfriar o mosto. *Não* adicione gelo diretamente na panela, ou você pode contaminar o mosto.

Capítulo 18: Fabricando Cerveja em Casa

Você precisa resfriar o mosto o mais rápido possível neste momento, pois o resfriamento inibe a proliferação de bactérias e prepara o mosto para a adição da levedura. Tudo que acelera o tempo de resfriamento é um passo positivo no caminho da fabricação de uma boa cerveja, e, por isso, você talvez queira construir ou comprar um chiller de mosto (veja a seção "Novos brinquedos: upgrade de equipamentos", mais tarde neste capítulo).

10. **Enquanto o mosto está resfriando, encha o seu copo ou pote higienizado com água morna (mais ou menos 27 graus Celsius), abra o pacote de levedura e jogue-a na água.**

    Para evitar a contaminação, não mexa. Deixe a mistura descansar por 10 minutos, coberta com papel filme para evitar a contaminação pelo ar. Este processo, chamado de *proofing (ou start da levedura)*, é um leve toque de despertar para a levedura dormente e a prepara para a fermentação.

11. **Quando a panela de fervura está fria ao toque, cuidadosamente despeje o mosto resfriado no balde de fermentação higienizado.**

    Certifique-se que a torneira (spigot) esteja fechada (você não vai querer nem pensar nas consequências de deixá-la aberta).

12. **Complete o balde com água mineral gelada (ou da pia, se a qualidade de sua água for aceitável) até a marca de 19 litros.**

    A levedura necessita de oxigênio para começar a fase respiratória do ciclo de fermentação. Despejar vigorosamente água gelada no balde é uma maneira eficiente de misturar a água ao mosto, assim como aerar o mosto para a levedura.

13. **Faça uma medição com o hidrômetro (opcional).**

   Ao imergir o hidrômetro higienizado (veja a Figura 18-2) no agora diluído mosto, dê uma rápida rodada no hidrômetro com o dedão e indicador. Esta ação previne que pequenas bolhas grudem nos lados do hidrômetro, que podem causar uma leitura incorreta.

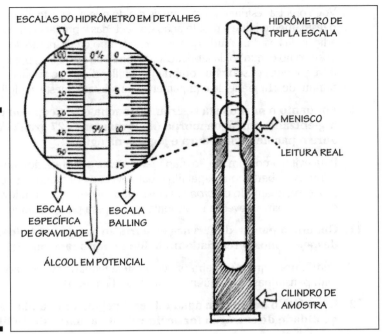

Figura 18-2: Certifique-se de ler cuidadosamente o hidrômetro de tripla escala, vendo apenas a superfície do mosto, e não as cristas do menisco.

Registre os números nas escalas (veja a caixa "Hidrômetros facilitados" para mais informações sobre como usar um hidrômetro) e remova.

14. **Despeje a levedura no mosto resfriado para iniciar o processo de fermentação.**

    Os cervejeiros chamam este passo de *pitching* da levedura. Para não destruir a levedura viva, o mosto precisa estar resfriado em aproximadamente 27 graus Celsius; 21 graus Celsius é o ideal. Delicadamente, despeje a levedura em um grande círculo para dispersá-la bem.

15. **Feche o balde fermentador com sua tampa, deixando o airlock ou bubbler para fora, e coloque o balde em um lugar fresco e escuro, como no porão ou armário.**

    Não coloque o balde em luz do sol direta ou algum lugar onde a temperatura oscila (como na garagem). Essas oscilações de temperatura acabam com o processo natural de fermentação, o que não é bom para a sua cerveja.

16. **Quando o balde de fermentação estiver no lugar, acople o anel de vedação ao airlock, encha-o pela metade com água, e coloque a tampa do airlock; depois coloque o airlock (bubbler) seguramente no buraco da tampa do balde.**

Para garantir que a tampa do balde e o airlock estejam apropriadamente selados, cuidadosamente empurre a tampa para baixo. Este empurrão deve fazer a peça flutuante levantar. Se a peça flutuante não subir, o selo está rachado; cheque a tampa e o airlock.

17. **Espere sete ou oito dias.**

Este é o passo mais difícil, especialmente para os novatos.

Fermentação fabulosa

A atividade de fermentação começa em qualquer momento nas primeiras 12 a 24 horas após você adicionar a levedura ao mosto. A fermentação começa devagar, aumentando gradualmente de intensidade, geralmente atinge o auge no segundo ou terceiro dia. Quando a fermentação atinge o seu pico, o airlock pode fazer o barulho de um pistão de motor, com bolhas de dióxido de carbono fazendo sua rápida saída do balde. Uma cheirada de leve no gás que está escapando te dá a primeira experiência aromática da fabricação cervejeira.

Deixe o balde fermentador sozinho durante a fermentação. O tempo exato de fermentação depende da saúde e viabilidade da levedura e na temperatura na qual a fermentação acontece. Até quando a atividade diminuir e as bolhas no airlock começarem a subir devagar, uma de cada vez, a fermentação ainda pode estar acontecendo por mais alguns dias. Seja paciente. *Não* remova o airlock ou a tampa do balde para dar uma olhadinha; você corre o risco de contaminar a cerveja. A regra geral é esperar no mínimo sete dias.

Hidrômetros simplificados

A leitura de um hidrômetro de tripla escala no nível iniciante é uma opção, não uma necessidade, mas realizar esta simples tarefa o ajuda a melhor compreender e apreciar a magia da fermentação. Primeiro, você mede a densidade da sua cerveja com um hidrômetro. Saber a densidade da cerveja permite que você calcule o volume de álcool na sua cerveja. E, o mais importante, você pode saber com certeza se a sua cerveja já acabou de fermentar (se não as suas garrafas podem explodir!).

Hidrômetros são como termômetros — muito simples. Mas eles podem ser assustadores se você não é familiarizado com eles. É assim que tudo funciona: a escala específica de gravidade compara todos os líquidos à água comum em 60 graus Fahrenheit (15 graus Celsius), que tem uma gravidade específica de mil.

- Fazer uma leitura com o hidrômetro após o mosto ter resfriado dá a gravidade original (OG), que lhe dá uma ideia de quanto açúcar fermentável está na sua cerveja antes da fermentação (isto é o álcool em potencial).

- Fazer uma segunda leitura com o hidrômetro após a fermentação (logo antes do envasamento), você consegue a gravidade final (FG, também chamada de *gravidade terminal*).

Subtraindo a FG da OG lhe diz, por meios de conversão, quanto açúcar foi comido pela levedura. Como? Quando a levedura come o açúcar, ela produz o álcool, portanto, cada diminuição nos resultados de gravidade resulta em um aumento de álcool. No hidrômetro de tripla escala, a escala de álcool-potencial está logo ao lado da escala de gravidade específica. (Se você está pronto para pedir uma pizza, você tem companhia. Mas é mais fácil da segunda vez, acredite.)

A principal razão pela qual você precisa de hidrômetro é para evitar que as garrafas explodam. As garrafas explodem quando, devido a problemas na fermentação, muitos açúcares permanecem na cerveja quando ela está envasada. A levedura média e saudável consome pelo menos 70% dos açúcares disponíveis; se a leitura da gravidade final de sua cerveja fermentada não for 30% ou menos do que a gravidade original, muito açúcar ainda deve permanecer em sua cerveja. Se a cerveja for envasada com açúcar de **priming** a mais, você está indo na direção de uma versão de cerveja caseira dos fogos de artifício. Permita à cerveja uns dias mais de fermentação e verifique novamente.

Aqui está um exemplo de equação: se a sua cerveja tem gravidade original de 1.048, subtraia 1 para obter 0.048; então multiplique 0.048 por 0.30, que resulta em 0.014. Se a gravidade final da sua cerveja for maior que 1.014, você deve adiar o envasamento por mais uns dias.

Nota: Duas coisas para lembrar quando estiver usando um hidrômetro:

- Se a temperatura do líquido no momento da leitura não estiver perto de 60 graus Fahrenheit (15 graus Celsius), os números estarão distorcidos. As leituras do mosto quente (OG) serão menores do que deveriam ser, e as leituras do produto gelado e envasado (FG) serão mais altas do que deveriam ser.

- Certifique-se de olhar a leitura no ponto mais baixo possível do *menisco* (o formato côncavo da superfície do cilindro de teste).

Leitura opcional: Apenas caso você esteja curioso, a terceira escala no hidrômetro de tripla escala é a *escala Balling*. As suas gradações são chamados de *graus Plato*. Nesta escala, a água à 60 graus Fahrenheit (15 graus Celsius) é 0 graus Plato. Você pode usá-la exatamente da mesma maneira que você usa as escalas de gravidade específicas. Na verdade, muitos grandes cervejeiros, a maioria dos cervejeiros europeus, e uma grande maioria dos microcervejeiros usam a escala Balling. A mesma cerveja caseira com uma OG de 1.048 terá uma densidade de 12.5 graus Plato. A maioria dos cervejeiros caseiros e alguns microcervejeiros preferem trabalhar com a escala de gravidade específica.

Capítulo 18: Fabricando Cerveja em Casa

No sétimo dia de fermentação, comece a prestar bastante atenção à cerveja (não, não é o dia de descanso). Com o auxílio de um relógio de pulso ou um relógio de parede que possua o ponteiro dos segundos, conte o tempo entre as bolhas que insurgem do airlock. Quando um minuto ou mais passa entre as bolhas, planeje o envasamento para o dia seguinte ou logo depois. Se, após sete dias, a peça flutuante no airlock não estiver nem mais flutuando, você deve começar o envasamento.

Se você possui um hidrômetro, encha o cilindro do hidrômetro com uma amostra da cerveja através da torneira no balde fermentador e faça uma leitura com o hidrômetro para verificar se a fermentação está completa. (Veja a caixa aqui perto "Hidrômetros simplificados", para os números que você procura.)

Após fazer a leitura com o hidrômetro, não despeje a amostra do cilindro de volta junto com o resto da cerveja; fazer isto pode contaminá-la. Mais importante, não jogue a amostra no ralo da pia; ela pode não estar carbonatada, mas ainda assim é cerveja boa, portanto, beba. Você pode se surpreender com o quanto ela já está saborosa. Ah!

Engarrafando

Após você certificar que a cerveja está totalmente fermentada, os equipamentos de envasamento devidamente recuperados, e os bichinhos de estimação devidamente em quarentena, você está pronto para iniciar os procedimentos de envasamento.

Como sempre, iniciamos com a higienização de todo o equipamento necessário, que inclui o seguinte:

- Garrafas
- Balde de envasamento
- Tubo de envasamento
- Mangueira plástica

Além dos itens a serem higienizados e o agente higienizador, você precisa do seguinte equipamento:

- Escova de garrafa
- Fixador de tampinhas
- Tampinhas
- Lavador de garrafas
- ¾ copo de dextrose
- Duas panelas pequenas

Você também precisará do seu hidrômetro e cilindro para medir a gravidade da sua cerveja, mas estes itens não precisam ser higienizados.

Siga estes passos para engarrafar a sua cerveja:

1. **Encha a pia ou balde designado para higienização com três quartos de água fria. Adicione água sanitária ou outro agente sanitário, como indicado na embalagem, e mergulhe todas as garrafas necessárias para conter o lote inteiro de 19 litros de cerveja.**

    Permita que as garrafas fiquem de molho por pelo menos meia hora (ou de acordo com as indicações na embalagem).

2. **Enquanto as garrafas estão de molho, coloque ¾ copo de dextrose (aproximadamente 177 ml) em uma das panelas, dissolva a dextrose em 500 ml de água, tampe, e coloque a panela no fogo baixo.**

3. **Na outra panela, coloque tampinhas suficientes para todas as garrafas que estão de molho e mais umas extras. Encha a panela com água suficiente para cobrir todas as tampinhas, e coloque a panela no fogo baixo.**

    Ter mais tampinhas esterilizadas e prontas para o envasamento é melhor do que não ter o suficiente.

4. **Permita que o conteúdo das duas panelas fervam. Então, desligue o fogo e deixe esfriar.**

5. **Quando se passar meia hora, limpe as garrafas.**

    Conecte o lavador de garrafas à torneira da pia na qual as garrafas estão de molho e ligue a água quente (o lavador de garrafas segura a pressão da água até a garrafa ser rebaixada na haste e empurrada para baixo). Em seguida, limpe as garrafas uma por uma com a escova de garrafa, retire o higienizador, enxágue as garrafas com o lavador de garrafas e permita que sequem ao ar livre. Continue até todas as garrafas estarem limpas. Verifique visualmente a limpeza de cada garrafa ao invés de partir do princípio de que elas estão higienizadas.

    Quatro dúzias de garrafas soltas podem resultar em um grande efeito dominó. Sempre coloque as garrafas limpas de volta ao engradado ou em caixas de papelão para prevenir um acidente facilmente evitável.

6. **Escorra a água de limpeza das garrafas pelo ralo e coloque o balde de envasamento na pia. Encha o balde com água e o agente higienizador de sua escolha. Então, coloque a mangueira e o tubo de envasamento no balde de envasamento e deixe de molho.**

7. **Enquanto o equipamento de envasamento está de molho, pegue o balde fermentador ainda tampado de seu lugar de descanso e coloque em uma mesa ou superfície resistentes com 1,00 a 1,20 m do chão.**

8. **Arrume a sua estação de envasamento, certificando-se que tem o açúcar de preparo (dextrose) e as tampinhas — ainda em suas respectivas panelas — assim como o fixador de tampinhas e as garrafas.**

    Se você estiver fazendo a leitura da gravidade, tenha o seu hidrômetro e cilindro à mão também.

Capítulo 18: Fabricando Cerveja em Casa

9. **Após meia hora, retire a solução higienizadora do balde de envasamento através da torneirinha embaixo. Então, enxágue vigorosamente as partes restantes do equipamento, junto com as garrafas e traga para a sua estação de envasamento.**

    Assobie enquanto trabalha.

10. **Coloque o balde de envasamento no chão diretamente embaixo do balde fermentador e conecte a mangueira plástica à torneirinha do balde fermentador, permitindo que a outra saída da mangueira fique pendurada no balde de envasamento. Despeje a mistura de dextrose-água de uma panela dentro do balde de envasamento.**

    O açúcar de milho dissolvido se mistura com a cerveja enquanto ela sai do balde fermentador para o balde de envasamento; este processo é chamado de *priming*. Após toda a cerveja ser envasada, este açúcar se torna outra fonte de alimento para as poucas células de levedura que ainda permanecem no líquido. À medida que a levedura consome o açúcar, ela produz a carbonatação da cerveja dentro da garrafa. Eventualmente, a levedura adormece e cria uma fina camada de sedimento no fundo de cada garrafa.

    Se por acaso a sua cerveja não estiver totalmente fermentada ou se você adicionou muita dextrose no momento de envasamento, você pode descobrir de primeira mão a bagunça que as garrafas explodindo pode fazer. Açúcar em excesso — seja a maltose restante de uma fermentação não completa ou o açúcar de milho adicionado — alimenta em excesso a levedura dentro da garrafa fechada. Sem nenhum lugar para a pressão escapar, o vidro irá ceder antes da tampinha. Cabum! Grande bagunça! Não exceda na preparação! (Lembre-se que a quantidade recomendada de açúcar para adicionar é de ¾ copo.)

11. **Abra a torneirinha no balde fermentador e permita que a cerveja caia no balde de envasamento.**

    Não tente salvar cada gota do balde fermentador, inclinando-o enquanto a cerveja desce da torneirinha. A torneira está intencionalmente posicionada aproximadamente ¾ de cm acima do fundo do balde fermentador para permitir que toda a levedura gasta e outros resíduos orgânicos fiquem para trás.

12. **Prepare-se para fazer uma leitura de gravidade.**

    Enquanto a cerveja está escorrendo do balde fermentador para o balde de envasamento, cuidadosamente encha o cilindro do hidrômetro com a mangueira (encha até uns 2,5 cm do topo). Coloque o cilindro em uma superfície plana e faça a leitura com o seu hidrômetro. Beba a cerveja sem gás do cilindro.

    Evite respingar ou aerar a sua cerveja enquanto está envasando. Mais tarde você poderá sentir o gosto de qualquer oxidação que a cerveja pegar agora. Eca!

13. **Após a ultima porção de cerveja ser retirada, feche a torneirinha, retire a mangueira, e coloque todos os equipamentos de lado para serem limpos após você acabar o envasamento.**

14. **Cuidadosamente, coloque o balde de envasamento onde o balde de fermentação estava. Conecte a mangueira enxaguada**

à torneirinha do balde de envasamento e acople o tubo de envasamento no outro lado. Arrume todas as garrafas no chão diretamente abaixo do balde de envasamento.

Manter todas garrafas nas caixas de papelão previne potenciais quebras e derramamentos.

15. **Abra a torneirinha no balde de envasamento e encha as garrafas.**

    Cuidadosamente, enfie o tubo de envasamento até o fundo de cada garrafa para iniciar o fluxo de cerveja. A garrafa pode demorar um pouquinho para encher, mas o fluxo sempre parece acelerar à medida que a cerveja vai chegando ao topo. Geralmente, um pouco de espuma sobe até o topo da garrafa — não se preocupe! Assim que você retira o tubo, o nível de líquido na garrafa cai. Remova o tubo de cada garrafa quando a espuma ou líquido atingem o topo da garrafa.

Ao remover o tubo de envasamento da garrafa, o nível de cerveja cai para mais ou menos 2 cm da abertura da garrafa. Este espaço de ar é chamado de *ullage*. Os fabricantes caseiros possuem opiniões diferentes sobre o quanto espaço de ar deve permanecer. Algumas pessoas dizem que quanto menos espaço de ar, menos oxidação ocorrerá; outros dizem que sem a ullage apropriada, a cerveja não carbonatará apropriadamente. Ao invés de entrar na briga, eu digo que se o espaço de ar parece com o espaço de ar nas cervejas comerciais, siga este padrão.

16. **Após retirar tudo do balde de envasamento, feche a torneira, remova a mangueira, jogue a mangueira dentro do balde de envasamento, e reserve tudo para ser limpo mais tarde.**

17. **Coloque todas as garrafas na sua mesa ou superfície de trabalho, coloque uma tampa em cada garrafa (como segurança contra tudo o que pode dar errado), e vede uma garrafa por vez. Abaixe a alavanca no fixador de tampinhas devagar e uniformemente.**

    Ambos fixadores de dupla alavanca ou bench vêm com um pequeno ímã na cabeça do fixador, que é desenvolvido para manter a tampinha alinhada quando você começa a cravar. (Eu aprendi a não confiar no ímã que segura as tampinhas no lugar; eu prefiro colocar as tampinhas nas garrafas à mão.)

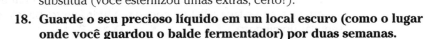

Ocasionalmente, uma tampa pode cravar errado. Se você suspeita que uma tampinha não selou corretamente, vire a garrafa de lado e veja se há algum vazamento. Se você encontrar uma assim, arranque a tampinha e substitua (você esterilizou umas extras, certo?).

18. **Guarde o seu precioso líquido em um local escuro (como o lugar onde você guardou o balde fermentador) por duas semanas.**

    A sua cerveja precisa passar por uma fase de condicionamento de duas semanas, onde as células de levedura remanescentes comem a dextrose e carbonatam a sua cerveja.

Colocar a sua cerveja na geladeira não é uma boa ideia (pelo menos pelas primeiras duas semanas) porque as temperaturas muito frias paralisam a ação da levedura.

19. **Enxágue vigorosamente os equipamentos de fabricação com água quente e guarde em um local relativamente livre de poeira e mofo.**

    Este passo pode até ser o mais importante de todos, não tanto pela sua nova cerveja mas para a próxima. Considere este procedimento como uma apólice de seguro para o seu próximo lote de cerveja — chato mas que vale a pena, como a maioria das apólices de seguro.

Após duas semanas se passarem, verifique se as garrafas clarificaram; a turvação da levedura deve ter se assentado. Gele uma garrafa ou duas para o teste do sabor.

A cerveja caseira, como qualquer cerveja comercial, deve ser decantada (despejada em um copo) antes de beber. A decantação não só libera a carbonatação e os aromas da cerveja, como também permite que você despeje uma cerveja clara; beber direto da garrafa mistura os sedimentos, criando uma cerveja turva.

Parabéns! O seu primeiro lote de cerveja está pronto para ser saboreado. Como você pode ver nesta seção e nas anteriores, a fabricação caseira neste nível é fácil. Você está criando uma cerveja estritamente de um kit: você apenas adiciona um concentrado de cerveja à água e então esquenta, fermenta, e envasa. Se você sabe fazer pães básicos, você sabe fazer uma cerveja gostosa.

Mantendo registros

O objetivo principal de todo fabricante caseiro é criar uma cerveja saborosa e bebível. Apesar de a qualidade ser um objetivo nobre, a *consistência* é a marca de todo fabricante caseiro bem-sucedido.

Você pode atingir tanto qualidade quanto consistência em um período curto de tempo com a ajuda de registros precisos. Por mais pedante que possa parecer, manter registros sobre as horas, temperaturas, pesos e medidas estabelecem um padrão para o fabricante caseiro. Estes registros não só dizem o que deu certo, mas também — e mais importante — o que pode ter dado errado. Você pode catalogar e arquivar os sucessos e falhas para consideração futura.

Alguns livros-guia publicados e livros de trabalho para fabricantes estão disponíveis, mas um bom e velho caderninho de anotações é tão bom quanto. Exatamente o quão útil um caderno é depende do quão acurada e precisa são as suas anotações; elas têm que ser boas para serem úteis. Os dados que você deve registrar no nível de iniciante incluem:

- Nomes de marca de maltes
- Variedade de lúpulos
- Quantidades de ingredientes
- Duração da fervura
- Tipos de levedura
- Leituras de hidrômetro (se você faz leitura de gravidade)
- Temperaturas e tempos aproximados de fermentação

Se você começar este bom hábito cedo, o registro nos níveis intermediários e avançados — quando o registro é muito mais importante — virá muito mais fácil e valerá o esforço.

Os erros mais comuns cometidos pelos fabricantes de cerveja iniciantes

"Ninguém é perfeito", como diz o ditado. As chances são de que os seus primeiros esforços na fabricação de cerveja também não vão ser, se você cometer alguns desses erros comuns:

- Contaminar um lote de cerveja devido à higienização inadequada dos equipamentos.
- Contaminar um lote de cerveja devido ao manuseio ou transferência inadequada do mosto ou da cerveja.
- Causar uma fervura transbordante ao manter a tampa fechada durante a fervura.
- Iniciar os procedimentos de fabricação e envasamento sem ter os equipamentos ou ingredientes necessários à mão.
- Interromper a fermentação (ou permitir que ela se estenda por muito tempo).
- Fazer um priming muito forte no momento do envase, resultando em uma cerveja muito carbonatada ou garrafas que explodem.
- Tentar colocar tampinhas de abertura manual em garrafas com roscas.
- Falhar em aprender ou entender procedimentos gerais de fabricação antes de começar logo.
- Manter registros ruins ou nenhum (para ser bom, você precisa aprender com as suas falhas).
- Falhar na adaptação da realidade da fabricação caseira: o que você *se propõe a fazer* não importa; o que você *faz* é o que conta. Muito frequentemente, a sua cerveja se torna algo diferente do que você intencionou inicialmente. Relaxe e siga o fluxo (literalmente).
- Levar tudo muito a sério; a fabricação caseira é para ser divertida. Afinal, é apenas cerveja.

Dando um Passo a Mais na Sua Fabricação

Como todo fabricante caseiro, em algum momento você pensará em como pode melhorar a sua cerveja caseira. Apesar de não ter nada de errado com os ingredientes de iniciante e os processos explicados anteriormente neste capítulo, você definitivamente pode fazer uma cerveja ainda melhor.

As sugestões que eu apresento nas próximas seções não são difíceis, mas elas aumentam o custo de sua cerveja em termos de equipamento e ingredientes, e adicionam o tempo que leva para fazer a sua cerveja, mas, e isso é muito importante, elas aumentam o prazer na hora de beber a sua cerveja caseira.

A maneira que a cerveja é feita nas cervejarias comerciais e a maneira que eu te instruo a fazer neste capítulo são consideravelmente diferentes. As cervejarias comerciais não usam o extrato de malte[4] para fazer suas cervejas, mas, para simplificar, os fabricantes caseiros o usam. E você pode continuar fabricando desta maneira por quanto tempo quiser. Entretanto, eu estaria omitindo se não mencionasse que os fabricantes caseiros podem passar a fazer cerveja da mesma maneira que os cervejeiros comerciais fazem.

Novos brinquedos: equipamentos aperfeiçoados

Para todas as abordagens "mão-na-massa" de se fazer algo há a necessidade de equipamentos especializados. A fabricação caseira veterana requer um pouco mais de equipamento do que a fabricação de iniciantes:

- **Escova de limpeza de garrafão:** Para a limpeza adequada do seu balde fermentador secundário, ou garrafão, você precisa de uma escova de garrafão. Esta escova de cerdas moles é parecida com aquela escova de banheiro (por favor, não as confundam em casa!) e é especialmente feita apara alcançar todas as curvas e cantos do garrafão. *Custo*: US$5.

- **Tubo de enchimento curvado (ou cano):** Como os garrafões de vidro não são feitos com torneirinhas, você precisa de um tubo de enchimento de plástico duro e curvado para sifonar a cerveja. *Custo*: US$4.

- **Anel de vedação de borracha com furo (para o garrafão):** Você precisa de um anel de vedação de borracha com furo para caber no pescoço do garrafão (geralmente um anel #6 ou #7) — além do anel de vedação que você usa na fabricação caseira iniciante. *Custo*: US$2 ou menos.

- **Garrafão de vidro:** Primeiramente usado como fermentador secundário (veja a Figura 18-3), o garrafão de vidro pode ser um garrafão de água mineral usado por empresas, ou pode ser um garrafão comprado em uma loja de produtos de fabricação caseira — com ou sem água! (***Nota***: evite usar garrafões de plástico, a não ser que ele seja desenvolvido especificamente para a fabricação de cerveja caseira.) Este garrafão representa uma das grandes diferenças de equipamento dos estágios iniciais. *Custo*: US$28 por um garrafão de 19 litros.

- **Moedor de grãos:** Você usa um moedor de grãos para moer os grãos antes de amassá-los e macerá-los. Você pode comprar grãos pré-moídos, mas muitas lojas ou funcionários não fazem direito, e grãos pré-moídos podem ficar ruins mais rápido. Moer seu próprio grão é uma vantagem imensa. *Custo*: US$45 e mais (veja a Figura 18-3).

O fabricante caseiro sem moedor pode encontrar maneiras inventivas de moer os grãos, como colocá-los em um saco grande e selável e passar um rolo de cozinha ou taco de beisebol neles, mas um moedor é a melhor maneira mesmo.

---

[4]N.E.: No Brasil, não há a cultura de se fazer cerveja caseira com extrato de malte. Os cervejeiros caseiros preferem fazer cerveja com malte em grão.

Parte IV: Explorando as Cervejas ao Redor do Mundo e em Casa

 Não importa o que fizer, não use um moedor de café para moer os seus grãos: os seus grãos acabarão parecendo serragem (e a aparência é só o começo dos seus problemas; grãos finamente moídos podem levar a sabores fortes e desagradáveis na sua cerveja).

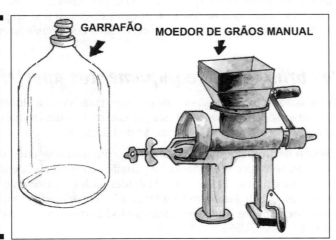

Figura 18-3: Um garrafão de vidro e um moedor de grãos estão entre as mais importantes adições que você deve querer para a sua cervejaria caseira.

✒ **Chiller de mosto de imersão:** Um *chiller de mosto de imersão* é um equipamento altamente eficiente, usado para resfriar o seu mosto quente imediatamente após a fervura para que você possa logo adicionar a levedura e começar o processo de fermentação. Não é muito caro também — normalmente US$50 ou mais. Você pode até economizar dinheiro e fazer um você mesmo. Um chiller de mosto de imersão é, basicamente, uma bobina de tubos de cobre (de 3 a 8 cm de diâmetro e de 7 a 12 metros de comprimento), dois pequenos pedaços de mangueira de jardim, algumas abraçadeiras de mangueira, e um anexo rosqueado para torneira. (Veja a Figura 18-4.)

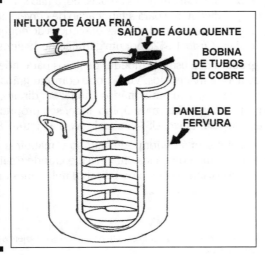

Figura 18-4: Um chiller de mosto de imersão, mostrado dentro de uma panela de fervura, é fácil de fazer. A água fria entra de um lado e sai do outro como água quente, como um radiador ao contrário.

Após a fervura de 1 hora estar completa, cuidadosamente transfira a sua panela de fervura para uma pia ou tanque. Coloque o chiller limpo dentro do mosto quente. Conecte a saída rosqueada da mangueira à torneira e direcione a parte aberta da mangueira oposta dentro da pia (ou diretamente no ralo). Ligue a água fria e *voilà*! Resfriar o seu mosto à temperatura ideal de inocular o fermento (mais ou menos 80 graus Fahrenheit, 27 graus Celsius) não deve demorar mais de 5 minutos.

- **Balança:** Após você começar a fabricar cerveja de acordo com receitas caseiras, você perceberá que muitos ingredientes (como lúpulos e grãos especiais) são pedidos em pequenas quantidades, muitas vezes menos do que 28 gramas. Uma boa balança de cozinha ou de correio, que podem medir frações de gramas, são essenciais para acertar essas quantidades. *Custo*: US$20 a US$30.

- **Sparge/ Sacos de lúpulo:** Essencialmente, são enormes sacos de chá. As bolsas de sparge são eficientes na maceração do grão ou para manter os lúpulos sob controle na panela de fervura. Você pode comprar sacos de náilon com cordinhas ou os tipos baratos descartáveis de musselina. *Custo*: US$5 (náilon reutilizável), US$0.50 (musselina descartável).

Grãos especiais

Se todos os grãos da fabricação de cerveja fossem exatamente iguais, muitos poucos estilos únicos de cerveja existiriam. Porque o grão (em sua maioria a cevada) é responsável por prover à cerveja muito de sua cor, sabor e textura, adicionar grãos especiais à sua receita de cerveja vai longe ao mudar as características da sua cerveja. Os *grãos especiais* — cevada, trigo, aveia, centeio e assim por diante — são grãos adicionados para se conseguir características especiais. Eles não são usados como substitutos do extrato de malte, mas sim como realçadores.

Os grãos especiais são:

- *Torrados* (assados) em vários graus de torrefação após serem maltados (em alguns casos, grãos não-maltados e grãos maltados e ainda molhados também são torrados).
- Adicionados para dar ao extrato de malte o seguinte:
  - Uma variedade de melhorias visuais, aromáticas e de sabor
  - Proteínas e dextrina de retenção de colarinho e encorpamento (do corpo da cerveja, não o seu)

Nas próximas seções, eu dou umas dicas sobre como usar grãos especiais e listo alguns tipos populares.

Algumas dicas sobre a maceração

Em um lote de 19 litros, você não precisa de muitos grãos para criar um efeito notável. Dependendo do grão, quantidades tão pequenas quanto 100 gramas são detectáveis. Para as conversões de medidas, 1 xícara de *grãos moídos* é igual à aproximadamente 115 gramas; portanto, 453 gramas (uma libra) enchem 4 copos.

Nota: Grãos especiais não são normalmente adicionados diretamente na panela de fervura. E como os outros grãos no ramo da fabricação, eles não devem nunca serem fervidos; eles devem ser macerados em água quente apenas o tempo suficiente para renderem seus frutos — 20 a 30 minutos devem ser suficientes.

A infusão dos grãos pode ser feita na panela de fervura com o resto da cerveja, mas há duas razões para não usar este método, são elas:

- Se você não usar um saco de sparge, você precisará coar todo o grão antes de levar o mosto à fervura.
- Se o grão estiver na panela de fervura ao mesmo tempo que o extrato, o rendimento do grão pode não ser maximizado devido à viscosidade do mosto.

A infusão em água limpa captura tudo o que o grão tem a oferecer. Tente fazer a infusão do grão especial em uma panela separada e depois adicionar ao extrato, ou infusione na panela de fervura antes de adicionar o extrato. Após o grão ser propriamente infusionado, despeje a água, agora com sabor, na panela de fervura usando um coador, mantendo todo o grão fora da panela de fervura.

Para capturar o máximo possível de sabor do grão, certifique-se de fazer o *sparge* do grão — isto é, despejar água quente nos grãos no coador (e dentro da panela de fervura) até a água sair límpida. Mais ou menos dois litros de água são suficientes.

Tipos de grãos especiais

Aqui estão os grãos especiais e seus usos típicos:

- **Malte preto:** O malte negro é o malte que foi torrado em tão alto grau, que todo o sabor e aroma do malte foram queimados. Devido ao seu aroma e sabor queimados, use este malte moderadamente; o uso generoso dele cria um desagradável caráter ácido no sabor e na textura. O malte negro é geralmente usado na Schwarzbier, Porter e Stout.
- **Malte chocolate:** O malte chocolate é um malte que foi torrado até uma cor castanho escura, mantendo um toque de seu caráter maltado. Usado em quantidades modestas, o malte de chocolate dá à cerveja um distinto aroma e sabor de chocolate. Este malte é usado nas Brown Ales e cervejas Bock, entre outras.
- **Malte cristal:** o malte cristal é nomeado devido ao processo de secagem que cristaliza os açúcares caramelados dentro dos grãos ainda úmidos. Ele adiciona uma doçura caramelada à cerveja, junto com uma cor e melhora na retenção de espuma (ele é chamado, às vezes, de *malte caramelo* por razões óbvias). Ele não é a cura total para todas as cervejas de extrato ruins que alguns fabricantes caseiros pensam que é, mas é um passo nessa direção.

- **Cevada não-maltada torrada:** Porque esta cevada não é maltada antes da secagem, ela não é chamada de malte. O processo de secagem pede um gradual aumento na temperatura para o grão não torrar como o malte preto. Este grão castanho escuro dá um aroma e sabor rico, torrado, e de café, e é usado principalmente nas Stouts.
- **Malte biscuit:** O malte biscuit é um grão levemente torrado usado principalmente nas Pale Ales e diversas marcas de cerveja ruiva. Ele tem cheiro e sabor um pouco parecido com o de pão torrado; ele pode dar também uma qualidade de nozes à cerveja.

Você não deve moer grãos altamente torrados. Porque eles são quebradiços, eles tendem a esfarelar durante o processo de moagem, e o pó de grão fino e escuro deve ser evitado, pois cria um sabor acre na cerveja.

Com a sua habilidade de adicionar cor e sabor à sua cerveja usando grãos especiais, você não precisa mais comprar extratos âmbar ou escuros para fazer cervejas âmbar ou escuras; você pode fazer todas com extrato claro de malte. Na verdade, após você estar confortável usando os grãos especiais, de qualquer maneira é melhor para você derivar estas cores e sabores dos próprios grãos; a diferença no gosto é apreciável, e mais autêntica. Você tem mais controle sobre o gosto e a cor usando grãos reais do que usando extrato pré-fabricado.

Fermentação secundária e a arte da sifonagem

A fermentação secundária é o transporte da cerveja do balde fermentador primário para um balde secundário. Fazendo isto, você está deixando a maioria dos resíduos orgânicos e da levedura para trás, permitindo, assim, que a sua cerveja clarifique, mature, e apure o sabor em um recipiente limpo e fresco.

O termo *fermentação secundária* é, na realidade, um nome mal dado, já que a maioria ou toda a fermentação acontece no fermentador primário. Eu acho que ninguém conseguiu inventar uma boa descrição para esta fase da fabricação.

O único equipamento novo que você precisa para este processo é o garrafão (veja a seção anterior: "Novos brinquedos: upgrade de equipamentos") e alguns itens relacionados. Um garrafão é a grande garrafa de vidro de água mineral que as empresas usavam antes de substituírem pelas de plástico — e, antes que você pergunte, as substituições de plástico não são recomendadas para uso na fabricação de cerveja.

Sem querer te confundir, mas alguns garrafões são feitos de plásticos desenvolvidos especificamente para serem usados na fabricação de cerveja; eles são feitos de plástico HDPE (padrão alimentício) e, como os garrafões de vidro, também estão disponíveis através de revendedores de produto de fabricação cervejeira.

Para completar o garrafão, você precisa de outro airlock assim como um anel de vedação com um furo do tamanho certo. Você também precisa de um cano de enchimento curvado para sifonar a cerveja. Apesar de não ser absolutamente necessário, comprar uma escova curvada especial para limpar o garrafão é uma boa ideia também.

Transferir a cerveja do fermentador primário para o garrafão não é diferente do método descrito anteriormente na seção "Hora do engarrafamento!", onde você transfere a cerveja para o balde de envasamento. A única diferença é o recipiente para o qual a cerveja está fluindo.

O período típico de tempo que uma cerveja deve ficar em um fermentador secundário é de duas semanas, que geralmente é bastante tempo para a cerveja clarificar; entretanto, se você fabricou uma cerveja com alto teor alcoólico, e alta gravidade, ela pode não maturar neste período de tempo. Permitir que um Barleywine ou estilo parecido de cerveja fique em um garrafão por um mês ou mais antes do envasamento não é estranho ou inusitado.

Após a sua cerveja acabar de clarificar e maturar (dependendo do estilo de cerveja), está na hora de engarrafar, da mesma maneira que você fez antes de usar o fermentador secundário. A única diferença é que agora você precisa transferir a cerveja do garrafão para o balde de envasamento.

Nenhuma fase da fabricação caseira está isenta de limpeza e higienização. Adicionar uma nova fase de fermentação significa desinfetar todos os equipamentos que vão junto com ela. É melhor você se acostumar logo e parar de reclamar.

O uso do garrafão na fabricação caseira requer que o cervejeiro pratique técnicas de sifonagem, porque os garrafões não vêm equipados com torneirinhas. Com o tubo conectado ao cano de enchimento, a abertura da mangueira de sifão deve estar mais baixa do que o recipiente na qual a cerveja está sendo sifonada para ser eficiente (quanto mais baixo melhor). Manter grandes bolhas ou vãos de fora da mangueira de sifão aumenta a eficiência do sifão; as bolhas de ar e os vãos podem diminuir ou parar o fluxo e pode ainda oxidar a cerveja. (Veja a Figura 18-5.)

Você pode começar o fluxo em um sifão de várias maneiras, mas nem todas são aceitáveis para a fabricação caseira. Para simplicidade e rapidez, sugar um lado do sifão certamente inicia o fluxo, mas também abre as portas para todo o tipo de possibilidades de contaminação. Alguns cervejeiros dizem que um bom gargarejo e enxágue com uísque ou vodca é uma boa maneira de prevenir este problema. (Apenas limite-se ao enxágue para não comprometer o resto do trabalho.)

Outra maneira, mais aceita em geral, é encher a mangueira de plástico com água logo antes de encaixar a mangueira no tubo de enchimento. Após o cano de enchimento e mangueira estiverem conectados (com o cano repousando no garrafão), apenas jogar a parte aberta da mangueira no balde de envasamento automaticamente inicia o fluxo de cerveja. Este método pode demorar algumas tentativas antes de você pegar o jeito do sistema.

Qual é a força por trás do principio de sifonagem? Esta força é aceleração gravitacional x massa (F=mg). A cerveja (ou qualquer líquido) é puxada pela gravidade e empurrada pelo peso de sua própria massa. A medida em que a própria massa diminui, diminui também a pressão; o puxar gravitacional continua constante.

Após a sua cerveja ser transferida do garrafão para o balde de envasamento, simplesmente siga as instruções da seção "Hora do engarrafamento!", previamente neste capítulo.

Figura 18-5: Você transfere a cerveja do garrafão para o balde de envasamento, usando o equipamento de sifonagem.

Parte V
A Parte dos Dez

A 5ª Onda — Por Rich Tennant

Nesta parte...

Os capítulos nesta parte foram desenvolvidos para atrair você a continuar a sua educação cervejeira, em casa e fora dela — e cada capítulo faz isso através de uma breve lista de dez itens. O Capítulo 19 lhe mostra diversas maneiras de obter uma melhor apreciação de cervejas, muitas das quais estão na ponta dos seus dedos... através do seu teclado.

O plano para os Capítulos 20 e 21 é desenhar um mapa hipotético que você possa usar para seguir para as cidades e festivais de cerveja que desejar. Eles estão todos lá, só esperando que você os visite e curta.

Capítulo 19

Dez Maneiras para Aumentar sua Apreciação de Cerveja

Neste Capítulo

- Bebendo, avaliando e escrevendo sobre cerveja
- Fabricando cerveja e recebendo diferentes certificações
- Colecionando itens relacionados à cerveja e encontrando outros entusiastas da cerveja
- Tornando-se um fabricante de cerveja profissional

Você pode mergulhar na cerveja de várias maneiras hoje em dia — falando figurativamente, é claro. Seja consumindo, fabricando, colecionando ou simplesmente se associando com cerveja, o que não faltam são oportunidades de se envolver. Este capítulo traz algumas ideias para você começar.

Beba Cerveja com um Propósito

Você não encontrará melhor maneira de apreciar a cerveja do que bebendo-a (nenhuma novidade de abalar o mundo aqui!). Mas quando você começa a avaliar a cerveja enquanto a bebe, ao invés de somente engoli-la sem pensar, você começa a aprimorar a percepção de complexidades do produto, e desenvolver um paladar aguçado e uma maior apreciação das cervejas que bebe. Mesmo quando você bebe cervejas que não necessariamente gosta, você fica mais afinado sobre o que exatamente não gosta em uma cerveja. Todos estes fatores o tornam um consumidor melhor. (Você pode começar com as regras de avaliação apresentadas no Capítulo 12.)

Para aqueles que querem beber e avaliar cervejas em um nível mais sério, eu recomendo que você insista em experimentar marcas e estilos de cervejas que nunca experimentou. Você pode não ser fã de todas as marcas e estilos (poucas pessoas são), mas você ganhará uma maior objetividade nas suas avaliações. Eu também apoio o hábito de registrar as suas impressões das cervejas que experimenta em papel. Anotar os seus pensamentos e observações o servirá muito bem enquanto a lista de suas avaliações de cerveja cresce em dúzias e centenas. Eu ainda reviso as anotações de avaliação de cerveja que escrevi há quase 25 anos atrás. Algumas são um pouco ilegíveis, porém úteis, de qualquer maneira. (Quem sabe, algum dia você possa querer compartilhar publicamente as suas observações com outras pessoas. Continue lendo.)

Publique as Suas Avaliações Online

Quando você sentir que absorveu conhecimento e familiaridade suficientes com estilos e marcas de cerveja, você pode querer compartilhar as suas opiniões e observações com outros que pensam igual. Graças à internet, muitos sites diferentes oferecem oportunidades de publicar avaliações de cerveja em um fórum público. Alguns deles requerem que você se cadastre (quase todos são de graça), e alguns não. Aqui estão os três sites, em inglês, mais populares, que oferecem avaliações de cerveja online, e o site brasileiro mais popular:

- BeerAdvocate (www.beeradvocate.com)
- RateBeer (www.ratebeer.com)
- PhillyCraft (www.phillycraft.com)
- Brejas (www.brejas.com.br)

Nota: Mesmo que você não tenha nenhuma intenção de postar material nestes sites, eles ainda assim são boas fontes de avaliações de cerveja, que podem te ajudar a tomar decisões bem informadas na hora de comprar cerveja. Todos eles oferecem outras coisinhas, como revistas impressas, recursos sobre cerveja, calendário de eventos, e o merchandising obrigatório de cervejas.

Mantenha um Blog sobre Cerveja

Ok, suponhamos que você tem feito avaliações de cerveja na sua cozinha já há algum tempo, e tem olhado vários sites de avaliações de cerveja. A sua confiança está em alta, e o seu Michael Jackson interior (o famoso escritor e expert de cerveja londrino, e não o cantor) não pode mais ser contido. Você precisa logo começar a compartilhar a sua sabedoria cervejeira com o mundo — o que você faz? Você cria um blog.

Preste atenção que a blogosfera está lotada de besteiras escritas por centenas de especialistas que aparecem de um dia para o outro no campo novo e dinâmico das cervejas artesanais. Vá em frente e escreva todas as besteiras

Capítulo 19: Dez Maneiras para Aumentar sua Apreciação de Cerveja

que quiser, mas, se quiser se destacar, você precisa, bem, se destacar. Permita-me oferecer algumas sugestões úteis (veja o Capítulo 12 para mais dicas):

- **Seja literato, antes de tudo.** As pessoas que não conseguem formar frases simples e coerentes são difíceis de serem levadas a sério. E, pelo amor da cerveja, saiba a diferença entre *palato*, *palheta* e *paleta* — apenas uma destas palavras refere-se à degustação de bebidas.
- **Estabeleça credibilidade.** Nada mata a credibilidade mais rápido do que a falta de conhecimento do assunto em pauta. Portanto, certifique-se de saber sobre a cerveja antes de começar a escrever. Uma maneira de estabelecer credibilidade é ganhando uma certificação (veja a seção mais adiante "Torne-se Educado e Certificado em Cerveja", para detalhes).
- **Mantenha-se atualizado.** Informações frescas são da maior importância. Muitos sites se organizam para se manterem relevantes e em contato diariamente, até aquela informação de uma semana atrás pode fazer com que o seu blog esteja desesperadamente desatualizado.
- **Mergulhe na cultura cervejeira.** Fazer parte do movimento das cervejas artesanais significa estar presente para documentar os eventos. Participe de todos os eventos, inaugurações de cervejarias, e festivais que puder. Passe a conhecer grandes nomes na indústria e faça o seu nome ser conhecido ao mesmo tempo. (Veja a seção adiante "Associe-se a Outros que Compartilham a Sua Paixão por Cerveja", para mais informações.)
- **Promova-se.** O seu blog, não importa o quão bem escrito, não encontrará leitores por acaso. Você precisa se expor, e as redes sociais são a melhor maneira de fazer isto. Use o Facebook, Google+, Twitter, Tumblr e outros sites para seu melhor proveito. Fotos e vídeos muitas vezes valem mais do que mil palavras.

Escreva um Ótimo Livro sobre Cerveja

Brincadeirinha, eu já me encarreguei disto.

Ok, se você realmente tem a intenção de escrever um livro sobre cerveja, é melhor você dar uma encorpada na sua educação cervejeira. Você precisa estar ligado absolutamente à indústria (participando de festivais e inaugurações de cervejarias) e conhecer todos os detalhes dos estilos de cerveja, e assim por diante. Escrever um bom blog de cerveja pode até ser um bom empurrãozinho (veja a seção anterior).

Seja Formado e Certificado em Cerveja

Com a explosão das cervejarias artesanais e a proliferação de cervejas importadas de perto e de longe, a cerveja se viu, de repente, catapultada para a fama internacional renovada. Com o novo interesse crescendo junto com esta moda, as pessoas começaram a perceber a necessidade de uma educação séria sobre cerveja. Aqui estão os dois maiores programas de certificação disponíveis:[1]

- **Cicerone Certification Program** (www.cicerone.org): Assim como o *sommelier* de vinhos ajuda o indivíduo comum a encontrar o caminho pela carta, muitas vezes assustadora, de vinhos, Ray Daniels, do Craft Beer Institute[1], reconheceu que a hora chegou para o equivalente cervejeiro do *sommelier*. Em 2008, Daniels concebeu e instituiu um programa que testa os candidatos à *sommelier* de cerveja e o chamou de *Cicerone*. Até o momento, mais de 7 mil pessoas passaram pelo teste online inicial, o Beer Server, do programa (US$69), apenas aproximadamente 200 pessoas passaram pela segunda fase do exame de certificação (US$345), que leva de três a quatro horas, pessoalmente, e apenas três pessoas chegaram à fase final de dois dias do Mestre Cicerone (US$595). Obviamente, este sério programa é direcionado àqueles que desejam trabalhar na indústria cervejeira.

- **Ale-Conner Beer Certification Program** (www.beerexam.com): Com a intenção de captar um público mais amplo e com uma abordagem menos rigorosa do que o Cicerone Certification Program, o Ale-Conner Certification Program (veja a Figura 19-1) oferece aos entusiastas casuais de cerveja, assim como para profissionais da indústria, uma oportunidade de provar seus conhecimentos, paixão e apreciação por cerveja. Dois exames diferentes online — o Beer Authority (US$20) e Beer Expert (US$30) — oferecem níveis distintos de dificuldade, cobrindo tópicos como avaliação de cervejas, estilos de cerveja, ingredientes e processos de fabricação, assim como perguntas gerais sobre cerveja. Após completar com sucesso os exames, você poderá imprimir o seu certificado personalizado, acompanhado de um cartão que atesta o seu novo status, de um Especialista/Autoridade Cervejeira Certificado pelo Ale-Conner. (Com direito a minha assinatura na parte de baixo do certificado!)

---

[1]N.E.: Instituto de Cerveja Artesanal.

Capítulo 19: Dez Maneiras para Aumentar sua Apreciação de Cerveja

Figura 19-1: O Ale-Conner Beer Certification Program é para entusiastas casuais de cerveja.

Fabrique Cerveja em Casa

A melhor maneira de entender e apreciar a cerveja — e aqueles que a fabricam — é fabricar a sua própria cerveja em casa. Mesmo que você não tenha intenções de excelência neste tipo de artesanato, a educação ganha através da fabricação de cerveja com suas próprias mãos é imensurável. (Fabricar cerveja ruim não conta, aliás. Você tem que ser, pelo menos, relativamente bem-sucedido nesta aventura para ganhar respeito dos outros e receber o respeito merecido daqueles que fabricam em escala comercial.)

Caso você seja corajoso o suficiente para tentar a fabricação caseira, você encontrará toda a informação que precisa para começar no Capítulo 18. E caso você se torne um fabricante caseiro frequente (a fabricação caseira tem um jeito de te sugar e nunca mais te deixar), você provavelmente ficará tentado a fazer o que os fabricantes caseiros fazem com frequência: inscrever a sua cerveja em competições. Além da glória e validação que vêm juntos com as notas altas, muitas competições também oferecem ótimos, e muitas vezes valiosos, prêmios para os ganhadores. A American Homebrewers Association (www.homebrewersassociation.org) mantém a melhor lista de competições nos Estados Unidos.

Torne-se um Avaliador ou Juiz de Cerveja Certificado

Se e quando você se tornar um fabricante caseiro de sucesso (veja a seção antecedente), você está em boa posição para se tornar um Juiz de Cerveja Certificado. O The Beer Judge Certification Program[2] (BJCP; www.bjcp.org) foi estabelecido em 1985 como um meio de padronizar a maneira que as cervejas caseiras são avaliadas nas competições. (Eu certifiquei no primeiro ano do programa e continuo envolvido com ele.)

O propósito do BJCP hoje é promover a alfabetização cervejeira e a apreciação por cervejas de verdade, e para reconhecer as habilidades de avaliação e degustação de cervejas. O BJCP certifica e faz o ranking dos juízes de cerveja através de um teste e de um processo de monitoramento. Atualmente, mais de 6 mil avaliadores certificados pelo BJCP estão espalhados pelo mundo.

Você não precisa ser um fabricante caseiro para se tornar um avaliador do BCPJ, mas o ser é extremamente útil. Fabricar cerveja lhe dá muitas das habilidades e experiências necessárias para passar no teste do BJCP e se tornar um avaliador eficiente. Você pode também conseguir muitas das habilidades e conhecimentos através de estudos de livros, mas nada é melhor e mais eficiente do que colocar a mão na massa e fabricar a própria cerveja.

Nota: Para constar, ser um avaliador do BCPJ não é uma carreira viável. Os avaliadores não são pagos por seus serviços ou viagens. Pode-se dizer que eles trabalham para a cerveja.

Colecione Objetos Relacionados à Cerveja

Para alguns nerds da cerveja, saborear uma cerveja simplesmente não é o suficiente. Eles precisam de algo para segurar, algo para guardar. Dê preferência a algo barato ou grátis. Estes loucos por cerveja são chamados de *colecionadores cervejeiros*. Tudo e qualquer coisa que seja usada nas cervejarias ou no bar e que traga o nome de uma cervejaria ou marca é de valor para esses entusiastas. Porta-copos, abridores, rótulos, placas — tudo está valendo. Ou melhor, qualquer coisa vale. Nem todo colecionador é um maníaco total; a coleção casual é tão divertida quanto a coleção compulsiva.

A linha de itens colecionáveis, antigos e novos, é impressionante. Colecionadores sérios se metem com itens promocionais mais obscuros, como espátulas de espuma, cinzeiros, letreiros de cervejarias, e os *shelf talkers*[3]. Esses tipos de pessoas gastam muito tempo e dinheiro na busca destes itens, que

---

[2]N.E.: Programa de Certificação de Avaliadores de Cerveja.
[3]N.E.: Pequenos letreiros colocados nas prateleiras de lojas para chamar a atenção dos consumidores para um produto.

tornarão as suas coleções *completas*, apesar de nunca estarem completamente satisfeitas. Para elas, a coleção cervejeira está em algum lugar entre um hobby e um estilo de vida. Talvez uma mania.

O que impulsiona esta vontade? Nostalgia — muitas cervejarias regionais se foram, seus nomes evocam locais e tempos de um passado recente — e a pura diversão de colecionar. Colecionar também cria uma ligação com outros entusiastas da cerveja. Assim como beber cerveja, colecionar coisas relacionadas à cerveja age como um lubrificante social. Os colecionadores adoram se encontrar, organizar e trocar itens. (Veja a próxima seção para mais detalhes sobre passar tempo com outras pessoas apaixonadas por cerveja.) E o movimento de cervejas artesanais que estamos vivendo hoje vem proporcionando muitos itens colecionáveis para o amanhã. Reivindique a sua parte agora.

Não faltam clubes para colecionadores de itens cervejeiros se associarem. Aqui estão uns exemplos:

- American Breweriana Association (www.americanbreweriana.org)
- Brewery Collectibles Club of America (www.bcca.com)
- National Association Breweriana Advertising (www.nababrew.com)

Associe-se com Outros que Compartilham da Sua Paixão por Cerveja

Uma coisa sobre nós cervejeiros, nós gostamos de nos encontrar. Formar clubes e associações parece ser tão natural quanto a formação de um colarinho em uma boa cerveja. Se desejar promover a causa da bebida, a fabricação ou coleção, você sempre pode encontrar entusiastas da cerveja com mentes similares para ajudá-lo.

Como se pode presumir, grupos de pessoas dedicadas ao consumo de cerveja vêm proliferando imensamente nas últimas duas décadas. Também se pode presumir que bares que fabricam sua própria cerveja ou bares especializados em cerveja têm bastante crédito, porque muitos formaram os *clubes da caneca* — os clientes que pertencem a esses clubes ganham descontos em cervejas, comidas e eventos — dentro de seus estabelecimentos. Pergunte ao seu fornecedor de cerveja artesanal para descobrir sobre estes clubes — se não existir, comece um!

Muitos dos clubes de consumidores de cervejas atuais são ou conglomerações ou ramificações de clubes de fabricação caseira já estabelecidos. Os fabricantes caseiros, naturalmente, são amantes da cerveja; é lógico que qualquer um que goste de boa cerveja seja um bom candidato para afiliação nestes clubes. Dê uma olhada na internet e encontre o seu!

Um dos mais antigos grupos de apreciação cervejeira nos Estados Unidos é o Chicago Beer Society (CBS). Quando foi fundado em 1977, ele tinha uma filiação de algumas dezenas de membros e apenas eventos trimestrais a cada ano. Quando a fabricação caseira começou a ganhar tração em meados dos anos 1980, o CBS aumentou o número de membros que fabricavam suas próprias cervejas em casa, e começou a oferecer eventos duas vezes ao mês. Hoje em dia, o CBS é um dos maiores e mais vibrantes clubes nos Estados Unidos, com associados que passam de 500 membros. Ele também promove quase uma dúzia de eventos altamente esperados durante o ano. O CBS também pode reivindicar como sendo o clube local dos escritores Ray Daniels e Randy Mosher. (Apesar de eu não ser mais um membro ativo, frequentei bastante nos anos 1980 e 1990).

No Reino Unido e no Canadá, os amantes de cerveja podem procurar se envolver com uma das maiores e mais ativas organizações cervejeiras do mundo. A CAMRA (Campaign for Real Ale) vem defendendo a cerveja há décadas. Para saber mais sobre a CAMRA, dê uma olhada no Capítulo 5 (você também pode ir até www.camra.org.uk). Em outros lugares da Europa, dois dos mais ativos grupos de consumidores de cerveja são o Zythos (anteriormente Objectiv Bierprovers), na Bélgica (www.zythos.be), e o PINT, na Holanda (www.pint.nl).

Seja um Cervejeiro Profissional

Se você tem fantasiado sobre começar a sua própria cervejaria — ou até fabricar na cervejaria de outra pessoa — você pode encontrar muitas oportunidades educativas por aí, especialmente no mercado atual. Para um fabricante com pouca experiência, começar de baixo não é uma má maneira. Torne-se assistente de cervejeiro e trabalhe para chegar cada vez mais alto. Muitos fabricantes caseiros traçaram este caminho. Se você estiver pensando em uma carreira, entretanto, você precisa de uma educação disciplinada. Fabricar cerveja no nível corporativo (e até no nível artesanal) é mais sobre química do que sobre paixão.

Algumas escolas cujos currículos englobam a fabricação de cerveja incluem:

- American Brewers Guild (Líder no ensino online de fabricação de cerveja artesanal desde 1997) (www.abgbrew.org)
- Siebel Institute of Technology and World Brewing Academy, em Chicago, Illinois, EUA (www.siebelinstitute.com)
- UCDavis Extension (University of California), em Davis, Califórnia, EUA (www.extension.ucdavis.edu/unit/brewing)
- Doemens Academy, em Munique, Alemanha (parceira do Siebel Insitute; www.doemens.org; www.siebelinstitute.com/munich)
- Wissenschaftszentrum Weihenstephan, em Freising, Alemanha (www.wzw.tum.de)
- Heriot-Watt University, em Edimburgo, Escócia (apenas estudos de pós-graduação; www.hw.ac.uk)

Capítulo 20

As Dez Melhores Cidades Cervejeiras do Mundo (E Algumas a Mais)

Neste Capítulo

- Honrando algumas grandes cidades cervejeiras na Europa
- Conhecendo algumas supercidades cervejeiras nos Estados Unidos
- Reconhecendo algumas menções honrosas pelo mundo

*E*nquanto estava se desenvolvendo como a favorita que é hoje, a cerveja ganhou um regionalismo que está quase intacto em várias cidades do mundo. Este capítulo foca naquelas cidades que melhor representam as tradições da cerveja e da produção cervejeira.

As cidades que aparecem neste capítulo foram escolhidas por várias razões. Número um: elas têm que oferecer ao amante da cerveja muita cerveja boa — e de preferência em uma variedade de estilos. Mas, além do consumo, essas cidades também têm que ter uma cultura cervejeira (isto significa que a cerveja é parte integral da vida cotidiana e que a história da cidade foi moldada em parte pela cerveja e pela fabricação cervejeira) e/ou oferecer uma experiência cervejeira única.

Aqui, então, estão as dez melhores cidades do mundo sem nenhuma ordem particular (fora o fato de estarem agrupadas por continente).

Munique, Alemanha

Por esta você já previa. Quando o assunto da conversa tem a ver com a cerveja na Alemanha, a Baviera (da qual Munique é a capital) e seus moradores parecem ganhar a maior parte da atenção mundial. Pode ser porque o estado da Baviera possui um número expressivo das cervejarias alemãs — estimado em aproximadamente 1200 no século XX e aproximadamente 800 hoje em dia.

Também pode ter algo a ver com o número de festivais de cerveja dentro e em volta de Munique, entre eles nada menos do que a Oktoberfest de Munique, que atrai em torno de 6 milhões de pessoas todos os anos (veja os Capítulos 16 e 21 para mais informações).

Aqui estão as marcas mundialmente famosas que emanam de Munique e redondezas, e não podem ser ignoradas:

- Augustiner Bräu
- Hacker-Pschorr
- HofBräu
- Löwenbräu
- Paulaner
- Spaten
- Weihenstephan

É claro, eu não posso esquecer de mencionar a vasta oferta de salões de cerveja — o Hofbräuhaus é o mais famoso da cidade, data de 1500 — e tem uma das melhores comidas de Munique, como o wienerschnitzel, sauerbraten, joelho de porco, e as melhores salsichas (isto é, salsichões). Esses salões variam em tamanho e gênero, dos enormes e barulhentos até os não-tão-enormes e não-tão-barulhentos. A ótima cerveja, acompanhada de ótima comida e ótima música, fazem destes os locais que devem ser vistos em Munique.

Tudo isso junto dá aos habitantes de Munique um orgulho de sua história e tradição, que são passadas de um para o outro e para os visitantes na forma de *gemutlichkeit*, que é descrito como aconchego, alegria e amizade. Só isto já torna Munique uma ótima cidade cervejeira.

Bamberg, Alemanha

A cidade de Bamberg, na região da Francônia, Alemanha, fica a três horas de distância de Munique (veja a seção anterior). Apesar de Bamberg ser considerada menor e mais charmosa, ela oferece ao turista cervejeiro tudo o que Munique oferece em espírito e tradição, mas as experiências cervejeiras em si são bem diferentes, e é por isso que Bamberg também merece destaque.

A Francônia fica na parte nortenha da Baviera e possui a maior densidade de cervejarias em toda a Alemanha. Bamberg, em si, diz ter mais cervejarias do que qualquer outra cidade alemã do seu tamanho (aproximadamente 70 mil habitantes). Atualmente, são oito cervejarias e um pub cervejeiro (Ambrausianum), com muitas outras cervejarias pipocando pela região.

Capítulo 20: As Dez Melhores Cidades Cervejeiras do Mundo e... 301

Bamberg é reconhecida por sua exótica cerveja defumada e por isso é considerada a capital mundial da Rauchbier. Vários cervejeiros locais fazem esta cerveja acobreada e tostada, usando malte defumado sobre fogo de madeira de faia para dar à cerveja o seu sabor inusitado. A Rauchbier é conhecida por ser um gosto adquirido, e eu concordo. Eu adquiri um gosto por ela no meu primeiro gole!

Bruges, Bélgica

Ótimas cidades cervejeiras não precisam de muitas cervejarias para entrarem na lista. A cidade medieval de Bruges, no nordeste da Bélgica é um ótimo exemplo. Apesar de ter havido no passado mais de 30 cervejarias dentro e em volta de Bruges, apenas uma ainda está em operação: a Brouwerij Straffe Hendrik/De Halve Maan (Cervejaria Henrique o Forte/A Meia Lua).

O que mais seduz o amante de cerveja em Bruges, hoje, são os muitos e populares cafés, bares e lojas de cerveja — e o ocasional festival de cerveja. Mais de 400 marcas diferentes de cerveja podem ser encontradas em Bruges, e você pode passar dias (ou mais provavelmente, semanas) procurando por todas elas.

Enquanto você está passeando procurando cerveja, você pode querer conhecer o museu Gruuthuse. Este museu diferente está situado na Casa do Gruut, que pertencia à família Van Brugghe-van der Aa, nos fins da Idade Média. Esta família era dona do monopólio de vendas de *gruut*[1] (mistura medieval de especiarias usadas para fabricar cerveja). A Sociedade Arqueológica de Bruges começou as atuais coleções de antiguidades e arte em 1865. Em 1955, a cidade de Bruges adquiriu e expandiu o museu e a coleção.

Praga, República Tcheca

A história da cerveja na Boêmia, uma região localizada na República Tcheca, é longa e cheia de histórias, datando do século XII. As tavernas da Boêmia se tornaram populares no século XVII e pelo menos 30 foram instaladas na Praça Charles, na Cidade Nova. Cerca de meia dúzia dessas tavernas fabricavam a própria cerveja no local. No fim dos anos 1800, os cervejeiros tchecos estavam entre os primeiros a produzirem cervejas no relativamente novo processo de baixa fermentação (lager).

Os lúpulos também são importantes no norte da Boêmia. Uma das variedades mais populares de lúpulo é o lúpulo *Saaz*, da região de Zatec. O picante lúpulo Saaz é fortemente associado com o estilo Pilsner, que nasceu na cidade próxima de Plzen. Da mesma maneira, alguns dos mais refinados maltes claros (outro importante ingrediente na fabricação da clássica cerveja Pilsner) são cultivados na Morávia.

---

[1] N.E.: O gruut, ou gruit, era o tempero da cerveja na Europa até o lúpulo ir gradativamente tomando o seu lugar e se firmando como o tempero definitivo da cerveja. As ervas utilizadas contribuíam em aroma, sabor e amargor.

A cultura cervejeira tcheca está viva e muito bem e continua a florescer nas muitas tavernas de Praga. O povo tcheco consome cerveja com regularidade; ela é considerada uma bebida costumeira no dia a dia (a República Tcheca lidera constantemente o consumo mundial per capita de cerveja).

Você não encontrará grande variedade de estilos em Praga — ou em toda a República Tcheca, por sinal. O que você encontrará são algumas lagers muito bem feitas, que variam modestamente em termos de cor e teor alcoólico e muito pouco entre cervejeiros e marcas. Elas são generosamente maltadas, mas sempre finalizadas com o equilíbrio apropriado do amargor do lúpulo. Um ditado famoso na Boêmia diz "Um segundo copo de cerveja louva o primeiro e pede por um terceiro". Difícil argumentar com isto.

Londres, Inglaterra

Com relação à cerveja, Londres sempre foi e sempre será associada a seus pubs, e com mérito. Os onipresentes *pubs* de bairro — diminutivo de Public House — têm sido intrinsecamente associados à vida cotidiana na Grã-Bretanha.

Já falando da cerveja em si, os não-britânicos, muitas vezes, a veem como um só produto: cerveja quente e sem gás. Comparativamente falando, a cerveja em Londres não é tão gelada e carbonatada como a maioria dos bebedores de cerveja estão acostumados, mas isto também é parte integral da experiência de beber cerveja no Reino Unido (veja o Capítulo 16 para detalhes).

Espere encontrar muitas variedades de Bitters e Mild Ales em Londres, com uma ocasional Porter ou Stout inseridas para compor o cenário. Também, fique de olho em toda cerveja que for tirada à mão ou mecanicamente (veja o Capítulo 5, para mais sobre estes itens) e experimente para "fins de pesquisa".

Por si só, Londres tem sua parte na história da fabricação de cerveja e das cervejarias. A seguir, estão os nomes mais famosos associados a Londres:

- ✔ Bass
- ✔ Courage
- ✔ Fuller's
- ✔ Watney's
- ✔ Whitbread
- ✔ Young's

Cervejarias à parte, a melhor degustação acontece nos pubs. Tome cuidado, pois muitos pubs em Londres são *casas exclusivas*, que significa que os produtos servidos na chopeira são da cervejaria a qual o nome ou logo está escrito na entrada do pub. Ter um bom guia dos pubs de Londres é altamente recomendável para um passeio cervejeiro sério na cidade. Você pode encontrar muitos bons guias de pub, mas o melhor pode ser obtido da CAMRA (Campaign for Real Ale; www.camra.org.uk/).

Portland, Oregon, Estados Unidos

Portland, Oregon, é uma das duas cidades americanas que rapidamente aumentou a sua importância durante a revolução/renascimento das microcervejarias (a outra sendo Seattle, Washington; veja a próxima seção). E, 25 anos mais tarde, Portland ainda é considerada a cidade cervejeira favorita dos Estados Unidos.

Pelo seu tamanho (população menor do que 600 mil habitantes), Portland pode se vangloriar de ter não só 28 cervejarias dentro dos limites da cidade, mas também muito mais em suas redondezas. O poeta das cervejas Michael Jackson (o respeitado escritor) chamou Portland de "capital mundial da cerveja". A Associação de Visitantes de Portland Oregon sugere os nomes *Beervana* e *Brewtopia* como apelidos para a cidade. Em janeiro de 2006, o Prefeito Tom Potter deu à cidade o seu novo apelido não-oficial: Beertown[2].

Apesar de possuir uma história pouco significativa na produção de cerveja depois que velha cervejaria foi inaugurada por Henry Weinhard em Portland em 1862, Portland fez a sua marca na história por seu papel no movimento da cerveja artesanal. Os visitantes de Portland podem experimentar uma incrível variedade de estilos de cerveja, das tradicionais (ales simples) até as de ponta (cervejas robustas e maturadas em barris).

Além do grande número de cervejarias artesanais, Portland também tem uma cena cervejeira dinâmica em seus gastropubs e bares de cerveja (veja o Capítulo 15 para detalhes sobre estes tipos de estabelecimento). Os cervejeiros artesanais de Portland, com ajuda do Oregon Brewers Guild, também realizam alguns dos mais velhos, melhores e mais populares festivais de cerveja nos Estados Unidos, como o Oregon Brewers Festival[3] (veja o Capítulo 21 para mais informações sobre festivais).

Uma agradável viagem até o sul em direção a Corvallis, Oregon, também oferece aos nerds da cerveja a oportunidade de ver uma das maiores e mais produtivas fazendas de lúpulo na América do Norte.

Seattle, Washington, Estados Unidos

Apesar de Seattle ser mais associado a uma famosa rede de cafeterias, outro tipo de bebida a torna um destino para os amantes de cerveja. Como Portland, Oregon (veja a seção anterior), Seattle também esteve na frente da revolução das cervejas artesanais lá no início dos anos 1980.

Seattle foi responsável por produzir a Redhook, uma das microcervejarias mais antigas e bem-sucedidas dos Estados Unidos. A Redhook foi uma das primeiras

---

[2]N.E.: Cidade da cerveja, em inglês.
[3]N.E.: Festival dos Cervejeiros de Oregon.

marcas de cerveja artesanal a ser distribuída nos anos 1980 antes de se tornar parte do império cervejeiro da Anheuser-Busch, nos anos 1990.

Seattle também é a casa da cervejaria Pike Brewing Company, também uma das mais antigas e bem-sucedidas cervejarias artesanais no Noroeste Pacífico. A Pike Brewing pertence à família Finkel, que também fundou a Merchant du Vin, importadora de dezenas de saborosas e interessantes cervejas europeias nunca antes vistas nos Estados Unidos.

E, como Portland, Seattle é a casa de muitos pubs cervejeiros e gastropubs bem estabelecidos, tornando a cena cervejeira de lá vibrante e dinâmica. E o cenário é difícil de superar também.

Denver, Colorado, Estados Unidos

O que veio antes: o ovo ou a galinha? A relevância desta questão está em tentar determinar se Denver se tornou uma cidade fanática por cerveja artesanal por causa do Great American Beer Festival (GABF) ou se o festival se estabeleceu em Denver por causa de seu fanatismo por cerveja artesanal.

Eu acho que foi o primeiro. O GABF acontecia inicialmente algumas milhas de Denver, na região cervejeira vanguardista de Boulder. Somente após crescer, o festival se mudou para o sul para se beneficiar das facilidades de infraestrutura da Mile High City.

De qualquer maneira, Denver respondeu à honra de ser anfitriã do GABF, tornando-se uma das melhores cidades cervejeiras dos Estados Unidos. Além da alta densidade de cervejarias, Denver também encarou o desafio de produzir o GABF todo outono, oferecendo ainda outros festivais em conjunto com o GABF. Jantares cervejeiros, degustações especiais, tudo o que você puder imaginar — por uma semana a cada setembro/outubro, Denver se torna *a* melhor cidade do mundo para os nerds da cerveja, sem dúvidas.

Até durante as outras 51 semanas do ano, Denver é um lugar fenomenal para os amantes da cerveja visitar e conhecer o que está na vanguarda da indústria. Denver possui uma cultura cervejeira legítima. Não apenas existem muitas cervejarias, pubs cervejeiros e bares de cerveja na cidade, como também os seus moradores possuem grande QI quando o assunto é saber muito sobre boas cervejas.

Vale destacar que uma grande profusão de cervejarias artesanais está no pequeno raio ao norte e oeste de Denver. Conhecidos coletivamente como *Front Range Breweries*, este bando de artesãos da cerveja constituem um senhor roteiro cervejeiro. Englobando mais de 30 fábricas, as cervejarias do Front Range estão localizadas nas seguintes cidades do Colorado, com o número de cervejarias entre parênteses — sem incluir as grandes cervejarias em Fort Collins (Anheuser-Busch) e Golden (Coors):

- Boulder (9)
- Central City (1)
- Estes Park (1)
- Fort Collins (8)
- Golden (2)
- Greeley (2)
- Longmont (4)
- Loveland (3)

São Francisco, Califórnia, Estados Unidos

Compilar uma lista de ótimas cidades cervejeiras sem incluir São Francisco seria tão difícil quanto fazer uma lista de estilos de cerveja unicamente americanos sem incluir a Steam Beer. Os dois estão para sempre ligados.

Quando a Califórnia experimentou a corrida do ouro no fim dos anos 1880, São Francisco era a cidade do boom. A corrida do ouro trouxe pessoas, e as pessoas trouxeram dinheiro e sede. As cervejarias rapidamente se estabeleceram para matar a sede dos então futuros milionários. Aproximadamente na mesma época, a lager estava substituindo a ale como cerveja preferida nos Estados Unidos, mas o equipamento necessário para fermentação à frio era difícil de conseguir — especialmente na Costa Oeste. A cerveja resultada da fermentação com levedura de lager em temperaturas quentes se tornou o que seria conhecido como *Steam Beer*, mas é agora genericamente referida como *California Common Beer*, graças à patente do nome Steam Beer.

A Anchor Brewing Company, em São Francisco, responsável por reviver e patentear a antiga receita da Steam Beer, também recebe créditos por apoiar a revolução da cerveja artesanal americana. Desde então, grandes números de cervejarias artesanais altamente conceituadas abriram em São Francisco, assim como na grande região da baía, na Califórnia central, de Santa Rosa até São José e além. Até na região vinícola, existe uma sede por boa cerveja; tanto os vales do Napa quanto do Sonoma possuem muitas cervejarias artesanais.

Faça como a canção e deixe o seu coração em São Francisco[4], mas sugiro que segure firme o seu fígado.

---

[4] N.E.: Referência à canção *I Left My Heart in San Francisco*, sucesso de Tony Bennett.

Filadélfia, Pensilvânia, Estados Unidos

Baseado só na impressionante herança cervejeira desta cidade, seria difícil não recomendar a Filadélfia nesta lista. Infelizmente, você não pode beber memórias.

Desde sua fundação no fim dos anos 1600, a Filadélfia é casa para mais cervejarias (estimada em aproximadamente 200) do que qualquer outra cidade dos Estados Unidos. E não se esqueça que John Wagner foi o primeiro cervejeiro a fabricar cerveja lager nos Estados Unidos, em 1840.

Os cervejeiros da Filadélfia sofreram o mesmo destino que outros no país. Apenas 33 cervejarias estavam operando na cidade no auge da Lei Seca e apenas 17 conseguiram reabrir quando a Lei Seca acabou, em 1933. Atualmente, a City of Brotherly Love[5] se orgulha de suas duas cervejarias e seus cinco pubs cervejeiros.

O que realmente coloca a Filadélfia no mapa da cerveja é o atordoante número de bares de cerveja e gastropubs na cidade. Esta cidade é o paraíso do turista que gosta de conhecer todos os pubs.

Mais Algumas Ótimas Cidades Cervejeiras para Levar em Consideração

Nenhuma pequena lista de ótimas cidades cervejeiras será suficiente para cobri-las todas, portanto, aqui estão mais algumas para você:

- **Amsterdam, Holanda:** Esta cidade tem muitos bares de cerveja bons. Os holandeses não são só bons em produzir cervejas lager ricas, mas também curtem estilos internacionais de cerveja (especialmente da vizinha Bélgica).
- **Bruxelas, Bélgica:** Bruxelas é o centro da produção cervejeira na Bélgica, com uma excelente profusão de bares de cerveja. Ela também é casa da opulenta Brewers Guild House no Grand-Place (Praça da Cidade).
- **Toronto, Ontário, Canadá:** Nesta cidade fácil de navegar, você pode encontrar excelentes pubs cervejeiros, gastropubs e cervejas.
- **Vancouver, British Columbia, Canadá:** Sem contar a paisagem cinematográfica, Vancouver possui uma cena cervejeira dinâmica.
- **San Diego, Califórnia, Estados Unidos:** Um dos mais recentes a se juntar à cena americana de cervejas artesanais, San Diego agora tem uma das maiores densidades de cervejarias nos Estados Unidos.

---

[5]N.E.: Cidade do Amor Fraternal, em inglês.

Capítulo 20: As Dez Melhores Cidades Cervejeiras do Mundo e...

- **Chicago, Illinois, Estados Unidos:** Chicago teve mais cervejarias do que qualquer cidade americana, exceto Filadélfia. Também novata, a grande área de Chicago é a casa para mais de 30 cervejarias e pubs cervejeiros.

- **Milwaukee, Wisconsin, Estados Unidos:** Uma grande história de fabricação cervejeira existe em Milwaukee (Pabst, Schlitz, Miller), com muitos prédios de antigas cervejarias ainda intactos. Novas e dinâmicas cervejarias artesanais estão produzindo cervejas excelentes.

- **Asheville, Carolina do Norte, Estados Unidos:** Esta cidade não só é uma das menores cidades desta lista, como também a única no sul americano, onde a fabricação artesanal tem demorado para pegar. Asheville foi recentemente nomeada uma das dez cidades que estão crescendo com suas produções de cerveja artesanal.

- **Blumenau, Santa Catarina, Brasil:** Esta cidade, que realiza o famoso festival *Oktoberfest* no Brasil, festa inspirada na homônima alemã, também abriga uma forte cena cervejeira. Há diversas cervejarias instaladas na cidade, tais como a *Eisenbahn* e *Bierland*, além de um Museu da Cerveja, que reúne um grande acervo sobre a história da bebida.

- **Belo Horizonte, Minas Gerais, Brasil:** A capital de Minas Gerais se tornou um polo cervejeiro de intensa atividade, tanto no número de microcervejarias como na força do movimento homebrewer. Várias cervejarias se distribuem nas cidades da região metropolitana, especialmente pela cidade de Nova Lima, cujo bairro Jardim Canadá se tornou um pólo cervejeiro. Entre elas podemos citar a Falke Bier, a Wäls, a Backer, Áustria/Krug, Küd, Inconfidentes e Taberna do Vale, entre outras. Somam-se às cervejarias e aos mais de 12 mil bares da cidade os bares especializados em cerveja artesanal, fazendo com que a cena cervejeira na cidade seja forte e vibrante.

- **Ribeirão Preto, São Paulo, Brasil:** A tradição cervejeira da cidade vem de longa data. Ribeirão Preto abrigou uma importante fábrica da Antarctica no centro da cidade, e a choperia Pinguim serve até hoje o chope mais famoso do país. Ribeirão Preto foi casa também para uma das microcervejarias pioneiras do país, a Colorado, primeira cervejaria a utilizar ingredientes tipicamente brasileiros em suas cervejas e a introduzir o celebrado estilo American IPA no país. Além da Colorado temos também as cervejarias Invicta e Lund reforçando a vocação cervejeira da cidade, além de bares e empórios especializados.

- **Curitiba, Paraná, Brasil:** A capital paranaense construiu uma cena cervejeira vibrante, ousada e criativa, por meio da atuação de excelentes cervejarias como a Bodebrown, Way Beer e a DUM, por exemplo. A região metropolitana abriga também várias cervejarias, e o movimento homebrewer e de bares também é muito forte.

✔ **Porto Alegre, Rio Grande do Sul, Brasi:** A capital gaúcha e sua região metropolitana também estão muito bem servidas de cervejarias que valem a visita, desde as pioneiras DaDo Bier e Schmitt, passando pelas veteranas Coruja e Abadessa, até chegarmos às cervejarias mais novas, muitas vindas diretamente do movimento homebrewer: Seasons, Anner e Baldhead. Porto Alegre tem também a incrível característica de ser a cidade com o maior número de bares especializados em um grande número de torneiras de cervejas artesanais, o que faz da cidade definitivamente um excelente lugar para apreciar boas cervejas.

Capítulo 21

Os Dez Melhores Festivais de Cerveja do Mundo

Neste Capítulo
- Conhecendo festivais nos Estados Unidos
- Visitando outros festivais de cerveja pelo mundo

De todas as maneiras de se aproveitar a cerveja, talvez nenhuma seja tão divertida quanto ir a um festival todo sobre cerveja. Nada mais é importante. Ok, comer comidas deliciosas e ouvir uma boa música é bom também, mas são apenas coadjuvantes no grande evento.

Aqui estão algumas razões pelas quais eu amo os festivais de cerveja:

- Poucas outras oportunidades permitem que você experimente uma variedade tão grande de estilos e marcas de cerveja debaixo do mesmo teto ou tenda — ou até sob o céu azul!
- Ainda menos oportunidades permitem que você conheça as pessoas responsáveis por trazer este maravilhoso elixir ao seu copo, babando superlativos e avassalando-os com adulações.
- A maioria dos festivais é organizada para que você experimente diferentes cervejas sem gastar uma fortuna ou perder a consciência. As entradas do tipo tudo incluso, que permitem infinitas amostras — em pequenas quantidades — são a melhor maneira de experimentar.
- Compartilhar as maravilhas da boa cerveja com outros entusiastas é ótimo. Por experiência própria, as pessoas que amam boas cervejas são, geralmente, boas pessoas. E, além do mais, a cerveja é um ótimo lubrificante social.

Portanto, com tudo isto em mente, este capítulo apresenta as minhas escolhas dos dez melhores festivais de cerveja nos Estados Unidos e pelo mundo. Lembre-se que esta lista não está de maneira nenhuma completa — muitos festivais de cerveja acontecem por todo o mundo durante todo o ano — e esta lista provavelmente causará controvérsias, especialmente entre aqueles que se decepcionarão ao ver que seus eventos favoritos não estão incluídos. Eu sei que eu estou sendo superficial aqui; eu poderia escrever um livro inteiro só sobre os festivais de cerveja.

Great American Beer Festival, Denver, Colorado, Estados Unidos

Começando grande, o Great American Beer Festival (GABF) é o avô de todos. Se algo como uma lista de festivais de cerveja para se ver antes de morrer existisse, este estaria no topo. O GABF é um dos mais antigos festivais de cerveja nos Estados Unidos e certamente um dos maiores. Perto de 50 mil pessoas participaram do GABF em 2011, durante três dias.

Acontecendo todo ano no final de setembro/começo de outubro, a edição de 2011 foi o trigésimo festival anual, e estava esgotado em uma semana! Mais de 2400 cervejas foram servidas — todas elas americanas — e 465 cervejarias participaram, servindo mais de 130 mil litros de cerveja.

O legal do GABF é a maneira como o salão do festival é dividido em oito regiões americanas: meio Atlântico, meio Oeste, Rocky Mountains, New England, Pacífico, Pacífico Noroeste, Sudeste e Sudoeste. Esta organização não só torna mais fácil localizar as suas cervejarias favoritas, como também ajuda a localizar as cervejarias da sua região. Para mais informações, dê uma olhada em www.greatamericanbeerfestival.com/.

Great Taste of the Midwest, Madison, Wisconsin, Estados Unidos

O Great Taste of the Midwest[1] é um dos principais festivais de cervejas nos Estados Unidos. Iniciado em 1987 pelo clube local de fabricação caseira (Madison Homebrewers and Tasters Guild[2]), este evento cresceu e hoje inclui mais de 120 cervejeiros servindo mais de 900 cervejas.

A estatura deste evento vem crescendo proporcionalmente; ele se esgota rapidamente (apenas 6 mil pessoas podem entrar) e os ingressos são difíceis de encontrar. O Great Taste of the Midwest acontece sempre no segundo sábado de agosto, portanto, planeje-se de acordo. Vá até www.mhtg.org/great-taste-of-the-midwest para mais informações.

Parte do que torna este festival um bom destino são as suas instalações a céu aberto. O lindo parque Olin-Turville, de frente para o lago Monona em Madison, é um dos cenários mais bonitos e serenos para se reunir em uma celebração da boa cerveja.

---

[1] N.E.: Grande Sabor do Meio Oeste.
[2] N.E.: União dos Fabricantes Caseiros e Degustadores de Madison.

Oregon Brewers Festival, Portland, Oregon, Estados Unidos

O Oregon Brewers Festival é um dos festivais de cervejas artesanais mais antigos dos Estados Unidos, datando de 1988. Ele é o fruto da concepção de Art Larrance, que cofundou a Portland Brewing Company.

O OBF, como é conhecido localmente, acontece no parque Tom McCall Waterfront Park, situado no lado oeste do rio Willamette, com o monte Hood como pano de fundo. Este evento de quatro dias normalmente apresenta mais de 80 cervejeiros, servindo uma estimativa de 80 mil pessoas que comparecem ao evento todo julho (sempre no último fim de semana de julho). Dê uma olhada em www.oregonbrewfest.com/ para organizar a sua viagem.

O OBF possui uma atração chamada Buzz Tent, em que você pode encontrar uma coleção de cervejas experimentais e cervejas "bastante inusitadas". Nem precisa dizer que estas cervejas são altamente valorizadas, muito caras, e de quantidades limitadas.

SAVOR, Washington, D.C, Estados Unidos

O nome completo e correto deste festival, que acontece a cada junho, é *SAVOR: An American Craft Beer and Food Experience*, que adequadamente resume o que este festival realmente é — experimentar as melhores cervejas artesanais do mundo, combinadas com a melhor cozinha artesanal no mundo. Como pode imaginar, o SAVOR se esgota rapidamente.

A edição de 2011 do SAVOR (www.savorcraftbeer.com/) foi apenas a quarta em sua história, mas as expectativas continuam a aumentar. Este evento empolgou e surpreendeu os participantes com mais de 140 cervejas artesanais de 72 cervejarias pequenas e independentes. Quarenta e dois tipos de comida permitiram diversas combinações, que incluíam queijos artesanais, sushi, ostras e trufas de chocolate. Os participantes são sempre encorajados a criarem suas combinações favoritas.

Um novo componente que foi adicionado ao evento de 2011 e que com certeza se tornará permanente: os participantes podem levar um pedacinho do SAVOR para casa. Cada participante recebeu uma garrafa de *SAVOR Flowers*, a primeira cerveja colaborativa anual, fabricada pela Boston Beer Company e Dogfish Head Craft Brewery, em Delaware. A SAVOR Flowers foi servida durante o evento e distribuída como um presente de partida. Os organizadores esperam que muitas cervejas colaborativas ainda estejam por vir para celebrar o SAVOR.

American Craft Beer Fest, Boston, Massachusetts, Estados Unidos

O American Craft Beer Fest é relativamente novo (2011 foi a quarta edição), mas está se tornando conhecido e famoso. O ACBF vem se tornando rapidamente o maior festival da Costa Leste. Acontecendo em junho, o seu formato de dois dias e três seções permitem um máximo de 5 mil pessoas por seção (uma *seção* em um festival de cerveja é um bloco de tempo — normalmente 3 a 4 horas). Locado no Seaport World Trade Center, este evento apresenta mais de 100 cervejeiros americanos, servindo mais de 500 cervejas diferentes. Dê uma olhada em www.beeradvocate.com/acbf/ para mais informações.

Uma ótima parte do ACBF é o Beer Forum Series, onde palestrantes convidados e cervejeiros fazem apresentações sobre vários temas relacionados à cerveja.

Celebrando A Semana Americana de Cerveja Artesanal

A American Craft Beer Week (ACBW) não é um festival no mais estrito sentido da palavra. Apesar de certamente ser uma grande celebração da cerveja, ela não acontece em um só lugar, em um só momento. As Semanas da Cerveja acontecem em várias cidades em vários momentos do calendário. Algumas acontecem concomitantemente, outras totalmente separadas da outra. A maioria delas acontece no fim da primavera e inicio do verão.

A ACBW também não é um festival no sentido de que acontece em um local em alguma cidade, mas é celebrada em qualquer estabelecimento que queira participar da festa — cervejarias, pubs cervejeiros, bares de cerveja, gastropubs, restaurantes, e assim por diante. Dependendo de quão organizada a semana da cerveja seja, você pode celebrar em um local diferente todas as noites da semana. Algumas cidades ostentam 50 ou mais eventos em um período de sete dias.

Aqui estão apenas algumas grandes cidades que participaram da ACBW em 2011:

- Chicago
- Cleveland
- Denver
- Los Angeles
- Filadélfia
- San Diego
- São Francisco
- Seattle
- St. Louis
- Washington, D.C.

Para monitorar os eventos da Semana Americana de Cerveja Artesanal em sua área ou pelo país, vá até www.craftbeer.com/pages/news-and-events/american-craft-beer-week.

Mondial de la Bière, Montreal, Quebec, Canadá

Iniciado em 1994, este festival único e alegre de degustação de cerveja é considerado a porta de entrada para Quebec e a indústria cervejeira mundial. O Mondial de la Bière (www.festivalmondialbiere.qc.ca) é o maior e mais importante festival na América do Norte, servindo 600 cervejas importadas e domésticas para mais de 96 mil pessoas em sua duração de quatro dias em junho.

O Mondial de la Bière também tem uma celebração irmã em Strasbourg, França, que acontece em outubro.

Oktoberfest, Munique, Alemanha

A Oktoberfest de Munique (www.oktoberfest.de/en/) é inquestionavelmente o maior e mais famoso festival de cerveja do mundo, mas não necessariamente o melhor. Para entender o que eu estou dizendo, você precisa entender a história da Oktoberfest.

Os festivais europeus no outono sempre coincidiam com a colheita anual, um tempo de abundância e celebração. Na Alemanha, assim como boa parte do norte Europeu, a cerveja era parte integral desta celebração. Na Baviera, o típico festival de outono ganhou um novo sentido em 1810, quando o príncipe se casou com a filha de um rico aristocrata. A celebração nupcial durou duas semanas, incluindo desfiles e parque de diversão e todas as regalias — e muita Märzenbier provida pelos cervejeiros de Munique. Os habitantes de Munique aproveitaram tanto a celebração, que foi decretado que a melhorada e mais extensa Oktoberfest começaria novamente todo ano.

Mais de 200 anos depois, a Oktoberfest de Munique tem muito menos a ver com a celebração nupcial e muito mais com o turismo e consumo em excesso. Qualquer pessoa que queira visitar Munique e experimentar a verdadeira *gemütlichkeit* (alegria) deve participar da Oktoberfest pelo menos uma vez na vida — mas não perca todo o seu tempo no *Theresienwiese* (campos festivos); certifique-se de parar em todos os salões e jardins de cerveja para ter uma ideia completa da experiência cervejeira de Munique. Afinal, será apenas você e mais 6 milhões de turistas.

Se você estiver procurando por variedade de cerveja na Oktoberfest, você está sem sorte; a Märzenbier, também conhecida como cerveja Oktoberfest, é tudo o que é servido nas imediações.

Great British Beer Festival, Londres, Inglaterra

O Great British Beer Festival (GBBF) acontece todo mês de agosto em Earls Court, em Londres, e é o maior festival de cerveja britânico. Este impressionante evento junta mais de mil real ales, cidras, perries (cidras feitas a partir do suco de pêra ao invés de maçã), e cervejas internacionais de todo o mundo.

O GBBF possui muitas coisas para se ocupar (além de só beber cerveja): você pode jogar jogos tradicionais de pub, curtir música ao vivo, experimentar comidas, incluindo os tradicionais petiscos de pub, e também participar de degustações orientadas. Para saber mais sobre este festival, dê uma olhada em gbbf.camra.org.uk/home.

Zythos Bier Festival, Bélgica

O Zythos Bier Festival (ZBF), que acontece todo mês de abril, é o maior festival de cerveja da Bélgica. Ele é notório por ser um dos poucos festivais de cerveja onde você pode experimentar as cervejas belgas únicas e de sabores intensos em um só lugar.

A cada evento anual são montados de 50 a 60 stands de cerveja comandados por cervejeiros ou funcionários de cervejarias comerciais, servindo em torno de 250 cervejas diferentes. O ZBF se muda para uma cidade nova a cada ano; ele celebrou o seu nono aniversário em 2012 no Brabanthal, em Louvain. Para mais informações, vá até www.zbf.be.

Poperinge Hop and Beer Festival, Poperinge, Bélgica

Você percebeu que o título deste festival possui a palavra *lúpulo* nele? Poperinge é a charmosa metrópole do lúpulo no sudoeste de Flanders Ocidental e tem celebrado a colheita do lúpulo há séculos — que, é claro, sempre inclui o consumo de cerveja. Este festival de três dias culmina em um desfile de 1.300 pessoas, dezenas de cavaleiros, e muitos carros alegóricos com temática de lúpulos. Você pode votar na Rainha do Lúpulo do festival. Visite www.hoppefeesten.be/ para saber mais.

Diferentemente de outros festivais, o Poperinge é celebrado somente uma vez a cada três anos (2011, 2014, 2017, e assim por diante) e sempre acontece em setembro (a temporada de colheita do lúpulo). Mas, se você se encontrar em Poperinge em um ano no qual não acontecerá o festival, poderá sempre visitar o Museu do Lúpulo, na cidade.

Parte VI
Apêndices

Nesta parte...

Esta é a parte que pode converter você de um bebedor casual de cerveja em um nerd da cerveja de primeira. O Apêndice A fornece todos os detalhes técnicos sobre os estilos de cerveja que você não encontrará no início do livro. Esta informação é o que separa os fingidores e aspirantes dos verdadeiros especialistas de cerveja.

O Apêndice B também é muito útil quando se trata de impressionar amigos, família e estranhos com sua incrível sabedoria da história da cerveja. A narrativa neste apêndice vai longe em provocar uma profunda apreciação pela cerveja e sua história.

Apêndice A
Um Guia Rápido de Estilos de Cerveja e Estatísticas

Após digerir toda a informação deste livro — melhor, após você ter dado uma olhadinha por alguns minutos — você vai querer começar a experimentar cervejas diferentes. E um dos grandes prazeres de ser um bebedor de cerveja hoje em dia é a tremenda oferta de cervejas disponíveis. Neste apêndice, eu listo várias cervejas por estilo, gravidade e teor alcoólico.

Uma Amostra dos Estilos de Cerveja

As seguintes tabelas incluem algumas sugestões de cerveja para você experimentar, por estilo. A última coluna em cada uma das tabelas lista (sempre que possível) uma marca europeia ou canadense (importadas nos Estados Unidos) e/ou uma marca americana (doméstica).

Os realmente dedicados podem até querer fazer cópia destas tabelas e ir passando por ela devagar, uma cerveja de cada vez. Você será o queridinho da loja de cervejas se fizer isto. Não se preocupe se não conseguir encontrar as marcas específicas mencionadas aqui — cada uma está entre muitas sugestões que poderiam ter sido feitas. Tenha uma boa exploração cervejeira!

Tabela A-1 — Ales

Estilo	Subestilo	Marcas
Barleywine		Young's Old Nick (Inglaterra); Sierra Nevada Bigfoot Barleywine (EUA)
Belgian Beer	Belgian Pale Ale	Chimay (Bélgica); Ommegang Rare Vos (EUA); Backer Medieval (Brasil)
	Belgian Strong Ale	Duvel (Bélgica); Great Divide Hades Ale (EUA)
	Bière de Garde	Jenlain (França); Lost Abbey Avant Garde (EUA)
	Faro	Lindemans (Bélgica)
	Flanders Brown Ale	Corsendonk (Bélgica)
	Flanders Red Ale	Rodenbach (Bélgica); New Belgium La Folie (EUA)
	Gueuze	Lindeman's Gueuze Cuvée René (Bélgica)
	Lambic (frutada)	Boon Kriek/Framboise (Bélgica)
	Saison	Dupont (Bélgica); Funkwerks Belgian Resistance (EUA); Wäls Saison de Caipira (Brasil)
	Trappist Dubbel	Affligem (Bélgica); Lost Abbey Lost & Found (EUA); Wäls Dubbel (Brasil)
	Trappist Tripel	La Trappe (Bélgica); Victory Golden Monkey (EUA); Wäls Trippel (Brasil)
	Trappist Quadrupel	St. Bernardus Abt 12 (Bélgica); Russian River Salvation (EUA); Wäls Quadrupel (Brasil)
	Witbier	Hoegaarden (Bélgica); Allagash White (EUA); Wäls Witte (Brasil)
Bitter	Ordinary Bitter	Tetley's (Inglaterra)
	Special Bitter	Fuller's London Pride (Inglaterra); Hale's Special Bitter (EUA)
	Extra Special Bitter (ESB)	Fuller's ESB (Inglaterra); Anderson Valley Boont ESB (EUA); Baden Baden 1999 (Brasil)
Brown Ale	English Brown Ale	Samuel Smith Nut Brown Ale (Inglaterra); Lost Coast Downtown Brown (EUA)
	American Brown Ale	Brooklyn Brown Ale (EUA)
Pale Ale	Classic Pale Ale	Bass (Inglaterra); D.L Geary's (EUA)

Apêndice A: Um Guia Rápido de Estilos de Cerveja e Estatísticas

Tabela A-1   Ales

Estilo	Subestilo	Marcas
	American Pale Ale	Sierra Nevada Pale Ale (EUA)
	India Pale Ale (IPA)	Eldridge Pope Royal Oak (Inglaterra); Stone IPA (EUA); Colorado Indica (Brasil); Falke Estrada Real IPA (Brasil)
	Double/Imperial IPA	Russian River Pliny the Elder (EUA); Áustria Imperium IPA (Brasil)
Porter	Brown Porter	Samuel Smith's Taddy Porter (Inglaterra); Wasatch Polygamy Porter (EUA)
	Robust Porter	Meantime London Porter (Inglaterra); Great Lakes Edmund Fitzgerald Porter (EUA)
	Baltic Porter	Sinebrychoff Porter (Finlândia); Southampton Imperial Baltic Porter (EUA)
Stout	Dry (estilo irlandês)	Guinness Extra Stout (Irlanda); Rogue Shakespeare Stout (EUA)
	Sweet (estilo londrino)	Mackeson XXX (Inglaterra); Left Hand Milk Stout (EUA)
	Oatmeal	McAuslan St. Ambroise Oatmeal Stout (Canadá); New Holland The Poet Oatmeal Stout (EUA)
	Russian Imperial	Samuel Smith's Imperial Stout (Inglaterra); North Coast Old Rasputin Russian Imperial Stout (EUA); Wäls Petroleum (Brasil)
	Foreign	Dragon Stout (Jamaica, Inglaterra); Elysian Dragontooth Stout (EUA); Baden Baden Stout (Brasil)
Strong Ale	English Old Ale	Old Peculier (Inglaterra); Geary's Hampshire Special Ale (EUA)
	Scotch Ale	MacAndrew's Scotch Ale (Escócia); Samuel Adams Wee Heavy (EUA); Bodebrown Wee Heavy (Brasil)
Wheat Beer	American Wheat	Bell's Oberon (EUA); Backer 3 Lobos Exterminador de Trigo (Brasil)
	Berliner Weisse	Berliner Kindl Weisse (Alemanha)
	Dunkelweizen	Hopf. Dunkel Weisse (Alemanha); Sprecher Dunkel Weizen (EUA)

Tabela A-1 — Ales

Estilo	Subestilo	Marcas
	Hefeweizen	Franziskaner (Alemanha); Odell Easy Street Wheat (EUA); Eisenbahn Weizenbier (Brasil); Falke Estrada Real Weiss (Brasil)
	Weizenbock	Schneider Aventinus (Alemanha); Capitol Weizen Doppelbock (EUA)

Tabela A-2 — Lagers

Estilo	Subestilo	Marcas
American Lager	American Pale Lager	Leinenkugel's (EUA)
	American Dark Lager	Spoetzl Shiner Bock (EUA)
Bock	Bock Tradicional	Spaten (Alemanha); Troegs Troegenator (EUA); Baden Baden Bock (Brasil)
	Doppelbock	Paulaner Salvator (Alemanha); Sun King Dominator (EUA)
	Helles Bock	Scheidmantel Silber (Alemanha); Gordon Biersch Blonde Bock (EUA)
	Maibock	Ayinger Maibock (Alemanha); Sprecher Maibock (EUA)
	Eisbock	E.K.U Kulminator Urtyp Hell 28 (Alemanha); Capital Eisphyre (EUA)
German Dark Lager	Munich Dunkel	Altbayerische Dunkles (Alemanha); Triumph Dark Lager (EUA); Áustria Amber (Brasil); Bamberg München (Brasil)
	Schwarzbier	Kostritzer (Alemanha); Sprecher Black Bavarian (EUA); Falke Ouro Preto (Brasil); Bamberg Schwarzbier (Brasil)
German Pale Lager	Dortmunder	DAB (Alemanha); Berghoff (EUA)
	Munich Helles	Spaten (Alemanha); Capital Garten Brau Lager (EUA); Bamberg Helles (Brasil)
Märzenbier/ Oktoberfest	Paulaner Oktoberfest Marzen	(Alemanha); Victory Festbier (EUA)

Tabela A-2 — Lagers

Estilo	Subestilo	Marcas
Pilsner	Bohemian Pilsner	Pilsner Urquell (República Tcheca); Hubsch Pilsner (EUA); Wäls Pilsen (Brasil); Bamberg Camila Camila (Brasil)
	German Pils	Bitburger Pils (Alemanha); Victory Prima Pils (EUA)
Rauchbier (Lager alemã defumada)		Aecht Schlenkerla (Alemanha); Eisenbahn Rauchbier (Brasil); Bamberg Rauchbier (Brasil)
Vienna Lager		Gösser (Áustria); Great Lakes Eliot Ness (EUA); Eisenbahn 5 (Brasil); Bierland Vienna Lager (Brasil)

Tabela A-3 — Cervejas Híbridas

Estilo	Marcas
Altbier	Pinkus Alt (Alemanha); Alaskan Amber (EUA); Bamberg Alt (Brasil)
California Common Beer (Steam Beer)	Maisel's Dampfbier (Alemanha); Anchor Steam (EUA)
Cream Ale	New Glarus Spotted Cow (EUA)
Kölsch	Küppers Kölsch (Alemanha); St. Arnold Fancy Lawnmower Beer (EUA); Eisenbahn Kölsch (Brasil); Bamberg Kölsch (Brasil)

Tabela A-4 — Cervejas Especiais

Estilo	Marcas
Fruta	Wells Banana Bread Beer (Inglaterra); New Glarus Belgian Red (EUA)
Ervas e Especiarias	Hoegaarden Wit (Bélgica); Good JuJu Ginger Beer (EUA)
Cerveja envelhecida em barril	Samuel Smith's Stingo (Inglaterra); Goose Island Bourbon County Stout (EUA)
Roggenbier (Cerveja de centeio)	Paulaner Rogggen (Alemanha); Bear Republic Roggenbier (EUA)
Defumada	Adelscott (França); Alaskan Smoked Porter (EUA)
Wassail	Anchor Our Special Ale (EUA)

Gravidade e Teor Alcoólico dos Vários Estilos de Cerveja

Até 1994, os cervejeiros nos Estados Unidos eram proibidos por lei de mostrar o teor alcoólico de suas cervejas nos rótulos, deixando os consumidores no escuro. Mas a *potência* — indicada pela porcentagem de álcool por volume, assim como pela gravidade original — é em sua maioria ditada pela receita de cada estilo de cerveja, portanto, os números podem estar disponíveis a você, mesmo que não estejam nos rótulos. As seguintes tabelas mostram parâmetros gerais de gravidade e potência; Lembre-se que estes números variam de cervejaria para cervejaria, até no mesmo estilo. Apenas alguns dos estilos mais comuns estão listados.

Apesar de esta informação não ser essencial, à medida que você se interessa mais pela cerveja, você precisará de mais informações, se não pela curiosidade, pela necessidade de medidas de comparação e descrição. Muitos avaliadores citam estas figuras e alguns rótulos listam a gravidade (às vezes funciona como um código, em que *alta gravidade* se traduz como forte). Portanto, ter estes números ajuda.

A *gravidade da cerveja* é, basicamente, a densidade da cerveja, medida pelo hidrômetro. Os números de gravidade específica são baseados na água em temperatura de 60 graus Fahrenheit (15 graus Celsius), que possui gravidade específica de 1.000.

As tabelas também indicam os *graus Plato* (os números em parênteses na segunda coluna), que é outra maneira de se medir a gravidade. A escala Balling no hidrômetro de tripla escala mede os graus Plato. Uma cerveja com gravidade original de 1.048, por exemplo, tem densidade de 12.5 graus Plato.

O teor alcoólico é indicado tanto por volume quanto por peso (o peso é o número entre parênteses).

Fonte: *American Homebrewers Association and Beer Judge Certifications (BJCP) 2008 Style Guidelines*

Ales

Tabela A-5 — American-Style Ale

Estilo	Gravidade Original (Graus Plato)	Teor Alcoólico Por Volume (Peso)
American Pale Ale	1.044-1.056 (11-14)	4.5-5.5 (3.5-4.2)
BarleyWine	1.090-1.120 (22.5-29)	8.5-12 (6.7-9.6)

Tabela A-6 — Ales Belgas e Francesas

Estilo	Gravidade Original (Graus Plato)	Teor Alcoólico Por Volume (Peso)
Belgian Ale	1.044-1.054 (11-14)	4-6.2 (3.2-4.9)
Belgian Strong Ale	1.064-1.096 (16.5-24)	7-11 (5.5-8.6)
Bière de Garde	1.060-1.080 (16-20)	4.5-8 (3.5-6.3)
Flanders Brown/Red	1.044-1.056 (11-14.5)	4.8-5.2 (3.8-4.1)
Saison	1/044-1.080 (13-20	4-7.5 (3.2-6)
Trappist Dubbel	1.050-1.070 (12.5-17.5)	6-7.5 (4.7-5.9)
Trappist Quadrupel	1.075-1.110 (19-27.5)	8-11 (6.5-9.0)
Trappist Tripel	2.060-1.096 (16-24)	7-10 (5.5-7.9)
Witbier	1.044-1.050 (11-13)	4.8-5.2 (3.8-4.1)

Tabela A-7 — Lambic Estilo Belga

Estilo	Gravidade Original (Graus Plato)	Teor Alcoólico Por Volume (Peso)
Belgian Faro	1.044-1.056 (10-14.5)	5-6 (4-5)
Belgian Fruit Lambic	1.040-1.072 (10-18.5)	5-7 (4-6)
Belgian Gueuze	1.044-1.056 (11-14)	5-6 (4-5)

Tabela A-8 — Brown Ale

Estilo	Gravidade Original (Graus Plato)	Teor Alcoólico Por Volume (Peso)
American Brown	1.040-1.055 (10-14)	4-5.9 (3.3-4.9)
English Brown	1.040-1.050 (10-13)	4-5.5 (3.3-4.7)
Mild	1.030-1.038 (7.5-9.5)	3.2-4 (2.7-3.2)

Tabela A-9 — Pale Ale Estilo Inglês

Estilo	Gravidade Original (Graus Plato)	Teor Alcoólico Por Volume (Peso)
Classic English Pale Ale	1.044-1.056 (11-14)	4.5-5.5 (3.5-4.2)
Double/Imperial IPA	1.070-1.090 (17.5-22.5)	7.5-10 (5.9-7.9)
India Pale Ale (IPA)	1.050-1.070 (12.5-17.5)	5-7.5 (4-6)

Tabela A-10 — English Bitter

Estilo	Gravidade Original (Graus Plato)	Teor Alcoólico Por Volume (Peso)
Extra Special Bitter (ESP)	1.046-1.060 (11.5-15)	4.5-5.8 (3.8-4.6)
Bitter comum	1.033-1.038 (8-9.5)	3-3.7 (2.4-3)
Special Bitter	1.038-1.045 (9.5-11)	4-4.8 (3.3-3.8)

Tabela A-11 — Porter

Estilo	Gravidade Original (Graus Plato)	Teor Alcoólico Por Volume (Peso)
Baltic Porter	1.060-1.090 (16-22)	5.5-9.5 (4.4-7.6)
Brown Porter	1.044-1.050 (11.5-13)	4-4.5 (3.2-3.6)
Robust Porter	1.050-1.060 (13-15.5)	4.8-5.8 (3.8-4.6)

Apêndice A: Um Guia Rápido de Estilos de Cerveja e Estatísticas

Tabela A-12 — Strong Ale Inglesas e Escocesas

Estilo	Gravidade Original (Graus Plato)	Teor Alcoólico Por Volume (Peso)
Barleywine	1.080-1.120 (21-29)	8-12 (6.4-9.6)
Old Ale	1.055-1.075 (14-19)	6-8 (4.8-6.4)
Scotch Ale	1.072-1.085 (18-21.5)	6.2-8 (5.2-6.7)

Tabela A-13 — Stout

Estilo	Gravidade Original (Graus Plato)	Teor Alcoólico Por Volume (Peso)
Dry (irlandesa)	1.038-1.048 (9.5-12)	3.8-5 (3.2-4.2)
Foreign Style	1.052-1.072 (13-18)	6-7.5 (4-8.6)
Aveia	1.052-1.072 (13-18)	6-7.5 (4-8.6)
Russian Imperial	1.075-1.090 (19-22.5)	7-9 (5-7.2)
Sweet (Londres)	1.044-1.056 (11-14)	3-6 (2.5-5)

Tabela A-14 — Cerveja de Trigo Alemã

Estilo	Gravidade Original (Graus Plato)	Teor Alcoólico Por Volume (Peso)
American Wheat Beer	1.030-1.050 (9.5-12.5)	3.5-4.5 (2.8-3.6)
Berliner Weisse	1.028-1.032 (7-8)	2.8-3.4 (2.2-2.7)
Dunkelweizen	1.046-1.056 (11.5-14)	4.8-5.4 (3.8-4.3)
Weizen (incluindo Hefeweizen)	1.046-1.056 (11.5-14)	4.9-5.5 (3.9-4.4)
Weizenbock	1.066-1.080 (16-20)	6.9-9.3 (5.5-7.5)

Lagers

Tabela A-15 — Bock

Estilo	Gravidade Original (Graus Plato)	Teor Alcoólico Por Volume (Peso)
Doppelbock	1.074-1.080 (18.5-20)	6.5-8 (5.2-6.2)
Eisbock	1.092-1.116 (23-29)	8.6-14.4 (6.8-11.3)
Helles Bock	1.066-1.068 (17-17.5)	6-7 (5-5.8)
Maibock	1.066-1.068 (17-17.5)	6-7 (5-5.8)
Bock Tradicional	1.066-1.074 (17-19)	6-7.5 (5-6)

Tabela A-16 — Dark Lager Alemã

Estilo	Gravidade Original (Graus Plato)	Teor Alcoólico Por Volume (Peso)
Munich Dunkel	1.052-1.056 (13-14)	4.5-5 (3.8-4.2)
Schwarzbier	1.044-1.052 (11-13)	3.8-5 (3-3.9)

Tabela A-17 — Pale Lager Alemã

Estilo	Gravidade Original (Graus Plato)	Teor Alcoólico Por Volume (Peso)
Dortmunder	1.048-1.056 (11-14)	4-5 (3.6-4.2)
Munich Helles	1.044-1.050 (11-13)	4-5 (3.6-4.2)

Tabela A-18 — Pilsner Clássica

Estilo	Gravidade Original (Graus Plato)	Teor Alcoólico Por Volume (Peso)
Bohemian Pilsner	1.044-1.056 (11-14)	4-5 (3.6-4.2)
German Pils	1.044-1.050 (11-12.5)	4-5 (3.6-4.2)

Tabela A-19	Lager Americana	
Estilo	*Gravidade Original (Graus Plato)*	*Teor Alcoólico Por Volume (Peso)*
Lager Light (diet)	1.024-1.040 (6-10)	3.5-4.4 (2.8-3.5)
Dark Lager	1.040-1.050 (10-13)	4-5.5 (3.2-4.5)
Premium Lager	1.046-1.050 (11.5-13)	4.3-5 (3.6-4)
Standard Lager	1.040-1.046 (10-11.5)	3.8-4.5 (3.2-3.8)

Tabela A-20	Märzenbier/Oktoberfest, Rauchbier, Vienna Lager	
Estilo	*Gravidade Original (Graus Plato)*	*Teor Alcoólico Por Volume (Peso)*
Märzenbier/ Oktoberfest	1.050-1.056 (13-14.5)	5.3-5.9 (4-4.7)
Rauchbier	1.048-1.052 (12-13)	4.3-4.8 (3.6-4)
Vienna Lager 1	1.048-1.056 (12-14)	4.8-5.4 (3.8-4.3)

Cervejas Híbridas e Especiais

Tabela A-21	Cervejas Híbridas	
Estilo	*Gravidade Original (Graus Plato)*	*Teor Alcoólico Por Volume (Peso)*
Altbier	1.044-1.048 (11-12)	4.3-5 (3.6-4)
Califórnia Common Beer	1.040-1.055 (10-14)	3.6-5 (2.8-3.9)
Cream Ale	1.044-1.056 (11-14)	4.2-5.6 (3.4-4.5)
Kölsch	1.042-1.046 (10.5-11.5)	4.4-5 (3.8-4.1)

Tabela A-22	Cervejas Especiais	
Estilo	*Gravidade Original (Graus Plato)*	*Teor Alcoólico Por Volume (Peso)*
Cerveja de fruta/ legume	1.030-1.110 (7.5-27.5)	2.5-12 (2-9.5)
Especiarias e Ervas	1.030-1.110 (7.5-27.5)	2.5-12 (2-9.5)
Cerveja defumada	Referir aos estilos clássicos individuais	
Wassail	Sem padrão	Sem padrão

Apêndice B
Uma Breve História da Cerveja (Para o Verdadeiro Louco por Cerveja)

A história da cerveja data de antes da história registrada. Especula-se que a cerveja seja a mais antiga bebida alcoólica conhecida. Ela já passou por muitas e muitas encarnações, sendo igualmente reverenciada e insultada. (Felizmente, um renascimento de cerveja artesanal está acontecendo, significando que este é um dos tempos de reverência.)

Alguns eventos significantes durante o passar da história foram inspirados por (ou pelo menos envolviam) esta mágica e fabulosa bebida. Esta pequena introdução sobre a cerveja durante o milênio é dedicada a todos vocês, loucos por cerveja, que nunca gostaram de história na escola.

Cerveja no Alvorecer da Civilização e do Começo ao Fim da História Mundial

De acordo com o Dr. Solomon Katz, professor de antropologia da Universidade da Pensilvânia (EUA), a descoberta de que o grão poderia ser usado para fazer cerveja (e pão) foi o que motivou a grande transição da caça e coleta para a agricultura.

Como caçador-coletores, estas tribos Neolíticas eram nômades, sempre em busca de seu sustento diário. Para cultivarem suas colheitas, entretanto, elas tiveram que abandonar o nomadismo e permanecer em um só lugar.

Tornando-se estacionários, os povos primitivos estabeleceram comunidades. Eventualmente, o comércio se estabeleceu nestas comunidades. As comunidades prosperaram e atraíram mais habitantes tornando-se vilas, e os caminhos que ligavam estas vilas viraram estradas, resultando em mais habitantes.

Por mais rudimentar que fosse, a cerveja era uma importante fonte de nutrientes na dieta dos primeiros hominídeos. O mesmo grão usado para fabricar o pão tornava-se mais nutritivo após passar pelo processo de fabricação cervejeira, onde o amido do miolo do grão era transformado em proteínas e açúcares solúveis não antes disponíveis. Inteligentes, estes homens da caverna!

Parte VI: Apêndices

As raças antigas — africanos, assírios, babilônios, chineses, egípcios, hebreus, incas, saxões, teutões, e várias tribos nômades pela Eurásia — todos fabricavam alguma forma bruta de cerveja. Onde quer que grãos pudessem crescer, a cerveja podia ser feita. Na África, a cerveja era feita com painço e sorgo; no Oriente Médio, com trigo e cevada; na Ásia, com arroz; e nas Américas, com o milho.

De sua descoberta até o presente, a cerveja tem sido usada em rituais religiosos, retratada em moedas, e honrada em sagas épicas. Aqui estão alguns fatos interessantes sobre a história global da cerveja durante as épocas:

- Tábuas de argila babilônicas de mais de 6 mil anos atrás retratam a fabricação de cerveja e mostravam receitas detalhadas.

- Uma tabuleta de argila egípcia de mais de 3 mil anos mostra que se acreditava que a cerveja havia sido inventada pelos deuses. Os deuses e deusas da cerveja, entidades de alta classe e honra, recebiam louvor e oferendas na antiga Babilônia, Suméria, e Mesopotâmia. Estes seres espirituais exerciam poder e autoridade sob o sol, a chuva e o solo — todas as coisas necessárias para prover uma colheita farta de grãos.

- O conto narrativo mais antigo do mundo, a Epopeia de Gilgamesh, de 5 mil anos, nos conta que "ele bebeu sete cálices de cerveja e seu espírito se soltou. Ele se tornou hilário. O seu coração se alegrou e seu rosto brilhou". Cara, estes antigos mesopotâmios realmente entendiam de festa.

- Uma tábua de 4,5 mil anos coberta com hieróglifos descoberta no Egito contém uma receita de cerveja na forma de um poema de amor para a deusa suméria da cerveja, Ninkasi. (Alguns cervejeiros californianos tentaram fabricar através dela, com algumas interpretações, mas a palavra final é que as receitas e as técnicas melhoraram um bocado desde os tempos antigos.)

- Escavações arqueológicas em Ninevah (a antiga capital da Assíria, no atual Iraque) descobriram tábuas de argila que listavam a cerveja entre os itens alimentícios levados a bordo da arca de Noé. (Isto leva à questão: ele levou *dois* pacotes de seis cervejas?)

- No Egito dos Faraós, a cerveja era frequentemente usada na forma de moeda líquida. As dívidas de impostos eram pagas com jarros de cerveja; os trabalhadores do rei eram pagos em estipêndios diários na forma de cerveja. De acordo com um ditado egípcio da época dos Faraós, "Feliz é o homem cuja boca está cheia de cerveja".

- Um papiro egípcio do século III AC descreve a fabricação de uma cerveja forte chamada *Zythum*, que era aromatizada com zimbro-rasteiro, gengibre, cominho, açafrão, e outras ervas. Adicionalmente, instruções eram incluídas para fazer uma Dizythum mais forte, uma variedade palaciana chamada de Carmi, e uma cerveja leve de família chamada Busa.

- Acreditava-se que a cerveja tinha propriedades medicinais. Uma tábua de argila suméria contém uma prescrição que especificamente pede por cerveja no processo de cura, e em um texto medicinal de 1600 AC, 100 das 700 prescrições continham cerveja. Estas aplicações medicinais variam desde laxante até cura para picadas de escorpião. Colocar meia cebola em espuma de cerveja era considerado um remédio contra a morte (mas consumir os dois juntos era equivalente à morte).

- O viajante veneziano Marco Polo escreveu sobre a cerveja chinesa, e um antigo manuscrito chinês diz que a cerveja, ou *Kiu*, era conhecida dos chineses desde o segundo ou terceiro século AC.

- Os antigos Europeus apreciavam tanto a cerveja que as lendas nórdicas prometiam aos melhores guerreiros a recompensa máxima na vida após a morte: um brilhante chifre de ale. Os típicos chifres nórdicos possuíam as runas da ale, inscrições para proteção contra venenos. Os chifres de ale eram geralmente servidos com alho para espantar o mau (e, assim, criando um novo, não?)

- O lúpulo têm sido usado na fabricação de cerveja desde o século VIII, na Europa central, substituindo outras flores, folhas, frutas, especiarias e itens inusitados usados para amargar a cerveja. O lúpulo não foi muito aceito, apesar disto, até por volta de 1500.

- Na Inglaterra do século XV, os fabricantes de ale estavam apenas começando a usar o lúpulo nos processos de fabricação de cerveja. Os bebedores de ale faziam uma clara distinção entre os cervejeiros que se recusavam a usar os lúpulos daqueles que usavam, e tão intensamente os bebedores de ale se opunham ao uso do lúpulo que, em 1436, o rei teve que dar uma ordem aos xerifes de Londres, ordenando que protegessem os cervejeiros das cervejas lupuladas contra atos de violência.

- Com o florescimento do comércio e o crescimento das cidades durante a Idade Média, a fabricação de cerveja se tornou mais do que uma atividade caseira. Cervejarias municipais foram estabelecidas, o que eventualmente levou a formação das uniões de fabricantes de cerveja. A fabricação comercial em uma escala significativamente alta começou por volta do século XII, na Alemanha. No final dos anos 1300s, a cerveja já estava bem estabelecida como a bebida nacional da Inglaterra. Suas qualidades refrescantes eram apreciadas tanto pelos plebeus quanto pela nobreza.

- De acordo com os registros da cidade, a fabricação comercial em Plzen (Pilsen) e Budweis data de 1200. Já em por volta de 1500, a cervejaria de Budweis estava fornecendo cerveja para a Corte Real Boêmia, dando, assim, a base do lema *Cerveja dos Reis*.

- Em 1502, Cristóvão Colombo descobriu algo mais importante do que a América: cerveja nativa americana, feita de milho e seiva de árvore. Dizem que ele bebeu algumas com a população local.

- A cerveja lager tomou a Europa como uma praga em meados dos anos 1800, mas essa praga foi bem-vinda. Este novo estilo de cerveja era de cor mais clara e de corpo mais leve do que as ales, e graças ao processo de maturação, mais suave. As eras de tradições de beber ale deram espaço a uma nova e melhorada cerveja de natureza suave e facilmente bebível. Apenas as ilhas britânicas e a Bélgica resistiram, apesar de suas resistências terem diminuído nos anos recentes.

A História da Cerveja nos Estados Unidos

A cerveja tem feito parte da história norte americana desde antes do "descobrimento" de Cristóvão Colombo ou Leif Ericson. Os povos nativos faziam uma forma bruta de cerveja usando o milho, que já era essencial em suas dietas. Mas, junto com a massa invasora de exploradores europeus e colonizadores veio a sabedoria e habilidade de fabricar cerveja de verdade — assim como bebedores a par com a atividade.

Tempos coloniais durante os anos 1800

A primeira cerveja fabricada pelos colonos americanos foi na colônia de Roanoke, de Sir Walter Raleigh, em 1587. A cerveja não devia ser muito boa, pois os colonos continuavam a pedir remessas de cerveja da Inglaterra. (Infelizmente, a maioria das remessas de cerveja no navio era bebida por marinheiros sedentos na cruzada transatlântica.) E, em 1609, os colonos publicaram o primeiro anúncio americano em um jornal londrino, pedindo que cervejeiros viessem para a América.

Ao invés de continuarem seu destino até Virginia, os peregrinos do *Mayflower* aportaram em Plymouth Rock por falta de cerveja. Uma anotação de 19 de dezembro de 1620, em um diário de um passageiro do *Mayflower*, conta a história: "Nós não podíamos parar agora para mais buscas ou considerações, nossos mantimentos estavam esgotados, especialmente nossa cerveja".

A cerveja era mais saudável do que as fontes impuras de água disponíveis para os colonos americanos. O Dr. Benjamin Rush, notório médico e assinante da Declaração de Independência, escreveu, "a cerveja é uma bebida saudável quando comparada com os destilados. Ela é abundante em nutrição... Enquanto eu gostaria de ver uma lei que impusesse os mais pesados tributos às destilarias de uísque, eu ficaria feliz de ver as cervejarias totalmente isentas de tributos". (Amém!)

As cervejarias no Novo Mundo estavam entre as primeiras empresas estabelecidas. As cervejarias americanas preexistiam ao governo americano; alguns dos mais fiéis apoiadores das cervejarias também eram líderes da nova nação.

Na América colonial, a taberna ficava atrás apenas da igreja em importância. (Como Martinho Lutero uma vez disse: "É melhor pensar em igreja na taberna do que pensar em taberna na igreja."). Além de ser onde os cervejeiros tocavam os seus negócios, a taberna também servia como uma câmara municipal não oficial e o foco político-social de cada cidade. Era aqui que os cidadãos se juntavam para deliberar e debater, socializar e compartilhar notícias e informações com a comunidade. Para os colonos, as tabernas eram berços da liberdade; enquanto para os ingleses as tabernas eram ninhos de rebelião. Desde 1768, os Filhos da Liberdade mantinham reuniões na Liberty Tree Tavern, em Providence; o Green Dragon Inn, em Boston, foi chamado de quartel-general da revolução. George Washington fez seu quartel-general na taberna Fraunces, em Nova York. Ela ainda existe e serve cerveja, agora no coração financeiro da cidade.

A maioria das primeiras cervejarias eram operações pequenas e caseiras. Ingredientes tradicionais, difíceis de conseguir no Novo Mundo, eram muitas vezes substituídos por milho, melaço, farelos, caquis, batatas, ramos de abetos, casca de bétula, gengibre, e pimenta-da-jamaica.

A primeira cervejaria verdadeira no Novo Mundo foi fundada em New Amsterdam (Nova York), em 1633. A primeira cervejaria de Boston foi inaugurada em 1637 e era a favorita entre os líderes coloniais, que acreditavam que a cerveja era uma alternativa moderada aos destilados. A cidade de Filadélfia ganhou a sua primeira cervejaria em 1685 (mas compensou pelo tempo perdido, já que a Filadélfia possuiu mais cervejarias em sua história do que qualquer cidade nos Estados Unidos.) Esta data é confirmada por uma anotação no diário de William Penn, que era ele mesmo um cervejeiro. Os historiadores estudaram os livros de Penn e concluíram que ele administrava cervejarias e fábricas de malte em sua mansão Pennsbury, no Condado de Bucks, na Pensilvânia.

Outros antigos políticos também gostavam de fabricar cerveja:

- George Washington tinha a sua própria cervejaria nos campos de Mount Vernon. Sua receita de cerveja escrita à mão, data de 1757 em um diário que ele mantinha durante seus dias como coronel de Virginia, ainda está preservada.
- Thomas Jefferson era outro fabricante caseiro de cerveja, em Monticello. Ele colecionava todos os livros que encontrava sobre o assunto e os adicionou à sua extensa biblioteca.
- Benjamin Franklin propôs a ideia de uma cervejaria nacional (isso é que se chama um governo inflado!)
- James Madison expressou esperança de que a indústria cervejeira "fincaria profundas raízes em cada estado da união".

Os antigos colonos mantiveram-se firmes na crença de que a cerveja era de grande importância e parte integral da vida cotidiana. Esta influência pode ser vista em algumas leis coloniais:

- Cerveja, garrafas de cerveja, cervejeiros, e propriedades cervejeiras estavam isentas de tributação.
- Apenas eleitores e membros da igreja eram permitidos fabricarem e distribuírem cerveja.
- Beber cerveja não era permitido durante serviços divinos.
- Nenhuma pessoa sem a habilidade e maestria de fabricação cervejeira poderia fabricar cerveja.
- Dívidas de cerveja eram excluídas dos tribunais.
- A cerveja tinha que ser servida no padrão meio-pint, um pint, e recipientes de 1.13 litros.

- Em 1789, o Legislativo de Massachusetts aprovou um ato que encorajava a manufatura de "cervejas fortes, ales, e outras bebidas maltadas... As qualidades nutritivas das bebidas maltadas são altamente recomendadas para o uso geral, como maneira importante de preservar a saúde dos cidadãos da Comunidade".

- O preço da cerveja era fixo e "não pode ser mais de um centavo por 1,13 litros no máximo", pela legislatura da colônia de Massachusetts Bay, de 1637.

À medida que os Estados Unidos se tornaram um ímã para pessoas procurando começar uma nova vida, as cervejarias foram abrindo tão rápido quanto os enclaves étnicos terminavam. Durante os anos de 1800, a maioria das chegadas vinham dos países do cinturão cervejeiro no norte europeu (Irlanda, Alemanha, Polônia, Tchecoslováquia, Holanda — a maioria dos cervejeiros eram descendentes de irlandeses e alemães), e junto com eles vinham o conhecimento de fabricação cervejeira e uma apreciação pela arte.

Em 1849, por volta de 140 cervejarias estavam em operação nos Estados Unidos, pelo menos uma em cada uma das 13 colônias originais. A produção anual totalizava por volta de 200 mil barris. A indústria cervejeira americana ostentava mais de 1400 cervejarias em 1914 e empregava mais de 75 mil pessoas.

Ato de Proibição Nacional (Ato Volstead)

Quando os Estados Unidos celebraram o aniversário de 50 anos, em julho de 1826, centenas de cervejarias estavam em operação. Na virada do século, mais de mil existiam. Em 1920, entretanto, nenhuma produzia cerveja — isto é, legalmente. Uma indústria com mais de dois séculos de existência estava dizimada em menos de uma década e meia, graças aos esforços da proibicionista Carry Nation e seus amigos em Washington.

A mais destrutiva força na história da indústria cervejeira americana foi o Ato Volstead — Proibição ou Lei Seca — que fechou totalmente a indústria por 13 longos anos (18 de janeiro de 1920 até 5 de dezembro de 1933). Imagine ter que passar pela quebra do mercado financeiro em 1929 sem uma cerveja para se consolar. Não é de se espantar que eles a chamaram de depressão!

A Lei Seca não só arruinou uma indústria bem-sucedida e legítima americana e colocou milhares de empregados na rua, como também fez florescer as figuras do submundo, que capitalizaram com a situação para fabricarem e venderem cervejas clandestinas com milhões de dólares em lucro. Em Chicago, mais de 700 mortes durante a Lei Seca foram atribuídas aos negócios relacionados à máfia.

Outro efeito colateral foi a transformação, através da Lei Seca Americana, da pacata cidade mexicana de Tijuana em uma cidade cervejeira relâmpago — uma distinção duvidosa. Mais de 75 bares operavam na rua principal de apenas 180 metros.

A Lei Seca foi o grande experimento que deu terrivelmente errado. De acordo com as estatísticas do governo, ela custou ao país mais de $34,5 bilhões em tributos perdidos e em custos de execução. E não deu certo.

Das cervejarias que quase sobreviveram à Lei Seca e reabriram em 1933, a maioria se mantinha com pequena renda proveniente da fabricação de gelo, refrigerante, "quase cervejas", e xarope de malte (ostensivamente usado para a culinária, mas muitas vezes usado por fabricantes caseiros clandestinos) ou da fabricação ilegal de cerveja para vários bares operados pela máfia.

Depressão Pós-Proibição

Quando fabricar cerveja se tornou novamente legal, as leis governando a sua venda e distribuição haviam mudado radicalmente. Antes da Lei Seca, o *sistema de venda casada*, em que uma cervejaria também era dona das tavernas locais e serviam exclusivamente suas próprias marcas, proviam as grandes cervejarias com uma vantagem desleal sob as menores. Os legisladores buscaram quebrar o sistema de venda casada instituindo o *sistema de três camadas*, no qual o cervejeiro, o distribuidor e o vendedor tinham que ser independentes; nem mesmo membros da família eram permitidos serem donos de outra camada no sistema. Esta mudança foi eficiente em abrir o mercado para os pequenos cervejeiros, mas, mais tarde, provou ser um grande obstáculo para indústria do pub cervejeiro.

Das 400 e tantas cervejarias que abriram após a Lei Seca, mais ou menos metade não conseguiu se recuperar financeiramente; elas, finalmente, fecharam suas portas. Mesmo as novas cervejarias que continuavam a abrir, muitas encontraram um mercado bastante diferente. Diversos fatores contribuíram: a introdução da lata de cerveja, a Segunda Guerra Mundial, métodos de transporte melhorados, televisão, fusões e aquisições na indústria, e preferência dos consumidores.

A lata chegou

A introdução da lata de cerveja ao consumidor em 1935 contribuiu na mudança da maneira que os americanos bebiam cerveja — ou pelo menos *onde* eles bebiam a cerveja. Anteriormente, a maioria da cerveja consumida nos Estados Unidos era bebida na forma de chope, geralmente em uma taberna ou bar local, ou carregada para casa em um balde. Ela estava sempre fresca. Com a conveniência das latas de cerveja, os americanos começaram a comprar em lojas e em grandes quantidades para beber em casa. As cervejarias que não podiam pagar os caros equipamentos necessários para enlatarem as suas cervejas perderam uma fatia do bolo.

Os efeitos da Segunda Guerra Mundial

A Segunda Guerra Mundial teve um grande impacto na indústria cervejeira por várias razões. Para começar, uma grande parte demográfica de bebedores de cerveja foi para a guerra. Substituindo os jovens homens nas fábricas de munição estavam as jovens mulheres, muitas das quais não bebiam cerveja ou só bebiam as mais fracas disponíveis — o que não foi de tudo ruim, já que esforços de conservação estavam acontecendo e os ingredientes de fabricação estavam em falta. Os homens baseados nas bases militares americanas bebiam todos a única cerveja disponível nas bases de troca, a que era fabricada por contrato para o governo. Ironicamente, enquanto os militares no país eram forçados a beber a cerveja do governo, as tropas baseadas na Europa trouxeram para casa o gosto pelas cervejas da Europa Ocidental.

Pegando o trem: métodos melhorados de transporte

Imediatamente após a Segunda Guerra Mundial, e por muitos anos depois, transportes terrestres e ferroviários foram consideravelmente melhorados. Além da melhoria nos acessos e na velocidade, os caminhões e vagões refrigerados deram um boom na indústria. Grandes cervejarias podiam transportar suas cervejas muito mais longe, muito mais rápido, e com mínimo efeito negativo nas cervejas. O novo sistema de estradas entre estados introduzido na década de 1950 somente tornou tudo mais fácil para os grandões.

Tela quente: o impacto da televisão

A televisão, vista como uma grande perda de tempo quando foi introduzida, tem pelo menos parte da culpa em criar um deserto na indústria cervejeira americana. A TV provou ser um meio inestimável para as grandes cervejarias, que buscavam capturar uma grande fatia do bolo do marketing. Ao aumentar a competição de propagandas para um outro nível, a TV ajudou a criar o conceito de cervejas nacionais e a estimular o conceito de reconhecimento de produto e lealdade às marcas.

O senhor dos anéis (de espuma): fusões e aquisições de cervejarias

Seguindo a combinação de latas de cerveja, Segunda Guerra Mundial, melhoria no transporte, e TV, todos aparecendo em um período de 20 anos, muitas cervejarias peso médio estavam nocauteadas ou penduradas na corda com a contagem iniciada. Foi aí que os pesos pesados tiraram as luvas para o golpe final. A maioria das pequenas cervejarias ainda existentes nos anos 1960 e 1970 foram espancadas pelos titãs cervejeiros e se tornaram peões em um jogo de fusões e aquisições de alto escalão. Cervejarias foram fechadas e nomes de marcas e rótulos tornaram-se propriedades móveis.

Preferências do consumidor

Não muito depois da guerra das cervejas nos anos 1960 e 1970, os Estados Unidos entraram em uma loucura de saúde e fitness. A cerveja nunca teve um lugar alto na lista de alimentos desejáveis dos fanáticos por fitness, portanto, ela tinha que ganhar a aceitação ou ficar para trás. E aí veio a cerveja light, talvez o produto menos parecido com cerveja feito em uma cervejaria, na opinião deste autor.

Por volta de 1980, os bebedores de cerveja tinham meia dúzia de grandes cervejarias e umas duas dúzias de regionais, produzindo milhões de barris de cerveja bem light, estável e consistente. De um modo interessante, este estilo de fabricação cervejeira se tornou uma faca de dois gumes para a indústria. Apesar da popularidade das cervejas megafabricadas, os bebedores de cerveja começaram a reclamar que o nível de leveza, estabilidade, e consistência tinham tornado a maioria das cervejas mundiais em um produto sem graça e sem vida. Esta mediocridade pálida no mercado de cervejas levou a uma demanda por uma cerveja mais saborosa e ao renascimento da cerveja americana.

O Renascimento Contemporâneo da Cerveja nos Estados Unidos

A demanda por um produto bem feito, interessante e clássico é sempre alta. Os americanos não só esperam escolhas, mas as demandam. No mundo dos carros, por exemplo, muitas pessoas começaram a escolher Toyotas, Volvos e BMWs, mesmo com seus preços inflacionados, ao invés de carros básicos de fabricação americana, e este clamor por melhor qualidade e seleção foi percebido por alguns espíritos empreendedores americanos, que criaram, então, carros de fabricação americana que seguiam os padrões dos carros feitos em outros lugares. Circunstâncias parecidas precipitaram o nascimento das microcervejarias artesanais. A revolta dos consumidores contra a cerveja light, o produto sem graça dos anos 70 e 80, reacenderam a chama do atual renascimento (outros fatores também contribuíram, é claro).

Durante o curso dos eventos na saga da produção cervejeira americana, o fenômeno das *cervejas místicas* — por poucas que fossem, vindo de um pequeno número de cervejarias regionais — tem se mantido forte. As cervejas místicas são aquelas com área de distribuição limitada e que muitas vezes parecem serem melhores do que realmente são ao olhos daqueles que não conseguem comprá-la. Alguns amantes da cerveja chegaram ao ponto de contrabandear estas cervejas pelas fronteiras do estados para compartilhá-las com família e amigos (ou para guardarem para si mesmo). Eu me lembro de como os meus amigos estavam dispostos a dirigir até Iowa para comprar a Coors, ou até o interior do Wisconsin, para colocarem suas mãos numa Point Beer (a gasolina para chegar lá custa mais do que a cerveja).

A noção de que estas cervejas eram, de alguma maneira, melhores do que os produtos nas prateleiras das lojas locais ajudaram a traçar o caminho para o grande fluxo de cervejas importadas. Os cervejeiros estrangeiros, ansiosos para lucrarem com os hábitos de consumo de cerveja americano, conseguiram apagar o fogo da revolta dos consumidores no fim dos anos 1970. Os efeitos foram quase imediatos e eventualmente profundos. Várias marcas conhecidas, como a Heineken, Beck's e Corona, experimentaram um crescimento meteórico em popularidade, que fomentou uma rápida reação dos cervejeiros estrangeiros e importadores em todos os cantos. Rapidamente, o mercado foi inundado de cervejas estrangeiras. A convicção era de que qualquer cerveja em uma garrafa verde com um rótulo estrangeiro venderia. Mais tarde, as garrafas transparentes e com rótulos em silkscreen viraram a última moda.

Mais ou menos ao mesmo tempo, muitos amantes da cerveja, desiludidos, começaram a fabricar suas cervejas favoritas em suas cozinhas. Fabricar cerveja em casa, apesar de quase legal em 1979, ainda era considerado um hobby clandestino. Com o tempo, entretanto, a arte cresceu, clubes e associações foram formados, informações foram compartilhadas, e a fabricação caseira saiu do armário. Tão para fora do armário, aliás, que muitos cervejeiros novatos deram um salto para a fabricação profissional.

As pessoas que deram o salto de fabricação em suas casas para a profissional se tornaram pioneiros na indústria das microcervejarias. Como os caminhos no Velho Oeste, o caminho para o sucesso da pequena fabricação foi difícil e árduo. Duas ciladas paralisaram este crescimento:

- **O sistema de distribuição de três camadas:** Leis datando do fim da Lei Seca estipularam que o cervejeiro, o distribuidor e o vendedor deveriam ser independentes. Abrir uma pequena cervejaria ou pub cervejeiro em muitos estados era garantia de uma boa quantidade de batalhas legais.
- **A falta de conhecimento e apreciação da fabricação artesanal pelo bebedor de cerveja médio:** Sem o conhecimento elementar dos consumidores sobre a cerveja e seus muitos exemplos de estilo, o pequeno cervejeiro não conseguia produzir lucrativamente uma grande variedade de lagers e ales saborosas.

A maioria dos antigos microcervejeiros apareceram na Costa Oeste, já notável por lançar tendências. O norte da Califórnia, Oregon e Washington — especialmente Portland e Seattle — tem estado na vanguarda deste movimento desde o começo.

Em 1977, a primeira daquilo que ficou conhecido como microcervejaria abriu suas portas em Sonoma, Califórnia. Apesar de a New Albion Brewing Company conseguir sobreviver por apenas cinco anos, ela lançou o primeiro ataque na guerra contra as cervejas de produção em massa. Logo após a New Albion vieram a DeBakker Brewing Company (1979), na Califórnia, e a Boulder Brewery (1980), no Colorado. Mais tarde, em 1980, a Cartwright Brewing Company abriu em Oregon. Em 1981, a Sierra Nevada Brewing Company, na Califórnia, começou a fabricar ales de alta qualidade e nunca mais olhou para trás; junto com a Boulder, a Sierra Nevada é a única destas cervejarias pioneiras ainda em operação.

Logo depois, a ideia pegou no Leste e finalmente no Meio Oeste. Com notáveis exceções da Flórida e do Texas, os estados sulistas foram devagar para embarcar na onda cervejeira e ainda estão tentando alcançá-la. No começo, por razões óbvias, o movimento gravitava na direção das grandes cidades, mas, hoje em dia, os microcervejeiros e donos de pub cervejeiros encontraram um novo lar na América rural.

Hoje, muitas das leis de distribuição proibitivas têm se alterado, permitindo a distribuição própria, que pode tornar a iniciação consideravelmente mais fácil. Onde os investimentos de capital para uma aventura dessas era inicialmente escasso, os investidores estão praticamente tropeçando uns nos outros na tentativa de jogar dinheiro para os microcervejeiros necessitados de capital. Muitos microcervejeiros têm ido a público, oferecendo ações da empresa em troca de dinheiro para investimentos, e estão se dando muito bem, obrigado.

Até as indústrias cervejeiras bem estabelecidas nos países da Europa Ocidental começaram a prestar a atenção na revolução cervejeira que está acontecendo nos Estados Unidos. O rabo está sacudindo o cachorro, com certeza, à medida que as grandes cervejarias comerciais estão começando a inserir cervejas mais saborosas no mercado, cervejas feitas com um toque de tradição.

Índice

• Numéricos •

3.3 libras, medida, 264
100 Center beer museum, 214

• A •

Abbey beer, 52, 231
ACBF (American Craft Beer Fest), 213, 312
acetobacter, micróbio, uso em Sour Beer, 83
açúcares, usando, 265
   adicionando às real ales, 68–69
aditivos, incluindo nos rótulos, 128–129
Adventura Bike Holiday, 253
agressivo, definido, 50
água
   porcentagem no conteúdo da cerveja, 25
   usando, 265
Alaskan beer cruise, 244
albúmen, refinando, descrito
   Brew Masters Special Reserve, 94
albúmen, refinando, descrito, 68
   cerveja extrema, 87–88
albumina, 68
álcool, ponto de fervura, 178
Álcool, Tabaco, e Armas (ATF) Bureau, 126
ale
   gravidade, 323–325
   subestilos e nomes de marcas, 318–320
   teor álcool, 323–325
Ale belga, 53
Ale-Conner Beer Certification Program, 294
Alemanha
   Altbier, 219
   Augustiner Edelstoff, 219
   Bamberg, 220
   Berliner Weisse, 220
   cerveja Bavária, 220–221
   cerveja mais maltada, 219
   cervejas mais lupuladas, 219
   culinária e cerveja, 167
   despejo de sete minutos, 221
   Doemens Academy em Munique, 298
   drinques misturados com cerveja, 224
   fatos sobre cerveja, 218–219
   festivais, 222–223
   Jever Pils, 219
   Munique, 220
   museus, 222
   pedindo cerveja na, 238
   Rauchbier Lager, descrita, 221
   sabores regionais, 219–220
   templos, 222
   tours de bicicleta, 254
Ales Belgas e Francesas
   gravidade, 323
   teor alcoólico, 323
ale. Ver também real ale
   Abbey, 52
   Amber/Ruiva, 44
   Belga, 62
   Belgian Sour, 62
   Brown, 54
   cerveja espontaneamente fermentada, 54
   cheiro amanteigado, 156
   cozinhando com, 178
   especiais, 54
   fabricando, 44–45
   fermentando, 44–45
   história, 44–45
   levedura, 11, 44–45
   Pale, 54
   Porter, 47, 54
   qualidades da, 43
   Stout, 54
   Strong, 54
   Trapista, 54
   variedades, 52–58
   versus cerveja, 42
   versus lager, 12, 24, 41–43
   Wheat Beer, 54
All About Beer revista, 165
Altbier copo, bebendo em, 141
Altbier Hybrid Beer, descrita, 60
amargura, níveis de, 49
Amber Beer, 44
Amber Lager, variedades de, 60
Amber/Red Ale, 54
América do Norte
   festivais de cerveja, 210–214
   museus de cerveja, 214–215
American Breweriana Association, 297
American Brewers Guild, 298
American Craft Beer Fest (ACBF), 213, 312
American Dark Lager, descrita, 58

American Homebrewers Association, 163
American Pale Lager
  descrita, 58
  servindo, 150
American-Style Ale
  gravidade, 323
  teor alcoólico, 323
amônia, usando para limpeza de equipamentos, 267
Amsterdam, Holanda, 306
análise de controle de qualidade
  ale-conner, 131
anel de vedação com furo, usando, 281
anel de vedação, usando, 262
Anheuser-Busch Brewing Company, 76, 197
  cervejas tipo artesanais, 132
  estábulos dos cavalos Clydesdale, 215
aperitivos, selecionando, 174
aroma frutado, definição, 50
arrolhador metálico, usando, 260
Asas Picantes de Frango, 189–190
Asheville, Carolina do Norte, 307
ATF (Alcohol, Tobacco, e Firearms) Bureau, 126
Ato Volstead, 334–335
August Schell Brewing Company, 214
Austrália, cervejas da, 236–237
Áustria, cervejas da, 235
avaliações de cerveja
  BeerAdvocate, 292
  em fóruns online, 165–166
  mantendo um diário pessoal, 166
  PhillyCraft, 292
  RateBeer, 292
  registrando, 164–166
avaliações de cerveja, publicando online, 292
avaliador de cerveja, conquistando credibilidade como, 165
avaliador de cerveja, se tornando um, 296
aventuras cervejeira, não planejadas, 244

• B •

bactéria e fungo, evitando, 266
balança, usando, 283
balde de envasamento, usando, 261
balde de fermentação, usando, 262
Baltic Porter, 47
Bamberg, Alemanha, 300–301
bares de cerveja, indo a, 205–206
Bar Harbor, Maine, 246
Barleywine ale
  descrita, 52
  temperatura para servir, 148

Barrel Room Collection, maturação da, 79
barril butt, decrito, 67
barril, descrito, 67
barril firkin, descrito, 67
barris
  bourbon, 78
  carvalho, 77–78
  conhaque, 79
  escolhendo o sabor do, 79–80
  novo versus velho, 77
  staves, 81
  vinho e sherry, 79
  whisky, 79
barris de bourbon, considerando, 78
barris de carvalho, usando, 77–78
barris de conhaque, considerando, 79
barris de madeira, partes dos, 81
barris de sherry, considerando, 79
barris de vinho, considerando, 79
barris de whisky, considerando, 79
Bass Ale, 25
B&B (bed and breakfast) localizações, 246
B&B (cama e café) locais
  Escócia, 246
  Inglaterra, 246
  País de Gales, 246
  Reino Unido, 246
BBT (Burlington Brew Tours), 252
BCS (Bourbon County Stout), 47
BeerAdvocate
  avaliações de cerveja, 292
  fórum online, 166
Beer Judge Certification Program (BJCP), 296
BeerTrips web site, 241
Belgian Beer Me!, 242
Belgian Dubbel Ale, descrita, 52
Belgian Pale Ale, descrita, 52
Belgian Sour Ale, 53
Belgian Tripel ale, descrita, 52
Bélgica
  cervejas Abbey, 231
  cervejas seculares, 231
  cervejas Trapistas, 232
  culinária e cerveja, 167
  festivais, 231–233
  museus, 231–233
  pedindo cerveja na, 238
  templos, 231–232
bentonita, 68
bentonita refinando, descrita, 68
Berliner Weisse Ale, descrita, 53, 220
Beverage Testing Institute (BTI), 165
Bicycle Tour of Munich, 253
Bière de Garde Ale, descrita, 53

Índice

Bier-Mania! Tours Culturais de Cerveja, 242
Bife Desfiado à Moda do Cervejeiro, 187
Bitters Ale, descrita, 53
BJCP (Beer Judge Certification Program), 296
Black Friar Inn and Pub, 246
blog, criando para avaliações de cerveja, 166, 292–293
blog de cerveja
  criando, 166
  mantendo, 292–293
Blonde Ale, descrita, 54
Blue Moon Brewing Company, 200
Boston Beer Company, 79, 133
Bourbon County Stout (BCS), 47
Brattleboro, Vermont, 246
brettanomyces, micróbio, uso na Sour Beer, 83
BrewDog Brewery, 94
Brewery Collectibles Club of America, 297
Brewery Creek Bed and Breakfast Inn, 247
Brewery Tours of San Diego, 252
Brew Masters Special Reserve, 94
Brown Ale, 54
  descrita, 54
  gravidade, 324
  teor alcoólico, 324
Bruges, Bélgica, 301
Bruxelas, Bélgica, 306
BTI (Beverage Testing Institute), 165
Buller Pub & Brewery tours, 250

• C •

café Kopi Luwak, 48
caldeiras, usando para fabricação, 30
cálice, bebendo em, 142
California Common Beer, descrita, 61
Calistoga Inn Restaurant & Brewery, 247
cama e cafe (B&B) locais
  Escócia, 246
  Inglaterra, 246
  País de Gales, 246
  Reino Unido, 246
Camarão à moda Bayou, 191
caminhada
  planejando, 239
  Zephyr Adventures, 243
caminhada da cerveja
  planejando, 239
  Zephyr Adventures, 243
CAMRA (Campaign for Real Ale), 73–74, 218, 298
Canadá
  A Loja da Cerveja, 202

cervejeiros artesanais, 201
festivais de cerveja, 212
LCBO (Liquor Control Board of Ontario), 202
Molson, John (cervejeiro), 201
raízes cervejeiras, 201–202
caneca de pint com covas, bebendo em, 141
características, 158
carbonatação, reduzindo, 148
carragena, 68
carragena, clarificante, descrito, 68
cask kilderkin, descrito, 67
Cask Marque, 64
cask pin, descrito, 67
cask puncheon, descrito, 67
casks
  barris, 67
  butt, 67
  chave de encaixe, 66
  firkin, 67
  hogshead, 67
  kilderkin, 67
  partes do, 66
  pin, 67
  puncheon, 67
  suporte, 66
  tampas, 65–66
  tirando a cerveja do, 67
  Tun, 67
cask tun, descrito, 67
CBS (Chicago Beer Society), 298
certificação de cerveja, obtendo, 294
Cerveceria Cuauhtemoc Moctezuma, 203
Cerveceria Minerva, 204
Cerveceria Primus, 204
cerveja artesanal, despejando, 149
cerveja Bavária, bebendo, 220–221
cerveja Bock
  cor da, 156
  descrita, 58
  gravidade, 326
  teor alcoólico, 326
  variedades, 60
cerveja condicionada em garrafa, despejando, 150
cerveja Corona, 203
cerveja de nitrokeg, propaganda de, 133
Cerveja de Trigo Alemã. See Ver também Wheat Beer
  gravidade, 325
  teor alcoólico, 325
cerveja doméstica, 126
cerveja Entire, história da, 57
cerveja especializada, 47–48

BCS (Bourbon County Stout), 47
gravidade, 327
subestilos e nomes de marca, 321
teor alcoólico, 327
variedades, 61–62
cerveja extrema
bebericando, 85
cervejas monásticas, 89–91
corpo, 86
envasando, 95–96
ervas, 87
especiarias, 87
fabricando, 268–271
facilidade de beber, 95
fontes de açúcar, 87
futuro da, 95–96
grãos, 86
ingredientes, 86
lúpulos, 86
maltes, 86
nomeando, 95
sabor, 86–87
teor alcoólico, 87–88
cerveja fermentada espontaneamente, 53
cerveja híbrida
Baltic Porter, 47
fermentação fria, 47
fermentações, 46
gravidade, 327
levedura de lager, 46
Steam, 46
sub-estilos e nomes de marcas, 321
variedades, 60–61
cerveja híbrida Kolsch
copo, 142
descrito, 61
cerveja Imperial, 91
cerveja importada, 126
cerveja Killian's Irish Red, 44
cerveja kosher, 105–108
cerveja maturada em barris versus madeira, 75–76, 80, 83–84, 148
cerveja misturada
Burton Baton, 84
Cuvee Du Jongleur, 84
Jim, 84
Vlad the Imp Aler, 84
cerveja misturada Burton Baton, 84
cerveja misturada Cuvee Du Jongleur, 84
cerveja misturada Jim, 84
cerveja no chope
explicação, 71–72
popularidade da, 206
cerveja orgânica
amostras de, 100–101

celebrando, 101
certificações, 98–99
lúpulo orgânico, 102
níveis de, 98–99
OGMs (organismos geneticamente modificados), 98
origens de, 97–98
padrões da USDA, 98–100
cerveja Pilsner, 25
copo, 143
descrita, 59
fonte da, 234
cervejarias, 247–249
abrindo, 298
Anheuser-Busch, 197
D.G Yuengling & Son Brewery, 197
Goose Island, 47
Pabst Brewing Company, 197
passando a noite em, 247–249
Schlitz Brewing Company, 197
cervejas
ales versus lagers, 41–43
condicionando, 36
cervejas
abrindo as tampas da, 122
adjuntos, 26
ales versus lagers, 12
amargura versus maltagem, 15
antes do jantar, 174–175
aperitivos, 174
após o jantar, 174–175
aprendendo sobre, 294
avaliação pós-compra, 122
barril versus maturação com madeira, 75–76
bebendo com propósito, 291–292
complementando outras bebidas, 176
comprando, 13, 121
conteúdo nutricional, 159
cozinhando com, 15
degustando, 13–14
densidade da, 49
despejando, 139, 148, 169
dias antes da filtração, 160
envasamento, 274–278
escolhendo para culinárias, 170–171
especializadas, 12–13, 47–48
estendendo a vida útil, 119
fabricando, 17
fazendo artesanato, 50–51
ficando velha, 119
frescor, 117–121
grão, 10
híbrida, 12–13, 46
ingredientes, 10, 48

Índice

ingredientes chave, 26
inverno, 175
jantando com, 14
lightstruck, 120
mantendo longe da luz, 119–120
marcando a data, 121
maturação, 118
misturando dos barris, 84
outono, 176
oxidação, 113, 123
pasteurização, 37
permitindo que azede, 81–82
Pilsner, 25
primavera, 176
primeiros produtores de, 17
refrigerando, 120
revendedores, 121
saideiras, 175
substituindo pelo vinho, 169–170
teor alcoólico, 24
usando em receitas, 178–179
verão, 176
versus ales, 43
websites, 10
cervejas brasileiras
  Áustria Amber (Nova Lima, MG), 320
  Áustria Imperium IPA (Nova Lima, MG), 319
  Backer 3 Lobos Exterminador de Trigo (Belo Horizonte, MG), 319
  Backer Medieval (Nova Lima, MG), 318
  Baden Baden 1999 (Campos do Jordão, SP), 318
  Baden Baden Bock (Campos do Jordão, SP), 320
  Bamberg Alt (Votorantim, SP), 321
  Bamberg Camila Camila (Votorantim, SP), 321
  Bamberg Helles (Votorantim, SP), 320
  Bamberg Kölsch (Votorantim, SP), 321
  Bamberg München (Votorantim, SP), 320
  Bamberg Rauchbier (Votorantim, SP), 321
  Bamberg Schwarzbier (Votorantim, SP), 320
  Bierland Vienna Lager (Blumenau, SC), 321
  Bodebrown Wee Heavy (Curitiba, PR), 319
  Colorado Indica (Ribeirão Preto, SP), 319
  Eisenbahn 5 (Blumenau, SC), 321
  Eisenbahn Kölsch (Blumenau, SC), 321
  Eisenbahn Rauchbier (Blumenau, SC), 321
  Eisenbahn Weizenbier (Blumenau, SC), 320
  Falke Estrada Real IPA (Ribeirão das Neves, MG), 319
  Falke Estrada Real Weiss (Ribeirão das Neves, MG), 320
  Falke Ouro Preto (Ribeirão das Neves, MG), 320
  Wäls Dubbel (Belo Horizonte, MG), 318
  Wäls Petroleum (Belo Horizonte, MG), 319
  Wäls Pilsen (Belo Horizonte, MG), 321
  Wäls Quadrupel (Belo Horizonte, MG), 318
  Wäls Saison de Caipira (Belo Horizonte, MG), 318
  Wäls Trippel (Belo Horizonte, MG), 318
  Wäls Witte (Belo Horizonte, MG), 318
cervejas de barril versus de barril de madeira envelhecida, 75–76, 80, 83–84, 148
cerveja sem glúten, 103–106
cervejas monásticas
  Doppelbock, 90
  Dubbels, 89
  Quadrupels, 89
  Tripels, 89
cerveja Trapista, 52–53, 232
cervejeiros
  artesanal, 51
  contrato, 32
  exemplos norte americanos, 196–197
  mega cervejeiros, 32
  micro cervejeiros, 32
  regional, 32
cervejeiros alemães, ingredientes usados pelos, 127
cervejeiros artesanais, 32, 133, 338
  arte dos rótulos, 134
  ascensão de, 198–200
  cervejeiros contratados, 133
  explicada, 51
  no Canadá, 201
  no Mexico, 203–204
  número na América do Norte, 195
  relações com os mega cervejeiros, 132
cervejeiros contratados, 32
cervejeiros contratados, 133
  definição, 199
  popularidade de, 199
cevada
  incrementando, 20
  processo de maltagem, 20
Ceveceria Cucapá, 204
chave de encaixe do cask, explicado, 66

Chicago, Illinois, 307
Chile con Carne Para Leigos, 186
chiller de imersão, usando. Ver também mosto, 282–283
Chimay Brewery Tours, 250
China, pedindo cerveja na, 238
Cicerone Certification Program, 294
cidades cervejeiras
  Amsterdam, Holanda, 306
  Asheville, Carolina do Norte, 307
  Belo Horizonte, Minas Gerais, 307
  Blumenau, Santa Catarina, 307
  Bruges, Bélgica, 301
  Bruxelas, Bélgica, 306
  Chicago, Illinois, 307
  Curitiba, Paraná, 307
  Denver, Colorado, 304–305
  Filadélfia, Pensilvânia, 306
  Londres, Inglaterra, 302
  Milwaukee, Wisconsin, 307
  Munique, Alemanha, 299–300
  Portland, Oregon, 303
  Porto Alegre, Rio Grande Do Sul, 308
  Praga, República Tcheca, 301–302
  Ribeirão Preto, São Paulo, 307
  São Francisco, Califórnia, 305
  Seattle, Washington, 303–304
  Toronto, Ontário, 306
  Vancouver, British Columbia, 306
clarificação com gelatina, descrita, 68
clarificação, com isinglass, descrito, 68
clarificação com pectinase, decrito, 69
cloro, usando para limpar equipamentos, 267
clubes de fabricação caseira, encontrando, 298
colesterol, falta de, 135–136
colher de chá, equivalência em mililitros, 181
colher de sopa, equivalência em mililitros, 181
Colorado Brewers' Festival, 213
comida asiática, escolhendo cervejas para, 171
comida e cerveja. Ver também culinária
  considerando sabores, 172
  costumes, 167–168
  diretrizes, 168–171
  gastropubs, 208
comida francesa, escolhendo cerveja para, 171
comida Indiana, escolhendo cerveja para, 171
comida mediterrânica, escolhendo cerveja para, 170

comidas apimentadas, escolhendo cerveja para, 171
comidas continentais, escolhendo cervejas para, 171
complexo, definição, 50
compressores, usando, 73
conservantes, 128–129
conservantes, incluindo nos rótulos, 128–129
conteúdo nutricional, 135–136
conversões líquidas, 181
Coors
  Blue Moon Brewing Company, 200
  Killian's Irish Red Beer, 44
copo de cerveja halbes, bebendo em, 142
copo de cerveja krug, bebendo em, 142
copo de cerveja mass, bebendo em, 142
copo de cerveja middy, bebendo, 143
copo de cerveja pint, bebendo em, 143
copo de cerveja pony, bebendo em, 143
copo de cerveja schnelle, bebendo em, 143
copo de cerveja schooner, bebendo em, 143
copo de cerveja sham, bebendo em, 143
copo de cerveja stein, bebendo em, 143
copo de cerveja thistle, bebendo em, 143
copo de cerveja tulipa, bebendo em, 144
copo de cerveja tumbler, bebendo em, 144
copo de cerveja Weizen, bebendo em, 144
copo de yard, bebendo em, 144
copo, equivalente em mililitros, 181
copo flauta, bebendo em, 141
copo Kwak, bebendo do, 145, 147
copos de cerveja. Ver também ferramentas de beber por esporte
  a linha plimsoll, 146
  Altbier, 141
  cálice, 142
  caneca pint com covas, 142
  combinando com estilos de cerveja, 144
  copo de cerveja Weizen, 144
  copo de Kolsch, 142
  copo de Pilsner, 143
  copo de pint, 143
  figura, 142
  flauta, 142
  halbes, 142
  história, 140
  krug, 142
  limpando e guardando, 150–152
  marca de medida, 146
  mass, 142
  middy, 143
  pônei, 143
  schnelle, 143

schooner, 143
sham, 143
stein, 143
thistle, 143
tulipa, 144
tumbler, 144
cor, espectro de, 49
corpo
  definido, 50
  experimentando, 162–163
Cowan, Jeremy, 107
cozinhando com cerveja. Ver também receitas
  assando frango, 180
  grelhando frango, 180
  intensidade de sabor, 179
  usando em receitas, 178–179
Craft Brewers Alliance, Inc., 199
Cream Ale, descrita, 61
cruzeiros da cerveja
  Alaska, 244
  Magic Happens, 244
  Milwaukee Riverwalk Boat Tours, 244
  Oregon, 244
  Rogue Wilderness Adventures, 244
  The Northwest Rafting Company, 244
culinárias. Ver também comida e cerveja
  Asiática, 171
  comidas apimentadas, 171
  continental, 171
  francesa, 171
  frutos do mar, 170
  indiana, 171
  mediterrânea, 170
  sobremesas, 171

• D •

Dark Lager
  variedades, 60
Dark Lager Alemã
  gravidade, 326
  teor alcoólico, 326
degustação de cerveja
  antegosto, 158–159
  aparência, 156–158
  aroma do malte, 158
  aroma dos lúpulos, 156
  cheiro, 165
  claridade, 157
  cores, 157
  corpo, 162–163
  fermentação, 156, 160–161
  gosto do malte, 159
  meio gosto, 158–159
  ordem da, 155
  ouvindo, 155
  reflexão, 163–164
  respirando, 155
  retenção da coroa, 158
  retrogosto, 159, 161–162
  sabores azedos, 160
  sensação de boca, 162–163
  sensações de gosto, 158–159
  tato, 162–163
Denver, Colorado, 304–305
despejando
  American Pale Lager, 150
  cerveja, 148–150
  cerveja embalada em garrafa, 150
  cerveja em garrafas com rolha, 149
  ouvindo a, 155
  respirando, 155
  Wheat Beer, 149
despejo de gravidade, usando a torneira para, 72
dextrinas, definição, 10
D.G. Yuengling & Son Brewery, 197
diacetil, definição, 50
Dinamarca
  cervejas na, 235–236
  pedindo cerveja na, 238
dióxido de carbono
  liberando, 150
  usando em barris, 81
  usando um airlock para, 259–260
Doemens Academy em Munique, 298
doença celíaca, 103–105
doenças do coração, ajudando na prevenção de, 136–137
Doppelbock Lager
  cor, 162
  criação da, 91
  descrita, 58
  marcas de, 90
Dortmunder Export Lager, descrita, 59
Dos Equis Beer, 203
dry hopping, 35
Dry (Irish) Stout, descrita, 54
Dubbels, origens da, 89
Dunkelweizen Ale, descrita, 54

• E •

Eisbock Lager, descrita, 59
engarrafando cerveja, 275–279
English Bitter
  gravidade, 324
  teor alcoólico, 324

entusiastas da cerveja, associando-se com, 297–298
equações de conversão, 263
equilibrada, definida, 50
equipamentos de beber por espote. ver também copos
  copo Kwak, 145, 147
  copo yard, 144
  Stiefel (bota), 145
equipamentos de fabricação
  caldeiras, 30
  fermentador, 30
  higienizando, 37
  tanques, 30
  tubos e mangueiras, 31
equipamento, usando, 259–260
escala Balling, aplicando à gravidade, 49
Escócia, 246
  B&B (Bed and Breakfast) localizações, 246
  bebendo cerveja na, 226
escolas de fabricação, 298
escova de garrafa, usando, 260
escova de limpeza de garrafão, usando, 281
Espanha, pedindo cerveja na, 238
Estados Unidos
  ascensão dos cervejeiros artesanais, 198–200
  B&B (bed and breakfast) localizações, 246
  caminhando e pedalando, 243
  explosão da cerveja no século XX, 197–198
  festivais de cerveja, 212–213
  números de pubs cervejeiros nos, 206
  presente e futuras modas, 200
  renascimento da cerveja, 337–338
  tradições cervejeiras, 196–197
esterilização, importância de, 266–267
estilos de cerveja, 51–52
  ales, 52–58, 318–320
  amargura, 49
  cervejas especiais, 61–62, 321
  cervejas híbridas, 60–61, 321
  cor, 49
  gravidade, 49
  lagers, 58–60, 320–321
Europa
  Belgian Beer Me!, 242
  Bier-Mania! Cultural Beer Tours, 242
  Great Brewery Tour, 243
  grupos de consumidores de cerveja, 298
  Knickerbocker's Bier Tours, 242
  pubs na, 218
  viajando pela, 241–243

ExperiencePlus! Bicycle Tours, 254
extrato de malte seco, usando, 264
extrato de malte, usando, 36

• F •

fabricação caseira, 295
  airlock, 259–260
  anel de vedação, 262
  anel de vedação com furo, 281
  arrolhador metálico, 260
  balança, 283
  balde de envasamento, 261
  balde de fermentação, 262
  chiller de imersão, 282
  compra de materiais, 259
  considerando, 257
  envasando a cerveja, 274–278
  equações de conversão, 263
  equipamento, 260
  erros, 280
  escova de garrafa, 260
  escova de garrafão, 281
  estatística, 259
  fermentação, 272, 273
  garrafas, 261
  hidrômetro, 262–263, 270, 271
  higienizando itens, 268
  instruções, 268–271
  lavador de garrafas, 260–261
  legalidades, 258
  limpeza de equipamentos, 267–268
  mangueira plástica, 262
  mangueira plástica flexível, 275
  mantendo registros, 279
  moedor de grão, 281
  pá cervejeira, 261
  panela de fervura, 262
  sacos de lúpulo, 283
  tubo de envasamento, 261
  versus fabricação comercial, 280
fabricando
  cerveja, 17
  extrato, 37
  história, 34
fabricando com extratos, pros e contras, 36
fermentação secundária, 285–287
fermentador, usando na fabricação, 30
festivais de cerveja
  American Craft Beer Fest (ACBF), 213, 312
  atrativos de, 309
  Bélgica, 314
  Boston, Massachusetts, 213, 312

Cidade do México, México, 213
Colorado Brewers' Festival, 213
Congreso Cerveza México, 213
Denver, Colorado, 213, 310
entradas, 211
Eugene, Oregon, 212
Fort Collins, Colorado, 213
Great American Beer Festival, 213, 310
Great British Beer Festival, 314
indo à, 210–214
Madison, Wisconsin, 213, 310
Microbrew Festival, 212
Mondial de la Bière, 213, 313
Montreal, Canadá, 213
Munique, Alemanha, 313
Nando's Canadá Cup of Beer, 213
Oktoberfest, 313
o que fazer, 211
o que não fazer, 212
Oregon Brewers Festival, 311
Poperinge Hop and Beer Festival, 314
Portland, Oregon, 311
Quebec, Canadá, 313
SAVOR, 311
Vancouver, Canadá, 213
Washington, D.C, 311
Zythos Bier Festival, 314
festival de cerveja SAVOR, 311
Filadélfia, Pensilvânia, 306
Finlândia, pedindo cerveja na, 238
Flanders Brown/ Oud Bruin Ale, descrita, 54
Flanders Red Ale, 55, 83
flavonoides, benefícios dos, 137
floral, definido, 50
Flying Dog Brewery, 94, 134
Focaccia com glacê de cerveja, 184–185
Folts, John (pesquisador), 137
Foreign Style Stout, descrita, 55
Fort Putney Road Bed & Breakfast, 246
fóruns online
  BeerAdvocate, 166
  PhillyCraft, 166
  RateBeer, 166
França, pedindo cerveja na, 238
frango
  asas picantes, 189–190
  assando com cerveja, 180
  grelhando com cerveja, 180
Fredericksburg Brewing Company, 247
Fruit Beer, descrita, 62
frutada, definição, 50
frutos do mar, escolhendo cervejas para, 170
fungo e bactéria, evitando, 266

F.X Matt Brewery, 214
F.X Matt Brewery museu da cerveja, 214

• *G* •

garrafão de vidro, usando, 281
garrafas
  comprando cerveja em, 111
  nuvem em volta do gargalo das, 122
  usando, 261
garrafas de cerveja com rolhas, despejado, 149
gastropubs, indo à, 208
gelatina, 68
Goose Island Brewery, 47
Grã-Bretanha, comida de pub, 167, 226
gramas, equivalências em onças, 181
grãos adjuntos, usando, 26
grãos especiais. Ver também grão; malte
  adicionando, 283–284
  cevada não-malteada, 285
  dicas de maceração, 283–284
  malte biscuit, 285
  malte chocolate, 284
  malte cristal, 284
  malte preto, 284
  torrados, 283
grão. Ver também grãos especiais
  adjuntos, 26
  não-adjuntos, 26
  qualidades do, 10
gravidade
  ale, 323–325
  Ales Belgas e Francesas, 323
  American-Style Ale, 323
  Bock, 326
  Brown Ale, 324
  Cerveja de Trigo Alemã, 325
  Cerveja Especial, 327
  Cerveja Híbrida, 327
  Dark Lager Alemã, 326
  English Bitter, 324
  Escala Balling, 49
  explicação, 162
  lager, 326–327
  Lager Americana, 327
  Lambic Estilo Belga, 323
  Märzenbier/Oktoberfest, 327
  medindo, 49
  níveis de, 49
  Pale Ale Estilo Inglês, 324
  Pale Lager Alemã, 326
  Pilsner Clássica, 326
  Porter, 324
  Stout, 325

Strong Ale Inglesas e Escocesas, 325
Great American Beer Festival, 80, 213, 310
Great Brewery Tour, 243
Great British Beer Festival, 314
Great Taste of the Midwest beer festival, 213, 310
growlers, comprando cervejas em, 111–112
Grupo Modelo, cerveja, 202–203
Gueuze Ale, descrita, 55
"Guinness Faz Bem Para você", 135–136
Guinness Stout, bebendo na Irlanda, 229–230

• *H* •

Harwood, Ralph, 57
Haymarket Pub & Brewery, 200
Helles Bock Lager, descrita, 59
Herb and Spice Beer, descrita, 62
Heriot-Watt University, 298
Heritage Pubs, inventários dos, 74
hidrômetro, usando, 262–263, 270, 271
higienizadores, usando, 266–267
higienizar
    equipamentos de fabricação, 37, 268
    importância de, 266–267
história da cerveja
    Ato Volstead, 334–335
    dos tempos coloniais até os 1800s, 332–334
    Estados Unidos, 332–334
    fusões e aquisições, 336
    impacto da televisão, 336
    métodos de transporte, 336
    microcervejarias, 338
    mundial, 329–331
    pós-Proibição, 335–336
    preferências dos consumidores, 336
Hoff-Stevens, keg, usando, 116
hogshead, barril, descrito, 67
Holanda
    cervejas na, 236
    pedindo cerveja na, 238
Hop Head Beer Tour Company, 252
hospedagem
    Brewery Creek Bed and Breakfast Inn, 247
    Calistoga Inn Restaurant & Brewery, 247
    Fredericksburg Brewing CompanyFredericksburg Brewing Company, 247
    Mineral Point, Wisconsin, 247
    Newport, Oregon, 247
    Stowe, Vermont, 248
    Swans Hotel and Public House, 247
    The House of Rogue, 247

Trapp Family Brewery, 248–249
Victoria, British Columbia, 247

• *I* •

ícone Cuidado, 6
ícone Dica, 6
ícone Lembre-se, 6
ícone Papo de Especialista, 6
ícones, descrito, 5–6
impacto no sabor, 160
incluindo classe e tipo, 126
incrementando a cerveja, 148
India Black Ale, descrita, 55
Inglaterra, 246
    B&B (Bed and Breakfast) localizações, 246
    bebendo bitter na, 225–226
    bebidas misturadas com cerveja, 228
ingredientes de fabricação
    açúcar, 265
    água, 265
    extrato de malte seco, 264
    kit de extrato, 263
    levedura, 265
    lúpulos, 264–265
    tampinhas metálicas, 265
    xarope de malte líquido, 264
intensidade de sabor, 158–159
iodo, usando para limpar equipamentos, 267
IPA (India Pale Ale), 55
Irish Red Ale, descrita, 55
Irlanda
    cervejarias e pubs, 230–231
    fatos sobre cerveja, 229
    Guinness, 229–230
    Red Ales, 231
isinglass, 68
Itália, pedindo cerveja na, 238
itens relacionados à cerveja, colecionando, 296–297

• *J* •

Jackson, New Hampshire, 246
jantares da cerveja, participando, 172–173, 209
Japão
    cervejas no, 237
    pedindo cerveja no, 238
Joseph Wolf Brewery Caves, 214
Joseph Wolf Brewery Caves museu da cerveja, 214

• K •

keg de cerveja Sankey, usando, 115–116
kegs
  comprando cerveja em, 114–117
  Cornelius, 115
  Hoff-Stevens, 116
  partes do, 115
  Sankey, 116–117
  tamanhos, 115
  usando, 116–117
kegs Cornelius, comprando cerveja em, 115
Killorin, Jack (porta-voz da ATF Bureau), 135
kit de extrato, comprando, 263
Kiuchi Brewery tours, 250
Knickerbocker's Bier Tours, 242–243
Kugler, Franz (dono de taverna), 224

• L •

lager
  Amber, 60
  Bock, 60
  cervejeiros, 45
  comercialização, 43
  como equivalente do vinho branco, 169
  cozinhando com, 178–179
  Dark, 60
  definida, 45
  especialidade, 60
  fermentando, 46
  gravidade, 326–327
  levedura, 11, 46–47
  maturação, 45
  na República Tcheca, 234
  Pale, 60
  qualidades da, 43
  sub-estilos e nomes de marca, 320–321
  temperatura de servir, 148
  teor alcoólico, 326–327
  variedades, 58–60
  versus ale, 12
Lager Americana
  gravidade, 327
  teor alcoólico, 327
Lambic Ale, descrita, 55
Lambic Estilo Belga
  gravidade, 323
  teor alcoólico, 323
latas de cerveja
  história da, 111, 335
  vantagem sobre as garrafas, 111
lavador de garrafas, usando, 260–261

LCBO (Liquor Control Board of Ontario), 202
Lei alemã de pureza da cerveja, Reinheitsgebot, 129–130
lei alemã de pureza Reinheitsgebot, 129–130
lei de proteção do consumidor, 129
lei Reinheitsgebot, 129–130
leis de rotulagem
  aditivos, 127–128
  ATF (Bureau de álcool, Tabaco, e Armas), 126
  teor alcoólico, 127–128
Les Brasseurs Du Temps, 214
Les Brasseurs Du Temps museu de cerveja, 214
Letônia, pedindo cerveja na, 238
levedura, 87
  ale, 11, 25
  ale e lager, 11, 24, 42
  Carlsbergensis, 25
  como ingrediente proprietário, 24
  escolhendo, 24
  gênero Saccharomyces, 25
  história, 24
  lager, 11
  pedindo através de catálogos, 24
  PVPP (polivinilpolipirrolidona), 69
  temperaturas de fermentação, 42
  tipos, 24
  usando, 265
libra, equivalência em quilos, 181
limão, temperando, 148
limpeza de cerveja
  checando a, 150–151
  copos, 151
linha plimsoll, explicada, 146
litros, comprando cerveja em, 114
livre de gorduras, benefícios, 135–136
loggerheads, 149
Londres, Inglaterra, 302
Long Island Brewery Tours, 252
Louco por cerveja ícone, 5
lupulado, definição, 50
lúpulos
  amargando, 35
  amargura, 23, 160
  aroma, 25, 35, 158
  Cascade, 22
  Centennial, 22
  cultivares, 22
  dry hopping, 35
  híbridos, 22
  história, 22
  late hopping, 23

mosto doce e efeitos de amargura, 35
norte americano, 22
qualidade do, 11
regiões de cultivo, 22
sabores, 35, 160
usando, 264–265
variedades, 22

• **M** •

madeira
  barril velho versus novo, 77
  carvalho, 77–78
  sabor, 76
madeiras saborosas, formas de, 76
Magic Happens cruzeiros cervejeiros, 244
Maibock Lager, descrita, 59
maltada, definida, 50
malte. Ver também grãos especiais
  aroma, 158
  usando em receitas, 181
maltose, definida, 10
mangueira plástica flexível, usando, 282
mangueira plástica, usando, 262
marketing, 92–94
Marzenbier/cerveja Oktoberfest
  cor, 157
  descrita, 59
Märzenbier/cerveja Oktoberfest
  gravidade, 327
  teor alcoólico, 327
Massa Extraordinária de Cerveja, 183
medidas e conversões métricas, 181
megacervejeiros, 32
  Anheuser-Busch, 76, 94
  exemplos, 51
  relacionamentos com cervejeiros artesanais, 132
método de pesagem, 128
método hedônico de avaliação, aplicando, 165
Mexico
  Cerveceria Cuauhtemoc Moctezuma, 202–203
  Cerveceria Cucapá, 204
  Cerveceria Minerva, 204
  Cerveceria Primus, 204
  cerveja artesanal, 203–204
  cerveja Corona, 203
  cerveja Dos Equis, 203
  cerveja Grupo Modelo, 202–203
  marcas de cerveja, 202–203
  pedindo cerveja no, 238
micróbio lactobacilos, uso nas Sour Beers, 83

micróbio pediococcus, uso nas Sour Beers, 83
micróbios
  acetobacter, 83
  brettanomyces, 83
  lactobacilos, 74
  pediococcus, 83
Microbrew festival, 212
Mild Ale, descrito, 55
mililitros, equivalências, 181
Miller Brewing Company, cervejas estilo artesanal, 132, 200
Milwaukee Riverwalk Boat Tours cruzeiros de cerveja, 244
Milwaukee, Wisconsin, 214, 307
Mishawaka, Indiana, 214
moedor de grãos, usando, 281
moléculas isohumulone, quebrando, 120
Molson Brewery, 196
Molson, Kohn (cervejeiro), 201
Mondial de la Bière festival de cerveja, 213, 313
Monsteiner Bier Brewery Tours, 250
mosto amargo, 35
mosto lupulado, 34
mosto. Ver também chiller de imersão
  desidratado, 37
  usando em receitas, 181
motores da cerveja
  figura, 71
  maneira "apropriada" de servir, 71–72
  usando com as real ales, 70–72
Munich Dunkel Lager, descrita, 59
Munich Helles Lager, descrita, 59
Munique, Alemanha, 299–300
  cervejas de, 220
  Doemens Academy, 298
  meados do século IXIX, 136
museu da cerveja da August Schell Brewing Company, 214
museus da cerveja
  100 center, 214
  Gatineau, Quebec, 214
  na Alemanha, 223
  na Bélgica, 231–233
  no Reino Unido, 227–228

• **N** •

Nando's Canadá Cup of Beer, 213
National Association Breweriana Advertising, 297
New Ulm, Minnesota, 214
NOABF (North American Organic Brewers Festival), 101

Noruega, cervejas na, 236
Nova Zelândia, cervejas na, 236-237

• O •

OGMs (organismos geneticamente modificados), 98
Oktoberfest, 313
Oktoberfest/cerveja Marzenbier
  cor, 157
  descrita, 59
Old Ale
  cores da, 157
  descrita, 55
  temperatura de servir, 148
onça, medidas e conversões, 181
Oregon Brewers Festival, 311
organismos geneticamente modificados (OGMs), 98
Oud Bruin/Flanders Brown Ale, descrita, 54
oxidação
  checando, 80-81
  detectando, 123
  evitando, 123
  ocorrência de, 113

• P •

Pabst Brewing Company, 197
pá cervejeira, usando, 261
País de Gales, 246
  B&B (bed and breakfast) localizações, 246
  bebendo bitters no, 225-226
Pale Ale, descrita, 55, 56, 162
Pale Ale Estilo Inglês
  gravidade, 324
  teor alcoólico, 324
Pale Lager
  cor, 154
  cozinhando com, 178
  variedades, 60
Pale Lager Alemã
  gravidade, 326
  teor alcoólico, 326
panela de fervura, usando, 262
pasteurização
  rápida, 37
  túnel, 37
pasteurização em túnel, 37
pasteurização relâmpago, 37
pectinase, 69
pedindo em países estrangeiros, 238

peixes, escolhendo cerveja para, 171
percarbonatos, usando para limpar equipamento, 268
PhillyCraft
  avaliações de cerveja, 292
  fóruns online, 166
Pilsner Clássica
  gravidade, 326
  teor alcoólico, 326
PINT grupo de consumidores de cerveja, 298
Polônia, pedindo cerveja na, 238
Porter Ale, 47, 56
  cor, 155
  gravidade, 324
  nomeando, 57
  teor alcoólico, 324
Portland Brew Bus, 252
Portland, Oregon, 303
Potosi Brewing Company, 215
Potosi Brewing Company museu da cerveja, 215
Praga, República Tcheca, 301-302
praticas de limpeza, seguindo, 268
processo, 36, 272, 275
processo de brassagem, 33-34, 35
processo de fabricação
  brassagem, 33
  envasamento, 37
  fermentando, 35
  fervura, 34-35
  figura, 31
  limpando, 37
  maltagem, 32-33
  maturação, 36
  moagem, 33
processo de fervura, 34-35
  lúpulos aromáticos, 35
  lúpulos de sabor, 35
  mosto amargo, 35
  mosto doce e efeitos de amargura, 35
  mosto lupulado, 35
processo de lagerizacao, 46
processo de limpeza, 37
processo de maltagem, 32-33
processo de maturação, 36
  airlock, usando, 259-260
  oxidação, 80-81
  permitindo que a cerveja azede, 81-83
processo de moagem, 33
produtos engarrafados, chope, 116
produtos enlatados, chope, 116
Proibição, período da, 126, 334-335
propaganda e marketing
  fabricação contratual, 133

nitrokeg beer, 133
Pub Heritage Group, 74
Pub Peddler Brewery Tour, 254
pubs cervejeiros, 32
   indo à, 206-208
   popularidades dos, 207-208
   tanque brilhante, 37
pubs, obtendo listas de, 218
PVPP (polivinilpolipirrolidona) clarificante, descrito, 69

• Q •

Quadrupels, origens de, 89
Quiche do Arizona, 188
quilograma, equivalência em libras, 181

• R •

RateBeer
   avaliações de cerveja, 292
   fórum online, 166
Rauchbier Lager, descrita, 59-60, 221
real ale. Ver também ale
   adicionando clarificadores à, 68-69
   CAMRA (Campaign for Real Ale), 73-74
   Cask Marque, 64
   casks, 65-66
   consumindo, 70, 72
   definindo, 63-64
   despejando, 70-72
   embalando, 64
   passando pelos motores da cerveja, 70
   permitindo que respire, 69-70
   pressão da coroa, 63-64
   usando a torneira para dispensa gravitacional, 72
receitas. Ver também cozinhando com cerveja
   Asas Picantes de Frango, 189-190
   Camarão ao estilo Bayou, 191
   Chili con Carne Para Leigos, 186
   escolhendo cerveja para, 179-180
   Focaccia com glacê de cerveja, 184-185
   Massa Extraordinária de Cerveja, 183
   Quiche do Arizona, 188
   Torta Aveludada de Chocolate e Stout, 192
   usando cerveja em, 178-179
   usando malte restante em, 181
   usando mosto restante em, 181
Red Ale, bebendo na Irlanda, 231
Red Beer, 44
reflexão, participando, 163-164

refrescante, definição, 50
regras da UE União Europeia, 126
regras nos E.U.A, 126
Reino Unido, 246
Reino Unido (U.K)
   B&B (bed and breakfast) localizações, 246
   bitters, 225-226
   Escócia, 226
   fatos sobre cerveja, 224-225
   festivais, 227-228
   Inglaterra, 225-226
   jogos de pub, 225
   museus, 227-228
   País de Gales, 225-226
   templos, 227-228
   visitando pubs locais, 229
renascimento da cerveja, 337-338
República Tcheca
   estabelecimentos cervejeiros, 234-235
   fatos sobre cerveja, 234
   lagers, 234
   Pilsner, 234
retenção da coroa, 158
retrogosto, experimentando, 161-162
Revolution Brewing Company, 200
robusto, definido, 50
Roggenbier Ale, descrita, 56
Rogue Wilderness Adventures cruzeiros de cerveja, 244
roteiros turísticos cervejeiros
   Beer Tour, Belo Horizonte, MG, 251, 252
   Cervejaria Baden Baden, Campos do Jordão, SP, 251
   Cervejaria Bohemia, Petrópolis, RJ, 251
   Cervejaria Eisenbahn, Blumenau, SC, 251
rótulos, arte nos, 134
Russian Imperial Stout, descrita, 56
Russian River Brewing Company, 80

• S •

sabor do malte, experimentando o, 159-160
sabores
   considerando para comida e cerveja, 172
   primários, 161, 172
   umami, 161
sabores azedos, experimentando, 160
sabor umami, 161
saideiras, selecionando, 175
sais de Burton, 26
Saison Ale, descrita, 56
San Francisco, Califórnia, 305
Santa Cruz Bike Tours, 254

sazonais, 175–176
Schlitz Brewing Company, 197
Schwarzbier Lager
  descrita, 60
Scotch Ale
  descrita, 56–57
Scottish Ale, descrita, 56
Seattle Microbrewery Museum, 215
Seattle, Washington, 303–304
secundária, 285–287
Segunda Guerra Mundial, impacto na indústria cervejeira, 335–336
sensação de boca
  definição, 50
  experimentando, 162–163
sensações de sabor, distinguindo, 158–159
Shuttle Guy Tours, 254
Siebel Institute of Technology, 298
sifão, 285–287
Smoked Beer, descrita, 62
sobremesas, escolhendo cervejas para, 171
soda cáustica, usando para limpar equipamentos, 267
Sopa de Alho Assado e Cebola, 182
Sour Beers
  Antecipada, 82
  descrita, 81
  Intencional, 82
  micróbio acetobacter, experimentando, 74
  micróbio brettanomyces, 83
  micróbio lactobacillus, 83
  micróbio pediococcus, 83
  micróbios, 82–83
  Não-Intencional, 82
  riscos, 82
sparge/sacos de lúpulos, usando, 283
Specialty Lager, variedades de, 60
Starkbierfest, 90
Steadman, Ralph, 94
Steam Beer, 46
Stiefel (bota), bebendo em, 145
Stillwater, Minnesota, 214
Stout
  Aveia, 56
  cor, 157
  Dry (Irlandesa), 54
  gravidade, 325
  Russian Imperial, 56
  Sweet (Londres), 57
  temperatura de servir, 147
  teor alcoólico, 325
Stout Ale, 54
Stout de Aveia, descrita, 56
Stout Porter, história da, 57

Strong Ale, 53
Strong Ale Inglesas e Escocesas
  gravidade, 325
  teor alcoólico, 325
suporte dos casks, explicado, 66
Swans Hotel and Public House, 247
Sweet (London) Stout, descrita, 57

• T •

Tailândia, cervejas na, 237–238
tampa do cask, explicada, 65–66
tampinhas, usando, 265
tanque
  armazenando, 36
  cerveja brilhosa, 36
  servindo, 36
  tirando cerveja dos, 36
tanque de armazenamento, 37
tanque de servir, 36
tanques
  balde de fermentação secundaria, 35
  usando na fabricação, 30
Tchecoslováquia, pedindo cerveja na, 238
temperatura de servir, determinando, 147
temperaturas equivalentes, 181
teor alcoólico, 24
  Alemã, 128
  ales, 323–325
  American-Style Ale, 323
  Belgian beer, 128
  Bock, 326
  Brown Ale, 324
  Cerveja de Trigo Alemã, 325
  Cervejas Especiais, 327
  Cervejas Híbridas, 327
  Dark Lager Alemã, 326
  English Bitter, 324
  Francesa, 128
  incluindo nos rótulos, 127–128
  lager, 326–327
  Lager Americana, 327
  Lambic Estilo Belga, 323
  Märzenbier/Oktoberfest, 327
  Pale Lager Alemã, 326
  Pilsner Clássica, 326
  Porter, 324
  Stout, 325
  Strong Ale Inglesas e Escocesas, 325
teor alcoólico, aumentando, 37
termos de degustação, 50
The End of History, 94
The House of Rogue, 247
The Inn at Ellis River, 246

The Northwest Rafting Company cruseiros de cerveja, 244
The Pabst Mansion, 214
The Pabst Mansion museus da cerveja, 214
The PedalPub, tours de bicicleta, 254–255
Toronto, Ontário, 306
torrado, definido, 60
Torta Aveludada de Chocolate e Stout, 192
tostado, definido, 50
tours de bicicleta
  Adventura Bike Holidays, 253
  Bicycle Tour of Munich, 253
  ExperiencePlus! Bicycle Tours, 254
  Pub Peddler Brewery Tour, 254
  Santa Cruz Bike Tours, 254
  Shuttle Guy Tours, 254
  The PedalPub, 254–255
  Urban AdvenTours, 254
tours de cervejarias. Ver também tours de grupos
  Alpes Suíços, 250
  Bélgica, 250
  Buenos Aires, Argentina, 250
  Buller Pub & Brewery, 250
  Chimay Brewery, 250
  fazendo, 249–250
  Ibaraki, Japão, 250
  Kiuchi Brewery, 250
  Monsteiner Bier Brewery, 250
  Reino Unido, 250
  Wells & Young's Brewery, 250
tours de ônibus
  BBT (Burlington Brew Tours), 252
  Brewery Tours of San Diego, 252
  Detroit, Michigan, 252
  Hop Head Beer Tour Company, 252
  Portland Brew Bus, 252
  Wisconsin, 254
tours em grupos, na Europa, 233. Ver também brewery tours, 241
Trapp Family Brewery, 248
Tripels, origens da, 89
TTB (Bureau de Tributos e Comércio), 126
TTB (Tax and Trade Bureau), 126
tubo de envasamento, usando, 261
tubos e mangueiras, usando na fabricação, 31

• U •

UCDavis Extension, 298
Urban AdvenTours, 254
Utica, Nova Iorque, 214
Utopias, 94
Utopias cervejas, 94

• V •

Vancouver, British Columbia, 306
Vienna Lager, descrita, 60
Vie restaurante, menu para jantar da cerveja, 173
vinho, substituições por cerveja, 170
visual da cerveja
  claridade, 157
  cor, 157
Vlad the Imp Aler cerveja misturada, 84

• W •

Wassail cerveja especial, descrita, 62
websites, relacionados à cerveja, 10
Weizenbier/Weissbier Ale, descrita, 57
Weizenbock Ale, descrita, 57
Well & Young's Brewery tours, 250
West End Brewery, 214
West End Brewery museu da cerveja, 214
Wheat Beer, 49. Ver também German Wheat Beer
  descrita, 58
  despejando, 149
Wheat Beer. Ver também German Wheat Beer, 53
whisky de malte, 34
whisky escocês, processo de fabricação, 34
Wilson, J. (experimentador de cervejas), 90
Wissenschaftszentrum Weihenstephan, 298
Witbier Ale, descrita, 57
World Beer Championship, 165
World Brewing Academy, 298

• X •

xarope de malte líquido, 264

• Y •

Yuengling & Son Brewery, 197

• Z •

Zephyr Adventures, 243
Zythos grupo de consumidores de cerveja, 298, 314